राजकपूर

आधी हकीकत आधा फसाना

राजकमल प्रकाशन

राजकपूर

आधी हकीकत आधा फसाना

प्रहलाद अग्रवाल

ISBN : 978-81-267-1405-6

मूल्य : ₹895

राजकमल से पहली बार : 2007
प्रथम संस्करण : 1984
This book is printed on **Print on Demand** Technology : 2024

प्रकाशक : राजकमल प्रकाशन प्रा.लि.
1-बी, नेताजी सुभाष मार्ग, दरियागंज
नई दिल्ली-110 002

शाखाएँ : अशोक राजपथ, साइंस कॉलेज के सामने, पटना-800 006
पहली मंज़िल, दरबारी बिल्डिंग, महात्मा गांधी मार्ग, प्रयागराज-211 001
1, अनमोल सोराबजी संतुक लेन, धोबी तलाव, मरीन लाइंस, मुम्बई-400 002
वेबसाइट : www.rajkamalprakashan.com
ई-मेल : info@rajkamalprakashan.com

Rajkapoor : Aadhi Haqiqat Aadha Fasaana (Film)
by **Prahlad Agarwal**

राजकपूर की उस छवि के लिए
जो आसमान छूने की नहीं
आसमान को ज़मीन तक खींच लाने की
कशिश पैदा करती है.

उस आदमी के दर्द का आलम न पूछिए
जो आदमी हर हाल में हँसता दिखाई दे

नवीन संस्करण पर चंद बातें

यह किताब 1984 में पहली बार प्रकाशित हुई थी। राधाकृष्ण प्रकाशन के तत्कालीन संचालक श्री अरविन्द कुमार ने इसे सजिल्द एवं पेपरबैक संस्करणों में एक साथ रुचिपूर्वक छापा था। इसको विद्वज्जनों से लेकर सामान्य पाठकों तक का जैसा व्यापक स्नेह मिला, उसका शुक्रिया अदा करने के लिए हमारे पास शब्द नहीं हैं। अनेक कृपालु साहित्य मनीषियों ने भी आलोचनाओं और तारीफों के उस पार इसे मुहब्बत इनायत की। उन अग्रज लेखकों ने, जो हमारे प्रेरणास्रोत रहे हैं, इसे अपना आशीर्वाद दिया। हमारे लिए सन्तोष की बात है कि दो दशक से अधिक गुजर जाने के बावजूद यह किताब आज भी मनीषियों के दिलों पर कहीं दस्तक देती है। *'अहा! ज़िन्दगी' (अगस्त' 2005)* में हमारी नई किताब *'प्यासा : चिर अतृप्त गुरुदत्त'* पर टिप्पणी करते हुए श्री सुधीश पचौरी ने लिखा–'फिल्म और जिन्दगी के बीच की दीवार ढहानेवाले गुरुदत्त की सम्पूर्ण रचना-प्रक्रिया को आसानी से समझा सकनेवाली अनमोल किताब।' और उन्होंने लेखक का परिचय इन शब्दों में दिया–'प्रहलाद अग्रवाल लेखक-वही जिन्होंने *राजकपूर : आधी हकीकत आधा फसाना* लिखी थी। फिल्मों पर इतनी तन्मयता से लिखते कितने हैं।' *इंडिया टुडे (9 नवम्बर 2005)* में श्री विजय मोहन सिंह ने भी हमारी किताब *कवि शैलेन्द्र : ज़िन्दगी की जीत में यकीन* की समीक्षा में इसका स्मरण करते हुए लिखा–'हिन्दी में फिल्मी व्यक्तित्वों के रचनात्मक अवदान पर बहुत कम पुस्तकें लिखी गईं हैं किन्तु प्रहलाद अग्रवाल प्रारम्भ से ही इस दिशा में सक्रिय रहे हैं। प्रस्तुत पुस्तक से पूर्व उन्होंने राजकपूर पर *आधी हकीकत आधा फसाना* नाम की किताब लिखी थी जो पर्याप्त चर्चित हुई थी।'

इस किताब का एक-एक शब्द इसके प्रकाशन के पूर्व और बाद में विभिन्न पत्र-पत्रिकाओं में प्रकाशित हुआ। कई बार थोड़ा-बहुत फेरबदल कर और हूबहू भी इस किताब के अंश लोगों ने अपने नाम से छपवाए। एक महत्त्वपूर्ण पत्रकार महोदय ने *साप्ताहिक हिन्दुस्तान* जैसी तत्कालीन शीर्षस्थ पत्रिका में अपने एक लेख में इस पुस्तक के कई पृष्ठ शब्दशः उतार दिए। बाद में हमारे द्वारा आपत्ति जताने पर साप्ताहिक हिन्दुस्तान के 23 फरवरी 1986 के अंक में भूल सुधार के नाम पर छापा गया–"*साप्ताहिक हिन्दुस्तान के 22 दिसम्बर 1985* अंक में प्रकाशित लेख *'संगीत-रोमांस और सैक्स का जादूगर राजकपूर'* श्री प्रहलाद अग्रवाल की बहुचर्चित पुस्तक *राजकपूर : आधी हकीकत आधा फसाना* पर आधारित था।" गरज यह कि इस पर तरह-तरह से जो मुझे प्रोत्साहन मिला वह हमारे लिए कल्पनातीत था। स्वयं श्री राजकपूर ने हमें मिलने के लिए बुलवाया। उनसे उनके जीवन के अन्तिम दो वर्षों में कई बार लम्बी मुलाकातें सम्भव हुईं। दिसम्बर 1988 में *गंगा* और *रविवार* में इनसे सम्बन्धित दो विस्तृत आलेख प्रकाशित हुए। उन्हें भी इस पुस्तक में अब सम्मिलित कर दिया गया है। यह किताब राजकपूर के जीवित रहते ही लिखी गई थी, तब उन्होंने *राम तेरी गंगा मैली* नहीं बनाई थी। इसके प्रदर्शन के उपरान्त *परिवर्तन (कलकत्ता)* में प्रकाशित आलेख *जिस्म की हर बात है आवारगी ये मत कहो* भी इसमें अन्त में जोड़ दिया गया है।

हमारे अनेक आदरणीय अग्रजों ने अति स्नेहपूर्ण पत्र लिखकर हमारा उत्साह बढ़ाया। उनके नाम प्रकाशन के मुहताज नहीं हैं। राजकपूर के दिग्गज आलोचकों ने यह किताब पढ़कर हमें ऐसे मुहब्बतनामे लिखे हैं जिनसे बढ़कर किसी लेखक के लिए कोई दूसरी उपलब्धि नहीं हो सकती। ये हमारी अनमोल धरोहर हैं। इस किताब ने हिन्दुस्तान भर में हमारे अनेक मित्र बनाए। यह सब हिन्दी सिनेमा के प्रति आम और खास दोनों के ही अनुराग का सुफल है। यह किताब एक दशक से भी अधिक समय से अनुपलब्ध थी। इसका नवीन संस्करण नए रूपाकार में प्रकाशित करने के लिए श्री अशोक महेश्वरी का हृदय से आभारी हूँ।

इस किताब की आलोचना में एक ही बात खासतौर से कही गई कि लेखक राजकपूर की मुहब्बत से ग्रस्त है। इस आलोचना से बढ़कर हमें अपनी कोई तारीफ बेहतर नहीं लगी। बेशक हम राजकपूर की मुहब्बत से ग्रस्त हैं। यदि ऐसा नहीं होता तो हम सिनेमा पर कभी लिखते ही नहीं। नादान उम्र में ही यह मासूम छवि पर्दे से सीधे हमारे दिल में उतरकर गुनगुना गई थी—मैं बताऊँ जी? मेरे को सब मालूम है। जो दुनियादारी की बात है तो बेवकूफ बनिए। समझदार की तो जमाने में मौत है ही। दुनिया के सारे मौज-मजे बेवकूफियों में हैं। बेवकूफों के लिए हैं।

हमने किताब समर्पित ही राजकपूर की उस छवि को की थी जो आसमान छूने की नहीं, आसमान को ज़मीन तक खींच लाने की कशिश पैदा करती है। सिनेमा छवियों का ही खेल है। साहित्यकार कलम से अपनी भावनाओं को शब्दों के माध्यम से कागज पर उतारता है। फिल्मकार अपनी नजर से कैमरे के माध्यम से अपनी भावनाएँ गतिशील चित्रों में अंकित करता है। अपने चित्रांकन में लगभग हर कलात्मक विधा का सहयोग लेने के लिए वह स्वतंत्र होता है। इस तरह सिनेमा नाटक की ही भाँति विभिन्न विधाओं का समायोजन करनेवाली विधा है। पर तब भी वह समेकित निर्देशक की दृष्टि में और पर्दे पर प्रक्षेपित छवियों के माध्यम से ही होती है। ये छवियाँ निर्गुण और सगुण दोनों प्रकार की होती हैं। 1945 से 70 के दरमियानी पच्चीस साल, जिसे हिन्दी सिनेमा का स्वर्ण युग भी कहा जाता है, उस दौर में अनेक निर्देशकों की ऐसी निर्गुण छवियाँ मौजूद थीं जिनका वर्चस्व बड़े से बड़े अभिनेताओं की सगुण छवियों पर स्थापित था। आज इक्कीसवीं सदी में पुनः निर्देशक की खोई हुई अस्मिता लौटती दिखलाई पड़ती है।

जहाँ साहित्य की पैठ मात्र पढ़े-लिखे और प्रबुद्धजनों तक ही होती है, वहीं सिनेमा समाज के अन्तिम आदमी तक पहुँचता है। इसलिए इन दोनों माध्यमों की कहन और शैली में अन्तर होना स्वाभाविक है। यह जटिलताओं को भी सहजता तक ले जानेवाला माध्यम है। इन छवियों के आकर्षण ने ही सिनेमा को प्रभावोत्पादक बनाया है। ईमानदारी की बात तो यह है कि साहित्य के अध्ययन से भी पाठक के भीतर जो छवियाँ निर्मित होती हैं वे ही किसी रचना को लोकप्रिय और महत्त्वपूर्ण बनाती हैं।

हमारे लिए राजकपूर की छवि माशूक का दर्जा रखती है। फिर हमारा माशूक बड़ा हरजाई है। जिसने दुनिया की तमाम खूबसूरतियों में अपना जलवा दिखला दिया। राजकपूर की छवि की आशिकी ने हमें समूचे सिनेमा का आशिक बनाया। आज भी उसकी कहन की अनुगूँज हिन्दी सिनेमा में मौजूद है कि हम सदा तुम्हारे साथ हैं, सदा तुम्हारे साथ रहेंगे। जीना यहाँ, मरना यहाँ, इसके सिवा जाना कहाँ। राजकपूर के बाद की पीढ़ी के यश चोपड़ा, मनमोहन देसाई और सुभाष घई जैसे सफलतम निर्देशक राजकपूर के मुरीद रहे हैं। वहीं इक्कीसवीं सदी के आदित्य चोपड़ा, सूरज बड़जात्या, करण जौहर प्रभृति सबसे सफल फिल्मकार राजकपूर के अवदान से अत्यधिक प्रभावित हैं। यह राजकपूर की भविष्यदृष्टि की सम्पन्नता ही थी जो आज उसे सबसे बढ़कर प्रासंगिक बनाए हुए है। हिन्दी सिनेमा की मूलधारा में गुरुदत्त और राजकपूर ही वे फिल्मकार हैं

जिनसे मौजूदा दौर के फिल्मकारों ने सर्वाधिक प्रभाव ग्रहण किया है। *मेरा नाम जोकर* और *कागज के फूल* जो अपने समय में टिकिट खिड़की पर नाकामयाब हुईं थीं, आज की पीढ़ी को सम्मोहित करती हैं।

सबसे बढ़कर यह कि इस पुस्तक के प्रकाशन के बाद गम्भीर साहित्यिक पत्रिकाओं ने सिनेमा पर हमारे आलेखों को महत्त्वपूर्ण ढंग से प्रकाशित किया। हिन्दी सिनेमा की मूलधारा के अवदान को रेखांकित करने का हमारा अकिंचन प्रयास किसी हद तक सफल हुआ। वी. शान्ताराम, महबूब खान, बिमल राय, राजकपूर, गुरुदत्त से लेकर ऋषिकेश मुकर्जी, यश चोपड़ा, मनमोहन देसाई, श्याम बेनेगल, सुभाष घई से होती हुई सूरज बड़जात्या, आदित्य चोपड़ा, संजय लीला भंसाली, करण जौहर, विधू विनोद चोपड़ा, फरहान अख़्तर तक हिन्दी सिनेमा के श्रेष्ठ फिल्मकारों की परम्परा कायम है। इनके समुचित मूल्यांकन की अभी यह शुरुआत ही है। हमें विश्वास है कि इस दिशा में आगे अनेक प्रतिभावान लोग सक्रिय होंगे जो इसके विस्तृत प्रभाव क्षेत्र और अवदान की प्रखर व्याख्या और विश्लेषण करेंगे। इस दिशा में हमारा प्रयास पिछले कोई तीन दशकों से अनवरत जारी है। जिसकी अगली कड़ी सुभाष घई की रचना-प्रक्रिया का विवेचन है। इसके साथ ही अन्य महत्त्वपूर्ण फिल्मकारों और अभिनेताओं के कृतित्व पर भी हमने लगातार काम किया है जो विभिन्न पत्र-पत्रिकाओं में प्रकाशित हुआ है और यथासमय पुस्तकाकार सामने आएगा, ऐसी उम्मीद है।

आज इस अवसर पर गुरुवर डॉ. श्रीश कुमार के श्रीचरणों में सादर नमन करता हूँ, सारे सुफल जिनकी कृपा के प्रसाद हैं। आदरणीय श्री ज्ञानरंजन, श्री कमलेश्वर, सुश्री ममता कालिया, नईम साहब, श्री काशीनाथ सिंह, श्री रवीन्द्र कालिया, श्री अमर गोस्वामी, श्री सुबोध कुमार श्रीवास्तव, श्री जितेन्द्र भाटिया, सुश्री सुधा अरोड़ा, श्री प्रदीप चौबे, डॉ. अजय तिवारी, श्री विश्वमोहन बडोला, श्री रामशरण जोशी–सभी का, उनके गहन स्नेह और आत्मीयता के प्रति कृतज्ञ हूँ। उन सभी के प्रति हार्दिक आभार प्रकट करता हूँ जिन्होंने अपने स्नेह से इस पुस्तक की लघुता को समृद्ध किया। इन सब की प्रेरणा के अभाव में सिनेमा पर हमारा लेखन कभी जारी नहीं रह सकता। जैसा कि हमने इस किताब को लिखते हुए महसूस किया था कि सिनेमा के समाज पर गम्भीर एवं व्यापक प्रभाव को गहराई से विश्लेषित किए जाने की आवश्यकता है। आज बाईस साल बाद वह भाव और पुख़्ता हुआ है। यह हमारे लिए और अधिक सन्तोष की बात है कि इस दिशा में पर्याप्त प्रगति भी हुई है।

14 दिसम्बर, 2006

प्रहलाद अग्रवाल

RK

आज इस किताब को पूरा करते हुए मैं अपने उन दोस्तों और शुभचिन्तकों का सबसे पहले आत्मीय आभार व्यक्त करता हूँ जिन्होंने 'किसी सिनेमा के ऐक्टर' के बारे में लिखने के मेरे इरादे का भरपूर उपहास किया। बीस वर्ष की उम्र तक मैं जिस वातावरण में बड़ा हुआ, वहाँ सिनेमा के बारे में कोई सम्मानजनक नजरिया था भी नहीं। सिनेमा पर बात करना या कुछ पढ़ना छिछोरापन कहलाता था। बाद में अनेक सम्भ्रान्त लोगों से भी मिलने और उनसे कुछ सीखने का अवसर मिला जो चोरी-छिपे उत्तेजक देशी-विदेशी फिल्में देखने को लालायित रहते और सिनेमा के गन्दे असर की चर्चा करते। इन सब कारणों से सिनेमा के बारे में लिखने का मेरा इरादा और अधिक दृढ़ हुआ।

यह किताब राजकपूर की जीवनी नहीं है। इसलिए राजकपूर के निजी जीवन से इसका कोई ताल्लुक नहीं। उन्हीं व्यक्तिगत सन्दर्भों को छुआ गया है जिनकी जरूरत राजकपूर के कलाकार-व्यक्तित्व के विश्लेषण के लिए महसूस की गई। यद्यपि कलाकार के निजी और कला में अभिव्यक्ति पाने वाले व्यक्तित्व को बिलकुल अलग नहीं किया जा सकता, पर उसका अधिक-से-अधिक निस्संग होना आवश्यक है। साधारण दर्शक के लिए कलाकार की पर्दे की छवि का ही आकर्षण सर्वोपरि होता है। इसीलिए यह कलाकार राजकपूर की कहानी है—राजकपूर की वह कहानी जिसने उसे दूसरों के लिए महत्त्वपूर्ण बनाया—और उसी के साथ, यह आजादी के बाद के हिन्दी सिनेमा के रंगीन तिलिस्म की भी कहानी है जिसका राजकपूर महत्त्वपूर्ण हिस्सेदार है।

मैं स्वीकार करता हूँ कि मैं राजकपूर का प्रशंसक हूँ। आजादी के बाद के हिन्दी सिनेमा का वह मेरा सर्वाधिक प्रिय व्यक्तित्व है। इसलिए नहीं कि वह 'सबसे बड़ा ऐक्टर' है। ऐसा मानना उसके कलाकार-व्यक्तित्व का सबसे घटिया मूल्यांकन होगा। संजीव कुमार, दिलीप कुमार, नसीरुद्दीन शाह, स्व. गुरुदत्त और ओमपुरी आजादी के बाद के हिन्दी सिनेमा के ऐसे महान अभिनेता हैं जिनकी कोई तुलना नहीं। अपनी फिल्मों के असफल हो जाने पर भी ये कभी असफल नहीं हुए। फिल्म कितनी भी कमजोर हो, इनकी भूमिकाओं में कलाकार का निजी स्पर्श हमेशा मौजूद रहा है। इनकी यही तल्लीनता फिल्म की असफलता का प्रभाव इनकी क्षमता पर कभी नहीं पड़ने देती।

राजकपूर के सामने हमेशा एक महत्त्वपूर्ण फिल्म होती है। उससे भी आगे फिल्म-कला की सम्पूर्णता का सपना होता है। वह समूची फिल्म की धड़कन बनता है। इसीलिए उसे बीच में रखकर आजादी के बाद के हिन्दी सिनेमा के चारों ओर नजर डाली जा सकती है। इस तरह उसे लक्ष्य ही नहीं, माध्यम भी बनाया जा सकता है।

राजकपूर से मेरा पहला परिचय हुआ था '59 में। सिनेमा के परदे पर। फिल्म 'अनाड़ी'

के जरिए। यह पहली फिल्म है मेरे स्मरण में–जिसे मैंने देखा। बारह वर्ष की कच्ची उम्र में 'अनाड़ी' ने भावना के स्तर पर ही स्पन्दित किया होगा। बाद में सन् '64 से '73 के बीच मुझे सैकड़ों अविस्मरणीय फिल्में देखने का मौका मिला। हिन्दी सिनेमा के आरम्भिक युग से लेकर तब तक की। राजकपूर, महबूब, शान्ताराम, सोहराब मोदी, गुरुदत्त, बिमल राय आदि की तो लगभग प्रत्येक फिल्म देखने का सुयोग हासिल किया–हर कीमत पर। हिन्दी सिनेमा की तमाम चर्चित फिल्मों के अतिरिक्त अनेक अन्य भाषाओं की फिल्में भी देखीं। दृश्य-माध्यम की यह बड़ी खूबी है कि भाषा का अज्ञान संवेदना ग्रहण करने के मार्ग में एक सीमा तक आड़े नहीं आता। दृश्य-विधान और कलाकारों की भावाभिव्यक्ति में भी बहुत-कुछ सम्प्रेषित हो जाता है।

शान्ताराम, महबूब, सोहराब मोदी, बिमल राय, गुरुदत्त, राजकपूर, चेतन आनन्द, बी.आर. चोपड़ा, ऋषिकेश मुकर्जी, गुलजार, बासु चटर्जी ही नहीं, के. आसिफ, ए.वी.एम., जेमिनी, फिल्मिस्तान, मनोज कुमार, यश चोपड़ा, विजय आनन्द, आई.एस. जौहर आदि ने भी अपनी अनेक फिल्मों के द्वारा जन-मानस को रससिक्त किया है। उनके भावना-संसार को किंचित विस्तृत किया है। यहाँ तक कि यदि हम अपने पूर्वाग्रहों से मुक्त होकर देखें तो राज खोसला, मनमोहन देसाई, जी.पी.सिप्पी, प्रकाश मेहरा आदि भी सिर्फ रोजगारिए नजर नहीं आएँगे। ये वस्तुतः रसिक लोग हैं, जो सिनेमा को मात्र मनोरंजन का माध्यम समझते हैं। हिन्दी सिनेमा के सर्वश्रेष्ठ व्यापारी श्री ताराचन्द बड़जात्या हैं। वे साफ-सुथरी, कम-से-कम लागतवाली फिल्में बनाकर अधिक-से-अधिक धन कमाने में विश्वास रखते हैं और सफल हुए हैं। एक करोड़ की लागत से पच्चीस-पचास लाख मुनाफा कमानेवाला सफल व्यापारी कहलाएगा या पन्द्रह लाख की लागत से पचास लाख कमाने वाला? 'बॉबी' और 'शोले' जैसी सफलताएँ तो यदा-कदा ही मिलती हैं।

मैं हिन्दी सिनेमा में अलग राह बनाकर खड़े हुए कला सिनेमा या समान्तर सिनेमा की कद्र करता हूँ। इसके द्वारा कलाकारों और टैक्नीशियनों की एक जबरदस्त ताकतवर जमात हिन्दी सिनेमा को मिली है। 'सारा आकाश' और 'भुवन शोम' से लेकर 'गगन', 'चक्र', 'आक्रोश', 'अल्बर्ट पिंटो को गुस्सा क्यों आता है', 'अर्थ' तक लगभग सभी फिल्में देखी हैं। इन फिल्मों ने बेहद आन्दोलित किया है। 'अंकुर' और 'आक्रोश' इस सन्दर्भ में विशेष उल्लेखनीय हैं। लेकिन ये हिन्दी सिनेमा की मूलधारा नहीं बन सकीं। आज भी नहीं हैं। ऐसा कोई रुख अख्तियार करती नजर भी नहीं आतीं जिससे मूलधारा बन सकें। कला-फिल्मों की महानता गूँगे के गुड़ जैसी है। वे एक विशिष्ट दर्शक-वर्ग निर्मित कर सकी हैं। वह वर्ग जो आज समाज में बिचौलिए की भूमिका निभाकर सन्तुष्ट हो रहा है। ये फिल्मकार जिस सामाजिक परिवर्तन की बात अपनी फिल्मों में करते हैं, उसका असर जिस दर्शक-वर्ग पर पड़ सकता है, वह इनसे अनभिज्ञ है। जब तक ये फिल्मकार अपनी फिल्मों को सामान्य दर्शक-वर्ग तक पहुँचाने में सफल रहेंगे, ये फिल्में राष्ट्रीय और अन्तर्राष्ट्रीय पुरस्कार पाती रहेंगी, पत्र-पत्रिकाओं में इनके चर्चे होते रहेंगे, बम्बई-दिल्ली के एकाध छोटे-से सिनेमाघर में सिल्वर जुबली भी हो जाएगी, लेकिन इस देश की असली जनता का सम्बन्ध इन फिल्मों से नहीं बनेगा। हर कलाकार को जनता तक पहुँचना होता है। उसके मानसिक स्तर का रोना रोकर वह अलग-थलग नहीं हो सकता। ऐसा करना निषेध का रास्ता होगा।

हिन्दी सिनेमा की मूलधारा वही है जिसे हिन्दी का व्यावसायिक या बम्बइया या फार्मूला सिनेमा कहा जाता है। पिछले दो दशकों में उसके गुणात्मक स्तर में भरपूर गिरावट आई है। उसने अपने गढ़े तिलिस्मों को बार-बार टूटते हुए देखा है। लेकिन हर पराजय के बाद वह अपने लिए कोई नया तिलिस्म रच भी लेता है। अपनी तमाम कमियों के बावजूद उसका उद्देश्य सुस्पष्ट है–साधारण आदमी तक पहुँचना। इसलिए उसके इस उद्देश्य से संगति बैठाने के अभाव में कोई महानता उसे अपदस्थ नहीं कर सकती।

मदनमोहन देसाई की यह स्वीकारोक्ति कितनी ईमानदार है–'मैं कोई महान फिल्मकार नहीं हूँ, मैं महज एक सफल फिल्मकार हूँ, मैं नहीं जानता कि मैं कब तक सफल होता रहूँगा।' तात्कालिक सफलता और महानता दो अलग चीजें हैं। समय के पंख लगाकर ही कोई कार्य छोटा या बड़ा बनता है। दरअसल सिनेमा का व्यावसायिक और अव्यावसायिक नामों से विभाजन ही सर्वथा गलत है। जिन फिल्मों को देखने के लिए दर्शक टिकिट-खिड़की पर पैसे देगा वे व्यावसायिक फिल्में सिर्फ अच्छी हो सकती हैं या बुरी। उनको इसी दृष्टिकोण से देखना अधिक समीचीन होगा। तब ही सीधे टकराव की जगह द्वन्द्वात्मक विकास का रास्ता खुलेगा, कलाकारों की प्रतिभा का अधिक सार्थक उपयोग हो सकेगा।

सिनेमा के प्रति लगाव और अधिक-से-अधिक फिल्में देखने का सुयोग ही सिनेमा के बारे में मेरी जानकारी का मूल स्रोत है। फिल्मों से सम्बन्धित कम ही पुस्तकें पढ़ सका। चार्ली चेप्लिन और बलराज साहनी की आत्मकथाएँ मैंने जरूर एकाधिक बार पढ़ी हैं। उनसे आह्लादित हुआ हूँ। मैं यह कहना चाहता हूँ कि बलराज साहनी की आत्मकथा ने चार्ली चेप्लिन की आत्मकथा से कम प्रभावित नहीं किया। कहीं-कहीं तो बलराज जी ने इतनी आत्मीयता से अपनी पराजयों का जिक्र किया है कि पाठक अभिभूत हुए बगैर नहीं रह पाता। बलराज साहनी जैसी अनेक अप्रतिम प्रतिभाओं का हिन्दी सिनेमा में बहुत कम सार्थक उपयोग हो सका। हिन्दी फिल्मों पर एक शोध-ग्रंथ भी देखने को मिला, किन्तु हिन्दी के अनेक अन्य शोधों की तरह नीरस और आँकड़ों से भरपूर होने के कारण उसमें कोई दिलचस्पी पैदा नहीं हुई। प्रसिद्ध फिल्म-पत्रकार श्री फिरोज रंगूनवाला की पुस्तक 'ए पिक्चोरियल हिस्ट्री ऑफ इंडियन सिनेमा' भी देखने को मिली।

यहाँ मैं पिछले बत्तीस वर्षों से प्रकाशित होनेवाले अंग्रेजी के फिल्म साप्ताहिक 'स्क्रीन' का उल्लेख करना अपना कर्तव्य समझता हूँ, जिसका मैं कम-से-कम बीस वर्षों से नियमित पाठक हूँ। फिल्म पत्रकारिता के क्षेत्र में सर्वाधिक सुरुचिपूर्ण, व्यावहारिक और संयत दृष्टिकोण मुझे इसी पत्र में मिला। हिन्दी में 'सुषमा' के द्वारा फिल्म पत्रकारिता का नया उन्मेष हुआ। पच्चीस वर्ष पहले। आज भी वह हिन्दी में प्रकाशित होनेवाली फिल्मों से सम्बन्धित अपने ढंग की विशिष्ट पत्रिका है। 'सुषमा' के आरम्भ होने के कोई पाँच वर्ष बाद टाइम्स ऑफ इंडिया प्रकाशन ने हिन्दी में 'सुचित्रा' नाम की पाक्षिक फिल्म पत्रिका शुरू की जो जल्दी ही 'माधुरी' बन गई। 'माधुरी' आज एक उल्लेखनीय फिल्म पत्रिका है, पर वह अपनी ही सहयोगी 'फिल्म फेयर' जैसी महत्त्वपूर्ण नहीं बन सकी। आज हिन्दी सिनेमा से सम्बन्धित पत्रिकाओं की बाढ़-सी आ गई है। अपवादों को छोड़कर कोई दैनिक समाचार पत्र या पत्रिका ऐसी नहीं है जिसमें फिल्म-चर्चा को महत्त्व न दिया जाता हो। पर इस चर्चा को बहुधा मसाले के रूप में ही इस्तेमाल किया जाता

है। सिनेमा के प्रति कोई गम्भीर दृष्टिकोण या उपयोगी संवाद बहुधा नहीं होता। इसीलिए फिल्म-पत्रकारिता को अब तक विशेष महत्त्व नहीं मिल सका। फिल्म-पत्रकारिता में 'स्कैंडल' इतना जबरदस्त स्वरूप बना चुका है कि सनसनीखेज लेखन सारे दृश्य-पटल पर हावी हो गया है। यह मूर्खता और षड्यंत्र का सम्मिलित प्रतिफल है।

अंग्रेजी फिल्म-पत्रिका 'फिल्म फेयर' में आई.एस. जौहर का 'क्वेश्चन बॉक्स' और 'स्टार एण्ड स्टाइल' में देवयानी चौबल उर्फ देवी का 'फ्रैंकली स्पीकिंग' कॉलम मुझे बहुत प्रिय हैं। जौहर की हाजिरजवाबी और देवी की बात से बात पैदा करने की क्षमता का जवाब नहीं। आई.एस. जौहर हिन्दी सिनेमा में इस बात के श्रेष्ठ उदाहरण हैं कि प्रतिभा का सर्वोत्कृष्ट दुरुपयोग कैसे किया जा सकता है।

मैं यह भी स्वीकार करता हूँ कि हिन्दी सिनेमा से सम्बन्धित बहुत कम लोगों से मैं मिला हूँ। श्री राजकपूर से भी सिर्फ दो बार मिला हूँ। उनसे मिलना निस्सन्देह एक रोमांचक अनुभव था। उसका विस्तार से जिक्र इस किताब में है। स्व.पंडित कन्हैयालाल से एक अत्यन्त आत्मीय भेंट मेरे पास एक निधि के समान है। कुछ अन्य लोगों से भी मिला हूँ, पर उनको मुलाकात न कहकर आमने-सामने देखना कहना ही अधिक उपयुक्त होगा। अपने दो लम्बे बम्बई-प्रवासों में स्टूडियो में काम करनेवाले सैकड़ों कामगारों, छोटे-मोटे टैक्नीशियनों, संघर्ष कर रहे नौजवानों और दिवास्वप्नदर्शी, कल्पना के पंख लगाकर उड़ रहे आकाशचारी व्यक्तियों से मिला हूँ। उन्होंने बहुत-कुछ सिखाया है। वह समझाया जो अन्यत्र कहीं से नहीं समझा जा सकता। सबसे पहले उन सभी अनाम व्यक्तियों के प्रति मैं अपने हृदय की सम्पूर्ण श्रद्धा के साथ नमन करता हूँ।

परदे पर नायक-नायिका-अभिनेता जो संवाद बोलकर तालियाँ लूटते हैं, वह जिस कलम से जन्म लेता है उसे बहुत कम लोग जानते हैं। जिस भव्य सेट की चकाचौंध दर्शकों को विस्मित कर देती है उसके निर्माण में अपना खून-पसीना बहा देनेवाले श्रमिकों और कलाकारों के हिस्से में गुमनामी ही आती है। 'बरसात' से लेकर 'प्रेम रोग' तक राजकपूर की लगभग सभी फिल्मों का छायांकन करनेवाले अप्रतिम छायाकार श्री राधू कर्मकार से मिलकर कलाकार की इस पीड़ा का साकार रूप देखने को मिला। परदे के पीछे रहनेवाले कलाकारों की प्रतिभा का सही मूल्य कभी नहीं चुकाया जाता। वे मात्र उपकरण की भाँति इस्तेमाल होकर रह जाते हैं।

अप्रत्यक्ष रूप से सृजन-प्रक्रिया में अनेक व्यक्ति सहयोगी बनते हैं। यहाँ उनका नामोल्लेख कर अपनी कृतज्ञता की लिखित अभिस्वीकृति प्रदान करना मेरा नैतिक दायित्व है। कु.दमयन्ती मेहता, श्री दिनकर सोनवलकर, श्री राजेन्द्र कुमार गोयल, श्री बंशीलाल डोंगरे, कैप्टन पी.डी. अग्रवाल, श्री एम.एल.अग्रवाल, श्री भरत जैन, श्री प्रद्युम्न कुमार जैन, श्री संतोष खरे, श्री रमेश वर्मा, श्री हनुमान अग्रवाल, श्री अरुण कुमार शास्त्री, श्री जगमोहन और श्री कुन्दन किशोर का मैं हृदय से आभारी हूँ। श्री विनोद तिवारी (सम्पादक–माधुरी), श्री एम.जे. अकबर (सम्पादक–रविवार), श्री ए.पी. बजाज (सम्पादक–मायापुरी), श्री शार्दूल विक्रम गुप्त (सम्पादक–अवकाश) एवं श्री अमर गोस्वामी (सह-सम्पादक–मनोरमा) का भी आभारी हूँ जिन्होंने इस पुस्तक के कुछ अंश अपनी पत्रिकाओं में प्रकाशित किए।

राजकपूर के निजी सचिव श्री हरीश बिब्रा, जिन्होंने मेरी हर सम्भव सहायता की, सचमुच विलक्षण व्यक्ति हैं। उनके अंगरेजी-ज्ञान ने मुझे प्रभावित किया और प्रयोग ने आतंकित। आज

उनका आत्मीय स्मरण करता हूँ। आर.के. फिल्म्स के व्यापार-व्यवस्थापक श्री के.एल. भसीन ने जिस उदारता से सहयोग दिया और चित्रादि उपलब्ध कराए—उसके लिए उनका एहसानमन्द हूँ।

इस किताब में तर्क भावना के ऊपर नहीं है। बुद्धि का साथ अनुभूति की भावनात्मक प्रखरता की दीप्ति के लिए ही हुआ है। सिनेमा के प्रति अपने लगाव में डॉ.श्रीशकुमार, श्री रघुनाथदास जी अग्रवाल और स्वर्गीया पत्नी वर्तिका अग्रवाल के अनन्य, अप्रत्यक्ष किन्तु प्रेरक प्रोत्साहन ने मेरे संकल्पों को दृढ़ बनाया। मेरे पास वे शब्द ही नहीं हैं जो इस आत्मीयता के प्रति कृतज्ञता-ज्ञापन का माध्यम बन सकें। राधाकृष्ण प्रकाशन के संचालक श्री अरविन्द कुमार ने इस पुस्तक के प्रकाशन में व्यक्तिगत रुचि ली, इस हेतु उनका हृदय से कृतज्ञ हूँ।

आखिरी एक बात और। हिन्दी सिनेमा को निरर्थक और बकवास मानने का दुस्साहस मैं कभी नहीं कर सका। बीसवीं शताब्दी के उत्तरार्ध में भारतीय जन-मानस को कला के जिस रूप ने सर्वाधिक प्रभावित किया, वह सिनेमा है। यदि इसे अभीष्ट सक्षम नहीं बनाया जा सका तो वह दृष्टिकोण ही उत्तरदायी है जिसने इसे कुत्सित और निरर्थक करार देकर दूरी बनाए रखने में ही लाभ समझा। दक्षिण भारत के दो प्रदेशों में श्री एम.जी.रामचन्द्रन और श्री एन.टी.रामाराव ने यह प्रमाणित कर दिया कि सामाजिक और राजनीतिक परिवर्तन की प्रक्रिया में सिनेमा कितनी महत्त्वपूर्ण भूमिका अदा कर सकता है। सिनेमा और रंगमंच में अनेक बारीक भिन्नताएँ होते हुए भी एक मोटा साम्य है। तकनीकी उन्नति के साथ जुड़कर रंगमंच सिनेमा में बदल गया। ये एक-दूसरे के प्रतिद्वन्द्वी नहीं, पूरक हैं। अगले दस वर्षों में सिनेमा की जगह वीडियो महत्त्वपूर्ण बन सकता है। सिनेमा की परछाइयों के सम्मोहन ने वर्तमान दौर की पूरी संरचना में अपना असर घोला है। समाज पर, विशेष रूप से नए खून पर इसका व्यापक और रागात्मक असर इस बात के लिए बाध्य करता है कि इसको संजीदगी से देखा-परखा जाए।

प्रहलाद अग्रवाल

सतना (म.प्र.)
मई 20, 1983

मुम्बई सेन्ट्रल, वी.टी. और दादर स्टेशनों पर न जाने कितने युवक-युवतियाँ हिन्दी सिनेमा के ग्लैमर के मोहजाल में फँसकर देश के कोने-कोने से आकर उतरते हैं। उनके सामने दिलीप कुमार, राजकपूर, राजेश खन्ना, अमिताभ बच्चन जैसे चमकीले सपने होते हैं। संघर्ष के जाँबाज किस्से होते हैं। सितारों की चमक की झूठी कहानियाँ होती हैं। शायद ही कभी कोई वास्तविकता के अँधेरों से टकराने के खयाल लेकर इस तिलिस्मी संसार में दाखिल होता है। ये रोशनियाँ ऊपर से जितनी दिलफरेब और हसीन हैं, भीतर से उतनी ही क्रूर और खोखली।

जिस ग्लैमर की चमक नौजवानों को खींचती है–हिन्दी सिनेमा में वह बहुत ही कम लोगों के हिस्से में आती है। ज्यादातर कलाकार गुमनामी और मुश्किलों की जिन्दगी ढोते रहते हैं। सपनों-भरी इस मायावी दुनिया में चतुर-चालाक लोग नौजवान लड़के-लड़कियों का भरपूर शोषण करते हैं। बहुधा ये अपनी जवानी का हसीन दौर मृग-मरीचिका में गवाँ देते हैं और हासिल कुछ नहीं होता। हर स्टूडियो और स्टूडियो के बाहर सस्ते रेस्तराँओं में ऐसे सैकड़ों नौजवान हमेशा खयालों में डूबे मिल जाएँगे। निर्माताओं के ही नहीं, उनके चमचों और ठगी करनेवाले दलालों तक के पीछे घूमते रहेंगे। उनके आश्वासनों पर टँगे रहेंगे और जो ठोकर खाकर सीखने का साहस रखते हैं, वे वापस अपनी दुनिया में लौट जाएँगे।

एक वह जमाना था जब सिनेमा में काम करने के लिए तवायफों तक ने इनकार कर दिया था और आज सम्भ्रान्त परिवारों की लड़कियाँ तक सिनेमा में काम करने के लिए बेकरार हैं। 'ब्रेक' पाने के लिए ये लड़कियाँ बड़े-से-बड़े समझौते करने से भी नहीं हिचकिचातीं। सब कुछ दाँव पर लगा देने के बाद भी हजारों में एकाध को ही कभी मौका मिल पाता है। हिन्दी सिनेमा से जुड़ा हर आदमी इस कदर असुरक्षा की भावना से ग्रस्त है कि वह हर चीज, हर स्थिति के प्रति शंकालु बन गया है। दया-माया-ममता तो बिरलों को ही नसीब हो पाती है।

हिन्दी सिनेमा का हर सितारा अपनी फैन-मेल के प्रति बहुत सतर्क होता है। भले ही वह उन पत्रों को पढ़ न सके और सबके उत्तर न दे सके, लेकिन यदि फैन-मेल घटने लगे तो उसकी चिन्ता बढ़ जाती है। अकसर चिट्ठियों के जवाब देने के लिए उनके व्यक्तिगत सहायक होते हैं। वे ही सितारे की ओर से प्रशंसकों को हस्ताक्षरित फोटो आदि भिजवाते हैं। जब किसी सितारे के फैन-मेल घटना शुरू होती है तो वह अधिक-से-अधिक लोगों को पत्र भिजवाता है और जब पोस्टमैन से उसकी डाक सँभाले नहीं सँभलती, तब वह अपने प्रशंसकों की ज्यादा परवाह नहीं करता।

हालत यह है कि थोड़ी सी सफलता मिलते ही कलाकार अपने-आपको एक अलौकिक दुनिया में पहुँचा देता है। वह अपने अभिनय के प्रति भले सतर्क न हो, लेकिन आलीशान फ्लैट, कार, आधुनिक सुविधाओं और व्यक्तिगत सहायक के साथ ही महिमा का प्रभामंडल बनानेवाले

चमचों की भीड़ जरूर इकट्ठा करता है। वैसे यह भीड़ हमेशा खुद भी मौके की तलाश में रहती है और एक बार जो इस जाल में फँसा तो फिर वह खुद अन्धा हो जाता है। वह सिर्फ दूसरों की आँखों से देखता है। नाम और नामा मिलते ही कलाकार उस असली दर्शक से कट जाता है, जिसके कारण वह ऊँचाइयों तक पहुँच सका होता है। फिल्मी पत्रिकाओं ने भी इनके आकर्षण को इतना रंगीन बना दिया है कि सामान्यजन इनके चमत्कारिक जीवन से अभिभूत हो उठा है। इसलिए इनके बँगलों के सामने एक बेवजह भीड़ प्रतिदिन मौजूद होती है। जब ये महामानव की तरह आलीशान कारों में बैठकर गुजरते हैं तो चारों ओर प्रशंसकों और दीवानों की भीड़ देखकर इनका सीना और चौड़ा हो जाता है, सिर और तन जाता है।

बम्बई शहर मेरे लिए अपरिचित न होते हुए भी बम्बई का फिल्मोद्योग जरूर लगभग अपरिचित था। '79 की जनवरी में जब मैं राजकपूर से मिलने के लिए बम्बई पहुँचा तो इस दुनिया की माया से उतना ही वाकिफ था, जितना एक साधारण आदमी। मेरे परिचितों का जो छोटा-सा दायरा था उनकी भी इस दुनिया में न कोई खास दिलचस्पी थी और न दखल। राजकपूर से मिलने के लिए मैंने अपने एक फिल्म-पत्रकार-मित्र का आश्रय लिया। उनके द्वारा लिए गए राजकपूर के एक-दो इंटरव्यू एक फिल्म पत्रिका में मैंने देखे थे। जब मैंने उनसे अपना इरादा बतलाया तो वे मानो किसी गहरी चिन्ता में पड़ गए। फिर उन्होंने मुझसे पूछा–'आपको राजकपूर का इंटरव्यू लेना है या मिलना है?' निश्चय ही मेरा उद्देश्य स्पष्ट था। मुझे राजकपूर से मिलना था–इंटरव्यू लेने की मेरी कोई इच्छा नहीं थी, आवश्यकता भी नहीं। पर उनके प्रश्न ने मुझे आश्चर्य में डाल दिया। यदि इंटरव्यू भी लेना हो, तब भी उसके लिए मिलना तो होगा ही। उन्होंने जब मेरी जिज्ञासा सुनी तो मुस्कुराकर कहा–'अभी आप यहाँ के वातावरण से परिचित नहीं हैं, इसीलिए आपको आश्चर्य हो रहा है। वरना इसमें आश्चर्य की कोई बात नहीं है। इंटरव्यू के लिए मिलने की कोई बात नहीं है। मैं स्वयं आज तक कभी राजकपूर से नहीं मिला।'

पर पत्रकार-मित्र ने वायदा किया कि वे मुझे राजकपूर के निजी सचिव श्री हरीश बिब्रा से मिलवा देंगे। श्री बिब्रा उनके घनिष्ठ परिचित हैं। मैंने उनसे पूछ ही लिया–'जब श्री हरीश बिब्रा से आपकी इतनी मित्रता है तब आप अभी तक राजकपूर से क्यों नहीं मिले? आपने तो उन पर कई लेख लिखे हैं–आपके नाम से उनके इंटरव्यू छपे हैं। क्या आपको राजकपूर से मिलने की ख्वाहिश नहीं हुई?'

उन्होंने बहुत सहजता से बतलाया–'मैं एक फिल्म-पत्रकार हूँ। मेरी रोजी-रोटी का जरिया यही है। दिन-भर अपनी फिल्म-पत्रिका के लिए मैटर जुटाने के लिए मुझे दर-ब-दर भटकना पड़ता है–एक स्टूडियो से दूसरे स्टूडियो। राज साहब बड़े आदमी हैं। उनसे मिल पाना बहुत कठिन काम है। उनके अपने प्रचारक हैं जिनकी इस दुनिया में बड़ी धाक है। जब कभी उनकी फिल्म रिलीज होने को होती है–उसकी प्रचार-सामग्री मुझे मिल जाती है और उसी आधार पर मैं अपना मैटर तैयार कर लेता हूँ। जब मैं शुरू-शुरू में बम्बई आया और पत्रकारिता के क्षेत्र में सक्रिय हुआ, उस समय मुझे भी बड़े लोगों से मिलने का प्रबल आकर्षण था। लेकिन धीरे-धीरे सारा तिलिस्म टूट गया।'

राजकपूर, हिन्दी सिनेमा की एक सरताज हस्ती–जो अपने प्रभामंडल के चारों ओर राज साहब हैं–सिनेमा के परदे पर हिन्दुस्तान के एक बिलकुल अदना आदमी की छवि को स्थापित

करती है। परदे पर इस छवि ने कई बार यह सोचने के लिए बाध्य किया कि क्या कोई आदमी इतना निश्छल, कोमल और मासूम भी हो सकता है। वस्तुतः मुझे इस छवि से मिलना था। मेरे लिए असली राजकपूर यही था। और जिस आदमी को 'राज साहब' कहा जाता है, न वह मेरे लिए परिचित था और न उनसे मिलने की ख्वाहिश ही थी मुझे—वे 'राज साहब' जो महिमंडित हैं, जो एशिया के सबसे बड़े शोमैन हैं, जो अपनी रंगीन पार्टियों में लाखों रुपयों की शराब पानी की तरह बहाने के किस्सों के बीच घिरे हुए हैं और जो बुद्धिजीवियों की राय में असली बगुला भगत हैं।

और भी न जाने कितने चेहरे हैं इस राजकपूर के—अहंकारी राजकपूर! पागलों की तरह अपनी फिल्म में डूबनेवाला राजकपूर! अपनी हीरोइनों को अपनी मिल्कियत समझनेवाला राजकपूर! नशे में धुत होकर अपने सहयोगियों और पार्टी में मौजूद लोगों को गालियाँ देनेवाला राजकपूर! अपनी फिल्मों पर अपनी समूची सम्पन्नता न्यौछावर कर देने में भी न हिचकनेवाला राजकपूर! अपनी फिल्मों के मुहूर्त से लेकर रिलीज तक पाठ-पूजा से शुरुआत करनेवाला दकियानूसी मनोवृत्तिवाला राजकपूर और सोवियत यूनियन में अपनी प्रगतिशील चेतना-सम्पन्न रचनाधर्मिता के कारण अत्यन्त लोकप्रिय राजकपूर!

राजकपूर की प्रशंसा हो या निन्दा, अतिरेक हमेशा मौजूद रहा है। इसका कारण उसका अपना व्यक्तित्व भी है, जो अफवाहों को और हवा देता है। राजकपूर का फिल्मों के प्रचार का तरीका भी इतना निजी और विलक्षण रहा है कि उसने राजकपूर के बारे में किंवदन्तियों को गढ़ने में मदद पहुँचाई। उसकी फिल्मों में काम करनेवाले कलाकारों को खुद-ब-खुद पब्लिसिटी मिल जाती है। खासतौर पर नायिकाओं को। जैसे 'सत्यं शिवं सुन्दरम' के दौरान जीनत अमान की भूमिका को लेकर फिल्म के प्रदर्शन के पूर्व ही इतनी कन्ट्रोवर्सी और उत्सुकता पैदा कर दी गई थी कि हर पत्रिका में जीनत ही जीनत छा गई। आठवें दशक में फिल्मों के प्रचार का यह तरीका इतना रूढ़ हो गया कि लगभग हर निर्माता और स्टार इसका आश्रय लेने लगा। इसका परिणाम यह हुआ कि जो बात उत्सुकता को चरम सीमा तक ले जाती थी—वह अपना आकर्षण ही खो बैठी। सितारों के प्रेम-प्रसंगों के किस्से बासी पड़ गए। उनका रोमांच खत्म हो गया। इसीलिए 'प्रेम रोग' के प्रदर्शन के समय राजकपूर ने अपने प्रचार के तरीकों को पूरी तरह बदल डाला।

मानव-मूल्यों की गिरावट के दौर में अनेक विरोधाभास उठ खड़े होते हैं। जब हर चीज की अहमियत सिक्कों में तब्दील हो जाए तो सच और झूठ में फर्क करना आसान नहीं रह जाता। अकसर सच की पहचान के लिए कई झूठों का आश्रय लेना पड़ता है। राजकपूर तक पहुंच पाने के लिए न जाने कितने राजकपूरों से मुझे मिलना पड़ा। और यह बहुत फायदेमन्द साबित हुआ। मैंने तय भी यही किया था कि इस आदमी से सिर्फ एक आम हिन्दुस्तानी की हैसियत से मिलूँगा। बगैर कोई दूसरा चेहरा लगाए। मैं देखना चाहता था कि आम आदमी का तमाशा करने वाला उससे किस प्रकार मिलता है और उसे राजकपूर तक पहुँचने के लिए किन हालात से गुजरना पड़ता है।

अपनी पूरी गुमनामी के साथ जब मैं चेम्बूर स्थित आर.के.स्टूडियो पहुँचा, तब मेरे साथ वही पत्रकार-मित्र थे। इसीलिए अन्दर प्रवेश करने में विशेष कष्ट नहीं हुआ, अन्यथा भीतर जाने के इच्छुक अनेक नवयुवक और नवयुवतियों का गेट पर तैनात गोरखा से वाक्-युद्ध चल रहा

था। सीढ़ियों को पार करते हुए, शंकर जी की आदमकद प्रतिमा की बगल से हम स्टूडियो के भवन में दाखिल हुए। पत्रकार-मित्र मुझे राजकपूर के निजी सचिव श्री हरीश बिब्रा की केबिन में ले गए। बिब्रा साहब को पत्रकार-मित्र मेरा परिचय देते, इसके पहले मैंने अपना परिचय प्रस्तुत कर दिया—ठीक वही जो मैं हूँ! और जब मैंने कहा कि मैं श्री राजकपूर से दो मिनट मिलना चाहता हूँ, या अधिक सही यह है कि मैं उन्हें देखना चाहता हूँ तब बिब्रा साहब ने थोड़ा-सा उछलते हुए कहा—'देखना क्या है जी, मैं राज साहब से आपकी मीटिंग करवा दूँगा।' फिर मेरे सामने एक कागज था, जिस पर मुझे अपना परिचय और मिलने का प्रयोजन लिखना था। स्थिति का अन्दाजा लगाते हुए मैंने अंगरेजी भाषा का इस्तेमाल किया।

हरीश बिब्रा ने उस कागज को देखा, फिर कुछ पढ़ा और एक फाइल में सैकड़ों कागज के बीच उसे भी नत्थी कर दिया। फिर कुछ याद-सा करते हुए उन्होंने उस कागज को निकाला और सरसरी तौर पर देखते हुए मुझसे कहा, 'आप अपना टेलीफोन नम्बर बतला दीजिए। कल दोपहर तक आपको सूचना मिल जाएगी कि आपकी मीटिंग कब होगी।' फोन नम्बर बतलाकर जब हम बाहर निकले तो मैंने अपने उत्साह को दबाते हुए पत्रकार-मित्र से कहा—'शायद कल मुलाकात हो जाएगी।' इस पर उन्होंने एक अनुभवी मुस्कुराहट से मेरा स्वागत किया।

अगले दिन वही हुआ जो मेरे मित्र ने कहा नहीं था, सिर्फ मुस्कुराकर समझा दिया था। मुझे फोन की प्रतीक्षा करनी थी और टेलीफोन की घंटी को बजना नहीं था। कुल तीन दिनों में ही न जाने कितनी जुबानों से मैंने फिल्मवालों के आश्वासनों के खोखलेपन का उपहास सुना था। बावजूद इसके मैं यह यकीन नहीं कर पा रहा था कि बिब्रा साहब का आश्वासन झूठा है। उन्होंने जिस आत्मीयता से बातचीत की थी, चाय-सिगरेट से स्वागत सत्कार किया था, उससे मैंने यही अनुमान लगाया था कि जितना कठिन मैं राजकपूर से मिल पाना समझ बैठा था, वस्तुतः उतना कठिन है नहीं। पर फोन न आने से मेरा विश्वास डगमगाया जरूर। फिर मैंने सोचा कि फोन पर सूचना मिलने के भरोसे रहना ही गलत है। मुझे तो उस आदमी से मिलना है जो अपनी राह पर अकेले चलने का हौसला लेकर परदे पर आता है। और दोपहर तीन बजे आर.के. स्टूडियो पहुँचा तो अकेले होने के कारण प्रवेश करना भी एक समस्या थी। पर आत्मविश्वास से बढ़नेवाले मेरे कदमों को गेटमैन ने नहीं रोका। बिब्रा साहब ऑफिस के बाहर सीढ़ियों पर खड़े हुए किसी से बातचीत कर रहे थे। मुझे लगा, उन्होंने मुझे देखा नहीं। मैं उनके पास ही जाकर खड़ा हो गया। कुछ देर तो वे बातचीत में मशगूल रहे, लेकिन एकाएक मुझे पहचानते हुए उन्होंने तेजी से कहा—'राज साहब इज वैरी बिजी टुडे। ही इज ऑन सिटिंग। देखिए, आप फोन कर लीजिएगा चार बजे...नहीं, तीन बजे ही कर लीजिएगा!' और फिर बातचीत में व्यस्त। फिर वे छोटे-छोटे कदम रखते हुए उसी व्यक्ति के साथ गेट तक आ गए। मैं भी उनके साथ था। आर.के. बस-स्टॉप तक मैं उनके साथ आया। इस बीच गेट पर खड़े तीन-चार लड़कों ने भी उनका पीछा करना शुरू कर दिया था, जो शायद राजकपूर या ऋषि कपूर से मिलना चाहते थे। एक लड़के ने तो पूरी फाइल ही उनको थमा दी। उसने बतलाया कि वह गोहाटी से राजकपूर से मिलने आया है। उसने फिल्मों की कई कहानियाँ लिखी हैं। उसे यकीन है कि राज साहब इनमें से किसी एक पर फिल्म बनाना जरूर पसन्द करेंगे। बिब्रा साहब ने उसे समझाने और टालने की पूरी कोशिश की—'हमारे पास बहुत कहानियाँ हैं। अभी जरूरत नहीं है। फालतू

परेशानी मत उठाओ। गोहाटी वापस लौट जाओ।' फिर वे मुझसे बातें करने लगे। उन्होंने अपने आसपास इकट्ठे लड़के-लड़कियों से खुद को पूरी तरह काट लिया था। उन्होंने मुझे आश्वासन दिया कि कल राज साहब से आपकी मुलाकात हो ही जाएगी।

दो मिनट के बाद स्टॉप पर एक बस आकर रुकी। बिब्रा साहब उसमें बैठकर आगे बढ़ गए। इस बीच वे मुझसे ही बातचीत करते रहे। सम्भवतः इसका कारण उन लड़कों से खुद को दूर रखना था जो उनके पास मँडरा रहे थे। बिब्रा साहब के जाते ही दो-तीन लड़के मेरे पास आए। गोहाटी वाले कहानीकार ने मुझे एक कप चाय के लिए निमन्त्रित किया। उनकी नजर में मैं एकाएक महत्त्वपूर्ण क्यों बन गया था,यह बात मेरी समझ में बहुत देर बाद आई। हम नजदीक ही एक मामूली रेस्तराँ में गए चाय के लिए। गोहाटी वाले कहानी लेखक ने मुझसे पूछा–'आप भी स्ट्रगल कर रहे हैं?...क्या आपने भी कहानियाँ लिखी हैं?' उसके प्रश्न से मुझे इतना सन्तोष जरूर हुआ कि उसने मुझे हीरो बनने के लिए घर से भागा हुआ नहीं समझा। उसे मैंने बतलाया कि फिल्मों में प्रवेश करने की मेरी इच्छा नहीं है। मैं राजकपूर का प्रशंसक हूँ और उनसे सिर्फ मिलना चाहता हूँ। इसीलिए बिब्रा साहब के पास आया था।

लेकिन उस लड़के को मेरी बात पर यकीन नहीं हुआ। बिब्रा साहब को उसने जिस अन्तरंगता से मुझसे बातें करते हुए देखा था–उसमें इतनी साधरण बात छिपी है, यह वह मानने को तैयार नहीं था। उसने बतलाया कि वह चार महीनों से बम्बई में है। कई निर्माताओं से मिल चुका है और उसे कई जगह से 'सॉलिड आश्वासन' मिले हैं। वह राजकपूर से मिलना चाहता है, लेकिन अभी तक उसे सफलता नहीं मिली। यदि मैं उसे राजकपूर से मिलवा सकूँ तो वह बहुत अनुगृहीत होगा।

उसके साथ दूर-दराज से आए हुए दो लड़के और थे। वे भी फिल्मों में किस्मत आजमाने आए थे। उनका भी स्ट्रगल जारी था। मेरे पास एक ही उपाय था कि किसी तरह उन्हें टाला जाए। मैंने विनम्रतापूर्वक कहा–'मैं स्वयं तीन-चार दिन से प्रयत्न कर रहा हूँ, लेकिन अभी तक राजकपूर से नहीं मिल सका। वे इस समय बहुत व्यस्त हैं, यह श्री हरीश बिब्रा ने मुझे बतलाया है। यदि मेरी मुलाकात हो गई तो आपकी मुलाकात के लिए भी जरूर कोशिश करूँगा।'

इसके बाद की मेरी इन नौजवानों के बारे में जानने की इच्छा और प्रयत्नों की बड़ी लम्बी कहानी है जिसका उल्लेख यहाँ अनुपयुक्त है। लेकिन एक नौजवान मुझे भुलाए नहीं भूलता। उससे मेरी मुलाकात फिल्मसिटी में हुई थी। सफेद झकाझक फुलपैंट और बुशर्ट पहने हुए। बुशर्ट के अधिकांश बटन खुले। ऊँचा-पूरा। बिखरे बाल। शानदार मेकअप। गले में जंजीर और बड़ा लॉकेट–सफेद झकझक वह भी। शायद चाँदी का रहा होगा। बातचीत में दीवाना, खुलापन और लापरवाही। एक हाथ में ऊँची सिगरेट का पैकिट और दूसरे हाथ की अँगुलियों के बीच में फँसी हुई जलती सिगरेट, जिसके वह शानदार अन्दाज में कश लेता। उसने मुझे बतलाया कि 'क्रान्ति' में मनोज कुमार ने उसे 'रनिंग रोल' दिया है। पिछले दस दिन वह शूटिंग में बुरी तरह व्यस्त रहा। दो दिन से आराम कर रहा है। फिर उसने मनोज कुमार की तारीफ के पुल बाँध डाले। मनोज ने कहा कि तुम्हारे भीतर 'एक्सट्रीम टेलेन्ट' है। मैंने तुम्हें ऐसा रोल दिया है जो 'क्रान्ति' के रिलीज होते ही तुम्हें उन ऊँचाइयों पर पहुँचा देगा, जहाँ तुम्हारे आगे कॉन्ट्रेक्टों के ढेर लग जाएँगे। फिर उसने और लापरवाही इकट्ठा करते हुए कहा कि वह फिल्मों में पैसा कमाने के

लिए नहीं आया है। दौलत की कमी उसके बाप के पास भी नहीं है। वह तो इस फिल्मी दुनिया को बदलने के लिए आया है। वह आग लगाकर रख देगा इसमें। सुधार कर रहेगा इसे...!

और भी बहुत कुछ। बाद में एक छायाकार-मित्र ने बतलाया कि वह 'क्रान्ति' के एक समूह गीत में नर्तकों की टोली में शामिल किया गया है। वे उसे पिछले तीन सालों से जानते हैं। हर बार मिलने पर वह किसी-न-किसी फिल्म में अपने रनिंग रोल का किस्सा बयान करता है। फिर उनसे कहता है कि उसके फोटो फिल्मी पत्रिकाओं में छपवाएँ। जब 'क्रान्ति' रिलीज हुई और मैंने उसका 'रनिंग रोल' ढूँढ़ने की कोशिश की तो मुझे घनघोर निराशा हुई। किसी समूह गीत में भी उसका चेहरा मैं पहचान नहीं सका। बम्बई के फिल्मी इलाकों में ऐसे सैकड़ों दीवाने मिल जाएँगे जिनमें जवान लड़कियों की संख्या भी कम नहीं। वे सब स्ट्रगल कर रहे हैं। असलियत बखूबी जानते हुए भी मृगतृष्णा के शिकार हैं। झूठे सपनों की जिन्दगी इस असलियत से जी रहे हैं जैसी अमिताभ बच्चन को भी नसीब न हो। यहाँ जाँबाज छटपटाहट है, लेकिन विचारहीन, आधारहीन, इसीलिए उनका जबरदस्त शोषण होता है। अब स्त्रियों के शारीरिक शोषण की तो बात ही बेमानी हो गई है। इस मायावी दुनिया में प्रवेश करने के लिए लड़कियाँ खुद अपनी नुमाइश करने को बेताब रहती हैं। तथाकथित नैतिक मानदंडों का दीवाला पीटने में वे खुद बढ़-चढ़ कर आगे आती हैं। एक निर्माता ने कहा कि मेरे पास लड़कियों के न जाने कितने ऐसे खत आते हैं कि वे हीरोइन बनने के लिए कुछ भी करने को तैयार हैं। इन बातों में अतिशयोक्ति हो सकती है, किन्तु आधारहीन नहीं हो सकतीं। फिल्म-पार्टियों में जिस प्रकार का वातावरण होता है, वह इस बात का परिचायक है कि अब वहाँ अकसर लेन-देन और स्वार्थ की खरीद-फरोख्त का माहौल होता है। प्रतिद्वन्द्विता का कोई कलात्मक सन्दर्भ नहीं होता। आत्मीयता और अनुराग इन पार्टियों में ढूँढ़ पाना उतना ही कठिन है जितना अँधेरे में अपनी परछाईं देख पाना। इन पार्टियों की सबसे बड़ी जरूरत होती हैं चमचों की कारगुजारियाँ। इनका आयोजन मेल-मुलाकात की जगह शक्ति-प्रदर्शन और शक्ति-सन्तुलन के लिए होता है। यहाँ अनेक गाँठें बाँधी और खोली जाती हैं। लड़कियाँ और शराबें इन पार्टियों की शान हैं। इनमें सितारों, पूँजीपतियों के दलालों, डिस्ट्रीब्यूटरों और फाइनेंसरों के प्रतिनिधियों और नई लड़कियों का बोलबाला होता है। यहाँ जो सबसे ज्यादा ललचाए हुए प्राणी दिखलाई दें, समझ लीजिए वे फिल्म-पत्रकार हैं। जिन पत्रकारों की इज्जत होती है वे अलग मौजूद होंगे। इसीलिए बहुधा हर पत्रकार अपनी-अपनी औकात के अनुसार अपने लिए किसी स्टार का सहारा तलाश लेता है।

राजकपूर से मिलने के प्रयास में मुझे पाँच दिन आर.के.स्टूडियो जाना पड़ा। मजे की बात यह कि मुझे किसी दिन यह महसूस नहीं हुआ कि मुलाकात असम्भव है या मुझसे इनकार किया गया हो। पहली, दूसरी बार तो नहीं, किन्तु तीसरी बार से श्री हरीश बिब्रा ने मुझसे बहुत अन्तरंगता और आत्मीयता से बातचीत की। औपचारिकता तो पहली बार भी बिना किसी चूक के निभाई गई। इस दौरान श्री बिब्रा ने मुझे स्टूडियो के अहाते में घूम-फिर सकने की अनुमति दे दी। स्टूडियो में ऐसे अनेक कर्मचारी थे जो अपने काम में मगन थे। कई जगहों पर उन्हें देखकर मैंने यह पाया कि अकसर अपने काम में जुटे रहकर और रात-दिन इस चमक के नजदीक रहकर भी वे उससे निर्लिप्त बने रहते हैं। मजदूर कहीं भी हो, वह अपने परिश्रम को ही भगवान मानता है। हिन्दी सिनेमा में ख्वाबों की ऐशगाह में दफन होने से यदि कोई बच सका है तो यह

मेहनतकश वर्ग ही। यह सैट बनाता है, सैकड़ों छोटे-बड़े कामों में जुटा प्रतिदिन रोशनी के तमाशे देखता है और अपनी जिन्दगी के अँधेरों में गुम रहता है। स्टूडियो के एक स्टेज पर सैट बनानेवालों में से एक से मैंने पूछा–'क्यों भाई, तुम राजकपूर से मिले हो?' उसने मुझे गौर से देखा और फिर अपनी जेब से बीड़ी निकालकर सुलगाते हुए मुझसे प्रति-प्रश्न किया–'क्या तुम भी राजकपूर से मिलने आए हो?' जाहिर है इस प्रश्न का मेरे पास कोई उत्तर नहीं था।

आर.के. स्टूडियो राजकपूर के सपनों का ताजमहल है। वह हिन्दी सिनेमा का एकमात्र अभिनेता है जिसके पास अपना इतना विशाल और सब सुविधाओंवाला स्टूडियो है। उससे भी बढ़कर यह कि उसकी हर ईंट पर उसके मेहनती हाथों के निशान हैं। आर.के.स्टूडियो की होली और राजकपूर का जन्मदिन–दोनों अपने आयोजनों के लिए विख्यात रहे हैं। उनकी खासियत है उनमें पारिवारिक भावना की मौजूदगी। अब धीरे-धीरे स्टूडियो टूटते जा रहे हैं। वह युग भी लगभग खत्म हो चुका है जिसने राज-दिलीप-अशोक-गुरुदत्त आदि को पैदा किया था। पर राजकपूर जब तक जिन्दा रहेगा वह फिल्म बनाने से बाज नहीं आ सकता। वह बार-बार कहेगा कि इस माहौल में काम करना असम्भव होता जा रहा है, अब हम जैसे लोगों के बूते की बात नहीं रही फिल्म बना सकना। लेकिन हर असमर्थता और निराशा के बावजूद सिनेमा से दूर नहीं हो सकता। राजकपूर के प्रति आदर और स्नेह का भाव आज भी आर.के. स्टूडियो के भीतर दिखलाई देगा। इज्जत और मुहब्बत का ऐसा तालमेल है कि यह समझ पाना बड़ा कठिन है कि मुहब्बत इज्जत में घुली है या इज्जत मुहब्बत में। छोटे-से-छोटे कर्मचारी से लेकर श्री हरीश बिब्रा तक यह भ्रम बनाए रखते हैं।

यूँ मैंने पढ़ा तो कई जगह था, लेकिन एक बड़े पत्रकार ने मुझसे कहा भी–राजकपूर के सामने बात कर पाना कोई आसान काम है! अच्छे-अच्छे उसके सामने दबे-दबे रहते हैं और वह अपने व्यक्तित्व को आप पर हावी करने में सफल हो जाता है। दो-तीन दिन श्री हरीश बिब्रा ने राजकपूर की दरियादिली, जज्बाती उत्ताप और महानता के कई आख्यान सुनाए। उनमें इतनी कशिश थी कि उन पर कम-से-कम मेरे लिए शक कर पाना नामुमकिन न सही तो बेहद कठिन जरूर था।

जिस दिन राजकपूर से मेरी मुलाकात हुई, कोई दो बजे मैं स्टूडियो पहुँचा। दूसरे दिन का बम्बई से लौटने का रिजर्वेशन भी हो चुका था। मैं जाकर श्री बिब्रा की केबिन में बैठ गया। वे मेरा मतलब जानते थे और मैं उनकी हर बात सच मानकर सुनने के लिए तैयार होता। अखबार पर से कुछ देर बाद ध्यान उठाकर उन्होंने मुझे देखा, फिर किसी महत्त्वपूर्ण समाचार के बीच फँसने के पूर्व भारी दिल से बोले–'देखो, आज राज साहब आते हैं या नहीं!' मैं समझ नहीं सका, यह प्रश्न है या सूचना, सो अपने अज्ञान को छिपाने के लिए चुप रहने से बढ़कर कोई दूसरा उपाय नहीं था। उसी समय बिब्रा साहब की केबिन के दरवाजे पर दस्तक हुई, किसी ने दरवाजा खोलने पर कुछ इशारा किया और बिब्रा साहब 'राज साहब आ गए' कहते हुए भागने की मुद्रा में बाहर चले गए। दस मिनिट बाद थके हुए लौटे और कुरसी पर अधलेटे हो गए। कुछ क्षणों बाद कहा–'बस आने ही वाले हैं राज साहब, आज आपकी मुलाकात हो जाएगी। बट काइंडली टेक द ब्रीफेस्ट टाइम पॉसीबल, राज साहब इज वैरी बिजी!' कुछ मिनट बाद ही फिर टेलीफोन की घंटी बजी और बिब्रा साहब बाहर चले गए। मैं देख रहा था खुद को राज साहब के आतंक

के बीच घिरा हुआ और पहचान रहा था अपनी इच्छा को। अपने राजकपूर से मिलने की ख्वाहिश, जिसे मैंने कभी नहीं देखा था। फिर भी मैं जिससे बहुत अधिक परिचित था। जिससे मेरा कोई वास्ता नहीं था, लेकिन बहुत बड़ा वास्ता था। मैंने अपने-आपको पूरी तरह परखा कि मैं अपनी ख्वाहिश भूल तो नहीं गया हूँ!

बिब्रा साहब आए और अपने साथ चलने को कहकर तेजी से आगे बढ़े। मैं उनके पीछे हो गया। कदम बढ़ाकर जब उनके नजदीक पहुँचा तो उन्होंने एक बार फिर नम्रतापूर्वक स्मरण दिलाया–'काइंडली टेक द ब्रीफेस्ट टाइम पॉसीबल, राज साहब इज वैरी बिजी!' हम लोग जब स्टूडियो का लम्बा रास्ता पार कर राज साहब के स्टूडियो की बैठकवाले कमरे पर पहुँचे तो मुझे बाहर बिठाकर उन्होंने जूते-मोजे उतारकर सामने बाथरूम में पैर धो लेने की हिदायत दी। वे कमरे के भीतर चले गए। दो मिनिट के बाद ही बाहर आए तब तक मैं उनकी हिदायत का पालन कर चुका था। वैसे भी इस बात को मैंने एकाध जगह पढ़ा था–आश्चर्यजनक नहीं लगी। कुछ अच्छा-सा ही लगा। कुछ ही क्षणों बाद मैं उस व्यक्ति से मिलनेवाला था जिसको देखने की ख्वाहिश मेरे भीतर बहुत तीव्र थी। उसी समय बिब्रा साहब ने आखिरी बार याद दिलाया– 'काइंडली टेक द ब्रीफेस्ट टाइम...!'

और अब मैं राजकपूर के सामने था। राजकपूर मेरे सामने सफेद झकझक गद्दे पर अधलेटे हुए। उन्होंने मुझसे सहज विनम्रता से नमस्कार करते हुए बैठने के लिए कहा। मैं बैठ गया तो वे बोले– 'कहिए...!' मैं सिर्फ राजकपूर को देख रहा था। मुझे याद था–काइंडली टेक द ब्रीफेस्ट टाइम पॉसीबल–और इस 'ब्रीफेस्ट टाइम' में राजकपूर को खूब अच्छी तरह देख लेने के अलावा और मैं किसी प्रकार उसे नष्ट नहीं कर सकता था। मैंने फिर एक बार खुद को टटोला, कहीं मैं अभिभूत होने की स्थिति में तो नहीं हूँ? जवाब मिला–नहीं, तुम्हें राजकपूर की अंगरेजों जैसी लाली का सम्मोहन नहीं, वह मस्सा ढूँढ़ना है जो उसके चेहरे पर है। वे बारीक लकीरें देखना है जिन्होंने उसे चॉकलेटी हीरो नहीं बनाया। राजकपूर की अँगुलियों में फँसी हुई जलती हुई सिगरेट का धुआँ काँप रहा था। एक बार उन्होंने फिर उसी मुद्रा में कहा–'कहिए!' मैंने किंचित तेजी से ही कहा होगा–'बिब्रा साहब ने कहा था, आप बहुत व्यस्त हैं समय नष्ट न करूँ। सो आपको दो मिनट अच्छी तरह देख लेना चाहता हूँ।' राजकपूर मुसकुराए। मुझे प्रोत्साहन मिला। मैंने आगे कहा–'आप महसूस नहीं करते कि आपने खुद को इतने घेरों में कैद कर लिया है कि कोई आपसे मिलना चाहे तब भी नहीं मिल सकता?'

उन्होंने उसी मुसकुराहट के साथ प्रति-प्रश्न किया–'आपने मिलना चाहा तो आपसे मुलाकात हुई या नहीं?' मुझे एकाएक वह सैट पर काम करनेवाला मामूली-सा कर्मचारी याद आ गया जिसने मुझसे पूछा था–'क्या तुम भी राजकपूर से मिलने आए हो?' मैं निरुत्तर होते-होते बचा। 'हुई तो पर...।'

'देखिए, यदि मैं अपना काम छोड़कर सबसे मिलने ही लग जाऊँ तो इन्फॉरमेशन ब्यूरो ही बन जाऊँगा जी। यहाँ जो आता है वह ग्लैमर से अन्धा होकर। ऐसे लोगों से मिलने में न उनका कोई लाभ होता है और न मेरा। उलटे उनका नुकसान ही होता है। अब देखिए, एक साहब दो-तीन दिन पहले सुबह-सुबह घर पर ही चले आए। दरबान ने गेट नहीं खोला तो दीवार फाँदकर आ पहुँचे और मुझे पहचानते हैं, यह कहकर बैठ गए। मैं आया तो बोले वे–मेरी अगली फिल्म

में खलनायक की भूमिका करना चाहते हैं। मैंने कहा–भई,यह भी कोई तरीका है काम माँगने के लिए आने का? तो उनका जवाब था–जीनत अमान भी तो इसी तरह आदिवासी लड़की की अदा में आई थी आपके पास,'सत्यं शिवं सुन्दरम' में हीरोइन का रोल माँगने। मैं भी विलेन की स्टाइल में आया हूँ।' थोड़ा रुककर वे बोलते गए–'मैंने उन्हें फिर भी समझाया कि भई, मेरी फिल्मों में तो अकसर विलेन की जरूरत ही नहीं होती। और फिलहाल तो कोई भी फिल्म तय भी नहीं है सो बाद में आइएगा। लेकिन वे जिद पकड़े रहे कि मुझे उनके साथ अनुबन्ध तो करना ही होगा कि वे मेरी अगली किसी फिल्म में काम करेंगे।' अब राजकपूर उस हादसे से बाहर निकलते हुए मेरी ओर मुखातिब हुए–'यहाँ जिसकी नजर जाती है, शोहरत पर जाती है, दौलत पर जाती है, रंगीनियों पर जाती है–उस मशक्कत पर नहीं जाती जो किसी कलाकार के बनने के पीछे छिपी होती है!'

और मैं राजकपूर का इंटरव्यू लेने की कोई ख्वाहिश नहीं रखता था, इसलिए बातों ने बहुत जल्दी अनौपचारिक मोड़ ले लिया। मुझे महसूस हुआ कि यदि मतलब की बाधा न हो तो आदमी को पहचानने में सुविधा होती है। राजकपूर की फिल्में जिन्होंने देखी हैं वे जानते हैं कि राजकपूर अपनी भूमिकाओं में शरारत और करुणा-मिश्रित शारीरिक मुद्राओं का बारीक सहारा लेते हैं। उनके साथ बातचीत में उनमें से कई लोकप्रिय मुद्राओं को प्रयोग में आता देखकर मैं मुस्कराए बगैर नहीं रह सका। बातचीत के दौरान अपने ही भीतर डूबे हुए भी वे वातावरण के प्रत्येक स्पन्दन के प्रति सजग रहे। 'ब्रीफेस्ट टाइम' कितना विस्तार पाता चला गया, इसका अहसास भी मौजूद नहीं रहा।

राजकपूर का तिलिस्म इसलिए नहीं टूट सका, क्योंकि उसमें आकाश की ओर देखने और वहाँ पहुँचने के प्रयास की जगह, जमीन पर मजबूती से खड़े रहकर आसमान को अपने नजदीक खींच लाने की पुरजोर कोशिश होती है। यही कारण है उसकी पराजयों का और हर पराजय को विजय में बदल पाने का भी। बदलाव के लिए हमेशा समर्पित, हर परिस्थिति में। चालाकियों और विवशताओं के बीच घिरकर भी एक ईमानदार कोशिश की निष्ठावान संवेदना चमकती हुई।

कोई निजात की सूरत नहीं रही, न सही
मगर निजात की कोशिश तो एक मिसाल हुई!

लड़की खूबसूरत है और बेझिझक। नाक-नक्श और रंग-रूप तो कुछ खास ऐसा नहीं, लेकिन बला की शोखी और मासूमियत पाई है। देखनेवाला देखकर हसरतों से भर जाए। चेहरे पर बेफिक्री और खुल्लमखुल्ला अन्दाज, लेकिन सबकुछ लजीली चितवन में पोशीदा।

लड़का भी कम शातिर नहीं है। अपने चेहरे से ज्यादा अपने चेहरे की मासूमियत का आशिक, दिलफेंक और लुट जानेवाला। उसे यदि किसी बात का गुरूर है तो अपने छोटे से दिल का। मुहब्बत और हिम्मत से भरा हुआ एक अदना-से आदमी का दिल। ऊपर से वह जितना बेफिकरा है, भीतर से उतना ही फिक्रमन्द। अपनी हर कमी से वाकिफ और उसे दुलारनेवाला।

लड़का, लड़की से मेलजोल बढ़ाना चाहता है। लड़की उसकी नसों में बहने वाले खून में गरमी बनकर उतरती है। वह लड़की के साथ अपने अहसास को बाँटना चाहता है। लेकिन उसका तमाशा बनाकर नहीं।

और जब लड़के को, लड़की से पहली बार मिलने-बातचीत करने का मौका मिलता है तब वह कतई महसूस नहीं करता कि यह लड़की से उसकी पहली मुलाकात है। वह तो उसके भीतर न जाने कब से समाई हुई है। इस समय तो सिर्फ उसकी बनावट की लकीरें साफ हुई हैं। और वह लड़की को अपने अहसास में शामिल करने की कोशिश करता है–'ऐसा क्यों लगता है, जैसे आपको पहले भी कहीं देखा है!'

बातचीत की ऐसी फूहड़ शुरुआत! जैसे लड़की का मन खट्टा हो गया हो। अन्दाज़े-बयाँ का वही घिसा-पिटा तरीका। जैसे कहने के लिए कुछ हो ही नहीं। लड़की के तेवर में एक खास किस्म की लापरवाही आ गई है। वह अपने ही भीतर लौटने लगी है। वह लड़के का जैसे नोटिस भी नहीं लेना चाहती। किसी भी तरह उसे लड़के में कोई विशेषता नजर नहीं आ पाती। शायद वह यही सोचती है कि इसे कहने के लिए मिली भी तो–वही सैकड़ों बार दोहराई गई बात। ऐसा क्यों लगता है जैसे आपको पहले भी कहीं देखा है! लड़की इस बात का और क्या जवाब देती भला! एक चालाक मुस्कुराहट के साथ वह कहती है–'सपनों में देखा होगा!' इसके साथ ही जुड़ जाती है मासूम, निस्संग खिलखिलाहट।

और जब लड़की देखती है कि लड़का उसकी ओर मुखातिब नहीं है। वह जैसे उसके रंग-रूप की लकीरों में खोकर भीतर-ही-भीतर न जाने कहाँ डूबता चला जा रहा है। उसकी आँखों में समुद्र की गहराइयाँ उतरती चली आ रही हैं। वह न जाने कहाँ से बोलता है! कम-से-कम जुबान से तो नहीं ही–'जी हाँ, मैं सपने बहुत देखता हूँ!'

जी हाँ, यह लड़का सपने बहुत देखता है। यही काबिलियत है उसकी। और उन सपनों को इन्द्रधनुषी रंगों में सजते देखने की बेचैन जिद–सबसे बड़ी कमजोरी। वह अपनी इस

कमजोरी से बेखबर नहीं है। उसके पास सपनों से बेहद हसीन, पुरलुत्फ और रंगीन बना सकने की सबसे अलग और पुरअसर ताकत भी है। उसने अपनी इस ताकत की जब-जब गुलामी की, तब-तब रंग बिखर गए, लेकिन जब इस ताकत को चैलेंज किया है तो वे बुझकर भी जगमगा उठे हैं।

यह राजकपूर है। राजकपूर, जो हिन्दी सिनेमा में आजादी के तीन-चार साल पहले मामूली-सी हैसियत लेकर दाखिल हुआ और देखते-ही-देखते यह चिंगारी एक शोला बन गई।

राजकपूर उन चन्द खुशनसीब कलाकारों में है जो अपने ही जीवन-काल में एक किंवदन्ती बन जाते हैं। आजादी के बाद हिन्दी सिनेमा पर एक पूरी दृष्टि डालना हो, तो राजकपूर को आसानी से बीच में रखकर चारों ओर नजर दौड़ाई जा सकती है।

उपर्युक्त दृश्य राजकपूर की ही एक असफल फिल्म 'आह' का है। 'आह' एक दुखान्त प्रेमकथा थी। खूबसूरती से बनाई गई और मधुर संगीत से सजी। लेकिन उस दुखान्त कहानियों के देवदास-युग में राजकपूर को एक निराश भावुक प्रेमी के रूप में स्वीकार नहीं किया गया। आशाओं की ज्योति के रूप में जिसकी पहचान हो, उसे दर्शक भला इस रूप में दुलारते भी तो कैसे!

राजकपूर की हर असफलता उससे कहती है–तुम धारा के साथ बहने के लिए नहीं बने हो। तुम्हें तो तेज मगर अन्धी धारा में उलटे तैरना है। धारा की रफ्तार के खिलाफ। तुम्हारी किस्मत में आसान सफलताएँ नहीं लिखी हैं।

यह आदमी, बड़ा ऐक्टर है या नहीं, इस बात पर हमेशा विवाद रहा है। 'अनाड़ी'–जिसमें उसे श्रेष्ठ अभिनय के लिए 'फिल्म फेयर पुरस्कार' भी प्राप्त हुआ था, एक पत्रिका में उसके अभिनय पर टिप्पणी की गई थी–'राजकपूर हमेशा की ही तरह बन्दरों की तरह हाथ-पैर फेंकता है!' उसकी प्रशंसा हो या आलोचना–दोनों में अतिरेक हमेशा रहा है। शायद इसलिए कि वह किसी चौखटे में कैद नहीं किया जा सकता। उसकी खासियत तमाम खासियतों के बन्धनों को तोड़ने में ही है। वह सिर्फ अपने जैसा है।

दरअसल, एक ऐक्टर के नजरिए से उसे देखना ही गलत है। एक ऐक्टर के रूप में उसका मूल्यांकन करने के पहले हमें बहुत पीछे लौटना होगा। उस युग में जब वी. शान्ताराम, महबूब खान, बिमल राय, एस.यू. सन्नी जैसे दिग्गजों की तूती बजती थी। उस समय एक चौबीस साल का छोकरा अपनी पहली फिल्म 'आग' लेकर दाखिल हुआ था, जिसका वह सिर्फ नायक ही नहीं था, निर्माता-निर्देशक भी था। सन् 1948 में जब 'आग' रिलीज हुई तो इस नई लपट को महसूस सबने किया, पर स्वागत किसी ने नहीं।

हिन्दी सिनेमा में नायकों के स्वयं निर्माता-निर्देशक बनने की परम्परा बहुत पुरानी है। लेकिन कोई नायक तभी निर्देशक बना है, जब वह नायक के रूप में अपनी जड़ें जमा चुका है। 'आग' के प्रदर्शित होने तक राजकपूर 'स्टार' नहीं बन सका था। उसके समकालीन दिलीप कुमार, देव आनन्द नायक के रूप में उसके कहीं बहुत आगे जा चुके थे।

यह हिन्दी सिनेमा का वह युग था जब प्रसिद्ध फिल्म कम्पनियाँ टूट चुकी थीं, या टूटन के कगार पर थीं। स्टार सिस्टम की नींव पड़ रही थी। सिर्फ कलाकार ही नहीं, टेक्नीशियन भी स्वतन्त्र रूप से काम करने लगे थे। फिल्म-निर्माण में एक तात्कालिक आवश्यकताओं की

पूर्ति का समूह बनने लगा था। उस दौर में राजकपूर ने एक अपनी स्वतन्त्र फिल्म निर्माण करनेवाली संस्था बनाई और कलाकरों, टेक्नीशियनों की एक ऐसी टीम तैयार की, जो 'आग' से लेकर अन्त तक साथ रही। पैंतीस वर्षों के लम्बे समय में उस टीम से वे ही जुदा हुए जो इस दुनिया को छोड़ गए। एकाध अपवाद को छोड़कर।

इसीलिए राजकपूर का सपना महज एक ऐक्टर बनकर पूरा नहीं होता। वह एक समूची फिल्म बनता है। उसके एक-एक टुकड़े में समूची ताकत के साथ डूबता है। वह दूसरों के व्यक्तित्वों को अपने अभिनेता-व्यक्तित्व को उभारने के लिए कभी इस्तेमाल नहीं करता। उन सभी व्यक्तियों को पूरी फिल्म के साथ समूची ताकत से जोड़ता है। चूँकि फिल्म का सूत्रधार वह स्वयं होता है, इसलिए वह अप्रत्यक्ष रूप से प्रत्येक व्यक्तित्व की आत्मा बन जाता है। अपनी फिल्मों से इसी अन्तरंगता से जुड़ने की शक्ति वी.शान्ताराम और महबूब में भी थी। लेकिन महबूब खान के साथ यह दिक्कत थी कि वे नायक नहीं थे। वी. शान्ताराम अपनी फिल्मों में स्वयं नायक तो कई बार बने हैं और उन नायकों के विविध रूपों को जिन्दा भी किया है, लेकिन नायक के रूप में अपना कोई निजी प्रभामंडल नहीं बना सके। राजकपूर नायक के रूप में अपनी विशिष्ट महिमामय इमेज बना सका, यह उसके लिए बहुत बड़ा वरदान साबित हुआ।

आजादी के बाद राजकपूर को चुनौती देनेवाला एक ही व्यक्तित्व है–स्व. गुरुदत्त का। यदि उनकी असमय मृत्यु न होती, तो हिन्दी सिनेमा की दिशा बहुत-कुछ वह न होती जो आज है। सिने-कला के वे आत्मीय मर्मज्ञ थे। उनकी फिल्मांकन की दृष्टि यथार्थवादी होते हुए भी सौन्दर्य-चेतना और रागात्मकता से रची हुई थी। अपनी अन्तर्मुखी प्रकृति के कारण वे बहुत जल्द अस्त हो गए, अपनी क्षमताओं का इतिहास अधूरा छोड़कर।

राजकपूर और गुरुदत्त के दृष्टिकोण अलहदा हैं, किन्तु दोनों ही फिल्म-कला को प्रत्येक तक पहुँच सकनेवाला शक्तिशाली माध्यम मानते हैं। इसीलिए दोनों की ही फिल्मों में सामान्य जन से जुड़कर उसकी कला-रुचि को परिष्कृत कर सकने का बारीक प्रक्रियापूर्ण प्रयास रहा है। 'आवारा' और 'प्यासा' हिन्दी सिनेमा में सदैव दो स्तम्भ की तरह मौजूद रहेंगे।

गुरुदत्त भी उतने लोकप्रिय नायक नहीं बन सके कि किसी रूढ़ि के रूप में याद किए जाएँ। उनका निर्देशक सर्वोपरि है। पर राजकपूर अभिनेता अच्छा है या निर्देशक, यह तय कर पाना नामुमकिन है। राजकपूर कितना महान कलाकार है, यहाँ इसकी चर्चा बेमतलब होगी, लेकिन उसके अभिनय की नकलन नामुमकिन है। रणधीर कपूर की असफलता के पीछे सबसे बड़ा कारण यही है। पिछले तीन दशकों में न जाने कितने अभिनेताओं ने 'दिलीप कुमार' की तरह बनने का प्रयास किया होगा। राजेन्द्र कुमार को तो दिलीप कुमार की कार्बन-कॉपी तक कहा गया। देव आनन्द और शम्मी कपूर के नाज़-ओ-अन्दाज़ तक की बेशुमार नकलें हुईं। अमिताभ बच्चन के कारण तो पूरा-का-पूरा हिन्दी सिनेमा पहलवानी का अखाड़ा ही बन गया। हर नायक महाबली भीम का रूप धारण करने को मजबूर हो गया।

न जाने कितने दिलीप, देव, शम्मी, राजेश, अमिताभ जैसा बनने के प्रयास हिन्दी सिनेमा में दिखलाई देंगे, लेकिन...

...लेकिन राजकपूर जैसा बनने का कोई प्रयास नहीं होगा। क्योंकि उस जैसा बना ही

नहीं जा सकता। क्योंकि वह खुद किसी दूसरे जैसा नहीं है। कभी-कभी तो वह खुद भी अपनी पहचान नहीं है।

हिन्दी सिनेमा में अब तक 'टाइप्ड' हो जाने से कोई अभिनेता नहीं बच सका। संजीव कुमार जैसे बहुआयामी व्यक्तित्व को भी बूढ़े के मेकअप में कैद करने की साजिश तो की ही गई। फिर भी संजीव ही हिन्दी सिनेमा के एकमात्र ऐसे कलाकर हैं जिन्होंने भयंकर प्रतिस्पर्द्धा के युग में भी अपने कलाकार की भूख को हर कीमत पर जिन्दा रखा। अपने अभिनेता को वे खुद नित-नवीन चुनौती देते हैं। उनका यह साहस पूरे हिन्दी सिनेमा में अद्वितीय है। अपने अस्तित्व को पूर्णतः विसर्जित कर चरित्र की खूबियों और खामियों में समा जाने के लिए वे बेचैन रहते हैं। बड़े-से-बड़े अभिनेता ने अपनी इमेज गढ़ने के लिए किरदारों की खामियों को ग्लैमराइज किया है।

राजकपूर भी टाइप्ड हुए। संवेदनाओं की एक जैसी ही अनुभूतियों में डूबकर अभिनय करने को अभिशप्त। लेकिन उसके नायक को निर्माता-निर्देशक राजकपूर का बहुत लाभ मिला। 'आवारा', 'श्री 420', 'जागते रहो' और 'मेरा नाम जोकर' में उसे भूमिकाओं का बारीक वैविध्य मिला। इनके अतिरक्त 'अनाड़ी' में ऋषिकेश मुकर्जी और 'तीसरी कसम' में बासु भटट्राचार्य ही राजकपूर की असीमित क्षमता का बहुआयामी उपयोग कर सके।

निर्माता-निर्देशक के रूप में राजकपूर का बहुत हद तक सफल अनुसरण मनोज कुमार ने किया है। मनोज की फिल्मांकन की पूरी प्रक्रिया राजकपूर से अनुप्राणित है। राजकपूर एक कीर्तिस्तम्भ हैं या नहीं—इस बारे में अनेक दृष्टिकोण हो सकते हैं, लेकिन वह एक महान शोमैन तो हैं ही। विशाल दर्शक-वर्ग को अपनी ओर आकर्षित करने की क्षमता रखनेवाला। अपनी फिल्मों से पूरे उद्योग को नई राह पर चलने के लिए मजबूर कर देनेवाला। इसीलिए आर.के.बैनर की फिल्में कभी उपेक्षित नहीं हुईं। 'बॉबी' राजकपूर का एक करिश्मा-भर ही तो थी। मनोज कुमार ने भी तो अपनी फिल्मों में भी यही चमत्कारी व्यक्तित्व बनाने का सफल प्रयास किया। भले ही लोगों ने कहा कि 'क्रान्ति' में दिलीप कुमार के अतिरिक्त कुछ नहीं है, लेकिन 'क्रान्ति' है मनोज कुमार की ही फिल्म। उसी के व्यक्तित्व के करिश्मे की। सफल या असफल जो भी हो। अपने चमकीले फिल्मांकन के चमत्कार को मनोज ने 'उपकार' और 'रोटी कपड़ा और मकान' में चरम सीमा तक पहुँचाया है।

मनोज सुपरस्टार कभी नहीं बन सका। पर वह अपने जैसा अकेला 'मेकर' जरूर बन सका। 1977 के आरम्भिक दिनों की बात है। बम्बई में एक फिल्म पत्रकार महोदय ने कहा—'राजकपूर आजकल बहुत 'शेकी' हो गया है। 'सत्यं शिवं सुन्दरम' उसने दस हजार मीटर से ज्यादा फिल्मा डाली है। अब समझ नहीं पा रहा, क्या रखे, क्या काट फेंके। चार-चार बार मनोज कुमार को फिल्म में रशेज दिखलाकर सलाह ले चुका है।'

पत्रकार महोदय के इस कथन में कितनी वस्तुगत सच्चाई थी, ये तो वही जानें। पर इस कथन से यह ध्वनि जरूर आती है कि मनोज के इस गुण का आतंक फिल्मोद्योग में बना था कि वह जनता की नब्ज पहचानता है। राजकपूर की 'सत्यं शिवं सुन्दरम' और मनोज कुमार की 'क्रान्ति'—दोनों ही एक-सी हादसे की फिल्में हैं। दोनों ही जुबली फिल्में होने के बावजूद यही साबित करती हैं कि इन फिल्मों के निर्माता झूठी प्रतिस्पर्द्धा में आँखों पर पट्टी

बाँधकर पिछले दरवाजे से शामिल हुए हैं। इनके लिए इससे बढ़कर पराजय दूसरी नहीं हो सकती।

यह कहना गलत होगा कि छठवें दशक की समाप्ति तक संगीत किसी फिल्म की सफलता-असफलता के लिए महत्त्वपूर्ण कारण रहा है। आज भी संगीत उतना ही महत्त्वपूर्ण है और आज तो कहीं पहले से भी ज्यादा। क्योंकि पहले प्रतिस्पर्द्धा होती थी। अधिकांश फिल्मों का संगीत लुभा लेनेवाला होता था। अब किसी फिल्म में अच्छा संगीत सुनने को मिले—यह आश्चर्य और सौभाग्य की ही बात है। आज तक वह फिल्म कभी फ्लॉप नहीं हुई जिसका संगीत बेहद लोकप्रिय हुआ हो। अपवाद हो सकते हैं और हैं भी। और सबसे मजे की बात यह है कि ऐसे अपवाद सबसे ज्यादा राजकपूर की ही फिल्मों के हैं। राजकपूर की इनी-गिनी ही ऐसी फिल्में भी हैं जिनका संगीत अपार लोकप्रिय न हुआ हो।

जो सफलता 'मुगल-ए-आज़म' को पन्द्रह वर्षों की बेहद मेहनत और दोनों हाथों धन लुटाकर मिली थी, 'अनारकली' को सिर्फ अपने मधुर संगीत के कारण ही मिल गई थी। अभिनय, निर्माण गुणवत्ता, रचना-विधान और निर्देशकीय कौशल आदि किसी भी दृष्टि से 'अनारकली' का 'मुगल-ए-आज़म' से कोई मुकाबला नहीं है, पर संगीत की अद्‌भुत क्षमता ने 'अनारकली' की तमाम खामियों को पूरा कर दिया। एक्शन फिल्मों के दौर में भी संगीत का महत्त्व कम नहीं हुआ। हाँ, संगीत के जादू को जगाने की क्षमता रखनेवाले व्यक्तित्व नहीं ही रहे। यहाँ इस बात को नहीं भूलना चाहिए कि संगीतकार, गीतकार, गायक और निर्देशक के संयुक्त सम्मिलन से फिल्म में अलौकिक संगीत की सृष्टि होती है। जरूरत होने पर इसमें नृत्य-निर्देशक भी सहयोगी बनता है, हालाँकि उसका योगदान बहुत सीमित होता है। इस जंजीर की एक भी कड़ी कमजोर हो तो संगीत अपना अलौकिक प्रभाव सिनेमा में पैदा नहीं कर पाता।

राजकपूर की फिल्मों में गीतों के चित्रांकन को देखना एक विशिष्ट अनुभव है। गानों को उसने अपनी फिल्मों में 'फिलर' के रूप में कभी इस्तेमाल नहीं किया। उसकी फिल्मों के गीत जिन्दा ताकत होते हैं। उनका अस्तित्व होता है। 'जिस देश में गंगा बहती है' में नौ गीत थे। शीर्षक-गीत को कई बार दोहराया गया था। इसमें से अधिकांश गीत ऐसे थे कि उन्हें निकाल दें तो कथावस्तु और उसके प्रभाव में कोई बाधा खड़ी नहीं होती। पर यदि हम उन्हें निकालकर देखें तो 'जिस देश में गंगा बहती है' एक बेहद कमजोर फिल्म लगेगी।

यह बात अधूरी है कि 'जिस देश में गंगा बहती है' के गीत मधुर हैं। उनका फिल्म में चित्रांकन इतनी बारीकी, तन्मयता, संवेदनशीलता और पूरी फिल्म के साथ जोड़कर किया गया है कि वे सबसे बड़ी शक्ति बन गए हैं। यद्यपि इसके निर्देशक थे राधू कर्मकार, पर यह फिल्म राजकपूर के कौशल की ही प्रतिलिपि है।

'हम भी हैं, तुम भी हो, दोनों हैं आमने-सामने'—गीत में सिर्फ इतना ही नहीं है कि डाकू नाच-गा रहे हैं, खुशियाँ मना रहे हैं, अपितु एक समूचा जिन्दा संसार है जो सीधे दिल में उतर जाता है। इस गाने में राजू (राजकपूर) कितनी शिद्दत के साथ कम्मो (पद्‌मिनी) से प्यार करता

है, यह तड़प है। भौजी (ललिता पवार) का राजू के लिए अपने बेटे जैसा कितना अपनापन है, यह मार्मिकता है। राका (प्राण), कम्मो के लिए कितनी वहशत से भरा है, यह छटपटाहट है। राजू और राका की उन ताकतों का टकराव भी है, जिससे वे एक-दूसरे को चुनौती देते हैं। इस गीत में फिल्म का लगभग प्रत्येक पात्र अपनी-अपनी सहज पारदर्शी मानसिक स्थितियों के साथ मौजूद हैं। इस गाने से उत्पन्न होनेवाले प्रभाव को अनेक दृश्यों और संवादों के द्वारा भी पैदा नहीं किया जा सकता। संगीत की अप्रतिम शक्ति की पहचान इसलिए भी राजकपूर को है, क्योंकि वह स्वयं रसज्ञ है। राजकपूर के व्यक्तिगत सहायक श्री हरीश बिब्रा के पास जब मैं पहुँचा और यह बतलाकर कि मैं राजकपूर की फिल्म-कला पर एक पुस्तक तैयार कर रहा हूँ, उनसे मिलना चाहा तो श्री बिब्रा ने भाव विह्वल होकर कहा–'क्या लिखिएगा आप राजकपूर के बारे में! ही इज एन आर्टिस्ट पार एक्सीलैंस। ही कैन प्ले ऑन थर्टीन म्युजिकल इंस्ट्रूमेन्ट्स विद सेम एफीशिएन्सी।' इस कथन से और भी बहुत-कुछ जाहिर होता है, पर यह भी कि राजकपूर को संगीत का ज्ञान है। इससे बढ़कर यह है कि वह संगीत की शक्ति का भक्त है।

संगीत राजकपूर की प्रत्येक फिल्म की ताकत है। गीतों के चित्रांकन की विशेषता भी। यहाँ तो कुछ विशेष उदाहरण सिर्फ गिनाए जा सकते हैं। उनके विस्तार में जाने पर तो अलग से एक पूरी किताब तैयार हो जाएगी। 'आवारा हूँ', 'घर आया परदेसी' (आवारा), 'राजा की आएगी बारात' (आह), 'वो रात गई, वो सुबह नई' (बूट पॉलिश), 'रमय्या वस्तावय्या', 'दिल का हाल सुने दिलवाला' (श्री 420), 'ये मेरा प्रेम पत्र पढ़कर', 'दोस्त-दोस्त न रहा' (संगम), 'जाने कहाँ गए वो दिन', 'ऐ भाई जरा देख के चलो' (मेरा नाम जोकर), 'बेशक मन्दिर-मस्ज़िद तोड़ो', 'पहले तुम-पहले तुम' (बॉबी), 'यशोमती मैया से बोले नन्दलाला' (सत्यं शिवं सुन्दरम), 'ये गलियाँ ये चौबारा' (प्रेमरोग) कुछ उदाहरण हैं।

'बॉबी' की रिकॉर्ड-तोड़ सफलता पर टिप्पणी करते हुए एक समीक्षक ने लिखा था कि इसका गीत-संगीत ही घनघोर सफलता का कारण है। मैंने कहा न, यह अधूरी बात है। 'बॉबी' के गीतों को राजकपूर ने जिस तरह फिल्माया है–उसका प्रभाव दर्शकों को बार-बार सिनेमाघरों तक खींच लाया। 'बॉबी' के हर गीत में किशोर मानसिकता की जज्बाती कशिश, मस्ती और बेचैनी कूट-कूट कर भरी थी। 'बॉबी' के गीतों का रिकार्ड सुनना और फिल्म में उन्हें सुनने-देखने में बड़ा फर्क है। इसीलिए 'बॉबी' के गीत फिल्म रिलीज होने के बाद अधिक लोकप्रिय हुए थे।

मनोज ने राजकपूर से यही सीखा–गीतों को पात्रों के मनोभावों और स्थितियों की कोमलता के बारीक रेशों के साथ जोड़ दो। 'हाय हाय ये मजबूरी, ये मौसम और ये दूरी'(रोटी कपड़ा और मकान)–सिर्फ यह गीत ही मधुर नहीं है, जीनत की अदाएँ ही मादक नहीं हैं, अपितु जीवन के एक मधुरतम एहसास के धीरे-धीरे नष्ट हो जाने की वेदना के खिलाफ रसीला आक्रोश भी है। सौन्दर्य भरा व्यंग्य है। जीवन की क्रूरतम स्थिति में भी कोई आशा-भरा सपना है कि मनुष्य कभी पराजय स्वीकार नहीं करता। पराजय को सामने देखकर भी जीवन की सुन्दरता के प्रति ही आकृष्ट होने के लिए बाध्य है आदमी। इसीलिए यह गीत दर्शकों के सीनों में आग भर देता है। इसी फिल्म में एक अन्य समूह गीत–'महँगाई मार गई' भी

कुशलतापूर्वक चित्रित किया गया है, जिसमें पूरी फिल्म के वातावरण को एक जगह समेटने का प्रयास है।

मनोज के अतिरिक्त फिल्मकार के रूप में भी राजकपूर के रास्ते को अपनाना किसी ने पसन्द नहीं किया। निश्चित ही वह रास्ता कठिनाइयों से भरा हुआ है। उसमें सम्पूर्ण समर्पण की आवश्यकता होती है। मौसमी हवाओं में न बहकर दृढ़ता से खड़े रह पाना होता है। सफलता को पचा पाने की क्षमता पैदा करनी होती है। और...और असफलता को स्वीकार कर सकने की विनम्रता भी चाहनी पड़ती है।

धीरे-धीरे राजकपूर असफलता को स्वीकार करना भूलता चला गया है। हिन्दी सिनेमा में बढ़ी बेइन्तिहा चूहादौड़ ने उसे मजबूर भी किया है इसके लिए। पर राजकपूर ने अपना यही गुण लगातार खोया है।

अभिनेता के रूप में राजकपूर का अनुसरण करना तो निस्संदेह ही मूर्खतापूर्ण होगा। यदि 'श्री 420','आवारा','जागते रहो','मेरा नाम जोकर' को निकाल दें तो उसकी महिमामयी विदूषक छवि एकदम बौनी हो जाएगी। उसकी छवि में इतनी सहजता है कि साधारणतया उसका व्यावसायिक उपयोग करने की सफलता में ही बाहर के निर्माता-निर्देशक संतुष्ट हो गए। नायक के रूप में राजकपूर ने अपने लिए जिस इमेज को चुना, व्यवसाय की दुनिया में वह अकलमन्दी की बात नहीं है। हर नायक अपनी छवि बनाने में जिस भी तत्व को प्रधानता देता है उसमें महानता जरूर बसी होती है। वह अपनी अलौकिक त्याग-भावना से महान बने, मुहब्बत में समर्पण की चरम सीमा तक जाकर अपना सब कुछ लुटा देने की दीवानगी में महान बने, सारी दुनिया के खिलाफ अकेले बलबूते पर क्रान्ति का सपनीला बिगुल बजाकर महान बने—महानता को अपनी छवि के साथ जोड़ता जरूर है। यहाँ तक कि अधिकतर कला-फिल्मों के नायकों को भी उनकी 'विशिष्ट मानसिकता' का 'जामा' पहनाया गया है।

राजकपूर की इमेज में महानता नदारद है। उसने उस आदमी को नायक बनाया है जो किसी तरह विशिष्ट नहीं है। वह एक साधारण आदमी की तरह है—उसकी तमाम अच्छाइयों और बुराइयों, खूबियों और कमियों, लालसाओं और कुंठाओं के साथ—यानी कि एक समूचे जिन्दा आदमी की तरह। और इस देश में कभी 'सामान्य स्थिति' को सराहा नहीं गया। यहाँ तो उसकी पूजा होती है जो गद्दी पर बैठता है, या जो सब कुछ छोड़-छाड़ कर लँगोटी लगा लेता है। शायद यह मानव मात्र का स्वभाव है कि वह विशिष्टता की ओर ही ललचाई नजरों से देखता है। मृगतृष्णा झूठ होने पर भी लुभावनी लगती है। राजकपूर से बेहद प्रभावित व्यक्ति भी उसकी प्रशंसा के लिए सही शब्द नहीं ढूँढ़ पाते। उसकी श्रेष्ठता के कारण नहीं बतला पाते। उसके अभिनय में बहुत-कुछ ऐसा है जिस पर वाह-वाह नहीं की जा सकती। सिर्फ तन्मय होकर डूबा जा सकता है। वहाँ पहुँचा जा सकता है जहाँ भावना को अभिव्यक्त करने की सारी इच्छाएँ खत्म हो जाती हैं, जहाँ दर्शक और अभिनेता में कार्य-कारण एकता होती है। अभिनेता के रूप में उस सीमा तक ले जाने की धृष्टता राजकपूर करता है। यहाँ कलाकार का अपने व्यक्तित्व से निस्संग होना लाजिमी है।

हिन्दी सिनेमा में अभिनेताओं ने अपने व्यक्तिगत अनुभवों के द्वारा चरित्र की बारीकियों को अधिक उभारा है। वह चरित्र के साथ एकाकार होने की कोशिश करता है। अपनी

अनुभूतियों के द्वारा ही चरित्र को पकड़ता है। खुद से एकदम अलग होकर चरित्र में खुद को नहीं डाल देता। ऐसा करने में दो खतरे हैं। एक तो यह एक नई जिन्दगी जीने जैसा कठिन काम है; दूसरे, व्यावसायिक तौर पर खतरनाक। इसीलिए निर्माता-निर्देशक अभिनेता के स्वीकृत स्वरूप के इर्द-गिर्द कहानी रचना पसन्द करते हैं। अभिनेता कहानियों के लिए नहीं, कहानियाँ उनके अनुसार लिखी जाती हैं। इसके लिए अकेला अभिनेता जिम्मेदार नहीं है। इस स्थिति से तभी बचा जा सकता है जब फिल्म निर्माण का पूरा ढाँचा ही नया हो। इसीलिए अधिकांशतः अपनी फिल्मों में ही राजकपूर भी पूरी तन्मयता के साथ प्रस्तुत हो सका है।

जिन्दगी जितनी सख्त है, आदमी उतनी ही कोमलता ढूँढ़ता है। दुख जितने सघन होते हैं, खुशी की एक-एक किरच के लिए आदमी की छटपटाहट उतनी ही तेज हो जाती है। सुबह होती है, जरूर होती है–आदमियत का अन्तिम निष्कर्ष है यह। जख्मों से भरा सीना लिए हुए भी हँसता, गीत गाता है आदमी। इस आदमी को, पीड़ा के बीच भी जिन्दगी की कभी न बुझनेवाली तड़प को परदे पर राजकपूर ने साकार किया है।

'जागते रहो' का नंगी सच्चाई को देख लेने की सजा भुगतता माटीपुत्र, ईमानदारी से जिन्दा रहने की लालसा लिए ईमान बेचने को मजबूर 'श्री 420' का शिक्षित बेरोजगार, तालियों की गड़गड़ाहट और दर्शकों की किलकारियों के बीच अपनी माँ की मौत का आँसुओं की नकली पिचकारी छोड़कर मातम मनाता जोकर–ये सब राजकपूर ही है। और रेणु की माटी के आदमी की आत्मा में प्रवेश कर जानेवाला 'तीसरी कसम' का हीरामन यही है।

परदे पर राजकपूर की छवि यह सोचने को मजबूर करती है कि क्या कोई मनुष्य इतना निश्छल, कोमल और मासूम भी हो सकता है? ख्वाजा अहमद अब्बास की 'चार दिल चार राहें' का वह निष्ठावान नवयुवक जो भंगिन को ब्याह लाने के लिए ढोल बजानेवाले लड़के के साथ अकेला ही निकल पड़ा है, जिन्दगी की चालाक सच्चाइयों से बेखबर ऋषिकेश मुकर्जी का 'अनाड़ी'–सचमुच इन्हें कभी नहीं भुलाया जा सकता। ये किरदार इसलिए अनोखे बन सके हैं, अविस्मरणीय हो गए हैं, क्योंकि इनमें जिन्दगी का संगीत है। दुःखों और अभावों के बीच कराहती मानवता का मजाक नहीं उड़ाया गया है। तकलीफों के बयान में महानता का मुलम्मा नहीं चढ़ाया गया है। दुखों और अभावों को महिमामय अनोखेपन का लबादा भी नहीं पहनाया गया है।

आजादी के बाद के हिन्दी सिनेमा में राजकपूर ही सबसे अधिक ताकत से यह कहता है कि कलाकार किसी की तरह नहीं बन सकता। वह कलाकार होता ही नहीं जो किसी की तरह बनना चाहता है। कलाकार सिर्फ अपने जैसा होता है। उसे सिर्फ अपनी राह चलने की जिद रही है। इसीलिए वह गिर-गिर कर उठा है और उठ-उठ कर गिरा है। उसकी राह कभी पूरी नहीं होती। उसका सपना हमेशा अधूरा रहता है। सपनों की मुहब्बत का यह दीवाना किसी मुकाम को आखिरी नहीं मान सका। एक लगातार रास्ता-ही-रास्ता है, उसकी कलायात्रा। श्रेष्ठता का कोई बिन्दु अन्तिम नहीं। कला की कोई ऊँचाई, सबसे ऊँची नहीं।

वह 'आह' में अपनी नायिका से कहता है–'जी हाँ! मैं सपने बहुत देखता हूँ!' सपने जो नई दुनिया को रचने में मदद करते हैं। सपने जो आदमी की सबसे बड़ी ताकत हैं। सपने

जो न हों, तो आदमी भले ही रहे, उसकी आँखों में उजाला और होंठों पर मुसकान कभी न रहे। सपने, जिनको सच करने के लिए आदमी जिन्दगी की तमाम तल्खियों, शिकस्तों और मुश्किलों से जूझते हुए आगे चला जाता है। यही सपने तो राजकपूर की सबसे बड़ी मिल्कियत हैं। लेकिन सपने छल भी करते हैं—यदि देखनेवाली आँखों में जरा-सा भी लालच और गुरूर भड़क उठे। और फिर सपनीला आदमी आत्मघाती तक हो जाता है। क्योंकि जिन्दगी नशा नहीं हकीकत है। फिर सपनों का नशा तो सब-कुछ मटियामेट कर सकता है।

यारो, ख़ता मुआफ़ मेरी, मैं नशे में हूँ
सागर में मय है, मय में नशा, मैं नशे में हूँ!

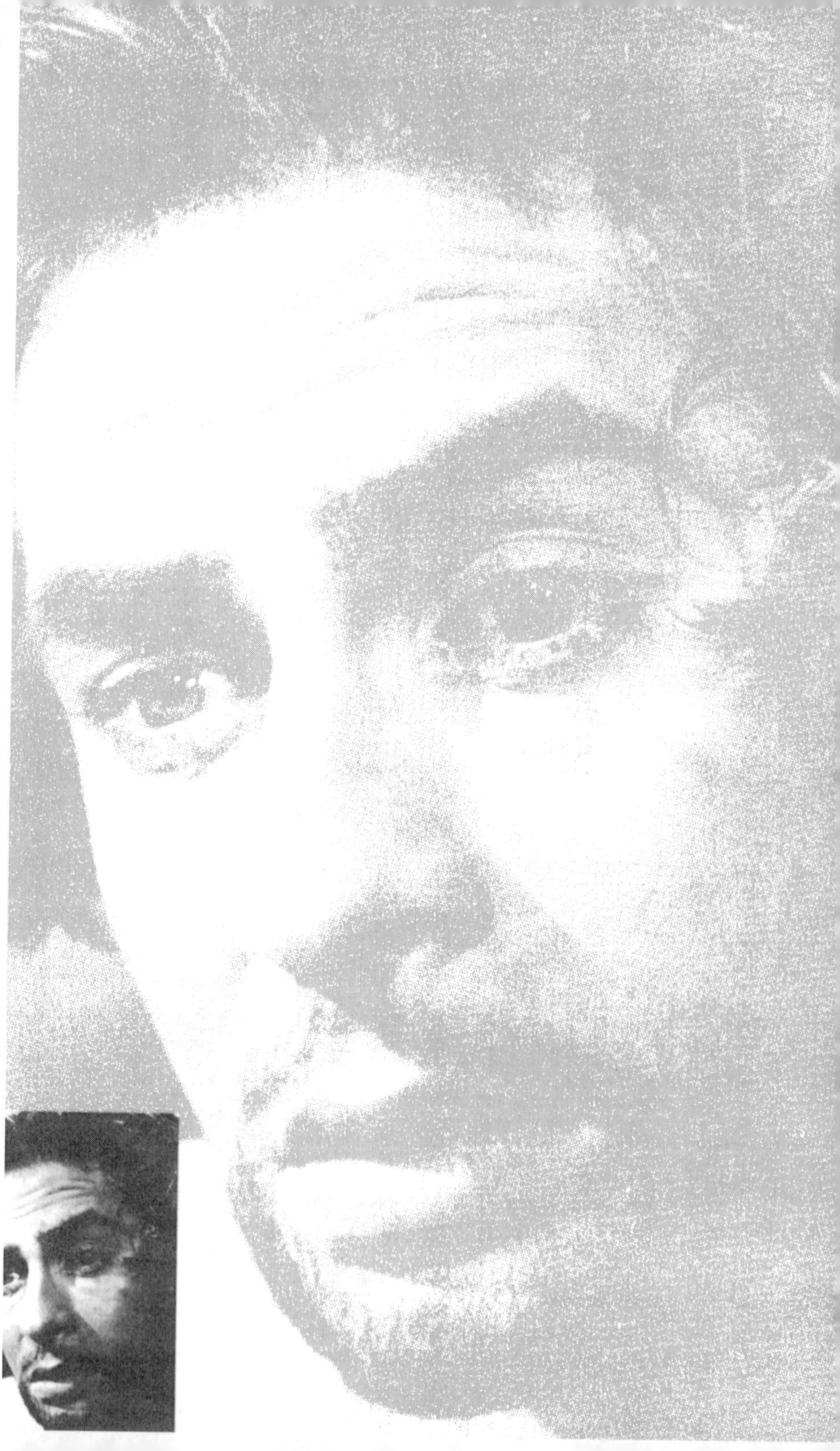

'आग' के प्रदर्शन के साथ राजकपूर की छवि एक विवादग्रस्त व्यक्तित्व के रूप में बनी। 'आग' स्थापित परम्पराओं का अनुकरण नहीं करती थी, किन्तु वह अपनी अलग पहचान भी नहीं बना सकी। 'आग' राजकपूर की एक अपरिपक्व फिल्म थी–जिन्दगी के बारे में। पहले ही दृश्य में उसका चेहरा, जो आग में झुलस गया है, इतना वीभत्स दिखलाया गया कि किसी भी नए नायक का साहस जवाब दे जाए। उस युग में जब चिकने-चुपड़े चेहरेवाले नायकों की कद्र आज से कहीं बहुत ज्यादा थी। इसलिए 'आग' एक खतरनाक शुरुआत थी। इस तरह के किसी काम को इस ग्लैमर की दुनिया में महज बेवकूफी माना जाता है। यहाँ जो मौके को भुनाना नहीं जानता, उसे कचरे की टोकरी में फेंक दिया जाता है। 'आग' एक तरह से राजकपूर की नासमझी का सुबूत बन गई थी। नायक के रूप में तो वह 'स्टार' बन ही नहीं सका। वह निर्देशक के रूप में भी दर्शक को बाँधे रखने में असफल हो गया था। लेकिन 'आग' यह जरूर कहती थी कि यह लड़का कुछ नया करना चाहता है। और 'आग' राजकपूर को एक क्रिएटर की तरह पेश करती है। वह 'आग' का सिर्फ नायक ही नहीं है, अपितु फिल्म के हर पल की धड़कन है, हर फ्रेम का निर्माता है। नायक का व्यक्तित्व कई लोग मिलकर बनाते हैं, लेकिन दर्शकों की आँखों के सामने सबकी प्रतिभा के संयुक्त स्वरूप को ले जाने वाला वही होता है–इसीलिए सर्वाधिक लोकप्रियता उसी के हिस्से में जाती है। जिस समाज में शिक्षा और ज्ञान का जितना अभाव होगा–वहाँ इस तरह की मनोवृत्ति उतनी ही अधिक पाई जाएगी।

पर वह पहचान 'आग' से नहीं बन सकी, जो राजकपूर के भीतर आग बनकर सुलग रही थी। इस फिल्म में राजकपूर परम्परा को कितना पीछे छोड़े और नवीनता को कितना ग्रहण करे, इस द्वन्द्व में उलझकर रह गया। और यदि ऐसा हुआ तो यह बहुत स्वाभाविक भी था। यदि इसे अप्रत्याशित सफलता मिल जाती तो राजकपूर का प्राकृतिक विकास अवरुद्ध हो जाता। उस चेतना को गति नहीं मिलती जो किसी पराजय के आगे सिर झुकाना नहीं जानती। 'आग' में अपने जमाने के स्थापित संगीतकार राम गाँगुली का संगीत था। फिल्म के लगभग असफल हो जाने के बावजूद फिल्म का संगीत काफी लोकप्रिय हुआ। 'आग' जितनी भी सफल हो सकी उसका बहुत बड़ा श्रेय इसके संगीत को जाता है। इस फिल्म में मुकेश के द्वारा गाए गीत 'ज़िन्दा हूँ इस तरह कि ग़मे ज़िन्दगी नहीं' ने श्रोताओं को विस्मित कर दिया। इस गीत में मुकेश, सहगल के बहुत नजदीक प्रतीत होते हैं, लेकिन इसके साथ ही उस समय जिस बात की ओर ध्यान नहीं दिया गया–वह मुकेश की आवाज में घुली हुई करुणा और वेदना की प्रतिध्वनि थी, जो मुकेश को गायक के रूप में स्वतन्त्र अस्तित्व प्रदान करती है। हिन्दी सिनेमा में यह हमेशा होता रहा है कि किसी नई प्रतिभा को अलग से नहीं पहचाना जाता। यह सब स्वीकार करते हैं कि किसी कलाकार के अभाव की पूर्ति किसी के द्वारा नहीं होती। लेकिन बिल्ली के गले में घंटी

बाँधने का साहस कौन करे? नवीनता को अपनाने और प्रोत्साहित करने का खतरा कौन मोल ले? मुकेश को स्व. कुन्दनलाल सहगल के रिक्त स्थान का पूरक समझकर ग्रहण किया गया था। मुकेश की गायकी की अपनी विशेषताओं की किसी ने तब कद्र नहीं की। मुकेश की आवाज के दर्द में घुली मिठास को राजकपूर ने पहचाना। बाद में तीन दशकों तक मुकेश की आवाज राजकपूर की आत्मा की तरह सामने आती रही। इसी तरह हिन्दुस्तान की महान गायिका लता मंगेशकर को भी अपने आरम्भिक दिनों में नूरजहाँ की गायकी का अनुकरण करना पड़ा था। क्योंकि तब नूरजहाँ लोकप्रिय थीं। और यहाँ जब जिसका सितारा बुलन्द होता है, वह जमीन से बड़े-से-बड़े आसमान को रौंदने की ताकत रखता है। पर इस बात से इनकार नहीं किया जा सकता कि लगन, समर्पण और संघर्ष की क्षमता के साथ जो आए, उन्हें एक दिन ग्लैमर की इस दुनिया में छा जाने से कोई नहीं रोक सका। लेकिन ऐसा भी बहुत कम हुआ है कि जो जमीन की धूल आसमान तक पहुँची, उसने फिर अपनी जमीन की ओर देखने की कोशिश की हो। वह आसमान के आकर्षण में घिर गई, जमीन के दुःखों से नावाकिफ बनकर।

हर सम्भावना को नकारना हिन्दी सिनेमा का आदिम चरित्र है। 'आग' ने राजकपूर को उपहास का पात्र ही अधिक बनाया। दिग्गजों ने यही सिद्ध करना चाहा कि राजकपूर में निर्देशन-क्षमता की बात तो दूर, अभिनय प्रतिभा भी नहीं है। नरगिस, कामिनी कौशल और निगार सुल्ताना जैसी तीन-तीन नायिकाओं के होने के साथ ही राम गाँगुली का संगीत भी 'आग' में था, फिर भी राजकपूर असफल हुआ। लोगों ने कहा—पृथ्वीराज ने अपने बेटे को जमाने के लिए कोशिश की है। 'आग' पूर्णतः राजकपूर की कृति है, यह बहुतों को सन्देहास्पद लगा। राजकपूर पर यही सबसे बड़ी चोट थी। राजकपूर का सम्पूर्ण कैरियर अपनी अलग पहचान बनाए रखने की कहानी है। 'आग' की कथावस्तु ही यही है। नायक अपने पिता के व्यक्तित्व से अलग अपनी नई पहचान गढ़ने के लिए छटपटाहट से भरा है। वह परम्पराओं की इज्जत कर सकता है, किन्तु अपने-आपको परम्पराओं की खूँटी पर टाँग नहीं सकता। 'आग' के नायक के सामने कुछ नया करने का, अपनी अलग जिन्दगी, अपने ढंग से जी पाने का संकल्प है। लेकिन उस रास्ते की मुकम्मल पहचान उसके पास नहीं है।

'आग' की एक और उपलब्धि थी, राजकपूर की फिल्मों में नायिका के तौर पर नरगिस की आगमन। नरगिस उस समय की श्रेष्ठ अभिनेत्रियों में गिनी जाने लगी थी। मोतीलाल जैसे अप्रतिम कलाकार के साथ उसका व्यक्तित्व धूमिल नहीं पड़ा था। उस समय के सभी नायक नरगिस के साथ काम करना चाहते थे। पर 1948 में 'आग' के साथ उसकी राजकपूर के साथ जो जोड़ी बनी, वह हिन्दी सिनेमा की सर्वाधिक और विलक्षण स्टार-जोड़ी साबित हुई।

'आग' की असफलता राजकपूर को विचलित कर सकती थी। उस समय तक वह एक नायक के रूप में भी पूरी तरह स्थापित नहीं हुआ था। उस समय अशोक कुमार और मोतीलाल का बोलबाला था। उसके समकालीन दिलीप कुमार और देव आनन्द उससे भी कहीं आगे जा चुके थे। विशेष रूप से दिलीप कुमार एक क्लासिकल अभिनेता के रूप में अपनी छवि बनाने के लिए पूरी तरह प्रयत्नशील थे। वे जिस भी फिल्म में नायक होते, उसकी तमाम सम्भावनाओं का अपने पक्ष में उपयोग करने से नहीं चूकते। दिलीप कुमार ने अपने व्यक्तित्व के अनुकूल फिल्में चुनने में हमेशा बहुत सतर्कता रखी और इस बात का पूरा प्रयत्न किया कि फिल्म के प्रत्येक पक्ष

का उन्हें अधिक-से-अधिक लाभ मिल सके। बाद में चलकर दिलीप कुमार की इस प्रकृति ने इतना उग्र रूप धारण कर लिया कि वे फिल्म के किसी भी पक्ष को अपने व्यक्तित्व से अलग नहीं होने देते। यही कारण है कि सातवें दशक की कई फिल्में दिलीप कुमार के सशक्त अभिनय के बावजूद दर्शकों ने पसन्द नहीं कीं। फिल्म के हर पहलू में जबरदस्ती अपने व्यक्तित्व के आरोपण के कारण इन फिल्मों ने अपनी संरचना ही खो दी। फिल्म वस्तुतः विभिन्न प्रतिभाओं की जादूगरी का सम्मिलित स्वरूप होती है। उन्हें एक सूत्र में पिरोनेवाला निर्देशक होता है। इसीलिए दिलीप कुमार की प्रतिभा को पूर्ण निखार उन्हीं फिल्मों में प्राप्त हुआ जिनमें उन्होंने एस.यू. सनी, महबूब खान, नितिन बोस और बिमल राय जैसे निर्देशकों के साथ काम किया। बाद में तो दिलीप कुमार स्वयं 'निर्देशक के निर्देशक' बन बैठे। इसकी एक वजह यह भी हो सकती है कि दिलीप कुमार जैसी विलक्षण प्रतिभा को संयत रख सकनेवाला कोई निर्देशक-व्यक्तित्व रहा ही नहीं। और जो थे उनके साथ दिलीप कुमार ने काम करना पसन्द नहीं किया। सातवें दशक में दिलीप कुमार की व्यावसायिक दृष्टि से जितनी फिल्में फ्लॉप हुई हैं, उसकी आधी भी किसी तथाकथित सुपर-स्टार को धूल में मिला देने के लिए काफी हैं। 'दिल दिया दर्द लिया' फ्लॉप हुई; लोगों ने कहा,'गया दिलीप कुमार'। 'लीडर' फ्लॉप हुई; 'संगीना' डूबी, 'बैराग' बैठ गई, लेकिन दिलीप कुमार नहीं गया। वह मौजूद रहा। क्योंकि वह अपने फन का उस्ताद है। वह आपकी शर्तों पर काम नहीं करेगा। वह अपने बनाए संसार का शहंशाह है। दिलीप अपनी फिल्मों की असफलता पर भी मानो यह कहता नजर आता है—मैं हर फिल्म में पूरी शिद्दत के साथ मौजूद होता हूँ। ईमान-धरम से कलाकार हूँ। मैं अपनी हर भूमिका में उसकी आत्मा तक उतर जाना चाहता हूँ। यदि फिल्मकार मेरी भावनाओं का न समझ सके, तो दोषी कौन है? मेरा सही उपयोग न किया जाए, तो मैं क्या करूँ? एक कलाकार का इस्तेमाल कर पाना क्या आसान काम है? मैं सफलता को लपकने के लिए कभी नहीं दौड़ा। सफलता मेरे पास दासी की तरह आई। उसने मेरे कलाकार को कभी पराजित नहीं किया।

इसमें सन्देह नहीं कि दिलीप कुमार हिन्दी सिनेमा की विलक्षण प्रतिभा है। हिन्दी सिनेमा में अनेक नायकों ने अपने-अपने समय में अपार दौलत और शोहरत लूटी। लोकप्रियता के शिखर तक पहुँचे। लेकिन दिलीप उनके लिए एक शिखर ही बने रहे। तीन दशकों तक कहीं-न-कहीं बड़ी-से-बड़ी नायिका के भीतर दिलीप के साथ काम करने की तमन्ना छटपटाती रही। दूसरी ओर, यह भी उतना ही बड़ा सत्य है कि दिलीप की तमाम प्रतिभा देवदासनुमा चरित्रों को साकार करने में ही खप गई। उनके कलाकार से किन्हीं ऐसे जिन्दगी से जूझते विविध चरित्रों को जन्म नहीं मिला जो उनके व्यक्तित्व को बहुआयामी बना देते। यह महान कलाकार 'ट्रेजेडी किंग' की मामूली-सी उपाधि पाकर ही सन्तुष्ट हो गया। कुछ ही ऐसी फिल्में हैं जिनमें वे अपने निर्धारित चौखटे से बाहर निकल सके। 'लीडर' से पहले 'आजाद' जैसी फिल्में बन चुकी थीं, जिनमें दिलीप का कॉमिक रूप आ चुका था। 'लीडर' के बाद जब उन्होंने इस बात को शिद्दत से महसूस किया तब तक बहुत देर हो चुकी थी। हिन्दी सिनेमा उन मोड़ों से गुजर रहा था, जहाँ थोड़ी-सी चूक पूरी जिन्दगी की कमाई पर पानी फेर सकती थी। दिलीप कुमार की यह आकांक्षा न रही हो कि उनका नायक-व्यक्तित्व बहुआयामी न बने, ऐसा नहीं है। पर उन्हें निर्देशकों के साथ ऐसे मौके कम ही मिले। अपनी प्रतिभा का सामाजिक रूप से रचनात्मक उपयोग करने का सुयोग

बना ही नहीं। इसलिए दिलीप कुमार ने अपने व्यक्तित्व के खंडित होने का आभास देनेवाला कोई खतरा नहीं उठाया और स्वयं एक रूढ़ि बनकर सन्तुष्ट हो गए।

राजकपूर के सामने फिल्म एक सम्पूर्ण माध्यम है। उसकी कल्पना एक हीरो के रूप में स्थापित हो जाने मात्र से पूरी नहीं होती। 'आवारा' और 'श्री 420' जैसी फिल्में जो उसके कलाकार व्यक्तित्व को पूरा सहारा देती हैं, जिनमें वही केन्द्रीय चरित्र होता है–वे भी उसके कलाकार को प्रक्षेपित करने का माध्यम नहीं बनतीं, जबकि इनका निर्देशक भी वह स्वयं है। वह तो एक महत्त्वपूर्ण फिल्म का केन्द्र-बिन्दु बनना चाहता था। इसीलिए वह अपने नायक-व्यक्तित्व के प्रति बेहद लापरवाह रहा। अपनी भूमिकाओं को सबसे महत्त्वपूर्ण बनाने का प्रयास उसकी फिल्मों में कहीं नजर नहीं आएगा। एक नायक के रूप में उसने उन निर्देशकों के साथ भी काम किया है जो उसके सहायक रह चुके थे। बावजूद इसके उसने निर्देशक के काम में कभी दखल नहीं दिया। राजकपूर ने सफलता की उन ऊँचाइयों को छुआ है, जहाँ से सहयोगी कलाकार बौने नजर आने लगते हैं। पर उसने कभी किसी ऊँचाई को आखिरी नहीं माना और इसीलिए वह अपने सहयोगी कलाकारों के बीच मामूली हैसियत बनाए रख सका। वह हैसियत जो मनुष्य को निरन्तर आगे ले जाती है, बगैर इस बात का एहसास पैदा किए कि सफलता कोई गैरमामूली चीज है।

तो जहाँ 'आग' राजकपूर को तोड़ सकती थी, वहीं उसकी असफलता ने दबी हुई चिंगारी को और हवा दी। 'आग' ने राजकपूर को यह सिखलाया कि कुछ अलग करने के लिए सम्पूर्ण ताजगी चाहिए। फिल्म निर्माण एक ऐसा काम है जिसमें अपने व्यक्तित्व का विस्तार बहुत आवश्यक है। उससे सम्बद्ध प्रत्येक पक्ष में अपनी दृष्टि के अनुकूल प्रतिफल पाने के लिए ऐसे कलाकारों के साथ अत्यन्त आवश्यक है जो समर्पित हों और निर्देशक के भावना-संसार को पहचानकर उसके अनुरूप ढल जाएँ, उसकी इच्छा को साकार कर सकें। जाहिर है, इसके लिए प्रत्येक पक्ष में अपना विशिष्ट स्थान बनाए हुए लोग उतने कारगर साबित नहीं होते। उनका अपना एक स्वनिर्मित अनुभव-संसार होता है और किसी नए निर्देशक के साथ काम करते हुए, उसका अपने ऊपर हावी होना उन्हें स्वभावतः पसन्द नहीं आता। इसीलिए निर्देशक के साथ प्रत्येक अन्य व्यक्ति का जो अनिवार्यतः अन्दरूनी तालमेल होना चाहिए, वह सम्भव नहीं हो पाता।

शायद इसलिए जब उसने 'बरसात' का निर्माण आरम्भ किया तब उसके संगीतकार नए थे–शंकर-जयकिशन। गीतकार नए थे–हसरत जयपुरी और शैलेन्द्र। लेखक नया था–रामानन्द सागर। और इसके साथ ही फिल्म की एक नायिका भी नई थी–निम्मी। इतना ही नहीं राधू कर्मकार, एम.आर. अचरेकर और जी.जी. मायेकर जैसे नए टैक्नीशियनों की पूरी टीम थी। और उस समय तक राजकपूर खुद कोई तोप नहीं थे, जो उस फिल्म के हीरो ही नहीं डायरेक्टर भी थे। कलाकार से निर्देशक का महत्त्व तो ज्यादा होता ही है, उस समय कद्र भी थी। दुनियादारी का सच तो यह है कि 'बरसात' के प्रदर्शन के पूर्व राजकपूर दिन में खुली आँखों से सपने देख रहा था। हिन्दी फिल्मों के घेरों में ऐसा सोचा जाना तार्किक दृष्टि से गलत भी नहीं है। कोई चमत्कार ही 'बरसात' को सुपर-हिट बना सकता था। फिल्म के नाम ने राजकपूर को और मजाक का विषय बना दिया। लोग कहते थे–'आग' में जो कुछ जलने से रह गया है वह 'बरसात'

में बह जाएगा। लेकिन तब शायद राजकपूर को इन सब बातों को सुनने की फुरसत नहीं थी। सिर्फ एक वर्ष के समय में 'बरसात' पूरी हो गई और 1949 में 'बरसात' के प्रदर्शन के साथ ही हिन्दी सिनेमा में विस्मय का विस्फोट हुआ। शंकर-जयकिशन, शैलेन्द्र, हसरत, रामानन्द सागर, निम्मी और सारे टैक्नीशियन रातोंरात चोटी पर पहुँच गए। 'बरसात' का संगीत देश-काल की सीमाओं को लाँघ गया। चारों ओर मुकेश और लता के गाए हुए गीतों की धुन थी। एकाएक अपने जमाने के दिग्गज संगीतकार, गीतकार और गायक धुँधले पड़ गए। 'हवा में उड़ता जाए मेरा लाल दुपट्टा मलमल का', 'छोड़ गए बालम', 'जिया बेकरार है', 'बरसात में हमसे मिले तुम सजन तुमसे मिले हम', 'मुझे किसी से प्यार हो गया', 'मैं ज़िन्दगी में हरदम रोता ही रहा हूँ' गाने बच्चे-बच्चे की जुबान पर चढ़ गए। राजकपूर ने यह बात 'आग' से ही समझ ली थी कि टिकिट-खिड़की पर अपार सफलता पाने के लिए फिल्म के म्यूजिक का हिट होना बहुत जरूरी है। 'बरसात' की सफलता में उसके संगीत का बहुत बड़ा हाथ है।

लेकिन 'बरसात' की इस अविस्मरणीय सफलता के पीछे असली रहस्य कुछ और है। यह फिल्म अपने समय तक की तमाम पद्धतियों का विरोध करती है। परम्परा से जुड़कर भी एक बिलकुल नई पहचान। यूँ 'बरसात' एक साधारण-सी प्रेम-कहानी है। वह जमाना भी भावुक प्रेम-कहानियों का था, यद्यपि तब ऐतिहासिक और धार्मिक फिल्मों का दौर पूरी तरह समाप्त नहीं हुआ था। इन फिल्मों का एक बड़ा दर्शक वर्ग भी था। पर सबसे बढ़कर प्रेम-गाथाएँ ही पसन्द की जा रहीं थीं। 'बरसात' की प्रेम-कथा नौजवानों को एक नए भावना संसार में भी ले जाती है। प्रेम के वास्तविक स्वरूप की पहचान को स्थापित करने के लिए राजकपूर और प्रेमनाथ के पात्रों के द्वन्द्व को इतनी ताजगी और तीव्रता से प्रस्तुत किया गया था कि विषय-वस्तु में अपने समय के साथ होते हुए भी 'बरसात' सबसे अलग भी दिखलाई पड़ती है। 'बरसात' की नायिका से पहले प्रेम और भावनाओं का ऐसा उन्मादी तूफान किसी नायिका में नहीं देखा गया था। मुहब्बत में डूबा हुआ, दीन दुनिया से बेखबर, वॉयलिन पर दर्दीले राग छेड़ता हुआ नायक और इस शिद्दत पर बावरी होकर नायक की दूसरी बाँह पर पेड़ की कटी डाल की तरह झूल जानेवाली नायिका। बाद में यही दृश्य आर. के.बैनर का मोनोग्राम बन गया। प्यार की एक अनोखी यादगार। 'बरसात' से राजकपूर एक फिल्मकार के रूप में आनन-फानन में स्थापित हो गए। जो जुबानें राजकपूर के लिए उपहास उगल रहीं थीं, अब उन पर प्रशंसा के फूल बरसाने लगीं। सब विस्मित थे। इस सफलता ने हिन्दी सिनेमा को एकबारगी दहशत में डाल दिया था। 'बरसात' ने अपने समय तक के तमाम कीर्तिमान ध्वस्त कर दिए। लेकिन शायद यह बात तब सिर्फ राजकपूर ही जानता था कि 'बरसात' ने उसे घनघोर सफलता ही दी है, स्थायित्व नहीं दिया। और जो सफलता को पचा न सके उसके लिए वह हमेशा रेत की दीवार होती है।

यह सचमुच विस्मय की बात है कि उस पचीससाला जवानी ने इस सफलता को पचा लिया। बाद में भी राजकपूर की फिल्मों के केन्द्र में प्रेम ही रहा है, किन्तु उसने प्रेम को पारम्परिक 'देवदास-चरित्र' से मुक्त कर सामाजिक आधार दिया। प्रेम उसकी फिल्मों का वह असाधारण तत्व है जो जीवन के प्रत्येक पक्ष में ताजगी और प्रेरणा बनकर उभरता है, जो बाँधता नहीं, मुक्ति देता है। वह मनुष्य को उन उदात्त स्थितियों तक भी पहुँचाता है जहाँ जीवन की सार्थकता का आनन्द मिलता है।

यह बहुत मुमकिन था कि 'बरसात' की सफलता राजकपूर को भटका देती। इसकी सफलता के आवेग का अन्दाज सिर्फ इसी बात से लगाया जा सकता है कि इसी वर्ष महबूब खान की 'अन्दाज' भी प्रदर्शित हुई थी। उस समय महबूब के सामने राजकपूर कहाँ राजा भोज और कहाँ गंगू तेली जैसी स्थिति में थे। 'अन्दाज' में दिलीप कुमार और नरगिस के साथ राजकपूर भी थे। संगीतकार थे नौशाद–उस समय जिनका डंका पिटता था। बावजूद इसके 'अन्दाज' की स्वर्ण जयन्ती हुई तो 'बरसात' की हीरक जयन्ती। आजादी के बाद के पूरे हिन्दी सिनेमा में 'बरसात' जैसी अनोखी व्यावसायिक सफलता का उदाहरण दूसरा नहीं है। एक ऐसी फिल्म जिसका निर्माता-निर्देशक ही नया न हो, अपितु पूरी-की-पूरी टीम ही नई हो और वह पूरे आकाश पर घहराती घटाओं की तरह छा जाए। सब-कुछ अपने रंग में रँग डाले। उससे जुड़ा प्रत्येक व्यक्ति न सिर्फ स्टार बन जाए, अपितु समूचे हिन्दी सिनेमा में एक विशिष्ट पहचान बना ले। संगीतकार शंकर-जयकिशन और गीतकार शैलेन्द्र, हसरत दो दशकों तक हिन्दी सिनेमा में छाए रहे। 'बरसात' के लेखक रामानन्द सागर ने लेखक-निर्माता-निर्देशक के रूप में अलग छवि बनाई। 'बरसात' में पहचानी गई गायिका लता मंगेशकर ने तो फिल्म संगीत के इतिहास में अविस्मरणीय इतिहास ही लिख डाला। छायाकार राधू कर्मकार, सम्पादक जी.जी. मायेकर और कला-निर्देशक एम.आर.अचरेकर ने अपने क्षेत्रों में श्रेष्ठता हासिल की। 'बरसात' पूरी तरह एक नई फिल्म थी, जिसकी नसों में पूरा-का-पूरा नया खून था। इतनी ताजगी और स्वनिर्मिति के साथ जुड़कर इस तरह सफल होने का दूसरा कोई उदाहरण आजादी के बाद के हिन्दी सिनेमा के पास नहीं है।

महबूब, केदार शर्मा, नितिन बोस, बिमल राय, महेश कौल, वी.शांताराम जैसे महामहिमों के आगे इस नौसिखिए ने अपनी फिल्म 'आवारा' से साबित कर दिया कि वह हर मोर्चे पर बड़े-बड़े दिग्गजों के हौसले पस्त कर सकता है।

'आवारा' हिन्दी सिनेमा के इतिहास में मील का पत्थर है। इसने राजकपूर को नायक के रूप में नई और अलग पहचान दी। 'आवारा' ने ही फिल्मकार के रूप में एक दृष्टिकोण दिया। और 'आवारा' ने ही उसकी फिल्मों को सामाजिक यथार्थ के धरातल पर ला खड़ा किया। 'आवारा' ने इस सत्ताइस साल के नौजवान को उस ऊँचाई पर पहुँचा दिया, जहाँ तक पहुँचने के लिए बड़ा-से-बड़ा कलाकार लालायित हो सकता है। 'आवारा' ने ही उसे अन्तर्राष्ट्रीय ख्याति प्रदान की। यहाँ तक कि वह पंडित जवाहरलाल नेहरू के बाद सर्वाधिक लोकप्रिय व्यक्तित्व बन गया—सोवियत रूस में। रूस और अनेक समाजवादी देशों में 'आवारा' को सिर्फ प्रशंसा ही नहीं मिली, वरन् वहाँ की जनता ने भी बेहद आत्मीयता के साथ इसे अपनाया। इस लोकप्रियता ने राजकपूर को उनका बहुत-बहुत अपना बना दिया। वहाँ की जनता के लिए अपने देशों के कलाकारों से भी बढ़कर आत्मीय बन गया यह नीली आँखों में असीम गहराइयाँ लिए युवक।

यहीं से एक गलत धारणा भी बनी कि राजकपूर एक समाजवादी दृष्टिकोण का फिल्मकार है। निश्चित ही 'आवारा' में एक सुनिश्चित सामाजिक चेतना मौजूद है, पर समाजवादी राजनीतिक पक्षधरता नहीं। 'आवारा' एक सामाजिक प्रश्न उठाती है, पर भावना के द्वारा। इसकी पृष्ठभूमि में भी प्रेम का उद्दाम वेग तरंगित है। वे सारे तत्व मौजूद हैं जो आदमी को बाँध लेते हैं। 'आवारा' भी राजकपूर की हर फिल्म की तरह सामान्य जन को ही सम्बोधित है। बौद्धिक आभिजात्य से पूरी तरह मुक्त।

'आवारा' के साथ ही बिमल राय की 'दो बीघा जमीन' प्रदर्शित हुई थी। इसमें दो राय नहीं कि 'दो बीघा जमीन' एक यथार्थपरक कलात्मक फिल्म थी। इसकी संरचना 'आवारा' से कहीं अधिक यथार्थवादी, अन्दाज़े-बयाँ अधिक पैना था। भारतीय कृषक और मेहनतकश की दयनीय स्थिति, उसके शोषण और अमानवीय व्यवस्था में उसके छीजने को बहुत संजीदगी से प्रस्तुत किया गया 'दो बीघा जमीन' में। बलराज साहनी और निरूपा राय ने अपनी जिन्दगी का श्रेष्ठतम अभिनय किया इसमें। इसकी सराहना भी हुई, पुरस्कार भी मिले। लेकिन वह लोकप्रियता हासिल नहीं हो सकी जो 'आवारा' के हिस्से में आई। यह कहा जा सकता है कि भारत में अशिक्षा अधिक है। जनता का सौन्दर्य-बोध विकसित नहीं है। बौद्धिक धरातल संकीर्ण है। पर सोवियत रूस जैसे अत्यन्त विकसित और समाजवादी मुल्क में भी 'आवारा' का 'दो बीघा जमीन' की अपेक्षा कई गुना अधिक लोकप्रिय होना किस बात का सुबूत है? क्या वहाँ भी जनता अशिक्षित है? उनका सौन्दर्य-बोध भी घटिया है? बौद्धिकता का संकोच है? कलात्मकता की पहचान नहीं है?

कला का कोई भी रूप यथार्थ से जनता को तभी जोड़ सकता है जब वह उसके हृदय को स्पर्श करे। उसका असर दिमाग तक दिल के जरिए ही होता है। जो बात दिल पर असर न

करे, वह दिमाग तक पहुँचे भी तो उसकी तार्किकता की प्रबलता से बहुत जल्दी क्षत-विक्षत हो जाती है। भावना की आँच में तपकर पुख्ता हुई दृष्टि ही बुद्धि को परिपक्व निष्कर्षों तक ले जा सकती है। 'आवारा' का मन्तव्य दिल के रास्ते से गुजरता हुआ दिमाग तक पहुँचता है, जहाँ तर्क गौण हो जाता है और विश्वास की सत्ता अपने प्रभुत्व का उद्घोष कर मनुष्य को आस्था का अवलम्ब प्रदान करती है।

यह हो सकता है कि कला के बौद्धिक प्रतिमानों पर हम 'आवारा' को क्लासिक का दर्जा देने में हिचकिचाहट महसूस करें। यदि हम मीन-मेख निकालें तो न जाने कितनी कमियों की ओर इशारा किया जा सकता है। लेकिन ऐसा तभी होगा जब हम 'आवारा' को यथार्थवादी फिल्म मानने की गलती करेंगे। यह एक शुद्ध भावना-प्रधान तमाशा है। सौन्दर्य-बोध, रचनात्मक कौशल और सम्प्रेषणीयता की दृष्टि से क्लासिक।

ऐसा तमाशा जिसमें आदमी की कमजोरियों को घृणा की दृष्टि से नहीं देखा गया। हर आदमी थोड़ा-बहुत अपनी कमजोरियों को पहचानता ही है। दुनिया में ऐसा कोई आदमी लाख ढूँढ़ने पर भी नहीं मिलेगा जिसमें कोई कमी न हो। विवेक उन कमजोरियों से जूझने की शक्ति देता है आदमी को। अपनी कमजोरियों को पहचानकर उनसे जूझते हुए आदमी का उपहास करना एक खतरनाक स्थिति की ओर ले जाता है। वहीं दूसरी ओर, उन विकृतियों में रस खोजने लगना मनुष्यता का कोढ़ बन जाता है। कलाकार इसीलिए अतिशयता के अहंकार से मुक्त होकर आत्मीय बनने के लिए अभिशप्त होता है। उसे अपने व्यक्तित्व को नष्ट कर सामान्य धरातल पर आना ही होगा। तभी वह किसी चरित्र की आत्मा में प्रवेश कर सकेगा। तभी वह किसी कथा के द्वारा जिन्दगी का ऐसा तमाशा रच सकेगा, जो आदमी को मोह ले। जो उसकी कमजोरियों को दुलारता हुआ, उन्हीं कमजोरियों से मुक्त हो सकने की आदमी के भीतर छटपटाहट पैदा करे। वह तो उन कमजोरियों से घृणा न करे, लेकिन आदमी खुद उनके प्रति तीखी नफरत से भर जाए।

'आवारा' ऐसा ही तमाशा है। इसकी 'दो बीघा जमीन' या अन्य किसी फिल्म से तुलना करना ही गलत बात होगी। 'आवारा' नायक के उस परम्परागत स्वरूप को खारिज करती है जिसमें वह सद्गुणों और महिमामय प्रवृत्तियों का भण्डार होता है। 'आवारा' में नायक को किसी स्तर पर ऐन्द्रजालिक बनाने का प्रयास नहीं किया गया। वह एक अदना इन्सान की तरह है जिसके भीतर ईश्वरत्व तक पहुँचने की दुर्दमनीय आकांक्षा भी है और जो मामूली आकांक्षाओं की कैद में छटपटा भी रहा है। जब बुरे आदमी को नायक के रूप में प्रतिष्ठित किया जाता है तो उस पर आदर्शों की लीपापोती इस तरह कर दी जाती है कि वह दर्शकों की सहानुभूति अर्जित कर सके। या उसे सुपरमैन बना दिया जाता है, जो समूची दुनिया से अपने अकेले दमखम पर हिसाब-किताब बराबर कर ले। उसकी कमियों को ही खूबियों में तब्दील कर दिया जाता है। सारा दोष परिस्थितियों पर डाल दिया जाता है और उनसे निकल भागने का एक अदृश्य दरवाजा ढूँढ़ लिया जाता है। जिन्दगी के आमने-सामने होकर कोई बातचीत नहीं होती।

'आवारा' में आदमी को सीधे जिन्दगी से उठाकर नायक बना दिया गया है। वह आदमी जो सामाजिक विसंगतियों से ही नहीं, अपने भीतर की कमजोरियों से भी मुक्ति पाने के लिए व्याकुल है। वह आदमी जो सामाजिक संघर्ष की राह में चलते हुए आत्म-संघर्ष से गुजरता हुआ चलता है।

सोवियत जनता ने 'आवारा' को बेहद पसन्द किया तो इसलिए नहीं कि वह एक सामाजिक समस्या को लेकर चलनेवाली फिल्म है—ऐसी तो उसने एक से बढ़कर एक सैकड़ों अपने मुल्क की और विदेशी फिल्में देखी थीं। उन्होंने 'आवारा' को इसलिए पसन्द किया, क्योंकि उन्होंने इतना जीवन्त, मुखर, जिन्दगी में गले तक डूबा हुआ लेकिन फिर भी मुक्त नायक नहीं देखा था। वह एक ऐसा आदमी था जो किसी स्थान की सीमाओं में कैद नहीं था, किसी बन्धन को स्वीकार नहीं कर सकता था जो उसकी मुक्ति में बाधक हो। वह सच्चा आदमी था, जो यह कहता था कि कपड़े, रंग-रूप, ईमान-धरम, धन-दौलत से आदमी अलग नहीं होता। सच्चा आदमी पूरी दुनिया में एक जैसा है। उसकी लालसाओं के नाक-नक्श कितने भी जुदा-जुदा हों, लेकिन मुक्ति की कामना एक जैसी है। जिन्दगी की इसी उन्मुक्त चेतना ने जकड़ा था सोवियत दर्शकों को, जो वहाँ की समाजवादी व्यवस्था में ज्यादा ताकत के साथ पहचानी गई। वे मानवीय सभ्यता के जिस ऊँचे दौर में हैं, वहाँ भी उन्हें आत्मावलोकन के लिए प्रेरित किया 'आवारा' ने। 'आवारा' उसकी आत्मा के आदर्श के साथ जुड़ गया। उसने बतलाया कि मुक्ति की कामना मनुष्य के हृदय में प्रतिपल तरंगित रहना चाहिए, हर स्थिति में। किसी भी जगह रुक जाना आदमी के लिए सम्भव है ही नहीं। श्रेष्ठतम स्थिति में भी नहीं। पानी कितना भी स्वच्छ हो, थम गया तो काई पड़ जाएगी।

'आवारा' के लगभग पन्द्रह वर्षों बाद जब हिन्दी सिनेमा में 'कला' या 'न्यू वेव' या 'समान्तर' सिनेमा के नाम से एक अलग धारा की शुरुआत हुई तो वहाँ भी सीधे जिन्दगी से साक्षात्कार करने की बात पर जोर दिया गया। वास्तविक जिन्दगी की बात करनेवाली ये फिल्में केवल उन तक पहुँचीं जो निहायत बनावटी जिन्दगी जी रहे हैं। पर उन्होंने इन फिल्मों का विरोध नहीं किया। इनकी खूब प्रशंसा हुई। समाचार-पत्रों और बौद्धिक पत्रिकाओं ने भी इनकी तारीफों में लम्बे-चौड़े पुल बाँधे। ढेरों पुरस्कार मिले। पर वे उस आदमी तक नहीं पहुँचीं, जिसके दुःख-दर्द का वे बयान करती थीं। इसलिए वे पतनशील समाज-व्यवस्था के विरुद्ध होकर भी किसी मतलब की साबित नहीं हुईं। वे गूँगे का गुड़ बनी रहीं।

यहीं पर बड़ी चतुराई से आभिजात्य वर्ग ने, जो साधारण आदमी के पसीने की कीमत पर ऐश-ओ-आराम फरमा रहा है, हिन्दी सिनेमा को दो मूर्खतापूर्ण भागों में बाँट दिया—कला-सिनेमा और व्यावसायिक सिनेमा। ये दोनों धाराएँ एक-दूसरे की प्रतिद्वन्द्वी बन गईं। सिनेमा एक ऐसी कला है जिसमें लाखों रुपया फँसाना पड़ता है। आज तो वह इतनी महँगी बना दी गई है कि व्यवसाय से दूर हो ही नहीं सकती। पर फिल्म बनाने और आलू बेचने में बुनियादी फर्क है, हालाँकि दोनों व्यवसाय हैं। इस विभाजन ने इस सच्चाई को दबा दिया। जिन्दगी के प्रति ईमानदारी से जुड़ने का अहसास बौद्धिक अहंकार में डूब गया। इसीलिए कला-फिल्मों ने हिन्दी सिनेमा को और नीचे की ओर ढकेल दिया।

सिनेमा कला का सर्वश्रेष्ठ माध्यम है। वह आधुनिक सभ्यता का नाटक ही तो है। नाटक को तो हमेशा से ही सभी साहित्य-रूपों में सर्वाधिक महत्त्वपूर्ण माना जाता है। वह आदमी से सीधे दृश्य-जगत में संवाद स्थापित करता है। फिल्में भी इसी तरह ठीक उसके आमने-सामने खड़ी होती हैं। वे चेतना को तीखी धार दे सकती हैं। इसलिए हमेशा सम्भ्रान्त जगत ने इनकी उपेक्षा की। कला-फिल्मकारों ने अपने अहंकार में कला के मकसद को ही भुला दिया। यदि फिल्म असम्प्रेषणीय है तो उसका दोष जनता की मूढ़ता पर डाल देना, फिल्मकार की ही सबसे बड़ी

मूढ़ता है। कलाकार को ही जन तक पहुँचना होता है। कलाकृति की क्षमता से जन-रुचि का निरन्तर परिष्कार कलाकार ही करता है। वह उनकी बौद्धिक और भावनात्मक सामर्थ्य को उकसाता है, आगे ले जाता है। वह अपने बनाए आसमान-महल में हाथ-पाँव सिकोड़कर नहीं बैठ सकता। इस तरह तो वह कितना भी सजग होते हुए जन-विरोधी ही बनेगा। 'आवारा' यदि कला-फिल्म नहीं है तो इसीलिए कि वह बौद्धिक आभिजात्य के अहंकार और महानता के आडम्बर से पूरी तरह मुक्त है।

फिल्मों के प्रभाव का पूरी ताकत के साथ उपयोग करने की क्षमता स्व.गुरुदत्त में अनोखी थी। 'प्यासा' उनकी ऐसी ही अद्‌भुत फिल्म है, जिसमें एक कवि की व्यथा को इतना व्यापक परिदृश्य दिया गया है कि पूँजीवादी समाज का पूरा तिलिस्म ही लड़खड़ा जाता है। 'प्यासा' मनुष्यता के स्वाभाविक गुणों में जहर घोलनेवाली क्रूर व्यवस्था को कई स्तरों पर नंगा करती है। वह व्यवस्था जो आदमी के गुणों का आदर सिर्फ अपने मतलब के लिए करती है। जहाँ नफा-नुकसान ही श्रेष्ठता का एकमात्र मापदंड है। जहाँ आदमी की संवेदना के स्तर पर कोई अहमियत नहीं है। इसीलिए– ये दुनिया जहाँ आदमी कुछ नहीं है / वफा कुछ नहीं दोस्ती कुछ नहीं है / जहाँ प्यार की कद्र ही कुछ नहीं है / ये दुनिया अगर मिल भी जाए तो क्या है–जैसी कठोर परिणति में फिल्म के समापन को भी दर्शक स्वीकार कर लेता है। इस दुनिया को आदमी के लिए रहने लायक जगह बनाने के लिए अपनी निजता के प्रमाद से तो दूर होना ही पड़ेगा। लेकिन गुरुदत्त अपनी अन्तर्मुखी प्रवृत्ति के कारण बहुत जल्दी थककर हमेशा के लिए खो गए। नियति आदमी इसी तरह खुद गढ़ लेता है। लेकिन आदमी, आदमी ही है। वह अन्तिम कुछ मान ही नहीं सकता, इसीलिए लक्ष्य के मार्ग पर उसका चले चलना ही अन्तिम सत्य है।

यूँ भी देते हैं पता इस मंज़िले-दुश्वार का
जब चला जाए न राहे-इश्क में तो गिर पड़ो।

'आवारा' का नायक आदमी को नोचनेवाली कुत्सित व्यवस्था के प्रतिपक्ष का सजग व्यक्ति है। पर वह घोषित विद्रोही नहीं है। 'आवारा' वह फिल्म है जो हिन्दी सिनेमा के अँधेरे के बीच उजाले की तलाश करती है। उनसे किनारा काटकर अलग नहीं होती। उसमें वे सब गुण मौजूद हैं जो फार्मूला फिल्मों के लिए जरूरी माने जाते हैं और इसके बावजूद वह किसी भी स्तर पर फार्मूला फिल्म नहीं है। 'आवारा' की बुनियाद में है ख़्वाज़ा अहमद अब्बास की कहानी की प्रगतिशील चेतना। वह जिन्दगी की क्रूर सच्चाई से दर्शक को इस तरह रू-ब-रू करती है कि वह मानसिक रूप से उद्वेलित होकर भावना के जरिए यथार्थपूर्ण मन्तव्य को मजबूती से पकड़ पाता है। 'आवारा' में कहा गया है कि यह कतई जरूरी नहीं कि अपराधी का बेटा अपराधी ही बने और जज का बेटा जज। यानी किसी का छोटा या बड़ा बनना वंशानुगत नहीं, कर्मानुगत और परिस्थितिजन्य होता है। वह जिस वातावरण, सामाजिक स्थिति और जिन लोगों के बीच रहकर बड़ा होता है, वैसा ही बनता है।

इस मन्तव्य को नाटकीय कथानक के द्वारा प्रस्तुत किया गया है। एक जज का बेटा गन्दी गलियों में पलकर आवारा बन जाता है। जज का यह विश्वास है कि बड़े इज्जतदार आदमी का बेटा इज्जतदार और चोर-डाकुओं की सन्तानें अपराधी ही बनती हैं। इसीलिए वह एक निरपराध युवक को भी सख्त सजा सुना देता है, क्योंकि उसका बाप अपराधी था। जज का यह दृष्टिकोण

उस युवक को सचमुच अपराध की दुनिया में ढकेल देता है। और जेल से छूटकर वह जज की गर्भवती पत्नी का अपहरण कर ले जाता है। वह उसके पास रहकर भी गंगा की तरह पवित्र रहती है। उस पर वह आँख नहीं उठाता। दो-तीन दिन बाद वह उसे वापस जज के घर पहुँचा देता है।

पर एक डाकू के साथ दो-तीन दिन गुजार कर आई अपनी पत्नी को जज साहब स्वीकार नहीं कर पाते। सामाजिक रूढ़ियों के आगे वे घुटने टेक देते हैं। उनकी गर्भवती पत्नी बेसहारा हो जाती है। वह जज साहब के बेटे को गटर में जन्म देती है। वह एक गन्दी चाल की अपराधों से भरी दुनिया में बड़ा होता है। जज साहब की पत्नी उसे अच्छे स्कूल में पढ़ाती है। खुद टूटकर अपने बेटे को पालती है। वह उसके बड़े होकर जज बनने का सपना देखती है। पर वातावरण और परिस्थितियाँ उसे बना देती हैं आवारा। वह युवक जिसे जज साहब ने निरपराध होते हुए भी सजा देकर सचमुच अपराधी बना दिया था, जज के बेटे को अपराध की दुनिया में खींच लाता है।

बचपन में जज के बेटे की मित्रता एक लड़की से होती है जो एक-दूसरे जज की बेटी है। लेकिन जज साहब को यह मित्रता फूटी आँखों नहीं भाती। लड़की के पिता की मृत्यु के बाद वह जज साहब के ही संरक्षण में रहती है। वह भी उसे अपनी बेटी से बढ़कर प्यार करते हैं, पर उन्हें यह कभी पसन्द नहीं आता कि कि उनके मित्र की बेटी एक ऐसे लड़के से सम्बन्ध रखे जिसे अपने बाप का नाम तक मालूम न हो। इसी लड़की का प्यार 'आवारा' को बार-बार जिन्दगी के नजदीक खींच लाता है और अन्ततः वह अपनी गुनहगार जिन्दगी से निजात पाता है।

अपराधी से घृणा कर हम समाज को नहीं सुधार सकते। कोई आदमी माँ की कोख से निकलकर अपराधी या इज्जतदार नहीं होता। उसे दुनिया का माहौल ही बनाता-बिगाड़ता है। आभिजात्य समाज जब अपनी दुनिया अलग-थलग बनाकर चारों ओर ऊँची चारदीवारी खड़ी कर लेता है तो अपराधी की दुनिया और कुरूप हो उठती है। वह चाहते हुए भी उससे मुक्ति प्राप्त नहीं कर पाता। मानव सभ्यता अपने चरमोत्कर्ष पर तब ही पहुँच सकती है जब समाज उन कारणों को समाप्त करने की दिशा में कारगर कदम उठाए जो आदमी को अमानवीय बनाते हैं। उससे घृणा कर अपराधों को समाप्त नहीं किया जा सकता। यह घृणा ही तो उसे पाप-पंक में गहरे डूबते चले जाने के लिए मजबूर करती है। यदि उसे संवेदनशील आदमी बनाया जा सकता है तो मोहब्बत देकर। मोहब्बत में ही वह ताकत है जो उसे दुष्कर्मों से तौबा करने के लिए बाध्य कर देती है।

आवारा की जिन्दगी में मुहब्बत का पैगाम लेकर आती है जज साहब की मानी हुई बेटी। वह आवारा की सिर्फ प्रेमिका नहीं है, उसकी पूरी जिन्दगी का मकसद है। समूचा सपना है, खुशहाल जिन्दगी का। निराशा के सागर में डूबनेवाले के लिए आशा का एक तिनका है, सहारा पाने के लिए। जब भी आवारा अपनी आत्मा के विरुद्ध कोई काम करता है, उसकी स्मृति मात्र उसे उज्ज्वल पथ की राह बतलाती है। गलत रास्ते पर उठनेवाले उसके कदमों को बेड़ी पहना देती है। सिर्फ उसकी अनुभूति ही जिन्दगी में सच्चाई, ईमानदारी और अनुराग का मार्ग ढूँढ़ने के लिए उसे बेचैन कर देती है। इस तरह 'आवारा' की नायिका सिर्फ एक औरत नहीं रह जाती, अपितु एक भावना बन जाती है। नरगिस ने यह भूमिका अद्भुत तन्मयता के साथ निबाही है।

मूलतः 'आवारा' नायक-प्रधान फिल्म है, पर इसका भावनात्मक केन्द्र-बिन्दु इसकी नायिका है। वह नायक की परछाईं नहीं है। उसकी आत्मा है। इसीलिए नरगिस राजकपूर से इक्कीस ही पड़ती हैं–'आवारा' में।

यद्यपि शैलेन्द्र राजकपूर की टीम के साथ 'बरसात' में ही आ चुके थे। जब शैलेन्द्र आए तब तक 'बरसात' के सभी गीत हसरत जयपुरी लिख चुके थे। पर जैसे राजकपूर ने भाँप लिया कि उनकी भावना को सबसे अधिक सार्थक शब्द शैलेन्द्र ही दे सकते हैं। इसलिए उन्होंने 'बरसात' शीर्षक पर ही शैलेन्द्र से गीत लिखने के लिए कहा। शैलेन्द्र ने जो गीत लिखकर दिया वही 'बरसात' का शीर्षक-गीत बना–'बरसात में-तुम से मिले हम सजन, हमसे मिले तुम-बरसात में'। 'बरसात' के बाद तो शैलेन्द्र, हसरत से ज्यादा महत्त्वपूर्ण बन गए। विशेष रूप से वे गीत जो राजकपूर पर फिल्माए गए, उन्हें बहुधा शैलेन्द्र ने ही लिखा। शैलेन्द्र गूढ़तम भावों को सरलतम शब्दों में अभिव्यक्त कर देनेवाले गीतकार थे। उनके गीतों में इतनी तीक्ष्ण संवेदना होती कि वे दिल की गहराइयों में उतर जाते और इतने सहज भी कि करोड़ों जुबानों पर आसानी से चढ़कर गुनगुनाए जाने लगे। 'आवारा' का शीर्षक-गीत शैलेन्द्र की अविस्मरणीय रचना है। इसमें शब्दों के साथ खिलवाड़ नहीं है, शब्दों के स्पन्दन की, सामर्थ्य की बारीक बुनावट है। इसमें राजकपूर की इमेज को गीतकार ने साकार कर दिया है। यह गीत अपनी सार्थक और सहज भावाभिव्यक्ति के कारण ही देश और काल की सीमाओं को लाँघ गया–

आबाद नहीं, बरबाद सही
गाता हूँ खुशी के गीत मगर
जख़्मों से भरा सीना है मेरा
हँसती है मगर ये मस्त नज़र
दुनिया, ओ दुनिया–
मैं तेरे तीर का या तकदीर का मारा हूँ
आवारा हूँ!
या गर्दिश में हूँ, आसमान का तारा हूँ।

'जख़्मों से भरा सीना और हँसती हुई मस्त नज़र'–यही तो है राजकपूर की फिल्मी इमेज। यही इमेज 'आवारा' से लेकर 'मेरा नाम जोकर' तक फैली हुई है। इसी भावना पर सुप्रसिद्ध फिल्मकार हृषिकेश मुकर्जी ने 'आनन्द' का निर्माण किया। 'आनन्द' का नायक कैंसर का मरीज है। वह अच्छी तरह जानता है कि उसकी जिन्दगी के चन्द लम्हे ही बाकी रह गए हैं। पर वह अपने आँसुओं को पीकर दूसरों को खुशियाँ बाँटता है। जिन्दगी अपनी लम्बाई में छोटी-बड़ी नहीं होती। वह बड़ी बनती है आदमियत की तकलीफों को पहचानकर उन्हें मिटाने के लिए आत्मीय सहयोग देकर। 'आनन्द' ने राजेश खन्ना को अपार लोकप्रियता दी और वे सुपर-स्टार बन गए। अमिताभ बच्चन जो सन् 1977 के बाद हिन्दी सिनेमा के स्वयंप्रभू नायक बने, उनकी ताकत की जड़ें भी 'आनन्द' के साथ ही जुड़ी हैं। यह फिल्म ऋषिकेश मुकर्जी ने राजकपूर को समर्पित की थी।

'आवारा' में राजकपूर की तीन पीढ़ियों ने एकसाथ अभिनय किया है। राजकपूर के दादा दीवान विश्वेश्वरनाथ कपूर ने एक जज की भूमिका निभाई थी। पिता पृथ्वीराज कपूर जो स्वयं

हिन्दी सिनेमा के कीर्तिस्तम्भ हैं, उन्होंने पहली और अन्तिम बार अपने बेटे के निर्देशन में अभिनय किया था। अपने उसूलों में दृढ़तापूर्वक विश्वास रखनेवाले व्यक्ति को उन्होंने 'आवारा' में साकार कर दिया है। इसी फिल्म में शशि कपूर भी थे, नायक के बचपन की भूमिका में।

'आवारा' ने राजकपूर को फिल्मकारों की अगली पंक्ति में लाकर खड़ा कर दिया। वह हिन्दी सिनेमा के सर्वाधिक शक्तिशाली व्यक्तित्वों में गिना जाने लगा–सिर्फ सत्ताइस वर्ष की उम्र में। 'बरसात' ने उसे सफलता ही दी थी, 'आवारा' ने उस सफलता को सामर्थ्य में बदल दिया। इस फिल्म से हिन्दी सिनेमा में स्वप्न-दृश्यों की शुरुआत हुई। 'आवारा' में चित्रित स्वप्न-दृश्य आज भी अपनी मिसाल आप है। यह एक प्रतीकात्मक संरचना है जो दर्शकों की कल्पना-शक्ति को उत्तेजित कर उन्हें आनन्द-लोक में ले जाती है। बुराइयों के दलदल में गले तक डूबे हुए आदमी की उससे निकल पाने की तीव्र छटपटाहट, आन्तरिक मनोव्यथा और सत्य के सौन्दर्य के प्रति उसके अदम्य आकर्षण को विलक्षण तन्मयता के साथ प्रतीकात्मक रूप में स्वप्न-दृश्य में चित्रित किया गया है। यह स्वप्न-दृश्य कहानी की आत्मा को रागात्मक ढंग से दर्शक से जोड़ देता है। अपराधी जीवन की दैत्याकार बुराइयों के बीच भी नायक को जीवन का महान सौन्दर्य ही आकर्षित करता है। घृणा के बीच उसकी मुहब्बत की प्यास और दुर्निवार हो जाती है। कहीं मुहब्बत की एक किरच भी हो तो आदमी उसकी शीतल छाया में जा बैठने के लिए कितना व्याकुल हो जाता है। उसके सहारे वह बड़ी-से-बड़ी ताकत से टकरा सकता है। इसीलिए नायक अपनी कल्पना में जीवन के कलुष से नाता तोड़कर वहाँ जा पहुँचता है, जहाँ कोई उसके आने की प्रतीक्षा में है–'घर आया मेरा परदेसी, प्यास बुझी इन अँखियन की।'

राजकपूर की इस कल्पना को साकार करने में कला-निर्देशक एम.आर.अचरेकर, संगीतकार शंकर-जयकिशन और गीतकार शैलेन्द्र का भी अप्रतिम योगदान है। अचरेकर ने निर्देशक की कल्पना को भव्य सैटों में ज़िन्दा किया। इतने भव्य सैट तब तक हिन्दी सिनेमा के लिए अपरिचित थे इन सैटों की सबसे बड़ी खासियत यह थी कि भव्यता के साथ ही ये प्रयुक्त प्रतीकों को सही स्वर देते थे।

'आवारा' राजकपूर को एक महान फिल्मकार के रूप में प्रस्तुत करती है। वह सिनेमा-टेक्नीक का प्रत्येक स्तर पर सर्वश्रेष्ठ उपयोग किए जाने का बढ़िया उदाहरण है। सिर्फ अभिनय, कथा-पटकथा-संवाद और गीत-संगीत पर ही नहीं, निर्देशक की दृष्टि छायांकन, कला-संयोजन, वस्त्र-विन्यास और सम्पादन की चुस्ती पर भी संजीदगी से मौजूद है। वह यह अच्छी तरह जानता है कि एक अच्छी फिल्म के लिए उसके प्रत्येक पक्ष का सशक्त होना आवश्यक है। सिर्फ अभिनेता या निर्देशक के कन्धों पर ही वह खड़ी नहीं हो सकती। उसके निर्माण में छोटी-छोटी चीजें भी उतनी ही महत्त्वपूर्ण होती हैं। 'आवारा' का संगीत तीन दशकों के अन्तराल के बाद आज भी उतना ही आकर्षक और पुरअसर है। 'आवारा हूँ', 'घर आया मेरा परदेसी', 'जबसे बलम घर आए' आदि गीतों का माधुर्य समय फीका नहीं कर सका। शंकर-जयकिशन और हसरत-शैलेन्द्र की जोड़ियाँ भी 'आवारा' के साथ ही हिन्दी सिनेमा में मजबूती से जम गईं। 'आवारा' ने राजकपूर को पहली बार विदूषक की मुद्रा में प्रस्तुत किया। हिन्दी फिल्मों में नायक का यह सर्वथा नया रूप था। विदूषक–जिसका जो चेहरा सामने दिखलाई पड़ता है, असल में वह होता नहीं। इसकी और स्पष्ट परिणति आगे चलकर 'श्री 420' में मिलती है। यहीं यह भ्रम

बनाया गया कि राजकपूर चार्ली चेप्लिन का भारतीय संस्करण है। चूँकि राजकपूर हिन्दी सिनेमा की किसी प्रचलित धारा का नायक के रूप में अनुकरण नहीं करता, इसलिए चार्ली चेप्लिन से बाह्य साम्य देखकर यह घोषणा करते देर नहीं लगी। चार्ली से राजकपूर की तुलना अनेक बार की गई है। निस्सन्देह चार्ली विश्व-सिनेमा का एक महान स्तम्भ है। उससे यदि राजकपूर की तुलना की जाए तो यह भी बड़ी बात ही होगी। पर है यह गलत। इनमें बाह्य साम्य देखकर इनके मूल ध्येय को भुला देना गड़बड़ी होगी। चार्ली चेप्लिन ने अपनी फिल्मों में मनुष्य के भौतिक जीवन के प्रति आग्रही व्यक्तित्व के बाह्य संकट की ओर अधिक ध्यान केन्द्रित किया है, जबकि राजकपूर का क्षेत्र अधिकांशतः आदमी का मानसिक यातना-संसार है। चार्ली चेप्लिन और राजकपूर इसी धरातल पर एक-दूसरे से बिलकुल अलग हैं। हाँ, अपने समय से आगे दोनों देखते हैं–सार्थक कलात्मक दृष्टि से। 'मॉडर्न टाइम्स' में चार्ली इशारा करता है कि मशीनीकरण की अन्धी दौड़ स्वयं मनुष्य को मशीन बना देगी। इस बात को बहुत बाद में महसूस किया गया। इसी तरह 'श्री 420' में राजकपूर शिक्षित बेरोजगारी की आगत भविष्य में भयावहता की ओर संकेत करता है। जिस ताकत से उसने यह बात सन् 1955 में कही थी, भारतीय समाज और उसके नियामकों ने उसकी शिद्दत को सन् 1970 के बाद ही समझा।

'आवारा' ने राजकपूर की एक और कल्पना साकार की। इसके साथ ही आर.के.स्टूडियो की नींव पड़ी। आगे चलकर आर.के.स्टूडियो हिन्दुस्तान के सर्वश्रेष्ठ फिल्म स्टूडियो में गिना जाने लगा। फिल्म-निर्माण से सम्बन्धित प्रत्येक सुविधा अपने स्टूडियो में जुटाने का राजकपूर ने प्रयास किया। आर.के.स्टूडियोज के वातानुकूलित मोबाइल साउंड ट्रैक के बारे में कहा जाता है कि यह पूरे एशिया में बेजोड़ है। वातानुकूलित मेकअप रूम, एडिटिंग चेम्बर, प्रिव्यू थिएटर, डबिंग थिएटर आदि तो हैं ही। आज जब हिन्दी सिनेमा में पूरी तरह फ्रीलांसिंग का युग है, आर.के. में सौ से अधिक स्थायी कर्मचारी हैं। किसी जमाने में इनकी संख्या तीन सौ तक हुआ करती थी। राजकपूर ने अपने स्टूडियो में काम करनेवालों को परिवार की तरह एक सूत्र में बाँध रखा था। आर.के. की किसी फिल्म के असफल होने पर भी कर्मचारियों का वेतन नहीं रोका गया। राजकपूर अपने जन्म-दिन को अपनी पूरी टीम के साथ धूमधाम से मनाने के लिए मशहूर रहे हैं और यह सिलसिला उनके पूरे जीवनकाल में बरकरार रहा।

'बरसात' से बनी टीम 'आवारा' में दीर्घकालीन सहयोग के लिए आधार पा गई। उसने आगे चलकर हिन्दी सिनेमा को कई अविस्मरणीय फिल्में दीं। इन फिल्मों में ख्वाजा अहमद अब्बास की सूक्ष्म जनवादी दृष्टि आधार बनी। शैलेन्द्र ने भावनाओं को रागात्मक शब्द दिए। मुकेश और लता ने शब्दों को सुरीला माधुर्य। शंकर-जयकिशन ने इन चमकीले स्वरों को इंद्रधनुषी संगीत में पिरोया। राधू कर्मकार ने निर्देशक के नजरिए को कैमरे में कैद किया और अचरेकर ने उसकी सौन्दर्य-चेतना को मूर्तिमान कर दिया। ओमप्रकाश मेहरा जो मृत्यु-पर्यन्त प्रोडक्शन सेक्रेटरी रहे, उन्होंने बड़ी सूझ-बूझ से आर.के. फिल्म्स की फिल्मों की निर्माण-व्यवस्था सम्भाली।

'आवारा' के लेखक और प्रसिद्ध पत्रकार ख्वाजा अहमद अब्बास स्वयं भी एक प्रगतिशील फिल्मकार हैं। पर जिन फिल्मों का निर्माण और निर्देशन उन्होंने स्वयं किया उनको लोकप्रियता नहीं मिली। जबकि उन्हीं की कहानियों पर आधारित जिन फिल्मों का निर्माण राजकपूर ने किया वे अपार लोकप्रिय हुईं। 'मेरा नाम जोकर' को छोड़कर। दरअसल फिल्म-कला की सम्पूर्ण

पहचान जो राजकपूर के पास है, वह कम ही लोगों को मिलती है। अब्बास अकसर अपनी फिल्मों को यथार्थ की धुन में प्रचारात्मक वृत्त-चित्र बना डालते हैं। उनकी 'चार दिल चार राहें' जिसमें राजकपूर भी एक नायक थे, समर्थ और संवेदनशील कथानक के बावजूद एक निहायत उबाऊ फिल्म बन गई थी। सोद्देश्यता और सार्थकता के साथ ही फिल्म को सम्प्रेषणीय बनाने वे असफल हो जाते हैं। राजकपूर ख्वाजा अहमद अब्बास के प्रति सदैव कृतज्ञ रहे हैं। सफलता की पराकाष्ठा पर पहुँचकर भी अपनी फिल्मों के मुहूर्त पर वह इस बुजुर्ग कॉमरेड, साथी के चरणस्पर्श करते हुए खुद को गौरवान्वित महसूस करते थे। हिन्दी सिनेमा के चमक-दमक भरे स्वार्थी संसार में रहते हुए भी राजकपूर ने सहज मानवीय गुणों को अपने भीतर हमेशा जीवित रखा।

यह बड़ी अजीब बात है कि 'आवारा' के चौबीस साल बाद जब रणधीर कपूर के निर्देशन में 'धरम-करम' का निर्माण किया गया तो उस भावना को ही उलटा कर दिया जिसने राजकपूर के व्यक्तित्व को महिमामय बनाने की दिशा में नींव का पत्थर रखा था, एक सुनिश्चित सार्थकता दी थी। अजीब इसलिए क्योंकि 'धरम-करम' आर.के.फिल्म्स के बैनर तले ही बनाई गई थी। 'आवारा' और 'धरम-करम' दोनों के निर्माता तो राजकपूर ही हैं। 'धरम-करम' में यह साबित करने की चेष्टा की गई है कि अच्छे आदमी का बेटा अच्छा और बुरे आदमी की सन्तान बुरी ही बनती है। एक चोर-बदमाश का बेटा रहमदिल इनसान के पास पलकर भी आवारा-उठाईगीरा ही बनता है और उसी रहमदिल इनसान का बेटा चोर के घर अमानवीय वातावरण में पलकर भी उसकी क्रूरता और बुराइयों से सर्वथा निर्लिप्त रहता है। दर्शक इस दृष्टिकोण को पसन्द नहीं कर सके, क्योंकि यह न केवल 'आवारा' के विपरीत था, अपितु सभ्यता के विकास के ही विरुद्ध खड़ा हो गया था।

वस्तुतः जिस प्रकार फिल्म राजकपूर के लिए सम्पूर्ण माध्यम है, अपने-आप को अभिव्यक्त करने का और जिस तरह वह फिल्म-निर्माण के प्रत्येक पक्ष की आत्मा तक पैठता है वही क्षमता रणधीर कपूर ने प्राप्त करनी चाही। तीखापन, दुर्दम महत्त्वाकांक्षा और अनोखा उत्साह होने के बाद भी रणधीर में वह संवेदनशील रचनात्मक दृष्टि विकसित नहीं हो सकी जिसे राजकपूर ने पाया था। रणधीर कपूर को वह क्षमता सतही स्तर तक ही प्राप्त हो सकी। जब राजकपूर ने हिन्दी सिनेमा में कदम रखा था तब उसके आगे भी अपने महिमामय पिता स्व. पृथ्वीराज कपूर का व्यक्तित्व आड़े आया था। पर राजकपूर ने अपने कृतित्व से बहुत जल्दी ही यह साबित कर दिया कि कला के क्षेत्र में किसी का अनुकरण करने से काम नहीं चलता। सबको अपना स्वतन्त्र अस्तित्व स्वयं बनाना होता है। एक कलाकार को पैत्रिक विरासत का जितना लाभ मिलता है, उतना नुकसान भी हो सकता है। कला की विरासत किसी जागीर की तरह नहीं मिला करती। यहाँ तो खुद अपने हाथों ही अपनी इमारत गढ़नी होती है। रणधीर कपूर ने ठीक अपने पिता की ही भाँति फिल्मों में प्रवेश किया। सिर्फ अभिनेता के रूप में नहीं, एक निर्देशक के रूप में भी। पहली ही फिल्म 'कल आज और कल' में उसे आर.के. जैसे ख्यातिप्राप्त बैनर के साथ ही निर्देशक के रूप में अपने दादा स्व. पृथ्वीराज कपूर और पिता राजकपूर जैसे महान अभिनेताओं को निर्देशित करने का गौरव मिला। निर्माता के रूप में राजकपूर ने आर्थिक दृष्टि से ही नहीं, अपितु कलात्मक दृष्टि से हर सुविधा मुहैया की। आर.के. की पूरी टीम साथ थी, जिसमें राजकपूर ने एक-एक मोती चुन-चुन कर इकट्ठा किया था। पर रणधीर अपनी

सम्भावनाओं के प्रति आशान्वित करने के बाद भी उन पर खरे नहीं उतर सके। वे राजकपूर के अनुकरण से उबरकर अपने लिए एक निजी शैली की तलाश नहीं कर पाए। सबसे बड़ी गलती उन्होंने की अभिनेता राजकपूर की छवि का दामन पकड़कर। उसके खतरे को उन्होंने समझा ही नहीं। इसीलिए अभिनेता और निर्देशक किसी भी रूप में उनकी अपनी सार्थक पहचान नहीं बनी।

'आवारा' ने राज-नरगिस की जोड़ी को अत्यन्त लोकप्रिय बना दिया। 'आवारा' सन् 1951 में प्रदर्शित हुई थी। '50 में नरगिस के साथ ही 'जान पहचान' और 'प्यार' फिल्में आईं, लेकिन वे टिकिट-खिड़की पर असफल रहीं। दरअसल इन दोनों ही फिल्मों में इस जोड़ी को 'बरसात' में मिली रिकॉर्ड-तोड़ सफलता को भुनाने का ही प्रयत्न था। 'बरसात' कितनी प्रचंड सफल हुई थी, इस बात का अनुमान सिर्फ इसी से लगाया जा सकता है कि इसके अगले वर्ष '50 में राजकपूर की नायक के रूप में छह फिल्में आईं। राजकपूर के पूरे नायक युग में एक वर्ष में इससे अधिक फिल्में कभी नहीं आईं। केदार शर्मा के निर्देशन में गीता बाली के साथ 'बावरे नयन', ए. आर. कारदार के निर्देशन में सुरैया के साथ 'दास्तान', जी. राकेश के निर्देशन में निम्मी के साथ 'भँवरा' और रेहाना के साथ पी. एल. सन्तोषी के निर्देशन में 'सरगम', 'जान पहचान' और 'प्यार' के अतिरिक्त '50 में रिलीज होनेवाली अन्य फिल्में थीं। इनमें कारदार की 'दास्तान' सबसे अधिक सफल रही। यह एकमात्र फिल्म है जिसमें राजकपूर, सुरैया के साथ नायक बने। कारदार ने भी राजकपूर को लेकर यही एक फिल्म बनाई। 'सरगम', 'दास्तान' और 'बावरे नयन' का संगीत अत्यधिक लोकप्रिय हुआ। 'सरगम' और 'बावरे नयन' भी टिकिट-खिड़की पर सफल रहीं। 'बावरे नयन' में राजकपूर की नायिका गीता बाली थीं। गीता बाली की राजकपूर के साथ यह पहली और आखिरी फिल्म है। बाद में गीता ने राजकपूर के छोटे भाई, हिन्दी सिनेमा के अपने ढंग के अनोखे विद्रोही नायक शम्मी कपूर से विवाह कर लिया।

गीता बाली अपनी बोलती आँखों और मासूम मुस्कुराहट के लिए हिन्दी सिनेमा में हमेशा याद की जाएगी। शम्मी कपूर भले ही हिन्दी सिनेमा में कोई कीर्तिमान न बन सके हों, किन्तु नायक के रूप में उन्होंने अपनी एक विशिष्ट 'याहू' शैली बनाई। 'जंगली', 'प्रोफेसर' और 'चायना टाउन' में शम्मी ने अविस्मरणीय अभिनय किया है। जो भी नई नायिका उनके साथ पहली बार परदे पर आई, उसने सफलता की ऊँचाइयों को छुआ। 'जंगली' में सायरा बानो, 'दिल देके देखो' में आशा पारेख और 'कश्मीर की कली' में शर्मिला टैगोर के पहले नायक शम्मी कपूर ही थे। 'प्रोफेसर' में उनकी नायिका थीं कल्पना। यह कल्पना की भी पहली ही फिल्म थी। 'प्रोफेसर' हर दृष्टि से एक सफल फिल्म थी; लेकिन कल्पना आगे न चल पाईं। वस्तुतः 'प्रोफेसर' की असली नायिका तो थीं, ललिता पवार। एक अविवाहित कठोर अनुशासन में विश्वास रखनेवाली अधेड़ महिला के मुहब्बत में गिरफ्तार होने की हास्यास्पद स्थिति को उन्होंने बेजोड़ बना दिया था। ड्रेसिंग टेबिल पर शृंगार में तल्लीन 'प्रेम नगर में बनाऊँगी घर मैं तज कर सब संसार' गुनगुनाते हुए उनका रूप कभी नहीं भुलाया जा सकता।

'51 में 'आवारा' के अतिरिक्त राजकपूर की कोई अन्य फिल्म प्रदर्शित नहीं हुई। वस्तुतः

जब वह किसी फिल्म में डूबता है तो उसके साथ किसी दूसरे खयाल को शरीक कर ही नहीं सकता। '52 में नायक के रूप में राजकपूर की चार फिल्में प्रदर्शित हुईं। इन चारों में ही उसकी नायिका नरगिस थीं। इतना ही नहीं, '51 से '56 के बीच राजकपूर की जितनी भी फिल्में आईं, उनमें नायिका नर्गिस ही थीं। यह भी अपने-आप में एक रिकॉर्ड है। आजादी के बाद के हिन्दी सिनेमा में ऐसा कोई भी अन्य उदाहरण नहीं है। हालाँकि नरगिस ने इस बीच भी राजकपूर के अतिरिक्त अन्य नायकों के साथ अभिनय किया। '52 में जयन्त देसाई निर्देशित 'अम्बर' सबसे सफल फिल्म थी और ख्वाजा अहमद अब्बास निर्देशित 'अनहोनी' सबसे असफल। एम.एल. आनन्द के निर्देशन में बनी 'बेवफा' इस वर्ष की एक महत्त्वपूर्ण फिल्म थी, जिसमें राज-नरगिस के साथ अशोक कुमार भी थे। अशोक कुमार ने भावुक चित्रकार की भूमिका में मर्मस्पर्शी अभिनय किया था, 'बेवफा' में। इस वर्ष की चौथी प्रदर्शित फिल्म थी 'आशियाना'–जिसके निर्देशक थे बी. त्रिलोचन।

जिस प्रकार राजकपूर और दिलीप कुमार सिर्फ महबूब कृत 'अन्दाज' में ही एक साथ आए, उसी प्रकार अशोक कुमार के साथ भी राजकपूर की एकमात्र फिल्म 'बेवफा' है। रावत बन्धु वर्षों से एक फिल्म बना रहे थे 'चोर मंडली', उसमें भी राज और अशोक ने साथ-साथ काम किया था। अशोक कुमार हिन्दी सिनेमा के सर्वाधिक शालीन व्यक्ति हैं। उनका अभिनेता जीवन पचास वर्षों से भी अधिक लम्बा है। उन्होंने इतिहास बन चुकी देविका रानी के साथ भी नायक की भूमिका निबाही है और उसके पचास वर्ष बाद 'शौकीन' में अपनी पोती की उम्र की रति अग्निहोत्री के साथ भी रसिकता से (शायद उससे भी अधिक) प्यार का चक्कर चलाते हैं। इस दृष्टिकोण से हिन्दी सिनेमा में उनका एक ही मुकाबला है–देव आनन्द। देव भी नायिकाओं की चार पीढ़ियों को बूढ़ा कर जवान बने रहे। हालाँकि नायक के रूप में उनका करिश्मा 'जॉनी मेरा नाम' तक ही अपनी जवानी पर रहा।

राजकपूर और नरगिस की जोड़ी उस समय अपने चरमोत्कर्ष पर थी। राजकपूर की जोड़ी में दर्शकों ने वह अन्तरंगता पाई थी जो इसके पहले कभी नहीं दिखाई पड़ी थी। वे बिलकुल दो जिस्म एक जान थे। नरगिस आर.के. की स्थायी हीरोइन तो थी हीं, अन्य निर्माता भी जो नायक के रूप में राजकपूर को लेकर फिल्म बनाने का प्रस्ताव रखते उनमें भी नायिका नरगिस ही होतीं। हिन्दी सिनेमा में जो बिक रहा है, उसे समय रहते सब कैश कर लेना चाहते हैं। इसीलिए 'बरसात' और 'आवारा' की सफलता के कारण राज-नरगिस को लेकर 'बरसात' की तर्ज पर धड़ाधड़ फिल्में बना डाली गईं, लेकिन 'बरसात' जैसी सफलता किसी को नहीं मिली। '53 राजकपूर के लिए दुर्भाग्यपूर्ण वर्ष साबित हुआ। इस वर्ष उसकी आर.के. फिल्म्स की 'आह' सहित तीन फिल्में रिलीज हुईं और तीनों ही असफल हो गईं। इन तीनों में ही नायिका तो नरगिस थी हीं। 'धुन' के निर्देशक थे कुमार और 'पापी' के सेठ चन्दूलाल शाह। चन्दूलाल शाह को हिन्दी सिनेमा का वाजिद अली शाह कहा जाता है। उन जैसा 'रईस' कोई दूसरा नहीं आया हिन्दी सिनेमा में। रेस और सिनेमा में उन्होंने बहुत-कुछ कमाया। और सब-कुछ लुटा दिया। अपने दरवाजे आए शायद ही किसी व्यक्ति को उन्होंने निराश किया हो। वे यारों के यार थे। पर उनके आखिरी दिन बुरे बीते। शायद हर वाजिद अली शाह का यह हश्र होता ही है। उनकी मृत्यु पर उनमें से बहुत ही कम लोग उन्हें आखिरी विदा देने पहुँचे, जिन पर चन्दूलाल शाह के सैकड़ों

एहसान थे। राजकपूर अपनी धड़कन से जुड़ी हर संवेदना के आगे सिर झुकाता था। इस सिरफिरे रईस की अन्तिम यात्रा में वह दुःखी दिल से मौजूद था। राजकपूर ने अपने फिल्म कैरियर के बिलकुल आरम्भिक दौर में चन्दूलाल शाह के रणजीत स्टूडियो में कुछ समय काम किया था।

’53 में आर.के. फिल्म्स की चौथी कृति ‘आह’ प्रदर्शित हुई। इसके निर्देशक थे राजा नवाथे। राजा नवाथे राजकपूर के सचिव थे। यद्यपि वह जमाना ‘आह’ जैसी भावुक प्रेम-कहानियों का ही था और दिलीप कुमार जैसा महान अभिनेता तक अपनी प्रतिभा ऐसी ही फिल्मों में खपा रहा था, लेकिन न ही दर्शकों ने राजकपूर को भावुक प्रेमी के रूप में स्वीकार किया, न ही फिल्म को। ‘आह’ असफल हो गई। ‘आह’ की असफलता एक आश्चर्यजनक सच्चाई है। अपने दौर की सभी विशेषताओं को लिए हुई थी ‘आह’। इसका संगीत तो बेहद लोकप्रिय हुआ था। उसकी गुरुता और मोहनी-शक्ति ‘बरसात’ और ‘आवारा’ से उन्नीस नहीं, बीस थी। ‘राजा की आएगी बारात रंगीली होगी रात, मगन मैं नाचूँगी’, ‘आजा रे अब मेरा दिल पुकारा’ और ‘जाने न नज़र पहचाने जिगर’ आदि गीत बेहद लोकप्रिय हुए थे। इन गीतों का जादू आज भी बरकरार है। ‘राजा की आएगी बारात’ गीत अपने भावनापूर्ण शब्दों, दिलो-दिमाग पर छा जाने वाली आवाज के जादू और नशीले संगीत के साथ ही इतनी कुशलतापूर्वक चित्रित किया गया था कि इसका दूसरा उदाहरण आज भी हिन्दी सिनेमा में नहीं है। फिर भी ‘आह’ इसलिए असफल हो गई, क्योंकि ‘आवारा’ ने राजकपूर की इमेज एक बिलकुल अलग किस्म के मस्तमौला, फक्कड़ नौजवान की बना दी थी। उस फ्रेम में राजकपूर का यह निराशावादी व्यक्तित्व कहीं नहीं अँटता था। ‘आवारा’ ने राजकपूर के दर्शकों की अपेक्षाओं को बदल दिया था। यद्यपि ‘बरसात’ को ‘आवारा’ के मुकाबले कम सफलता नहीं मिली थी, लेकिन ‘आवारा’ ने तो उसकी पहचान को ही बदल दिया था। अब दर्शक उसे ऐसी प्रेम-कथा में देखने को तैयार नहीं थे, जिसका नायक विवशता में घुट-घुटकर दम तोड़ रहा हो। वे तो एक ऐसे नायक को देखने आए थे, जिसे कोई बन्धन रोक नहीं सकता। कोई मुश्किल विचलित नहीं कर सकती। जो जिन्दगी की निराशाओं से टकराता है, उनके आगे समर्पित नहीं होता। एक विशेष रूप में ताकत के साथ पहचान लिए जाने के बाद हिन्दी सिनेमा में उस घेरे को तोड़कर बाहर निकल पाना लगभग नामुमकिन हो जाता है। ‘आह’ यदि ‘बरसात’ के विकास-क्रम में आई होती तो सम्भवतः उसे दर्शक स्वीकार भी कर लेते, किन्तु ‘आवारा’ के बाद ‘आह’ एकदम मिसफिट थी। ‘आवारा’ ने इमेज को एकदम बदल दिया था, इसलिए राजकपूर ‘आह’ के ‘देवदास-चरित्र’ में पसन्द नहीं किए गए। ‘आह’ में राजकपूर ने टी.बी. के मरीज की भूमिका निबाही है। तब टी.बी. एक असाध्य रोग माना जाता था। नायक अपनी मृत्यु को निकट देखकर अपनी प्रेमिका से मुँह मोड़ लेता है और अपने एक सहृदय डॉक्टर-मित्र को उससे विवाह करने के लिए प्रेरित करता है। जिसे उसने अत्यन्त तन्मयता से प्रेम किया उसका जीवन बरबाद न हो, इसलिए वह स्वयं उसके रास्ते से हट जाता है।

प्राण ने ‘आह’ में पहली बार चरित्र-कलाकार के रूप में अभिनय किया था। एक सहृदय अन्तर्मुखी डॉक्टर के व्यक्तित्व को उसने तन्मयता से उभारा था। इसके पहले वह खलनायक के रूप में ही परदे पर आया था। अपनी कुछ आरम्भिक फिल्मों में प्राण ने नायक की भूमिका भी की है, किन्तु नायक के रूप में वह असफल रहा। ‘आह’ में उसके जीवन्त अभिनय के बावजूद फिल्म के असफल हो जाने के कारण खलनायक की उसकी इमेज टूट नहीं सकी और मनोज कुमार की ‘उपकार’ के

प्रदर्शन के पूर्व तक वह खलनायक के रूप में ही आता रहा। सबसे पहले राजकपूर ने ही प्राण को 'आह' में चरित्र-अभिनय का मौका दिया था, किन्तु उसे खलनायक से चरित्र-नायक बनाने का श्रेय 'उपकार' को मिला, 'आह' को नहीं। इस फिल्म में प्रसिद्ध पार्श्वगायक मुकेश ने भी ताँगेवाले की एक छोटी-सी भूमिका की थी। 'छोटी-सी ये ज़िन्दगानी रे'—उन्हीं का गाया गीत भी उन पर चित्रित किया गया था। मुकेश नायक बनने का ख्वाब सँजोकर ही हिन्दी सिनेमा में आए थे। वे नायक बने भी, किन्तु सफल नहीं हुए। सन् 1953 में उन्होंने 'मल्हार' नामक फिल्म का निर्माण भी किया था। 'मल्हार' में नायक स्वयं मुकेश थे। 'मल्हार' असफल हो गई, किन्तु इसका संगीत बहुत लोकप्रिय हुआ।

'53 में 'धुन', 'पापी' और 'आह' की असफलता से राजकपूर की लोकप्रियता को गहरा धक्का लगा। राजकपूर के पास उस समय कोई फिल्म नहीं थी। क्या यह सचमुच आश्चर्य की बात नहीं है कि जिसने 'बरसात' और 'आवारा' जैसी चमत्कृत कर देनेवाली फिल्में दी थीं, जिन्होंने न केवल अभूतपूर्व व्यावसायिक सफलता हासिल की, अपितु जो कलात्मक दृष्टिकोण के लिए भी देश-विदेश में सराही गईं, ऐसी फिल्मों के नायक-निर्माता-निर्देशक के पास तीन फिल्में असफल हो जाने के कारण एक भी नई फिल्म का अनुबन्ध नहीं था? लेकिन क्या उससे भी अधिक आश्चर्यजनक बात यह नहीं है कि 'आह' की असफलता के तुरन्त बाद आर.के. फिल्म्स के अन्तर्गत एक ऐसी फिल्म प्लैन की गई जिसने पूरे फिल्म उद्योग को चौंका दिया। यह फिल्म थी 'बूट पॉलिश', जिसमें राजकपूर स्वयं नायक भी नहीं थे और नरगिस भी नहीं थीं। इसमें थे दो बाल कलाकार, बेबी नाज और रतनकुमार और प्रसिद्ध चरित्र-अभिनेता अब्राहम डेविड। इस फिल्म की घोषणा ने तरह-तरह की शंकाओं को जन्म दिया। यह निश्चित रूप से माना जाने लगा कि राजकपूर के दिन पूरे हो गए। हिन्दी सिनेमा में असुरक्षा की भावना इतनी बलवती है कि जहाँ किसी ने तनिक भी लीक से हटकर चलना चाहा, उसकी टाँग खिंचनी शुरू हो जाती है। ग्लैमर की यह दुनिया इस मामले में पूरी तरह रेत की दीवार पर खड़ी है। यहाँ चढ़ते सूरज को तो सब सलाम करते हैं, किन्तु फीकी पड़ती रोशनी से कतराकर मित्र भी दूर हो जाते हैं। यहाँ तभी तक सब आपके साथ हैं जब तक आपका नाम बिक रहा है, सितारा बुलन्दी पर है। जैसे ही असफलता का दौर आया, अपना साया तक साथ छोड़ देता है। इसके विपरीत, यह भी सत्य है कि मील के पत्थर भी वे ही बन सके हैं, जिन्होंने ठोकर खाकर भी बने-बनाए ढर्रों पर चलना स्वीकार नहीं किया। राजकपूर इसलिए भी खुशकिस्मत रहे हैं कि उनके पास कलाकारों की एक ऐसी टीम रही जिसने अपने सूत्रधार पर हमेशा विश्वास बनाए रखा।

'बूट पॉलिश' राजकपूर के पूरे कैरियर में अनोखी फिल्म है। हिन्दी में बच्चों के लिए, बच्चों की समस्याओं पर आधारित और उनके मनोविज्ञान से सम्बन्धित फिल्मों का हमेशा अभाव रहा है। बच्चों की फिल्मों का निर्माता उसकी व्यावसायिक सफलता के प्रति भी हमेशा सन्दिग्ध रहे हैं। सिनेमा के प्रति सरकार का रवैया भी पूरी तरह से उपेक्षा का बना रहा। हिन्दी सिनेमा से सम्बन्धित कामगार तो सदैव भयंकर असुरक्षा और घुटन की जिन्दगी जीने के लिए बाध्य रहे हैं। मनोरंजन-कर और अन्य करों के रूप में हिन्दी सिनेमा से सरकार को प्रतिवर्ष करोड़ों रुपयों का लाभ होता है, किन्तु सोद्देश्य सिनेमा के विकास पर उसका ध्यान कभी नहीं गया। इस

अप्रतिम जन-माध्यम को हिन्दी-भाषी प्रदेशों में तो सर्वथा उपेक्षित ही रखा गया।

प्रतिष्ठित निर्माताओं ने तो बच्चों के लिए फिल्में बनाने के बहुत ही कम प्रयास किए हैं। छोटे निर्माताओं ने अकसर कम लागत के लालच में इन विषयों को उठाया। चूँकि इनमें स्टारों की आवश्यकता नहीं होती, इसलिए लागत कम आती है। पर भरपूर मुनाफा कमाने के लालच में उनमें बहुधा भावनात्मक शोषण की ही प्रवृत्ति रही। 'बूट पॉलिश' के आसपास ही ख्वाजा अहमद अब्बास की 'मुन्ना' भी प्रदर्शित हुई। यथार्थवादी आधार और परिपक्व दृष्टिकोण के रहने पर भी इसमें संवेदनात्मक संस्पर्श का रोमांच नहीं था। यही कारण था कि यह विशेष आकर्षित नहीं कर सकी। अन्यथा 'मुन्ना' अब्बास की बहुत मेहनत से बनाई गई फिल्म थी। छठवें दशक में बच्चों के लिए दो अत्यन्त महत्त्वपूर्ण फिल्में बनीं। इनका दृष्टिकोण आदर्शवादी था और ये बाल्यावस्था की कोमल आशाओं-कल्पनाओं को अनुराग से दुलारती थीं–इसलिए इन्हें प्रशंसा भी मिली और दर्शकों का स्नेह भी। ये हैं–फिल्मिस्तान की 'जागृति' और ए.वी.एम. की 'हम पंछी एक डाल के'। ए.वी.एम. ने छठवें दशक में कई सुन्दर पारिवारिक चित्र दिए। 'भाभी' उनमें से एक हमेशा पसन्द की जानेवाली फिल्म है। बाद में ए.वी.एम. के पारिवारिक चित्रों का भी एक निश्चित ढर्रा बन गया और नई राह न खोजने के कारण यह महत्त्वपूर्ण बैनर भी अपना महत्त्व खो बैठा। छठवें दशक की समाप्ति तक ए.वी.एम. और जेमिनी दक्षिण भारत की दो सर्वाधिक महत्त्वपूर्ण फिल्म-निर्माण संस्थाएँ थीं, जिन्होंने अनेक श्रेष्ठ और लोकप्रिय हिन्दी फिल्में दी हैं। 'हम पंछी एक डाल के' बच्चों के लिए रोचक भी थी और शिक्षाप्रद भी। इसी तरह 'जागृति' बच्चों की शिक्षा के महत्त्व को बहुत सादगी से व्याख्यायित करती थी। इसमें अभि भट्टाचार्य ने आदर्शवादी शिक्षक के रूप में चिरस्मरणीय अभिनय किया था। 'जागृति' के गीत भी अत्यन्त प्रभावशाली थे। कवि प्रदीप के अर्थपूर्ण शब्दों और ओजस्वी स्वर ने इनमें जादू का असर पैदा कर दिया था। स्वतन्त्रता दिवस, गणतन्त्र दिवस, गांधी-निर्वाण दिवस पर इन्हें आकाशवाणी से सुनकर स्फूर्ति मिलती है। 'आओ बच्चों तुम्हें दिखाएँ झाँकी हिन्दुस्तान की, इस मिट्टी से तिलक करो ये धरती है बलिदान की', 'दे दी हमें आजादी बिना खड्ग बिना ढाल, साबरमती के संत तूने कर दिया कमाल' और 'हम लाए हैं तूफान से किश्ती निकाल के'–ये तीन गीत 'जागृति' की सफलता के बहुत बड़े कारण थे।

'बूट पॉलिश' का दृष्टिकोण भी आदर्शवादी है। लेकिन वह यथार्थ स्थितियों के बीच से स्वतःस्फूर्त आदर्शवाद है। जीवन में परिश्रम से बढ़कर दूसरी कोई चीज नहीं। अपनी दयनीय स्थिति को यथावत स्वीकार कर लेना मनुष्य का ही स्खलन है। इस बात की रोचक प्रस्तुति 'बूट पॉलिश' में हुई है। बहुत ही सहज और प्रभावी ढंग से अनाथ बच्चों की समस्याओं को प्रस्तुत किया गया है इसमें। अच्छी जिन्दगी पाने के लिए उनकी जद्दो-जहद को सार्थकता से उभारा गया है। उस समय भारतीय समाज के मानस पर स्वर्गीय पंडित जवाहरलाल नेहरू का बहुत अधिक प्रभाव था। भारतीयों के हृदय में उनके व्यक्तित्व के प्रति आदर और प्रेम का भाव था। उनकी नीतियों और कार्य-पद्धति से असन्तुष्ट व्यक्ति भी उनकी सहृदयता और मनुष्यता का सम्मान करते थे। नेहरू जी का बच्चों के प्रति असीम अनुराग सर्वविदित है। उस अनुराग के साथ ही यह तथ्य भी जुड़ा हुआ है कि भारत में बहुत थोड़े-से बच्चों को ही स्नेह और कोमलता नसीब होती है, जो उनके सहज विकास के लिए बुनियादी आवश्यकता है। मासूम बचपन यहाँ गलियों

में धूल फाँकने के लिए मजबूर होता है। उन्हें भीख माँगने के लिए मजबूर किया जाता है। 'बूट पॉलिश' में जीवन के यथार्थ से, कटु सत्यों से टकराकर जिन्दगी में अपने लिए खुद रास्ता बना सकने की तलाश है। बच्चों के लिए सबसे बड़ा सन्देश यह है कि कोई काम छोटा नहीं होता। परिश्रम के द्वारा जीविकोपार्जन शर्म की बात नहीं। शर्म की बात तो भीख माँगना और चोरी करना है। परिश्रमी हाथों में ही साक्षात ईश्वर के दर्शन किए जा सकते हैं। 'बूट पॉलिश' में बच्चों के लिए यही सन्देश है–'भीख में जो मोती मिलें तो भी हम न लेंगे / ज़िन्दगी के आँसुओं की माला पहनेंगे / बदलेगा ज़माना ये सितारों पे लिखा है!'

बेबी नाज और रतनकुमार ने अनाथ बच्चों की व्यथा, आँसुओं में डूबी उनकी मासूम मुस्कुराहट और अपनापन पाने की ललक को चित्रात्मक बनाकर प्रस्तुत किया। ये दोनों अनाथ बच्चे अपनी संरक्षिका से ठोकरें खाकर बूढ़े लँगड़े ईसाई जॉन चाचा (अब्राहम डेविड) में अनुराग का स्रोत ढूँढ़ते हैं। जॉन चाचा खुद कोई साधू नहीं, वह अवैध शराब की हेरा-फेरी करके अपनी जीविका जुटाता है। झोंपड़पट्टी में रहनेवाला लँगड़ा जॉन खुद अनेक मजबूरियों में जकड़ा हुआ है। उसका काम यदि खोटा है तो इसलिए क्योंकि भारतीय समाज-व्यवस्था में आजादी के बाद भी परिश्रम को उसका उचित महत्त्व और प्रतिफल नहीं मिला। जॉन अवैध शराब की हेरा-फेरी इसलिए नहीं करता कि वह लखपति बनना चाहता है। वह तो सिर्फ अपने पेट की आग बुझाने के लिए इस आग में जलता है। उसके सामने ईमानदारी से जिन्दा रहने के सभी दरवाजे बन्द हैं। इसीलिए वह अपने बुरे काम के विपरीत सोने जैसे चमकदार दिलवाला इनसान है। वह खुद असहाय है, लेकिन असहाय बच्चों के लिए न सिर्फ सहारा बनने की कोशिश करता है, अपितु उन्हें अपने पैरों पर खड़ा हो सकने का रास्ता भी बतलाता है। जॉन चाचा के इस चरित्र में पं. नेहरू के बच्चों के प्रति अनुराग की झलक देखी गई थी। फिल्म में अप्रत्यक्ष रूप से यह बतलाया गया है कि उदात्त गुण सिर्फ सामाजिक रूप से स्थापित महान व्यक्तियों के भीतर ही नहीं होते, वे अदना आदमी के भीतर भी मौजूद हो सकते हैं। एक ऐसे आदमी के भीतर भी जो सभ्य समाज के लिए उपेक्षा का पात्र है। जिसकी कोई सामाजिक हैसियत नहीं। यश और धन से कोई सच्चा इनसान नहीं बनता। उसके लिए तो खुद को नष्ट कर दूसरों के बुझते दिलों में रोशनी की एक नन्हीं-सी किरण जगा सकने की इच्छा चाहिए। डेविड ने जॉन चाचा को 'बूट पॉलिश' में साकार कर दिया था। 'बूट पॉलिश' में डेविड की यह भूमिका उनके सम्पूर्ण फिल्म कैरियर में अद्वितीय है। इसके लिए डेविड को सर्वश्रेष्ठ सहअभिनेता का 'फिल्म फेयर पुरस्कार' भी प्राप्त हुआ था। बेबी नाज और रतनकुमार ने भी अपने जीवन का श्रेष्ठतम अभिनय 'बूट पॉलिश' में ही किया। बेबी नाज को उत्कृष्ट अभिनय के लिए केन्स अन्तर्राष्ट्रीय फिल्म महोत्सव में पुरस्कृत किया गया। बेबी नाज को बाल-कलाकार के रूप में अद्वितीय सफलता प्राप्त हुई। अपने समय में वह बहुत लोकप्रिय बाल-कलाकार रहीं, लेकिन बाद में नायिका के रूप में उसे प्रतिष्ठा नहीं मिली। नाज की प्रतिभा का उसकी युवावस्था में किसी भी स्तर पर कोई उपयोग नहीं हुआ। वह छोटी-मोटी अर्थहीन भूमिकाएँ करते हुए हिन्दी सिनेमा से लगभग दूर ही हो गई।

'बूट पॉलिश' की सबसे बड़ी उपलब्धि थी उसकी टिकिट-खिड़की पर सफलता। अकसर ऐसी फिल्में समीक्षकों की प्रशंसा और अनेक अवॉर्ड तो पा जाती हैं, लेकिन जनता से उनकी रिश्तेदारी नहीं बन पाती। बाल-फिल्मों की सफलता तो हमेशा ही सन्दिग्ध रही है। पर राजकपूर

के महत्त्वाकांक्षी व्यक्तित्व के अनुरूप 'बूट पॉलिश' एक ऐसा करिश्मा साबित हुई जिसने उनकी प्रतिष्ठा पर लगे धक्के के एहसास तक को नष्ट कर दिया। इसकी रजत-जयन्ती सफलता ने पूरे उद्योग को अचम्भे में डाल दिया। इसमें न नामजद सितारे थे, न भव्य सैट और न ही कोई बड़ा निर्देशक। इसलिए यह सफलता सचमुच आश्चर्यजनक बन गई थी। तब तक नकली रजत-जयन्तियों का दौर भी शुरू नहीं हुआ था। सातवें दशक के बाद जैसे-जैसे फिल्मों पर आर्थिक दबाव बढ़ता चला गया, वैसे ही व्यावसायिक सफलता को लपकने की चेष्टाएँ उग्र होती चली गईं। सिनेमाघर किराए पर लेकर रजत-जयन्ती तक फिल्में घसीटी जाने लगीं। जब एक-एक सैट के निर्माण में लाखों रुपए पानी की तरह बहाए जा सकते हैं तो एक सिनेमाघर में किसी भी तरह खीच-खाँच कर फिल्म को रजत-जयन्ती हिट साबित करने के लिए लाख-दो लाख खर्च कर देना क्या कठिन है? लेकिन हर असली और नकली चीज की तरह इन सिल्वर जुबलियों में भी अन्तर होता ही है। 'बूट पॉलिश' की सिल्वर जुबली इसीलिए एक उपलब्धि थी। इसने यह साबित किया कि सफल बनाने के लिए किसी भी तरह के बँधे-बँधाए फार्मूले की आवश्यकता नहीं होती। आवश्यकता होती है तो सिर्फ परिश्रम, कलात्मक दृष्टिकोण और सृजनात्मक ईमानदारी की। 'बूट पॉलिश' ने यह भ्रम भी तोड़ा कि कलात्मक सूझ-बूझ से बनाई गई फिल्म सामान्य दर्शक स्वीकार नहीं करता। दर्शक कलात्मकता से नहीं, कलात्मक अहंकार से दूर भागता है। राजकपूर इसका सिर्फ निर्माता थे, इसके निर्देशक थे प्रकाश अरोरा।

'बूट पॉलिश' के साथ यदि कवि शैलेन्द्र का जिक्र न किया जाए तो इस फिल्म पर चर्चा कभी पूरी नहीं हो सकती। इसमें 'चली कौन से देश गुजरिया तू बन ठन के' गीत भी उन पर चित्रित किया गया था। वैसे तो शैलेन्द्र के गीत राजकपूर की प्रत्येक फिल्म की बहुत बड़ी शक्ति हैं, लेकिन 'बूट पॉलिश' के दो गीतों में तो इतनी सहज और वास्तविक बिम्ब-रचना की है कि उन्हें गीतकार कहा ही नहीं जा सकता—उन्हें कवि ही कहना होगा। इस बात की दुहाई तो हमेशा दी जाती है कि हिन्दी सिनेमा ने साहित्यिक कृतियों का समुचित उपयोग कभी नहीं किया। जिनका उपयोग किया गया, उनकी भी अधिकांशतः दुर्दशा ही हुई। साहित्य और साहित्यकार हिन्दी सिनेमा से उपेक्षित ही रहे। लेकिन साहित्य के क्षेत्र में भी उन प्रतिभाओं के साथ समुचित न्याय कहाँ हुआ जो सिनेमा के साथ जुड़ी रहीं? हिन्दी क्षेत्रों में यह खुशफहमी हमेशा बनी रही या बनाई रखी गई कि सिनेमा से जुड़ा जो कुछ भी है वह घटिया है। हमारा तथाकथित सम्भ्रान्त समाज हर काम छुपाकर करने की प्रवृत्ति को तहजीब मानकर सिनेमा पर चर्चा करना, उसके महत्त्व को आँकना गैरजरूरी मानता रहा है। इसीलिए सिनेमा के दुष्परिणाम ही हमारे सामने आ सके। उसकी असाधारण क्षमता का रचनात्मक उपयोग नहीं हुआ। बीसवीं शताब्दी में कला का यह माध्यम इतनी प्रखरता से जनव्यापी हुआ कि अन्य रूप धूमिल पड़ गए। इसलिए इसके अत्यन्त व्यापक प्रभाव-क्षेत्र को दृष्टिगत रखते हुए इसकी उपेक्षा कर देना वस्तुतः हमारा तुच्छ अहंकार ही होगा। शायद यही कारण है कि शैलेन्द्र के कृतित्व का हिन्दी साहित्य में कोई मूल्यांकन नहीं हुआ। उनके गीत उत्कृष्ट काव्य के उदाहरण हैं, लेकिन वे सदैव उपेक्षित रहे, हमेशा 'फिल्म-गीतकार' ही रहे। उर्दू साहित्य में ऐसा नहीं है। साहिर लुधियानवी, शकील बदायूनी, कैफी आज़मी, जाँ निसार अख़्तर आदि को उर्दू साहित्य में भी सम्माननीय स्थान प्राप्त है। इतना ही नहीं, शैलेन्द्र ने जब अपने जीवन की पहली (और दुर्भाग्य से आखिरी भी) फिल्म का निर्माण

किया तब उन्होंने स्व.फणीश्वर नाथ रेणु की अत्यन्त संवेदनशील कथाकृति 'तीसरी कसम उर्फ मारे गए गुलफाम' को चुना। वस्तुतः यही फिल्म उनकी असमय मृत्यु का कारण बनी। लेकिन इसके बारे में यहाँ नहीं।

'बूट पॉलिश' में कवि शैलेन्द्र ने लिखा था–

'रात गई और दिन आता है
इसी तरह आते-जाते ही ये सारा जीवन जाता है
खेला बचपन हँसी जवानी, मगर बुढ़ापा तड़पाता है
सुख-दुःख का पहिया चलता है,यही नसीबा कहलाता है।'

भाग्य की इससे सुन्दर व्याख्या मिलना मुश्किल है। जीवन के गूढ़तम सन्दर्भों को दिल में उतर जानेवाली जुबान में सहज ही कह देना शैलेन्द्र का ही काम है। इसी गीत में आगे लिखते हैं–

'तू बढ़ता चल
तू रुक न कहीं, तू झुक न कहीं, तेरी है जमीं
तू बढ़ता चल
तारों के हाथ पकड़ता चल
तू एक है प्यारे लाखों में तू, बढ़ता चल।
ये रात गई–
वो सुबह नई!'

आजादी के बाल-सूर्य की ओर हसरत-भरी निगाहों से–तब, आजादी के कुल छह-सात वर्ष बाद क्या हिन्दी के कवि-लेखक भी नहीं देख रहे थे।

'बूट पॉलिश' बच्चों को संवेदना के अत्यन्त मानवीय सन्देश देती है–परिश्रम से बढ़कर और कुछ नहीं। दुनिया में कोई काम छोटा-बड़ा नहीं होता। यदि ईश्वर कहीं निवास करता है तो मनुष्य के परिश्रमी हाथों में।

मुहब्बत राजकपूर के फिल्मों की अहम जरूरत है। वैसे तो यह पूरे हिन्दी सिनेमा की ट्रैजडी है। जरूरत-बेजरूरत इस्तेमाल किया गया है इसे। यहाँ बमुश्किल ही अफसाना-ए-मुहब्बत की ठूँसमठूँस के बगैर कोई फिल्म बन पाती है। इसीलिए '70 के बाद जब हिन्दी सिनेमा में नारी-चरित्रों का महत्त्व लगभग समाप्त हो गया, तब भी औरत की उपस्थिति के अभाव में फिल्मों की कल्पना नहीं की जा सकी। अपवाद हैं, लेकिन उनसे यथास्थिति तो टूटती नहीं। आठवें दशक में तो औरत सिर्फ सजावट का एक उपकरण बनकर रह गई। छठवें दशक के अन्त तक नायिका का महत्त्व नायक से कम नहीं होता था। सातवें दशक में धीरे-धीरे उसकी अहमियत घटती चली गई। आठवें दशक के उत्तरार्द्ध में तो वह नायक की परछाईं से अधिक कुछ नहीं रह गई। किसी हद तक इस स्थिति की जिम्मेदार वे लड़कियाँ भी हैं जो ग्लैमर की चकाचौंध में यह भूल गईं कि जिस्म को अनावृत कर डालने से ही सौन्दर्य और उत्तेजना को तृप्ति नहीं मिलती। औरत के पास जिस्म के अलावा भी बहुत-कुछ होता है। लेकिन उसे सिर्फ जिस्म बनाकर नीचे ढकेलते चले जाने के खतरनाक परिणामों की ओर गौर ही नहीं किया गया। हिन्दी फिल्मों से स्त्रीत्व की खुशबू गायब होती चली गई, यहाँ तक कि वह उष्णता भी मिटने लगी जो औरत की उपस्थिति से पैदा होती है।

मुहब्बत राजकपूर की हर फिल्म में रची-बसी हुई है। 'मेरा नाम जोकर' में जब कुमार (राजेन्द्रकुमार) राजू (राजकपूर) से पूछता है–'क्या तुम मीनू (पद्मिनी) से मुहब्बत करते हो?' इसका जवाब उसके पास यह है–'प्रश्न यह नहीं है कि क्या मैं मीनू से मुहब्बत करता हूँ। प्रश्न यह है कि क्या मैं मुहब्बत करता हूँ? और इसका जवाब है–हाँ, मैं मुहब्बत करता हूँ। मीनू से नहीं, फूलों से, पत्तों से, नदियों से, पहाड़ों से–दुनिया की हर चीज से मुहब्बत करता हूँ।' दुनिया की हर चीज से बेइन्तिहा मुहब्बत ही उसकी सामाजिक चेतना से सम्बद्ध उन फिल्मों की ताकत भी है, जो समाजवादी मुल्कों में बेहद लोकप्रिय हुईं। जहाँ सामाजिक चेतना जितनी प्रखर होगी वहाँ अनुराग का मूल्य उतनी ही गुरुता से पहचाना जाएगा। सूक्ष्म भावनात्मक स्पन्दन को उतना ही अधिक महत्त्व मिलेगा। 'आवारा' इसी शक्ति के कारण सोवियत रूस की पसन्दीदा फिल्म बनी थी। 'आवारा' में नरगिस सिर्फ थी ही नहीं, बहुत खूब थीं। वह नरगिस, जिसे राजकपूर ने इस अन्दाज में पेश किया था कि जब परदे पर नहीं रहती थीं, तब भी आत्मा की तरह प्रत्येक दृश्य, प्रत्येक पात्र के भीतर मौजूद होती थीं। वह फिल्म के हर फ्रेम, हर टुकड़े की जरूरत बनकर मौजूद होती थी। 'आवारा' के अनुराग दृश्यों में तन और मन का उपयुक्त ताप मौजूद था। वहाँ एक सम्पूर्ण औरत थी–भारतीय मनीषा में जिसे कोमल भी माना गया है पुष्प की तरह और तेजस्विनी शक्ति के रूप में भी जिसकी परिकल्पना की गई है। 'आवारा' की नायिका मुहब्बत में सुध-बुध भी खो देती है। अपनी मुहब्बत के लिए जर्जर सामाजिक रूढ़ियों से भी टकराती

है। सम्बन्धों के द्वन्द्व में भावना के आगे घुटने भी नहीं टेकती और उसके महत्त्व का तिरस्कार भी नहीं करती। और अन्त में वही मुहब्बत कर्तव्य के मार्ग पर भी लाकर खड़ा कर देती है। अदालत में वकील के रूप में वह 'आवारा' की पक्षधर बनकर नहीं आती। वह आती है उस गन्दगी के खिलाफ आवाज उठानेवाली शक्ति के रूप में, जो मनुष्य को निर्मम और संवेदनहीन बनने के लिए बाध्य करती है। भावना और कर्तव्य इस तरह घुल-मिल जाते हैं कि उसका व्यक्तिगत प्रेम एक विशाल फलक पर फैल जाता है। 'जागते रहो' में भी नरगिस सिर्फ अन्तिम दृश्य में थीं, लेकिन लगता है कि पूरी फिल्म से निकलकर आई हैं। इसीलिए नायक की छटपटाहट, अच्छी तरह जी पाने की कोशिशों में लगातार संघर्षों के बाद भी, सपनों के साकार होने के सपने बुनती है–तो कोई सुहाना सपना बाँहें फैलाए खड़ा हुआ भी है–'घर आया मेरा परदेसी, प्यास बुझी इन अँखियन की।' वही परदेसी जो कभी बलम थे। हालाँकि तब भी उनमें बलम बनने लायक कोई खास बात नहीं थी। लेकिन नायिका ने गीत गाया था–'जब से बलम घर आए, जियरा मचल-मचल जाए'–तो सिर्फ इसलिए कि बलम कैसे भी रहे हों, अपनी जिन्दगी की तमाम हारों और जीतों के बीच कभी यह नहीं भूले कि कोई उन्हें 'अँसुअन की कसम' देनेवाला है। यह नहीं भूले कि उनकी जिन्दगी की हर खुशी तब तक अधूरी है जब तक 'वह' साथ न हो। बस उस नायक की इतनी-सी ही खूबी है। उसके इसी गुण पर औरत मर मिटती है। शायद नारी के लिए इससे बढ़कर और कुछ होता ही नहीं। और इसीलिए राजकपूर की फिल्मों की औरत दर्शकों को ज्यादा अपनी लगती है, क्योंकि वह किसी 'आवारा', 'अनाड़ी', 'छलिया', 'दीवाना', 'प्यारेलाल', 'सुन्दर' या फिर 'राजू' जैसे मामूली आदमी की चहेती होती है। इस साधारण आदमी को वह दुनिया की हर चीज से बढ़कर प्यार करती है। उसे तमाम कमजोरियों और बुराइयों के साथ अनुराग-संसार में ले चलती है। इस प्रेमसागर में डूबकर ही नायक उज्ज्वल बनता है।

मुहब्बत की दुनिया में सब कुछ हसीं है
मुहब्बत नहीं है तो कुछ भी नहीं है।

'श्री 420' का नायक भी अपनी मंजिल तक इस अनुराग-सागर में डूबकर ही पहुँच पाता है। 'श्री 420' में नरगिस की भूमिका प्रत्यक्ष में राजकपूर के मुकाबले छोटी है। वहीं नादिरा के भड़कीले व्यक्तित्व की प्रतिद्वन्द्विता भी सामने है। पर पूरी फिल्म का भावनात्मक ढाँचा उसी आधार पर खड़ा हुआ है। फिल्म के पूरे संघर्ष को गति वही देती है। जिन्दगी की सफलताओं और पराजयों की नायक को पहचान वही देती है। उसके अभाव में नायक अपने अस्तित्व को ही लड़खड़ाता हुआ महसूस करता है।

'55 में आर.के. फिल्म्स की 'श्री 420' ने फिर से राजकपूर को सबसे बढ़कर बना दिया। सिर्फ सफलता ही नहीं मिली, देश-विदेश में सराहना भी हुई। और इन दोनों से बढ़कर यह कि 'श्री 420' अपने समय की सबसे अलग फिल्म है। बिलकुल नए मिजाज की। दर्शकों को इसमें नया स्वाद मिला। उन्होंने इसकी संवेदनशील भाषा में सामाजिक जिन्दगी का नया अर्थ पहचाना। तब देश आजाद हुए कुल आठ वर्ष हुए थे। जन-मानस पर आजादी का नशा छाया हुआ था। उस समय 'श्री 420' में सभ्यता और प्रगति की आड़ में पनप रही खोखली नैतिकता को पहचानने की कोशिश के साथ ही उसके सम्भावित खतरों से आगाह किया गया था। 'फार्स'

के फार्म में यह बतलाया गया था कि राजनीतिक आजादी आर्थिक और मानसिक मुक्ति के अभाव में अधूरी है। इस फिल्म में राजकपूर अपने समय से आगे तक जाते हैं। ख्वाजा अहमद अब्बास की कथा पर आधारित इस फिल्म में वह निर्देशकीय कौशल और कल्पनाशीलता के उत्कर्ष पर पहुँचे हैं। यह वह फिल्म है जिसके अभावों के कहकहे, दुखों के बीच भी जिन्दगी की ललक से सजी मुस्कुराहटें और आदमी की कभी हार न मानने वाली जीवनी-शक्ति पूरी ताकत के साथ मौजूद है। इसमें गरीबी के आँसू ही नहीं हैं। उनके दुःखों का नकली सहानुभूति की आड़ में मजाक नहीं उड़ाया गया है और न सस्ती भावुकता के जरिए कमाई करने का नजरिया अपनाया गया है। अभावों के बीच जीते हुए आदमी की जिन्दगी में कितनी निष्पाप खुशियाँ हो सकती हैं, कितने मार्मिक और दिलों को छू लेनेवाले क्षण हो सकते हैं, कितना अपनापा और मुहब्बत हो सकती है–यह 'श्री 420' बतलाती है। फुटपाथों पर जिन्दगी गुजार देनेवालों के दिल कितने बड़े और बेपनाह जिन्दादिली से भरे हुए हैं, उनके आँसुओं में शिकस्तों और मुश्किलों के थपेड़े ही नहीं उम्मीदों और सपनों की हसीन थरथराहट भी है। कड़ी मेहनत से भी वे इज्जत की रोटी नहीं जुटा पाते। जिन्दगी की बुनियादी जरूरतें भी पूरी कर पाना उनके लिए मुश्किल है। तब भी उनके भीतर आदमियत का जज्बा है। सभ्य समाज उस जज्बे को कुचलने का हर सम्भव प्रयास करता है। और यदि जिन्दा रह पाने की कोशिश में उसके पैर तनिक भी डगमगाते हैं तो उसे समाज की गन्दगी घोषित कर दिया जाता है। जो ईमानदारी की, सच्चाई और मेहनत की दुहाई देते नहीं थकते, उनके दामन ही आदमी के खून से रँगे हुए हैं। सफेदपोश जिन्दगी के पीछे काले धंधों का भरा-पूरा संसार है। 'श्री 420' का बरोजगार नौजवान नायक अपनी जेब में बी.ए. की डिग्री तथा सच्चाई और ईमानदारी के लिए मिला गोल्डमेडल डाले हुए सभ्यता की महानगरी बम्बई में भटक रहा है। यहाँ एक पढ़े-लिखे, मेहनती और ईमानदार आदमी की कोई कद्र नहीं है। सच्चाई से जिन्दगी जीने के लिए रास्ते बन्द हैं, लेकिन बेईमानी के एक नहीं पूरे चार सौ बीस रास्ते खुले हैं। बेरोजगार नवयुवक को यह सबक देता है वह भिखारी जो बम्बई में महालक्ष्मी मन्दिर के सामने भीख माँगने का 'बिजनस' करता है। वही भिखारी और एक गुरुमन्त्र देता है–'यह बम्बई है मेरे भाई, बम्बई। यहाँ जब दूसरे गिरते हैं तो सब हँसते हैं, लेकिन जब खुद गिरते हैं तो हँसना भूल जाते हैं!' यहीं उस नौजवान की मुलाकात होती है 'दिलवाली लेडी केलेवाली' से। यह नौजवान केले बेचने वाली औरत के पास पहुँचकर भाव पूछता है। वह बतलाती है–दो आने के तीन। नौजवान मसखरी करता है–दो आने के तीन नहीं, तीन आने के दो! केलेवाली मोलभाव पसन्द नहीं करती। लेना हो तो लो। नौजवान भी अपनी बात पर अडिग है। वह आगे बढ़ता है तो अनपढ़ केलेवाली अँगुलियों पर हिसाब कर अचरज में पड़ जाती है। यह कैसा पागल आदमी है! केलेवाली उसे आवाज देकर बुलाती है। उसे केले देती है तो वह जेब में हाथ डालता है। यह क्या, जेब में पैसे तो हैं ही नहीं। नौजवान कहता है–यह तो मैं भूल ही गया। पैसे का इन्तजाम तो मैंने किया ही नहीं था। केलेवाली उसकी इस सरलता पर मोहित हो जाती है। वह उससे केले वापिस नहीं लेती। कहती है, जब पैसे हों तब दे देना। नौजवान आश्चर्यचकित है। जान न पहचान। कितना बड़ा दिल है इस औरत का! वह जैसे थाह पाना चाहता है–और अगर मैं पैसे न दूँ तो? केलेवाली के चेहरे पर निश्छल मुस्कुराहट उभर आती है–कोई बात नहीं, मैं समझूँगी, मेरे लड़के ने खाया! नौजवान मन्त्रमुग्ध हो गया है

जैसे। वह अपनी लाल रूसी टोपी उठाकर केलेवाली का अभिवादन करता है और कहता है अपने मसखरीवाले लहजे में ही–कुछ जुबान से और बहुत कुछ आँखों से–'थैंक्यू-थैंक्यू दिलवाली लेडी केलेवाली! तुम केलेवाली नहीं हो, 'दिलवाली लेडी केलेवाली' हो!' जिनकी अपनी रोटी का कोई निश्चित नहीं है वे भी दूसरों को देकर तृप्ति महसूस करते हैं। अभाव आदमी को विवश ज्यादा करते हैं, अमानवीय बहुत कम बनाते हैं। यह दिलवाली लेडी केलेवाली स्वार्थ और घृणा के सैलाब में प्यार का अवलम्ब बनती है, उस नौजवान के लिए। भटकती हुई परेशान जिन्दगी के लिए एक खूबसूरत मुकाम की तरह। 'श्री 420' की केले बेचने वाली वह रहमदिल औरत आज भी दर्शकों के दिलों में जिन्दा है। इस छोटी-सी भूमिका को ललिता पवार ने निजता और संवेदना का इतना गहरा संस्पर्श दिया था कि वह फिल्म की ढेरों अन्य खूबियों और उपलब्धियों के बीच गुम नहीं हो सकी। फुटपाथ पर रहनेवाले मजदूर और मेहनतकश दिन-भर की जी-तोड़ मेहनत के बाद परेशानियों को पोंछ डालने के लिए रात में सामूहिक रूप से 'रमय्या वस्तावय्या मैंने दिल तुझको दिया' गीत गाते हुए झूम रहे हैं। इसे निर्देशक ने नायक-नायिका की मनोव्यथा के संवेगों के साथ भी जोड़ दिया है। इसी गीत में जब नायक (राजकपूर) 'मेरी आँखों में रहे, कौन जो मुझसे कहे, मैंने दिल तुझको दिया' पंक्ति गाता है, उस समय ललिता पवार जुबान से कुछ कहे बगैर अपने दोनों हाथ बढ़ाकर अपनी आँखों में झाँकती करुणा से यह भाव बेहद खूबसूरती के साथ प्रस्तुत कर देती है–'बेटे, तू मेरे दिल का टुकड़ा है। मेरा राजदुलारा है, कौन कहता है कि किसी के दिल में तेरे लिए जगह नहीं है?' इस समय ललिता जी की आँखों में जैसे उनका दिल अपनी पूरी मुहब्बत के साथ उतर आया है। वह करुणा और अनुराग से भरी हुई दृष्टि कभी भुलाई नहीं जा सकती।

राजकपूर यह अच्छी तरह समझते हैं कि फिल्म में छोटी-छोटी भूमिकाएँ भी बहुत महत्त्वपूर्ण होती हैं। यदि उनको समुचित महत्त्व न दिया जाए तो सन्तुलन बिगड़ जाता है। 'श्री 420' में महालक्ष्मी मन्दिर के सामने भीख माँगने का बिजनेस करनेवाले भिखारी (कुमार) और केलेवाली (ललिता पवार) की भूमिकाएँ छोटी होने के बावजूद वातावरण के प्रभाव को सघन बनाने की दृष्टि से बहुत महत्त्वपूर्ण हैं। यहाँ पर पुरानी चीजें गिरवी रखनेवाले बूढ़े (रशीद खान) जिक्र न करना भी नाइंसाफी होगी, जो नायक का सच्चाई और ईमानदारी का गोल्डमेडल गिरवी रखता है। नायक मेडल गिरवी रखने से मिले रुपयों से सारी बम्बई खरीद लेने की घोषणा करता है तो वह अपनी अनुभवी आँखों से झाँकता हुआ कहता है कि यहाँ सब बम्बई खरीदने के लिए आते हैं, लेकिन बम्बई को आज तक कोई नहीं खरीद सका। बम्बई ही एक दिन सबको खरीद लेती है। स्व.रशीद खान मँजे हुए अभिनेता थे, पर उनकी प्रतिभा का सही उपयोग बहुत ही कम हुआ। देव आनन्द के वे निकट सहयोगी रहे। देव की निर्माण-संस्था नवकेतन की अधिकांश फिल्मों में उन्होंने छोटी-छोटी भूमिकाएँ कीं। 'काला बाजार' में उनका अभिनय बहुत पसन्द किया गया। रशीद खान का संवाद बोलने का अपना एक खास लहजा था। बहुधा उसी को वे अलग-अलग भूमिकाओं में दोहराते रहे। ठीक यही हश्र स्व. केष्टो मुकर्जी का हुआ। उनमें हास्य अभिनय की गहरी सूझ थी। 'फुटपाथ' में दिलीप कुमार, मीना कुमारी और अनेक नामजद सितारों की उपस्थिति में भी उन्होंने अपनी संक्षिप्त सी भूमिका को अविस्मरणीय बना दिया था। पर बाद में वे शराबी के रूप में लोकप्रिय क्या हुए, उनकी सम्पूर्ण प्रतिभा हकला-हकलाकर संवाद

बोलनेवाले शराबी की एक जैसी भूमिकाओं की ही भेंट चढ़ गई। ये अतिवादी स्थितियों के दुष्परिणाम हैं, जिनमें कला का बहुआयामी प्रदर्शन असम्भव है। सिनेमा को पूर्णतः व्यावसायिक या अव्यावसायिक मानना एक ही सिक्के के दो पहलू हैं। दोनों ही स्थितियों में इनसे जुड़े कलाकारों को अपनी प्रतिभा का उचित मूल्य और सम्मान नहीं मिलता।

इसी रद्दीवाले बूढ़े की दुकान पर नायक राजू की पहली मुलाकात विद्या (नरगिस) से होती है। अपने बूढ़े अपाहिज पिता के साथ वह बम्बई की एक चाल में रहती है। छोटा-सा स्कूल चलाकर रोजी-रोटी कमाती है और जरूरत पड़ने पर अपना कोई मामूली सा जेवर गिरवी रखकर बूढ़े से रुपए ले जाती है। जो जेवर एक बार गिरवी रख दिए जाते हैं, उन्हें उठाने की नौबत नहीं आती। राजू को सच्चाई और ईमानदारी का मेडल गिरवी रखते देखकर विद्या कहती है–'जब सच्चाई और ईमानदारी को ही आदमी ने गिरवी रख दिया तो उसके पास बचा ही क्या!' लेकिन उस समय तो राजू के पास मेडल गिरवी रखकर मिले चन्द रुपयों से अक्खी बम्बई खरीद लेने के हसीन सपने के अलावा और कुछ है ही नहीं। उसके भीतर कुछ है तो एक तिलिस्म–सारी दुनिया को अपने कदमों पर झुका लेने का। एक जज्बा–जो कहता है, असम्भव कुछ नहीं होता। और एक दिन नायक सचमुच बम्बई शहर का बेताज बादशाह बन जाता है। लाखों लोगों की जुबान पर उसका नाम चढ़ जाता है। दुनिया यही समझती है कि उसने सचमुच अक्खी बम्बई को खरीद लिया है। रद्दीवाला काका भी उसके साहबी ठाठ को देखकर भौंचक्का है। वह जब उसके पास अपना मेडल वापस लेने के लिए पहुँचता है, तब भी विद्या वहीं मौजूद है। वह विद्या, जिसने राजू की जिन्दगी में राह बनाई है। पर राजू अपनी हवस में एक ऐसे रास्ते पर चल पड़ा है जहाँ हर कदम पर धोखा और फरेब है। जहाँ आदमी खुद अपने साए पर भी विश्वास नहीं करता। जब वह रद्दीवाले काका से गोल्डमेडल वापस लेता है तब विद्या कहती है–'बेईमानी के पैसों से सच्चाई और ईमानदारी नहीं खरीदी जा सकती!' तो राजू सचमुच यह महसूस करता है कि सच्चाई और ईमानदारी का वह मेडल जिस भावना का प्रतीक था, वह मर चुकी है। अब वह मेडल सिर्फ सोने का एक टुकड़ा रह गया है और सोने के टुकड़ों की तो उसके पास अब कोई कमी नहीं है। वह मेडल अब अपना अर्थ खो चुका है। अब वह शोभा की वस्तु है जिसका मूल्य चन्द रुपयों से अधिक और कुछ नहीं।

'श्री 420' यह कहती है कि हजारों आदमियों को भूखा रखकर एक आदमी गुलछर्रे उड़ाता है। दूसरों के खून-पसीने पर चमकदार इमारतें बनती हैं। पर सच्चाई और ईमानदारी से कमाई गई सूखी रोटी जितनी शान्ति और मुहब्बत दे सकती है, उतनी बेईमानी से कमाई गई करोड़ों की दौलत नहीं। माया भटकाती है, सुकून नहीं देती। आदमी के इस भटकाव का कहीं कोई अन्त नहीं है। यह भटकाव उससे वे सब खुशियाँ छीन लेता है, जिसके लिए उसने यह रास्ता अख्तियार किया था। वह उस जगह पहुँच जाता है जहाँ आत्मीय-से-आत्मीय सम्बन्ध भी पहचान में नहीं आते। तेज रोशनी की चमक में जिन्दगी की पहचान अँधेरों में डूब जाती है।

फिल्म की दोनों नायिकाओं के नाम भी इसीलिए प्रतीकात्मक रखे गए हैं–विद्या और माया। विद्या, नायक को जिन्दगी की असलियत की ओर खींचती है। उसके भीतर सच्चा इनसान बनने की ख्वाहिश पैदा करती है। उसके भीतर दिखाई देनेवाले नकली चेहरे के भीतर छिपे असली चेहरे को पहचानती है। उसके कहकहों की गूँज में छिप गए आँसुओं को अपने हृदय में सँजो

लेती है। और माया(नादिरा) उसे दुनिया-भर की दौलत लूट लेने का रास्ता दिखलाती है—जहाँ ऐश्वर्य है, ऐश-ओ-आराम की तमाम वस्तुएँ हैं, और है तीव्रतम प्रतिस्पर्द्धा। जहाँ एक पल ठहरा नहीं जा सकता। आगे बढ़ते जाना ही एकमात्र लक्ष्य है और यह पहचान में नहीं आता कि वह आखिर जा कहाँ रहा है। जहाँ मनुष्य खुद अपने लिए भी अजनबी बन जाता है। और जब तक उसे यह मालूम हो पाता है कि हर चमकने वाली चीज सोना नहीं होती, तब तक उसके पैरों को झूठ और मक्कारी की बेड़ियाँ जकड़ चुकी होती हैं, जिनसे मुक्ति पाना सम्भव नहीं होता।

सेठ सोनाचन्द धरमानन्द राजू को मोहरा बनाकर बेईमानी और जालसाजी के चार सौ बीस धंधे करता है। अपनी चालाकियों के जाल में फँसाकर दुनिया-भर को उल्लू बनाता है। झूठी सोने की खदानों के शेयर बेचता है। इन तमाम कारनामों में राजू जकड़ता चला जाता है। सोनाचन्द की हवस का कोई मुकाम नहीं। अब वह गरीबों को लूटने की योजना बनाता है। उन्हें सौ रुपए में 'जनता मकान' का सपना दिखलाता है। जब वह गरीबों से जनता मकान के नाम पर डेढ़ करोड़ रुपए ऐंठकर भाग जाना चाहता है तब राजू अपनी हर इच्छा के विरुद्ध खड़े हो जाने के लिए बाध्य हो जाता है। वह गरीबों की चिताओं पर अपनी ऐशगाह नहीं बना सकता। उन डेढ़ करोड़ रुपयों में न जाने कितने गरीबों के सपने दफन हैं। जब 'दिलवाली लेडी केलेवाली' जनता मकान के लिए राजू के पास सौ रुपए जमा करवाने आती है तो राजू को आश्चर्य होता है कि इसे किसके लिए मकान चाहिए? केलेवाली की अपनी कोई सन्तान नहीं तो क्या हुआ, वह अपने मुँहबोले बेटे की खातिर अपने खून-पसीने की कमाई राजू के हवाले कर जाती है। उसकी आँखों में आशंका, कौतूहल और जिज्ञासा से भरा एक प्रश्न भी है—मकान तो बनेगा न? राजू उन आँखों के विश्वास को कैसे झुठला सकता है? कैसे भूल सकता है कि इस बेरहम बम्बई शहर में इसी मामूली औरत में उसे माँ की ममता का अनमोल स्पर्श मिला था? महालक्ष्मी मन्दिर पर दिन-रात भीख माँगकर गुजर-बसर करने वाले लँगड़े भिखारी के सपने पर वह कैसे धूल डाल सकता है जो 'अपने राजू' के विश्वास के कारण सन्तान्वे रुपए नौ आने और दो खोटे पैसे दे गया है, अपनी जिन्दगी के सबसे दिलकश सपने—अपने घर की खातिर! 'दो-ढाई रुपए कम हैं तो चाहे एक खिड़की कम लगाना। पर घर दे देना, भाई!' क्या वह इन सपनों के साथ बेईमानी कर सकता है? क्या कोई आदमी, जिसमें आदमी होने का रत्ती-भर अहसास मौजूद है इन सपनों के कमजोर शीशों को तोड़ने की जुर्रत कर सकता है? और यदि आदमी इतना नीचे गिर गया तो यह दुनिया रहने लायक जगह नहीं रह जाएगी। यह स्थिति आदमी को उस पाषाण युग में वापस ले जाएगी, जब वह जानवरों की तरह नोंच-खसोटकर जिन्दा रहता था। सभ्यता का मतलब मनुष्य के भीतर कोमलता का विस्तार है, पाशविकता का नहीं। देव और दानव मनुष्य के हृदय में एक साथ मौजूद होते हैं और दानवी प्रवृत्तियों से मुक्त होने की लगातार संघर्ष यात्रा ही सभ्यता के उत्थान की महागाथा है। सपनों और जज़्बातों के यथार्थ के साथ टकराव को 'श्री 420' में बेहद खूबसूरती और कशिश के साथ पेश किया गया था।

'आवारा' और 'श्री 420' राजकपूर के कैरियर की ही नहीं, हिन्दी सिनेमा के इतिहास की भी महत्त्वपूर्ण उपलब्धियाँ हैं। ये उस रास्ते की फिल्में हैं जिस पर बढ़कर हिन्दी सिनेमा की सार्थक सामाजिक भूमिका तलाश की जा सकती है। आम दर्शक सबसे पहले मनोरंजन चाहता है। औद्योगिक विकास और नगरीकरण की प्रक्रिया में भारतीय अपने सांस्कृतिक संदर्भों से क्रमशः

दूर होता चला गया है। आजादी के बाद तो सिनेमा ही मनोरंजन का एकमात्र पर्याय बन गया। आजादी के पहले न्यू थिएटर्स, प्रभात, मिनर्वा, बाम्बे टॉकीज इत्यादि निर्माण-संस्थाओं की फिल्मों ने दर्शकों का पर्याप्त मनोरंजन भी किया और सुनिश्चित सामाजिक उद्देश्य को भी मद्देनजर रखा। बाद में भी वी.शान्ताराम, बिमल राय, महबूब, बी.आर.चोपड़ा प्रभृति कुछ फिल्मकारों ने फिल्म को व्यवसाय ही नहीं, सामाजिक चेतना जागृत करने और कलात्मक अभिव्यक्ति का माध्यम भी समझा। हिन्दी सिनेमा में छठवें दशक में ही ऐसे निर्माताओं की घुसपैठ अधिक हो गई थी जिनके पास किसी किस्म का कलात्मक-सामाजिक दृष्टिकोण नहीं था, जो महज रोजगारिए थे और अन्धाधुँध कमाई के लालच में इसे व्यवसाय समझकर आ गए थे। प्रसिद्ध वितरक और निर्माता गुलशन राय ने एक बार कहा कि फिल्म बनाने से उनकी रेस खेलने की प्रवृत्ति का शमन होता है। तय है कि सिनेमा जैसे संवेदनशील माध्यम का लगातार गलत हाथों में पड़ते चले जाना आगे आनेवाले समर्थ कलाकारों के लिए चुनौती बन गया। उन्हें अधिक से अधिक समझौते करने के लिए बाध्य होना पड़ा। फिल्मों के प्रति नवधनाढ्यों के आकर्षित होने का एक और कारण था–ग्लैमर की चकाचौंध। अपनी मानसिक अतृप्ति की विकृतियों में डूबे हुए ये लोग मनोरंजन के नाम पर कुरुचिपूर्ण सैक्स और क्रूर हिंसा का कारोबार करने लगे। सन् '70 के बाद तो हिन्दी सिनेमा पर ऐसे निर्माताओं का दबाव बहुत बढ़ने लगा, जिसकी परिणिति '80 के बाद दिखलाई पड़ी। हिन्दी सिनेमा एक ऐसे मोड़ पर पहुँच गया, जहाँ किसी को कुछ नहीं सूझ पड़ा। सफलता के सारे नुस्खे बेकार साबित होने लगे। फिल्मों पर आर्थिक दबाव इतने अधिक बढ़ गए कि वे पूरी तरह व्यापारियों के चंगुल में जा फँसीं। तीन-चौथाई से अधिक फिल्में टिकिट-खिड़की पर दम तोड़ने लगीं। बड़े-बड़े नामों के बड़प्पन के आगे प्रश्नचिह्न लग गए।

आजादी के 35 वर्षों बाद भी सिनेमा का दर्शक उस मानसिक स्थिति में नहीं पहुँच सका है, जिसमें वह बौद्धिकता के बोझ से दबी फिल्मों को स्वीकार कर सके। उसकी सम्पूर्ण जीवन-प्रक्रिया निरन्तर इतनी जटिल, नीरस और उकता देनेवाली बनती चली गई कि सिनेमा को बौद्धिक व्यायाम की तरह वह ग्रहण नहीं कर सकता। इसीलिए सातवें दशक में व्यावसायिक सिनेमा के विरुद्ध जो समान्तर सिनेमा उठ खड़ा हुआ वह अपने ही अन्तर्विरोधों का शिकार हो गया। इसकी उपलब्धि हैं तो वे कलाकार जिन्होंने इन फिल्मों के द्वारा प्रवेश किया। नसीरुद्दीन शाह, ओम पुरी, स्मिता पाटिल, अमरीश पुरी, शबाना आज़मी इनमें प्रमुख हैं। यदि इन फिल्मकारों ने कलाकारों की सामर्थ्य को जनप्रियता से जोड़ने का सार्थक उद्योग किया होता तो 'मृगया' के मिथुन चक्रवर्ती की वीभत्स परिणिति 'डिस्को डांसर' के रूप में नहीं होती। न ही स्मिता पाटिल जैसी अद्भुत क्षमतावाली अभिनेत्री 'बदले की आग' जैसी फिल्मों की बेहूदा भूमिकाओं में अपनी प्रतिभा का सत्यानाश करती। यदि ये कलात्मक आभिजात्य के अहंकार से मुक्त हो पाते तो हिन्दी सिनेमा के पलायनवादी स्वरूप को नया जीवन-सापेक्ष मोड़ दे सकते थे। लेकिन व्यावसायिक सिनेमा से सीधे टकराव का रूख अपनाकर इन्होंने अपने रास्ते आप ही बन्द कर लिए। कला-सिनेमा की प्रेस ने बहुत सराहना की। तथाकथित प्रबुद्ध वर्ग ने जुबानी जमा-खर्च के मैडल दिए। कहवाघरों में जोरदार बहसें हुईं, लेकिन जिन फिल्मों को सामाजिक पक्षधरता का वाहक माना गया, सामान्य जन की उनके साथ संगति नहीं बैठी। वह यह भी नहीं जान सकी कि कुछ ऐसे फिल्मकार भी हैं जो उसके दुःखों और हारों से दुःखी होकर मरे जा रहे हैं।

ये फिल्में जिनके लिए थीं, जिनके दुख-दर्दों का बयान करती थीं, उनसे संवाद स्थापित करने की क्षमता उनमें नहीं थी। इन फिल्मों में न तो उस वर्ग की भाषा थी और न ही अनुभूति-संसार। न ही उस लोक-संस्कृति के तत्व थे जो उसके दुखते हुए जख्म पर मरहम-पट्टी का काम करते। संगीत हिन्दी फिल्मों की महत्त्वपूर्ण आवश्यकता है। भारतीय संगीत की प्रभावित करने की अद्भुत क्षमता दुनिया-भर में जाहिर है। सन् 60 तक फिल्मों में 8-10 गाने होते थे। धीरे-धीरे अब यह औसत संख्या 4-5 तक सिकुड़ गई है। अधिकांश फिल्मों में गीतों को जबरदस्ती ही ठूँसा जाता है। इसलिए वे फिल्म की गति और कथावस्तु के प्रस्तुतीकरण की कसावट के मार्ग में बाधा बनते हैं। कला-फिल्म के निर्माता-निर्देशकों ने अपनी फिल्मों में गीतों की सर्वथा उपेक्षा की। उनमें बहुधा गीत रहे ही नहीं, यदि रहे तो ऐसे जिन्हें सुनना तक पसन्द नहीं किया गया। यह निषेध का रास्ता है। होना तो यह चाहिए था कि संगीत की जिस अप्रतिम शक्ति का उपयोग करने में व्यवसाय-धुरन्धर असफल होते जा रहे थे उसका लाभ ये फिल्मकार उठाते। '81 में प्रदर्शित मुजफ्फरअली की 'उमराव जान' की सबसे बड़ी शक्ति उसका संगीत-पक्ष ही है। यह व्यावसायिक दृष्टि से भी सफल हुई, लेकिन क्या इसे पलायनवादी सिनेमा का नमूना कहा जा सकता है? रेखा जैसी स्टार अभिनेत्री का इसमें सटीक और सहज उपयोग कर उसकी असीमित अभिनय-क्षमता को भी सामने लाया जा सका। दरअसल जैसा कि अनेक दिग्गज बार-बार कहते हैं, बिल्कुल सच है कि सिनेमा का व्यावसायिक और अव्यावसायिक नामों से विभाजन ही गलत है। वह या तो अच्छी हो सकती है या बुरी। जिस भी फिल्म को देखने के लिए दर्शक टिकिट-खिड़की पर पैसे देगा, वह व्यावसायिक तो होगी ही। कलात्मक अभिव्यक्ति के नाम पर हम सामान्य जन के लिए अजनबी संसार को रचनात्मकता के लिए चुनकर सफल नहीं हो सकते। हमारा लक्ष्य तो वही है। यथार्थवादी दृष्टिकोण को भी आयात नहीं किया जा सकता। वह भी अपने देश की मिट्टी की सौंधी महक के बीच से ही पैदा होता है। लोकमंगल की कामना से अनुप्राणित फिल्मकार की लोकरंजनकारी तत्वों का पर्याप्त आश्रय लेना होता है। मृणाल सेन जैसे महामहिम हिन्दी सिनेमा के बेचारे दर्शकों को कुछ नहीं देते। देते हैं तो अपने महान यशस्वी नाम का आतंक। पर इस आतंक की बुनियाद बेहद खोखली होती है। यह परिवर्तनकामी नहीं बन पाती। अपनी श्रेष्ठता के दम्भ में वे सामान्य स्तर की हमेशा उपेक्षा करते हैं। सत्यजित राय महान फिल्मकार सिर्फ इसलिए नहीं है कि उनकी फिल्मों को अन्तर्राष्ट्रीय स्तर पर पुरस्कृत किया गया है। यदि इसे कारण मानें भी, तो यह दूसरे नम्बर पर होगा। सबसे पहला कारण है उनकी फिल्मों की बँगला दर्शकों के साथ अनन्य आत्मीयता, यानी वे बँगला फिल्मों के सबसे बड़े व्यावसायिक दिग्गजों में भी हैं। उनकी फिल्मों के दर्शक मात्र प्रबुद्ध व्यक्ति ही नहीं हैं—सामान्य बंगाली भी उनकी फिल्मों का प्रशंसक है। यह भी मन बहलानेवाली बात ही होगी कि हम उनकी अभिरुचि को सामान्य हिन्दी दर्शक से बहुत उत्कृष्ट मान लें। थोड़ा-बहुत अन्तर हो सकता है, लेकिन जमीन-आसमान का कतई नहीं। यदि ऐसा होता तो कलकत्ता में हिन्दी का व्यावसायिक सिनेमा सर्वथा असफल रहता। पर सच्चाई इसके विपरीत है। कलकत्ता में व्यावसायिक हिन्दी फिल्में खूब लोकप्रिय होती हैं। तात्पर्य यह है कि कला का उद्देश्य आत्म-सन्तुष्टि मात्र कभी नहीं हो सकता। हिन्दी की इन तथाकथित कला-फिल्मों ने सिनेमा की मूलधारा को और निर्द्वन्द्व बना दिया और वह उस क्रूरतम स्थिति में जा पहुँचा, जहाँ उसके व्यावसायिक प्रपंच में बड़े-से-बड़ा कलाकार

जकड़ गया। उसके सामने कोई चुनौती ही नहीं रही। समर्थ लोग व्यवस्था के दुशाले ओढ़कर अपनी-अपनी माँदों में बैठे एक-दूसरे का प्रशस्ति-वाचन करते रहे। मैदान नासिर हुसैनों, गुलशन रायों और सिप्पियों के हाथों में बना रहा। कला-फिल्मों के निर्माता-निर्देशक या तो यह चिल्लाते रहे कि यहाँ तो फैसला वितरकों के हाथों में होता है, या फिर दर्शकों की छोटी बुद्धि का रोना रोते रहे। पर अरण्य-रोदन से कभी कोई तिलिस्म तो टूटता नहीं।

धीरे-धीरे कला-फिल्मकारों का तिलिस्म टूटना शुरू हुआ है, पर अब तक हैं वे दुविधा की स्थिति में ही। कोई स्पष्ट रास्ता उनके सामने नहीं है। पहले कला-फिल्मों का सबसे प्रिय विषय था—स्त्री-पुरुष के सम्बन्धों का नकलीपन, उनकी कुरूपता; दाम्पत्य जीवन की विसंगतियाँ। यह मानना बहुत बड़ी भूल होगी कि इस विषय पर सार्थक और सामाजिक महत्त्व की फिल्म का निर्माण नहीं किया जा सकता। पर इस विषय को जिस प्रकार उठाया गया वे शहरी वर्ग की एक खास मानसिकता की उपज थे। उनमें स्त्री-पीड़ा का संसार आत्मकेन्द्रित और निजी स्वार्थों की महत्त्वाकांक्षाओं के दलदल में आकंठ डूबा था। बासु भट्टाचार्य जैसे अद्भुत प्रतिभावान व्यक्ति ने इसी विषय पर 'तीसरी कसम' जैसी अपूर्व कलात्मक और संवेदनशील फिल्म दी और बाद में इसी विषय को बार-बार अपनी फिल्मों में प्रस्तुत कर वे कई कदम पीछे हटते रहे। यह दुर्भाग्य नहीं तो और क्या है?

श्याम बेनेगल, मुजफ्फरअली प्रभृति निर्माताओं ने व्यवस्था और समाज को लेकर भी अनेक प्रश्न उठाए। 'आक्रोश', 'मंथन', 'अंकुर', 'चक्र' आदि फिल्मों के नाम इस सन्दर्भ में महत्त्वपूर्ण हैं। निश्चित ही ये फिल्में अपने रचना-विधान में समर्थ और कलात्मक हैं। पर इनका उस क्रान्तिधर्मी जनता के साथ कोई सम्बन्ध नहीं बना जो सामाजिक परिवर्तन की प्रक्रिया में हिस्सा लेती है। मध्यवर्गीय बुद्धिजीवी जो अपनी यशलोलुप कायरता के लिए विख्यात हो चुका है और उच्चवर्गीय सफेदपोश जो प्रत्येक क्रान्तिकारी सन्दर्भ को शो-पीस बना देने की कला में पारंगत है, इन फिल्मों का दर्शक-समुदाय बना। चूँकि प्रचार के सारे साधन इसके कब्जे में हैं, इसलिए इनकी भरपूर प्रशंसा हुई और फिल्मकारों की मानसिक अय्याशी को सन्तुष्टि मिली। पूँजीवादी प्रेस ने भी इसकी लम्बी-चौड़ी तारीफें कीं, क्योंकि ये सामाजिक स्तर पर व्यवस्था के तिलिस्म को तोड़ने का कोई कारण नहीं बनतीं। इस प्रकार वह अपनी ईमानदारी का ढिंढोरा भी पीट सका और सिनेमा की मूलधारा को और अधिक विकृत बनाने में सफल हुआ। यानी साँप भी मर गया और लाठी भी नहीं टूटी।

उदाहरण के लिए '81 में प्रदर्शित 'आक्रोश' सर्वाधिक उपयुक्त फिल्म है। निरीह आदिवासियों के शोषण के लिए, उनके उत्पीड़न और पराजय के लिए मौजूदा सामाजिक व्यवस्था ही पूरी तरह जिम्मेदार है, इस तथ्य को पूरी ताकत और कलात्मक कौशल के साथ 'आक्रोश' में प्रस्तुत किया गया है। ओम पुरी ने 'आक्रोश' में जितना सशक्त अभिनय किया है उसकी दूसरी मिसाल हिन्दी सिनेमा के पूरे इतिहास में नहीं है। उसकी मूक अभिव्यक्ति चिल्ला-चिल्लाकर यह कहती है कि आदिवासियों के उत्थान के लिए कितना ही ऊपरी दिखावा क्यों न करे, किन्तु वस्तुतः शक्ति-सम्पन्न द्वारा किए जानेवाले क्रूर शोषण में उसकी पूरी तरह अप्रत्यक्ष सहमति है। यह प्रक्रिया सुनिश्चित और बहुआयामी है। जन-प्रतिनिधि, अधिकारी, पुलिस, नवधनाढ्य वर्ग और बुद्धिजीवी इसमें पूरी तरह शामिल हैं। फिल्म दर्शक के दिमाग में सचमुच आक्रोश भर देती

है। पर इसकी संरचना इतनी जटिल और नीरस भी है कि सामान्य दर्शक सत्य का रागात्मक साक्षात्कार नहीं कर पाता। वह उनके सिर के ऊपर से गुजर जाती है। इसलिए तमाम गुणात्मक क्षमता के बावजूद न ही इन फिल्मों की कोई परम्परा बन पाती है और न ये सिनेमा की मूलधारा को बदल पाती हैं। इसलिए इन्हें व्यवस्था कतई खतरनाक महसूस नहीं करती। लेकिन '81 में ही प्रदर्शित 'मेरी आवाज सुनो' जैसी विशुद्ध फार्मूला फिल्म पर सरकार बैन लगा देती है। इसलिए नहीं कि इसमें सैक्स और हिंसा का क्रूरतम प्रदर्शन है। ऐसा हो तो कम-से-कम आधी फिल्मों पर तो बैन लगाना ही पड़ेगा। इसलिए कि यह फिल्म व्यवस्था के षड्यन्त्र का परदाफाश करती है और इस तेवर में कि मूर्ख-से-मूर्ख आदमी समझ ले। 'मेरी आवाज सुनो' में आरम्भ में यह कह दिया गया है कि यह एक 'फर्ज़ी' देश की कहानी है। एक ऐसे देश की कहानी जिसका इस दुनिया में कोई अस्तित्व नहीं है। पर व्यवस्था समझती है कि साधारण रिक्शा वाला और मिल-मजदूर भी इसे देखेगा तो बगैर किसी बौद्धिक व्यायाम के उसे यह समझने में कतई दिक्कत नहीं होगी कि यह इसी देश की कहानी है। प्रतिदिन पत्र-पत्रिकाओं में इस तरह की घटनाओं को वह पढ़ता है। इसे फिल्म जैसे संवेदनशील माध्यम के द्वारा ग्रहण कर जन-मानस में कोई-न-कोई टीस जरूर पैदा होगी। जिस देश में स्वयं गृहमन्त्री और उच्च पुलिस-अधिकारी जिन्हें रक्षक माना जाना चाहिए, वे ही भक्षक बन जाएँ तो आदमी की सुरक्षा की क्या गारण्टी रह जाएगी? पुलिस-अफसर की ईमानदारी का भी क्या लाभ होगा जब उसकी सच्चाई की आवाज निहित स्वार्थों के द्वारा दबा दी जाएगी? इसलिए कोई कर्तव्यपरायण और ईमानदार बनना चाहेगा? यह फिल्म अपनी तमाम कुरुचिपूर्ण और बेहूदा स्थितियों के साथ ही उस वर्ग के भीतर चुभन जरूर पैदा कर सकती है जो स्वयं पिस रहा है, स्थितियों के दबावों को पूरी तरह झेल रहा है और इसीलिए वह ही परिवर्तन के लिए उठ खड़ा भी हो सकता है। 'मेरी आवाज सुनो' बेहद कर्कश और भावनात्मक शोषण कर पैसा कमाने के दृष्टिकोण से बनाई गई फिल्म है। जब इतनी अशक्त फिल्में असर पैदा कर सकती हैं तो अच्छी फिल्में कितनी उपयोगी होंगी, इसकी सहज कल्पना की जा सकती है। यह जरूरी है कि हम सिनेमा में सामाजिक पक्षधरता की बात उस भाषा में करें जो जटिल प्रतीकों और व्यावसायिक बेहूदगियों की मोहताज न हो। अपनी लोक-कलाओं की उपेक्षा न करते हुए इतने सहज रागात्मक स्तर पर सामाजिक प्रश्नों को उठाएँ कि वे एक ओर आदमी के बहुत नजदीक तक जा सकें और दूसरी ओर उनके सौंन्दर्य-बोध को निरन्तर गतिशीलता दे सकें। तभी सम्भव है जब हम अपनी हर अभिजात छद्‌म मुद्रा से मुक्ति पाने के लिए कृतसंकल्प हों।

'आवारा' और 'श्री 420' ठीक ऐसी फिल्में हैं जो अपने समय की जरूरत को पूरा करती हैं। हर वर्ग के दर्शक के साथ तादात्म्य स्थापित कर लेती हैं। उसके मन को रस-सिक्त करती हैं और उसके भीतर कहीं एक गहरी चुभन भी छोड़ जाती हैं। एक बेचैनी भर देती हैं जो सवाल-पर-सवाल पैदा करती है। मन में, गेहूँ में घुन की तरह लग जाती हैं। उनकी परिवर्तनकामी शक्ति अहसास बनकर पैदा होती है। वे दर्शक के ऊपर आक्रोश थोपती नहीं हैं, आतंक से नहीं अनुभूति से थरथराहट पैदा करती हैं। 'श्री 420' में राजकपूर मजाक-ही-मजाक में बहुत बड़ी बात कहते हैं। पूँजीवादी समाज अपनी शोषण-प्रक्रिया को बड़ी चतुराई के साथ नियन्त्रित करता है। वह इसके लिए धर्म, संस्कृति और भावनाओं को मोहरा बनाता है। वह इन सब कोमल तत्वों को

इस्तेमाल इस तरह करता है जिससे दलित वर्ग उसके शिकंजे में आसानी से फँस जाए। फिल्म के एक दृश्य में सेठ सोनाचन्द धरमानन्द मैदान में आमसभा को सम्बोधित कर रहे हैं। वहीं सामने बेरोजगार राजू अपने मसखरेपन से लोगों को आकर्षित कर दन्त-मंजन की शीशियाँ बेचने लगता है। राजू की चटखारेदार बातें सुनकर लोग सेठ सोनाचन्द की सभा से उठकर उसके इर्द-गिर्द भीड़ जमा कर देते हैं। सेठ अपने मुनीम से कहता है कि 'जाओ, तुम भी एक मंजन की शीशी खरीद लो। तुम्हारे दाँतों में भी तो हमेशा दर्द रहता है। राजू के पास मंजन की शीशियाँ थोड़ी-सी हैं और खरीदनेवाले बेशुमार।' एक हंगामा-सा खड़ा हो गया है चार आने में मंजन खरीदने के लिए। तभी मुनीम अपने नौकरों के साथ भीड़ को चीरता हुआ राजू के पास आकर उससे पूछता है–'तुम्हारे मंजन में जानवरों की हड्डियाँ पीसकर तो नहीं मिलाई गई हैं?' यह बात कहकर वह जनता की धार्मिक भावना को उकसाकर लाभ उठाना चाहता है। राजू अपनी सफाई प्रस्तुत करने में अव्यावहारिकता के कारण मात खा जाता है। वह सच कह देता है–'नहीं भाइयो, इसमें चौपाटी की खालिस रेत और पिसे हुए कोयले के अलावा और कुछ नहीं है।' जनता भड़क उठती है। 'साला रेत बेच रहा है मंजन के नाम पर। मारो साले को।' चन्द मिनटों पहले जो भीड़ मंजन खरीदने के लिए बेताब हो रही थी, वही राजू के ऊपर पिल पड़ती है। पूँजीपतियों की चतुराई के आगे गरीब आदमी की ईमानदारी मात खा जाती है, क्योंकि वह जनता की कोमल भावनाओं का अपने फायदे के लिए इस्तेमाल करने की कला नहीं जानता। 'श्री 420' के अन्तिम दृश्य भी इस तथ्य को उजागर करते हैं। राजू, सेठ सोनाचन्द से पूछता है कि 'सौ रुपए में मकान कैसे बनेंगे? और यदि मकान बनेंगे नहीं तो हम उन लोगों को देंगे क्या, जो सौ-सौ रुपए किसी तरह इकट्ठा कर हमें दे गए हैं?' तब सेठ उसकी मूर्खता पर हँसते हुए कहता है–'बेवकूफ, सौ रुपए में कहीं मकान बनता है? हम मकान नहीं, मकान का सपना बेच रहे हैं।'

तब देश आजाद हुए सिर्फ आठ वर्ष हुए थे और ख्वाजा अहमद अब्बास की दूरदर्शी आँखों ने आगामी कल की सच्चाई को देख लिया था। स्वार्थी व्यक्तिवाद गरीबों को सपने भी खरीदने के लिए मजबूर कर देगा। उसके सपनों पर भी शोषण के शिकंजे कस जाएँगे। अंगरेजों की दी हुई क्लर्क पैदा करनेवाली शिक्षा-पद्धति बेरोजगारों का पहाड़ खड़ा कर देगी। कोरी कागजी शिक्षा इस नई आजादी का भव्य महल बगैर परिश्रमी और ईमानदार हाथों के किस प्रकार तैयार करेगी? 'श्री 420' यह भी कहती है कि अपनी लूट-खसोट के लिए पूँजीपति हमेशा पढ़े-लिखे महत्त्वाकांक्षी मध्यवर्गीय आदमी का इस्तेमाल करता है। उसकी हर खूबी को खरीद लेता है। व्यवस्था के साथ मिलकर उसे जनता के मसीहा के रूप में खड़ा करता है। उसकी महत्त्वाकांक्षाओं की आग को हवा देता है और फिर उसे एक ऐसे मुकाम पर पहुँचा देता है, जहाँ उसके लिए न आगे जाना सम्भव होता है और न पीछे लौटना। जिस व्यवस्था में पढ़ा-लिखा आदमी रोजी-रोटी के लिए परेशान होगा, जहाँ शिक्षा सिर्फ बेरोजगारी बढ़ानेवाली बन जाएगी–वहाँ पूँजीवादी ताकतों के लिए ऐसे आदमी को खरीदना क्या मुश्किल होगा? अपने गाँव से रोजी-रोटी की तलाश में बम्बई आए नौजवान को ईमानदारी का कोई रास्ता नहीं मिलता, पेट भरने के लिए। लाँड्री में उसे धोबी की नौकरी बमुश्किल हाथ लगती है और तभी कपड़ों की डिलीवरी देने जाने के समय उसकी मुलाकात माया से होती है जो उसे ऐश्वर्य के तिलिस्मी संसार में ले जाती है। ताश के पत्तों की हेराफेरी में उसकी निपुणता देखकर वह उसे पीपलीनगर का राजकुमार

बनाकर ताजमहल होटल में अपने साथ जुआ खेलने ले जाती है। राजू उसे एक रात में हजारों रुपए जुए में जीतकर देता है। यहीं पर सेठ सोनाचन्द उसे परख लेता है। सुबह राजू को माया उसके मुँह पर दस रुपए का नोट फेंककर उसकी औकात बतला देती है। 'आखिर कौन हो तुम? एक लाँड्री के मामूली धोबी, लो अपनी बख्शीश और दफा हो जाओ यहाँ से!'

राजू को सचमुच अपनी औकात समझ में आ जाती है। वह दस रुपए के बेरहमी से मरोड़कर उसके मुँह पर फेंके गए नोट को इज्जत से सीधा कर टेबिल पर रखकर चोट खाई आँखों से माया को देखता हुआ बाहर निकल जाता है। यह वही दृष्टि है जिसको 'तोड़ती पत्थर' कविता में महाकवि पं. सूर्यकान्त त्रिपाठी 'निराला' ने एक मजदूर-स्त्री के आत्मसम्मान को व्याख्यायित करते हुए बतलाया है–'देखा मुझे उस दृष्टि से, जो मार खा रोई नहीं!' गरीब का भी आत्मसम्मान होता है और पैसेवाले के आत्मसम्मान से अधिक प्रखर होता है। पूँजीपति तो पैसे-पैसे के लिए अपनी आत्मा को बेचता है, परन्तु गरीब आदमी की जिन्दगी में ऐसा बहुत-कुछ होता है जिसे खरीदा-बेचा नहीं जा सकता। वह गरीब जरूर है, लेकिन पतित नहीं। वह मजदूर जरूर है, लेकिन अपनी मजबूरी नीलाम नहीं करता। अपने परिश्रमी हाथों का अभिमान है उसे। इसमें वह सात्विकता भी है जो खरीद-फरोख्त करनेवालों को भी नसीब नहीं हो सकती।

सेठ सोनाचन्द की पैनी आँखों से राजू की सामर्थ्य छिप नहीं पाती। वह जयभारत लाँड्री में पहुँचता है, जहाँ राजू फटे कपड़ों में काम कर रहा है। वह राजू पर मधुर कटाक्ष करते हुए कहता है–'क्यों राजकुमार साहब, पीपलीनगर में तो कपड़े-ही-कपड़े धुलते हैं!' और वह राजू को सचमुच ही मानो पीपलीनगर का राजकुमार बना देता है। जालसाजी के धंधों की अन्धाधुन्ध कमाई से मालामाल कर देता है। सभ्य समाज की तितली माया जिसने एक दिन दस रुपए का नोट राजू के मुँह पर मारकर उसकी औकात बतलाई थी, अब राजू की बाँहों में झूलने के लिए बेकरार हो जाती है। राजू के सामने अब वह दुनिया है जहाँ सब कुछ पैसा है। हर कार्य-व्यापार पैसे से ही नियन्त्रित होता है। सब-कुछ पैसे से खरीदा जाता है। वह उस दुनिया से दूर होता चला जाता है जहाँ मोहब्बत के सामने पैसे की कोई कीमत नहीं है, जहाँ आदमी ही सबसे बड़ा है। राजू, उस संसार में जहाँ प्यार, दया, ममता जैसी भावनाओं की कोई कद्र नहीं है, पहुँचकर भी रम नहीं पाता। क्योंकि वहाँ हर रिश्ता मतलब का है। 'श्री 420' में नादिरा ने खलनायिका की भूमिका निबाही है। सभ्य समाज की आकर्षक तितली जो ऊपर से जितनी चमकदार है, भीतर से उतनी ही कालिखों में डूबी हुई। नादिरा ने इस भूमिका को इतनी शिद्दत के साथ जीवन्त कर दिया था कि वह भविष्य में हमेशा के लिए खलनायिका ही बनकर रह गई। पर 'श्री 420' में खलनायिका होते हुए भी वह नायिका से उन्नीस नहीं पड़ती। संगीतकार स्व. जयकिशन ने भी नादिरा के छोटे भाई की संक्षिप्त भूमिका 'श्री 420' में की।

'श्री 420' में राजकपूर का अभिनय बेमिसाल है। 'श्री 420' में उन्हें सर्वश्रेष्ठ निर्देशन के लिए 'फिल्म फेयर अवार्ड' मिला था। उनके अभिनय की बारीकियों को हमेशा बहुत महत्त्व नहीं मिला, यद्यपि कृतज्ञता-स्वीकार के सबसे कठिन भाव को वे बहुत सुन्दरता से अभिव्यक्त करते हैं। 'श्री 420' में जयभारत लाँड्री का मालिक जब उसे नौकरी के लिए रख लेता है तब अपनी आँखों और चेहरे के भावों के द्वारा वह कृतज्ञता का इतना मार्मिक संसार रच देता है जिसका कोई मुकाबला नहीं। राजकपूर की अभिनय-कला की सामर्थ्य सामान्य व्यक्ति को महान बनाती है। उसकी लघुता

में उच्चतम सौन्दर्य की सृष्टि करती है।

'श्री 420' में राजकपूर के कलात्मक निर्देशन ने जिन्दगी की बेखौफ सच्चाई को जिन्दगी के रंगों में रँगकर प्रस्तुत किया। राधू कर्मकार का अद्वितीय छायांकन और एम.आर.अचरेकर का कला-संयोजन इसकी महत्त्वपूर्ण विशेषताएँ बनीं। अचरेकर ने इस फिल्म के लिए स्टूडियो में ही लोकल ट्रेन गुजरने का इतना सुन्दर सैट तैयार किया था कि वह वास्तविकता का भ्रम पैदा करता था। 'श्री 420' का संगीत अपने समय से अलग होने के बावजूद अपने समय में तो अपार लोकप्रिय हुआ ही, कालजई भी बन गया। शैलेन्द्र-हसरत और शंकर-जयकिशन की जोड़ियों ने कर्णप्रिय संगीत की अनोखी सृष्टि की। 'मेरा जूता है जापानी', 'दिल का हाल सुने दिलवाला', 'ईचक दाना बीचक दाना', 'प्यार हुआ इकरार हुआ है', 'मुड़-मुड़के न देख मुड़-मुड़के' और 'रमय्या वस्तावय्या'–ये तमाम गीत करोड़ों होंठों पर सज गए और लोगों के दिलों तक पहुँचे। सिर्फ एक ही गीत–'ओ जानेवाले मुड़के जरा देखते जाना' मधुर होने के बाद भी ज्यादा लोकप्रिय नहीं हुआ। इसे नरगिस पर चित्रित किया गया था। मन्ना डे के स्वर में शैलेन्द्र की रचना–'दिल का हाल सुने दिलवाला' अविस्मरणीय है। इसका चित्रांकन भी उतनी ही सूझबूझ के साथ किया गया है। फुटपाथ पर ही जिन्दगी गुजार देने वाले मेहनतकश दिन-भर की थकाकर त्रस्त कर देनेवाली घुटन से निकलने के लिए इकट्ठा बैठकर अपना सुख-दुख बाँट रहे हैं। वहीं जब उनके परिवार में एक सदस्य और बढ़ता है–राजू, एक बेरोजगार नवयुवक, जो बम्बई की भागमभाग और असहिष्णु जिन्दगी से अपरिचित है, तब वे पहले तो उससे उलझते हैं, किन्तु फिर उसे अपनी ही बिरादरी का समझकर प्यार से अपना लेते हैं। कोई अपने नए दोस्त से अनजाने में एक धौल जमा देने के लिए माफी माँगता है, कोई उसके लिए कड़क चाय लाने के लिए दौड़ जाता है। अपने दुख-सुख को बाँटते हैं, अपना परिचय देते हैं और राजू का परिचय पाना चाहते हैं। राजू अपना परिचय इस गीत के द्वारा देता है, जिसमें सिर्फ उसका अपना नहीं, उन सबका भी दुख-दर्द शामिल होता है। आँसू-मुस्कुराहटें और आशा-आकांक्षाएँ भी। उन सबका अपना, बिलकुल अपना किस्सा–हारों का और जीतों के सपनों का।

दिल का हाल सुने दिलवाला
सीधी-सी बात, न मिर्च-मसाला
कहके रहेगा कहनेवाला / दिल का हाल सुने दिलवाला
छोटे-से घर में गरीब का बेटा
मैं भी हूँ माँ के नसीब का बेटा
रंज-ओ-ग़म बचपन के साथी
आँसुओं में जली जीवन-बाती
भूख ने है बड़े प्यार से पाला / दिल का हाल सुने दिलवाला
ग़म से अभी आज़ाद नहीं हूँ
खुश हूँ, मगर आबाद नहीं हूँ
मंज़िल मेरे पास खड़ी है
पाँव में लेकिन बेड़ी पड़ी है
टाँग अड़ाता है दौलतवाला / दिल का हाल सुने दिलवाला

राजकपूर की यह धारणा है कि फिल्म की सम्प्रेषणीयता और सफलता के लिए असरदार संगीत बहुत जरूरी है। यही कारण है कि उसकी फिल्म चाहे फ्लॉप हो जाए, पर उसका संगीत फ्लॉप नहीं होता। राजकपूर स्वयं संगीत के जानकार हैं। जानकार से बढ़कर आशिक। संगीत उनके दिमाग से ही नहीं, दिल से भी जुड़ा हुआ है। संगीत भारतीय जन-जीवन की रग-रग में रचा हुआ है, यह उनकी मान्यता है। संगीत वह शक्ति है जो कठोर-से-कठोर हृदय को भी पिघला सकती है। दुखों की गहराती नदी के वेग में आनन्द की बलवती नौका बन सकती है। सबसे पहले शंकर-जयकिशन ने ही पाश्चात्य वाद्य-यन्त्रों का सर्वाधिक प्रयोग किया। पर उन्होंने भारतीय संगीत की आत्मा को सुरक्षित रखा। उनके अधिकांश गीत शास्त्रीय राग-रागिनियों पर ही आधारित हैं। भैरवी उन्हें सर्वाधिक प्रिय है। उनके हिट गीतों में कम-से-कम आधे गीत भैरवी पर ही आधारित हैं। कहा जाता है कि भैरवी में कुछ भी गाया जाए, मधुर ही होता है। इस बात का फिल्म संगीत में सर्वाधिक दोहन शंकर-जयकिशन ने ही किया। पर उन्होंने अपने गीतों को दुरूह कभी नहीं बनाया। उनमें जनप्रियता पैदा की, लेकिन बाजारूपन से पूरी तरह दूर रहे। शंकर-जयकिशन ने अपनी श्रेष्ठतम रचनाएँ राजकपूर की फिल्मों को ही दी हैं। आर.के. फिल्म्स की 1982 तक प्रदर्शित 17 में से 9 फिल्मों में उन्होंने संगीत-निर्देशन किया। जिन फिल्मों में राजकपूर ने अभिनय किया, उनमें भी बहुधा संगीत-निर्देशक वे ही रहे। शैलेन्द्र के शब्द, मुकेश का स्वर और शंकर-जयकिशन के सुर मिलकर तो जैसे राजकपूर के व्यक्तित्व की आत्मा ही बन जाते थे। शंकर-जयकिशन को कई बार 'फिल्म फेयर अवार्ड' मिले और अनेक अन्य अवार्ड। लेकिन यह एक विचित्र विरोधाभास है कि आर.के.फिल्म्स की किसी फिल्म के लिए उन्हें 'फिल्म फेयर अवार्ड' नहीं मिला। पर जन-मानस ने उन्हें सदा-सदा के लिए अपनाकर, अपनत्व का जो पुरस्कार दिया, उसके आगे सारे अवार्ड बेमानी हो जाते हैं। शंकर-जयकिशन शास्त्रीय संगीत को कितनी सुन्दरता से प्रस्तुत कर सकते हैं, इसका उदाहरण है–'बसन्त बहार'। इस फिल्म का नामकरण ही 'केतकी गुलाब जुही चम्पक बन फूले' गीत के लिए प्रयुक्त बसन्त और बहार रागों के कारण 'बसन्त-बहार' किया गया था। राजकपूर के फिल्मों के गीतों की सबसे बड़ी खासियत यह है कि वे एक ओर तो अपार लोकप्रिय होते हैं, दूसरी ओर अपनी शाब्दिक, स्वर और सुर-संयोजन की क्षमता में अद्भुत। छिछोरेपन और आभिजात्य से मुक्त। भावों की अपार गहराई लिए हुए। संवेदना को झकझोर देने में समर्थ।

राजकपूर के जीवन का अत्यन्त महत्त्वपूर्ण वर्ष है सन् 1956। इसी वर्ष वे एक ओर कलात्मक ऊँचाइयों के चर्मोत्कर्ष तक पहुँचे और दूसरी ओर लोकप्रियता के उच्चतम शिखर तक भी। वे हिन्दी सिनेमा में अपने ढंग का अलग व्यक्तित्व बन गए, जिसका कोई मुकाबला नहीं। इस वर्ष राजकपूर की अपनी फिल्म 'जागते रहो' को कार्लोरीवेरी अन्तर्राष्ट्रीय फिल्म महोत्सव में सर्वश्रेष्ठ फिल्म का 'ग्रैंड प्रीं' पुरस्कार मिला। लेकिन यह फिल्म व्यावसायिक रूप से अधिक सफल नहीं हुई। अन्तर्राष्ट्रीय स्तर पर पुरस्कृत होने के उपरान्त हिन्दी दर्शक इस फिल्म का नाम सुनकर चौंके और दुबारा प्रदर्शित होने पर पहले की अपेक्षा 'जागते रहो' को अधिक सफलता प्राप्त हुई। उस समय तक अन्तर्राष्ट्रीय स्तर पर किसी भारतीय फिल्म को इतना बड़ा पुरस्कार प्राप्त नहीं हुआ था। यह पुरस्कार मिलने के बाद हिन्दी जगत ने 'जागते रहो' का भरपूर स्वागत किया। कला-समीक्षकों ने इसे हिन्दी सिनेमा की महत्त्वपूर्ण उपलब्धि माना। 'जागते रहो' तक कला-फिल्मों के निर्माण का दौर शुरू नहीं हुआ था। अपने स्वरूप, गठन और प्रस्तुतीकरण में यह अभिनव थी। इसमें राजकपूर का नित-नवीन रचना-संसार में प्रविष्ट होने का आग्रह झलकता है। 'जागते रहो' के लगभग दस वर्ष बाद कला-सिनेमा का आन्दोलन शुरू हुआ, लेकिन राजकपूर ने सन् '56 में ही अपने समय से बहुत आगे तक झाँक लिया था।

अब तक मद्रास में बनी हिन्दी फिल्में दर्शकों के बीच अपनी जड़ें जमा चुकी थीं। दिलीप कुमार और देव आनन्द जैसे चोटी के कलाकार भी मद्रास के निर्माताओं की ओर आकर्षित हो रहे थे। मद्रास के निर्माताओं की यह हमेशा की खासियत रही कि हर लोकप्रिय चीज को उन्होंने तुरत-फुरत भुनाया। उनके फिल्म-निर्माण की प्रक्रिया इतनी गतिशील और व्यवस्थित है कि वे किसी भी तरह की क्रेज का फायदा उठाने में सफल हो जाते हैं। ए.बी.एम.प्रोडक्शंस ने छठवें दशक में कई लोकप्रिय फिल्में दीं। उस समय राजकपूर और नरगिस की जोड़ी का क्रेज चरम सीमा पर था। राजकपूर और नरगिस के साथ ही शैलेन्द्र, हसरत और शंकर-जयकिशन के साथ ए.बी.एम. ने एक अत्यन्त लोकप्रिय फिल्म का निर्माण किया—'चोरी-चोरी'। यह अपने समय की ही नहीं, हिन्दी सिनेमा की सबसे जवान संगीत-प्रधान फिल्म है। इसमें राजकपूर और नरगिस के गहन आन्तरिक सामंजस्य को पूरी ताजगी के साथ पेश किया गया था। प्रेम की ताजगी, गर्मी और मस्ती—सब एक साथ मौजूद थीं।

राजकपूर की फिल्मों की नायिका उसकी बेहद अजीज दोस्त होती है। 'चोरी-चोरी' में नरगिस-राजकपूर की जोड़ी का सौन्दर्य अपने चरमोत्कर्ष पर जा पहुँचा। दर्शक इस जोड़ी में ऐसी प्रतीति पाता है जैसे ये एक-दूसरे के लिए ही बने हों। नायक-नायिका की नोंक-झोंक, उनका अनुराग, उनकी परेशानियाँ—यह सब-कुछ दर्शकों को इस तरह लुभा लेता है कि वे उनके साथ बह जाते हैं। यही कारण है कि नरगिस-राजकपूर की जोड़ी जैसा उत्ताप आज तक हिन्दी सिनेमा

को दुबारा नहीं मिला। इसके अलावा भी अनेक जोड़ियाँ लोकप्रिय हुईं। उन्होंने भी कई हिट फिल्में दीं। लेकिन नरगिस-राजकपूर की जोड़ी की श्रेष्ठता आज भी कायम है। कोई इस जोड़ी के वर्चस्व को तोड़ नहीं सका। वह मुक्त भावोच्छ्‌वास जो इस जोड़ी में रचा-बसा था, बाद में अपनी मिसाल आप बन गया। नरगिस और राजकपूर के रोमांस के अफसाने करोड़ों जुबानों पर थे। नरगिस उन दिनों अकसर सफेद साड़ी में ही दिखाई पड़ती थीं, इसलिए कि सफेद रंग राजकपूर को प्रिय है। इनके प्रणय-दृश्य दर्शकों के दिलो-दिमाग में उतर जाते थे। 'चोरी-चोरी' वस्तुतः इसी भावना को गहराई तक ले जाकर प्रस्तुत करती है। कहानी के नाम पर इसमें एक झीना-सा सूत्र-भर था। मधुर संगीत और अद्‌भुत प्रणय-दृश्यों की बदौलत इसे अपार सफलता प्राप्त हुई। 'चोरी-चोरी' में हास्य-अभिनेता भगवान को भी एक उल्लेखनीय भूमिका दी गई थी। अखबार में गुमशुदा को खोजने पर ईनाम के लालच में वह खोई हुई लड़की को अपनी पत्नी के साथ ढूँढ़ने निकलता है। कुछ पहले ही भगवान दादा की फिल्म 'अलबेला' जबरदस्त हिट हुई थी। उसमें उन्होंने स्वयं नायक की भूमिका अदा की थी। और उनकी हीरोइन थीं अपने जमाने की लोकप्रिय अभिनेत्री गीताबाली। 'अलबेला' में भगवान दादा को परदे पर नाचते-गाते देखकर दर्शक झूम उठे थे। सिनेमाघरों में सिक्कों की बौछारें होती थीं। भगवान दादा एकाएक लोकप्रियता की ऊँची मंजिल पर पहुँचे थे। दरअसल उनको गीताबाली जैसी हसीना से इश्क लड़ाते देखकर सामान्य दर्शक यह महसूस करता है जैसे उनका अपने बीच का कोई आदमी इस ऊँची जगह पर पहुँच गया हो। 'चोरी-चोरी' में उनकी इस छवि का उपयोग करने की कोशिश की गई थी। हिन्दी सिनेमा में जो अदाकार एक बार दर्शकों को लुभा ले, उसको समय रहते जब तक भुनाया जा सके, भुनाया जाता है। उस कलाकार को बार-बार उसी रूप को धारण करने के लिए मजबूर किया जाता है। वह भी मौके का फायदा उठाने में ही फायदा समझने को मजबूर होता है। मौका मिलने पर भी जो उसका लाभ न उठा सकें, उन्हें कम-से-कम समझदार तो कोई नहीं मानता। इसी कारण आगे चलकर कलाकार अपनी एक फिल्म के हिट होते ही दर्जनों फिल्मों के अनुबन्ध करने लगे। आगे चलकर फिल्में असफल ही क्यों न हो जाएँ, 'साइनिंग एमाउण्ट' के रूप में एक अच्छी-खासी रकम ऐंठकर वे अपने भविष्य को तो सुरक्षित कर ही लेते हैं। कपूर-परिवार में सर्वाधिक संघर्ष शशि कपूर के हिस्से में आया। इसमें दो मत नहीं है कि वह एक प्रतिभाशाली कलाकार हैं। लेकिन लम्बे समय तक उन्हें बॉक्स ऑफिस पर सफलता नहीं मिली। लेकिन जब वह सफल हुआ तो कहा जाता है कि उसने सौ से अधिक फिल्मों के अनुबन्ध कर लिए, उसके अपने बड़े भाई राजकपूर ने तो उसे 'टैक्सी' की संज्ञा दे डाली, जो दो-दो घंटों की शिफ्टें करता है। उससे एक नुकसान भी हुआ कि कलाकारों की प्रतिभा का समुचित उपयोग नहीं किया जा सका। वे मशीनी बन गए और आगे चलकर तो फिल्में पूरी तरह से निर्देशकों और कलाकारों के हाथों से फिसलकर वितरकों और फाइनेंसरों की गिरफ्त में चली गईं। बड़े स्टार भी उनकी मर्जी के अप्रत्यक्ष गुलाम बनने से नहीं बच सके।

शशि कपूर हिन्दी सिनेमा के सर्वाधिक संवेदनशील और धैर्यवान व्यक्तियों में एक हैं। नायक के रूप में वह बमुश्किल स्थापित हो सके। अपार लोकप्रियता के कारण 'स्टार' या 'सुपर-स्टार' जैसे खिताब तो उनके हिस्से में आए ही नहीं। पर उनकी अभिनय-प्रतिभा निस्संदेह लाजवाब है। ठीक यही बात उनके व्यक्तित्व के बारे में कही जा सकती हे। उन्होंने निर्माताओं को परेशान

नहीं किया। साथी कलाकारों के साथ अहं के टकराव में नहीं पड़े। अपनी भूमिकाओं के महत्त्वपूर्ण होने के लिए जोर-जबरदस्ती नहीं की। मल्टीस्टार फिल्मों के लिए तो वह अपनी इसी ताकत के कारण सबसे अहम जरूरत बन गए। वह यह बात अच्छी तरह समझते रहे कि ये फिल्में किसी कलाकार को मानसिक सन्तुष्टि नहीं दे सकतीं। इनमें तो सिर्फ पैसा कमाया जा सकता है। इसलिए वह भीड़ में खोकर भी भीड़ से अलग बने रहे। सिनेमा-जगत में लगभग दो दशक की यात्रा पूरी करने के बाद शशि कपूर ने 'फिल्मवाला' नाम से अपनी निर्माण-संस्था बनाई और अपने बड़े भाई के रास्ते पर चल पड़े। पर शशि ने राजकपूर का अनुकरण नहीं किया। उन्होंने निर्माता के रूप में अपना स्वतन्त्र व्यक्तित्व बनाया। चेतना सम्पन्न, समर्थ निर्देशकों को उसने खुलकर काम करने का मौका दिया। श्याम बेनेगल ने उनके लिए 'जुनून' और 'कलयुग' बनाई। बँगला की सुप्रसिद्ध अभिनेत्री अपर्णा सेन ने उनके लिए '36 चौरंगी लेन' निर्देशित की। इस फिल्म में शशि कपूर की पत्नी जेनिफर नायिका हैं। शेक्सपियर पढ़ाने में आत्मलीन हो जानेवाली एकाकी अध्यापिका के अकेलेपन की टीस और उसके जीवन से सामंजस्य स्थापित कर पाने की ललक को जेनिफर ने बहुत कुशलता से प्रस्तुत किया। कपूर-परिवार की वह पहली महिला सदस्य है जिसने फिल्मों में विवाहोपरान्त अभिनय किया। यह सचमुच दुखद स्थिति है कि जेनिफर जैसी अत्यन्त कुशल अभिनेत्री का हिन्दी सिनेमा कोई उपयोग नहीं कर सका। '36 चौरंगी लेन' में दिल दहला देनेवाली मार्मिकता है उसके अभिनय में।

सातवें दशक में हिन्दी सिनेमा पर वितरकों और धन लगानेवाले पूँजीपतियों का प्रभाव इतना अधिक बढ़ गया कि बड़े से बड़े निर्माता और निर्देशक भी अपने अस्तित्व के प्रति चिन्तित हो उठे। फिल्म-निर्माण की प्रक्रिया इतनी बेतरतीब, उलझन-भरी और फिजूलखर्ची से भरपूर हो गई कि फिल्मों का बजट आसमान छूने लगा। इसका सबसे बड़ा कारण था अयोग्य निर्माता-निर्देशकों की बाढ़ और अन्धी प्रतिस्पर्द्धा। इस प्रतिस्पर्द्धा में सबसे आगे आते हैं वे सितारे जो रातोंरात दौलत और शोहरत लूट लेना चाहते हैं। इन्हीं सितारों के कृपा-पात्रों ने मौका मिलते ही फिल्म-निर्माण में आगे आकर बहती गंगा में हाथ धोए। चूँकि अपनी फिल्म शुरू करते ही उन्हें अपने प्रिय सितारे की स्वीकृति मिल जाती है, इसलिए उन सितारों की लोकप्रियता को वे फाइनेंसरों से आसानी से भुना लेते हैं। अब यहीं से शुरू होता है गिरावट का कभी न खत्म होनेवाला दौर-दौरा। सितारा यह जानता है कि निर्माता महोदय उसकी कृपा का परिणाम हैं। उनकी अपनी योग्यता शून्य है, इसलिए उनका प्रत्येक क्षेत्र में हस्तक्षेप बढ़ जाता है। फाइनेंसर यह जानता है कि जिसको उसने पैसा दिया है, वह काठ का उल्लू है। उससे पैसा तभी वसूल किया जा सकता है, जब फिल्म चल जाए। अब चूँकि उसे निर्माता-निर्देशक की काबलियत का कोई भरोसा नहीं होता, इसलिए वह अधिक-से-अधिक उन तत्वों पर निर्भर करता है जिन्हें सफलता का अचूक नुस्खा मानता है। समय-समय पर इन तत्वों में फेर-बदल होता रहता है, मसलन—कैबरे या मुजरा या कव्वाली या डिस्को, स्मगलिंग या बदला या डाकू, और किसी सितारे के वे सारे लटके-झटके जो लोकप्रिय समझे जाते हैं। यदि अमिताभ बच्चन ने एक फिल्म में दुश्मन के अड्डे पर जाकर उसकी मिट्टी खराब की, तो हर फिल्म में वह यही करेगा। उसकी इस अदा को तब तक दोहराया जाएगा, जब तक दर्शकों को उबकाई न आने लगे। निर्माता को

यह मालूम नहीं होता कि वह क्या बना रहा है। लेखक को उसकी कहानी का अता-पता नहीं होता और निर्देशक बड़े कलाकारों के हाथों की कठपुतली होता है। निर्माता यह सब जानकर भी अनजान बने रहने में खुशकिस्मती समझता है, क्योंकि उसका अपना कुछ नहीं है। जब किसी तरह कहीं की ईंट कहीं का रोड़ा जोड़कर चूँ-चूँ का मुरब्बा तैयार हो जाता है तो उसके विशाल स्तर पर भव्य प्रदर्शन की तैयारी की जाती है। एक साथ सौ से अधिक प्रिंट तैयार कर अखिल भारतीय स्तर पर प्रदर्शन का स्पष्ट उद्देश्य पहले दो-तीन सप्ताहों में अधिक-से-अधिक रकम बटोर लेना होता है। यदि फिल्म में लोकप्रिय सितारे हैं तो दो-तीन सप्ताह घटिया फिल्म भी ठीक-ठाक बिजनेस कर लेती है। अब वह जमाना तो रहा नहीं कि लोग निर्माण-संस्थाओं के नाम से आकर्षित हों। 'मिनर्वा', 'राजकमल', 'प्रभात', 'वाडिया मूवीटोन', 'ए.वी.एम.', 'जेमिनी' आदि संस्थाएँ एक विशेष ढंग की फिल्में बनाती थीं। उनका अपना दर्शक वर्ग था। पर अब फिल्म-कम्पनियों की जगह सितारों ने ले ली। उनके नाम से ही बहुधा दर्शक आकर्षित होते हैं। जब एक सितारा आकर्षित करने में नाकामयाब होने लगा तो कई सितारों को एक साथ ठूँसा जाने लगा। छोटी-से-छोटी भूमिकाओं के लिए स्टारों की बेमतलब भीड़ इकट्ठा करने का फैशन व्यावसायिक सफलता को किसी भी कीमत पर हासिल करने के लिए ही बना।

सातवें दशक के बाद एक औसत फिल्म का निर्माण-व्यय पचास लाख के ऊपर ही पहुँच गया। एक औसत फिल्म के सौ प्रिंट यदि प्रतिदिन चार प्रदर्शनों में पन्द्रह-बीस दिन ही हाउसफुल हो गए तो फिल्म घाटे में नहीं जाती। यदि फिल्म सही समय में बन जाए, बेवजह की झंझटों में न फँसे तो अपनी लागत वसूल कर ही लेती है। संसार-भर के सिनेमा-दर्शकों में हिन्दी फिल्मों का दर्शक ही सबसे ज्यादा कृपालु है। यहाँ यदि एक गाना ही बढ़िया हो, या मुजरा ही दिलकश हो, या किसी संवाद को खास पुरलुत्फ अन्दाज में अदा किया गया हो तो दर्शक उसी के लिए सिनेमाघरों तक पहुँच जाते हैं। पर इसके बावजूद जब तीन-चौथाई फिल्में असफल हो जाएँ, तब यह कैसे माना जा सकता है कि हिन्दी फिल्मों की निर्माण-प्रक्रिया की बुनियाद ही डाँवाडोल नहीं हो रही है? अमूमन बड़े सितारों वाली फिल्में इतनी जिन्दगी तो जी ही लेती हैं। अब ऐसी स्थिति में फिल्म उद्योग में फिल्मकारों का क्या वजूद हो सकता है? ये हालात किसी भी कलाकार को, जो वास्तव में कलाकार है, निराश ही कर सकते हैं। सन् साठ तक व्ही. शान्ताराम, बिमल राय, महबूब, बी.आर.चोपड़ा आदि कुछ निर्माता यदि सिनेमा को सार्थक-सोद्देश्यता दे पाते रहे तो उसका कारण था कि सिनेमा पर साहूकारी दबाव इतना अधिक नहीं बढ़ा था।

यदि कोई व्यक्ति प्रयत्न भी करे तो वह इस दबाव से बचकर नहीं रह सकता। चूँकि फिल्म कला का खर्चीला माध्यम है, इसलिए इसकी व्यावसायिक स्थिति से तो इंकार किया ही नहीं जा सकता। ऐसा करना सच्चाई से मुँह छिपाना होगा। पर सिर्फ व्यवसाय मानकर ही चलना भी उतना ही एकपक्षीय है। आठवें दशक में इसी दूसरे पक्ष को पहले 'सर्वोच्च' और फिर 'एकमात्र' घोषित कर दिया गया। हिन्दी सिनेमा में सफलता का पर्याय बन गई मात्र व्यावसायिक सफलता। जिसकी फिल्म हिट है, बस वही सबसे बड़ा 'उस्ताद' है। ऐसे में चूहा-दौड़ शुरू होगी ही। इसका सबसे बड़ा दुखद पक्ष है कलाकारों की प्रतिभा की अकाल मौत। इससे वे तक नहीं बच पाते जो आसमानी ऊँचाइयों पर होते हैं। इसका सबसे अच्छा उदाहरण हैं अमिताभ बच्चन। अमिताभ ने अपने फिल्म-कैरियर की शुरुआत ख्वाजा अहमद अब्बास की 'सात हिन्दुस्तानी' से की थी।

सुनील दत्त की 'रेशमा और शेरा' में क्षण-भर की भूमिका में वह भुलाया नहीं जा सका। 'परवाना' में प्रताड़ित प्रेमी की खलनायकनुमा भूमिका में वह अद्भुत था। हृषिकेश मुकर्जी की 'आनन्द' में मुख्य भूमिका राजेश खन्ना की थी। इसमें राजेश को एक और लाभ मिला था, भूमिका में मौजूद सहानुभूति बटोरनेवाले तत्व का। दर्शकों की सहज अनुरक्ति उस पात्र से होती है। इसके विपरीत अमिताभ का पात्र अन्तर्मुखी और जटिल है। लेकिन अमिताभ इस भूमिका में अपनी परोक्ष पहचान बना लेते हैं। और हृषिकेश मुकर्जी की ही 'नमक हराम' में वह राजेश खन्ना पर छा जाते हैं। पर इतने लम्बे सफर में वस्तुतः वह कहीं नहीं पहुँचते। कहीं पहुँचते हैं तो प्रकाश मेहरा की 'जंजीर' से। उस भूमिका से जिसे कई नायकों ने 'बेअसर' कहकर ठुकरा दिया। 'जंजीर' के बाद आई 'दीवार' जिसने उन्हें 'एंग्री यंगमैन' की इमेज पहना दी और 'शोले' ने उनके जाँबाज अन्दाज को इतना लोकप्रिय बना दिया कि वे सिर्फ इसी कैद में कैद हो गए। यह कितनी दुर्भाग्यपूर्ण स्थिति है कि किसी कलाकार को लगातार अपने-आपको दोहराना पड़े। और यही दोहराव उसकी तमाम सामर्थ्य को खत्म कर देता है और इस तरह पूँजीपति का करिश्मा कलाकारों को कूड़े के ढेर में फेंकता रहता है। वह कलाकार के जरिए अपने उद्देश्य की पूर्ति करता है और जाने-अनजाने वे उनके हाथों में खेलते हैं।

यह मानना एक बहुत बड़ी भूल होगी कि फिल्म-उद्योग में व्यावसायिक सिनेमा से जुड़े हुए सभी निर्माता महज रोजगारिए हैं। सिनेमा कोई अच्छा व्यवसाय भी नहीं है। इसमें अधिकांशतः जो लोग हैं वे रंगीन मिजाज और रसिक हैं। अपने स्तर पर वे कलाप्रेमी भी हैं। यदि हिन्दी सिनेमा के इस व्यावसायिक कहे जानेवाले पक्ष से सम्बन्धित लोगों की ओर गौर से देखा जाए तो ऐसे सैकड़ों व्यक्तित्व मिलेंगे जो अपार प्रतिभा के स्वामी हैं और हजारों ऐसे भी हैं जिन्हें अपनी प्रतिभा के प्रदर्शन का मौका ही नहीं मिला। हिन्दी सिनेमा को सार्थक दिशा में महज इनको प्रतिद्वन्द्विता में खड़े होकर नहीं मोड़ा जा सकता। जिस प्रकार इंदिरा कांग्रेस को राजनीति में व्यक्तिगत विरोधी की कीमत पर खारिज नहीं किया जा सका। इस व्यावसायिक सिनेमा ने आजादी के बाद भी जितनी सार्थक, सोद्देश्य और कलात्मक फिल्में दी हैं, उसकी आधी भी किसी कलावादी आन्दोलन ने नहीं दीं। विशेष रूप से फिल्मों को जनसामान्य से जोड़ने में वे पूरी तरह असफल रहीं। इसी असफलता ने सिनेमा के घोर व्यवसायी स्वरूप को और अधिक पुख्ता किया। जो व्यावसायिक सिनेमा से जुड़े समर्थ और रचनात्मक व्यक्तित्व थे, उनको भी लगातार पीछे हटने को मजबूर होना पड़ा। इसके पीछे सबसे दोषपूर्ण यह सोच थी कि जो व्यावसायिक रूप से सफल है वह कलात्मक नहीं है। वह प्रगतिशील विचारधारा का समर्थक ही नहीं हो सकता।

'जागते रहो' का निर्देशन राजकपूर ने सोमू मित्रा और अमित मित्रा को सौंपा था। इसमें राजकपूर अपनी प्रचलित फटेहाल नौजवान की भूमिका की इमेज लिए केन्द्रीय भूमिका में उपस्थित थे—कलकत्ता महानगरी में गाँव से रोजी-रोटी की तलाश में आया एक गरीब मेहनतकश, ईमानदार नवयुवक। बढ़ी हुई दाढ़ी, घुटनों तक धोती और फटे हुए कोट में वह बहुत-बहुत अपनी माटी का बेटा लगता है। कलकत्ता महानगरी में वह कहीं अपनापन नहीं ढूँढ़ पाता। रात का एक बजने को है। प्यास मिटाने के लिए वह यहाँ से वहाँ भटक रहा है, किन्तु उसे पानी नहीं मिलता। एक विशाल इमारत के अहाते में लगे नल से पानी की बूँदें टपकते देखकर वह उसकी ओर मुखातिब होता है। गेट के भीतर जाकर जैसे ही वह पानी पीने के लिए हाथ बढ़ाता

है, वैसे ही कुत्ते के भौंकने से चौकीदार 'चोर-चोर' का शोर मचाना शुरू कर देता है। दहशत में वह इमारत की सीढ़ियों से होता हुआ भागता है–एक फ्लैट से दूसरे फ्लैट में, जहाँ जैसे उसे घुसने की जगह मिलती है।

और यहीं शुरू होता है भटकाव का एक अन्तहीन सिलसिला। उस बड़ी इमारत के हर फ्लैट में उसे एक से बढ़कर एक चोर मिलते हैं–चोरी-छिपे मुहब्बत करनेवाले, अवैध शराब बनाने वाले, मादक पदार्थों की तस्करी करनेवाले, रेस के लिए अपनी बीबी के जेवर चुरानेवाले, अपने सोने के दिलवाली पत्नी में बाजारू औरत ढूँढ़नेवाले और नकली नोट छापनेवाले। और मजा यह कि सब इज्जतदार आदमी हैं। समाज में प्रतिष्ठित। सफेदपोश। एक ही रात में वह नौजवान दुनिया-भर की सारी बेईमानी देख लेता है। यह सब देखकर वह भौंचक है। हक्का-बक्का। फिल्म के अन्त तक वह सिर्फ मौन दर्शक बना रहता है। पर उसकी इस भाग-दौड़ ने सफेदपोशों के चेहरों से नकाब उलट दी है। पुलिस आ जाने के कारण सब अपना-अपना माल छिपाने का प्रयास करते हैं। 'चोर-चोर' के शोर में पूरी इमारत जाग चुकी है। नकली नोट बनानेवाला सेठ पकड़े जाने के डर से उस गरीब नौजवान की जेबों में अधिक-से-अधिक नकली नोट ठूँसकर उसे नीचे उतरने के लिए खिड़की से चादरों की डोरी बनाकर लटका देता है। इमारत के नीचे खड़ी हुई भीड़ उस पर अन्धाधुन्ध पत्थर फेंकने लगती है। इसी समय अनायास नोटों की एक गड्डी उसकी जेब से सरककर हवा में बिखरती हुई धीरे-धीरे नीचे गिरने लगती है। लोग पत्थर फेंकना छोड़कर वहशियों की तरह नोटों पर झपट पड़ते हैं। नौजवान को वे नोट करिश्मे से कम प्रतीत नहीं होते। यदि इन नोटों से बढ़कर कुछ नहीं है तुम्हारे लिए, तो लो इन्हें! वह लगातार नोटों की गड्डियाँ निकाल-निकालकर नीचे फेंकने लगता है। इसके इमारत की छत पर ड्रेनेज पाइप के सहारे चढ़ जाने का प्रयास भी करता है। तभी एक सनसनाता हुआ पत्थर आकर उसका सिर फोड़ता हुआ एक खिड़की का काँच तोड़कर कमरे में सामने की दीवार पर टँगी ईसा मसीह की मूर्ति से जा टकराता है। एक शॉट में नायक के सिर से बहता हुआ खून और क्षणांश में दूसरे शॉट में सूली पर लटके ईसा मसीह! सच्चाई और दया को आदमी की बर्बरता से हर युग ने इसी तरह पुरस्कृत किया है। वह नौजवान किसी तरह इमारत की छत पर पहुँचे, इसके पहले ही सेठों के गुंडे वहाँ पहुँच जाते हैं। अब तक चुपचाच सारी बेईमानी देखकर सहमा हुआ वह नौजवान पड़ी हुई लाठी उठाकर खड़ा हो जाता है। वह ईमानदार है, कायर नहीं। फिल्म के इस अन्तिम दृश्य में ही राजकपूर पहली बार बोलते हैं। पूरी फिल्म की संरचना इतने सहज हास्य के द्वारा बँधी हुई है कि दर्शक दुर्भाग्यपूर्ण परिस्थितियों का भी आनन्द लेता हुआ आगे बढ़ता है। शराबी की भूमिका में मोतीलाल और रेस खेलनेवाले के रूप में पहाड़ी सान्याल ने अद्भुत अभिनय किया है। वह दृश्य जिसमें पहाड़ी सान्याल अपनी सोती हुई पत्नी (सुलोचना चटर्जी) के हाथ से चूड़ियाँ उतारने के प्रयास करता है, बेहद प्रभावशाली है। उसे मालूम नहीं है कि वह नौजवान उसकी पत्नी के खाट के नीचे पैरों के पास छिपा हुआ है। वह धीरे-धीरे उसके हाथ से सोने की चूड़ियाँ उतारने का प्रयास कर रहा है। यह देखकर वह नौजवान एक सींक से उसकी पत्नी के तलवों को खरोंचता है। पत्नी कुनमुनाती है, किन्तु जागती नहीं। वह जब देख लेता है कि यह आदमी तो चूड़ियाँ उतारने में सफल हो ही जाएगा, तब वह सींक को पूरे जोर से उसके तलवे में चुभो देता है। पत्नी अकबकाकर जाग उठती है। पति की चोरी पकड़ी

जाती है। वाक्-युद्ध के बाद दोनों के हाथ में जो आता है उठा-उठाकर एक-दूसरे को फेंककर मारने लगते हैं। कमरे में–'पति परम गुरु है' और 'पत्नी लक्ष्मी-स्वरूप है' जैसे वाक्य फ्रेमों में मढ़े टँगे हुए हैं। पत्नी गुस्से में यह भी नहीं देख पाती कि जो सामान वह अपने पति के ऊपर फेंक रही है, वह उसे वही नौजवान उठा-उठाकर दे रहा है। वह भोला-भाला नौजवान खुश है, क्योंकि पति को उसके किए की सजा मिल रही है। तभी एकाएक वह नौजवान पत्नी के हाथ में धारदार हँसिया थमा देता है। पति उसके हाथ में हँसिया देखकर चीख पड़ता है। तभी एकाएक पत्नी का ध्यान भी उस हँसिए पर जाता है। इसी समय अपने पैरों के पास खाट के नीचे छिपे उस नौजवान को भी देखती है और देखते ही चीख मारकर बेहोश होकर गिर पड़ती है। पति 'चोर-चोर' चिल्लाता हुआ भागता है और वह नौजवान मौका पाकर किसी दूसरी जगह छिपने के लिए भाग खड़ा होता है। यह महज एक दृश्य है। 'जागते रहो' में ऐसी अनेक व्यंग्यपूर्ण स्थितियाँ हैं, जो गुदगुदाती भी हैं तथा भीतर कहीं बहुत गहरे जाकर चोट भी करती हैं। यह व्यंग्य इसलिए सार्थक है, क्योंकि इसमें मनुष्य के स्वार्थी स्वभाव को बेपरदा करने के साथ ही सहानुभूति का तत्व शामिल है। इन स्थितियों के द्वारा यह बतलाया गया है कि हमारे नैतिक मूल्यों का आधार कितना बनावटी है। नैतिकता को हम ढाल की तरह इस्तेमाल करते हैं। वह हमारे आचरण में शामिल नहीं होती।

'जागते रहो' अपने समय की ही एक प्रयोगवादी फिल्म नहीं थी, अपितु आज भी वह अपने ढंग की अकेली और अनोखी कृति है। सामाजिक जागरूकता को मद्देनजर रखते हुए राजकपूर द्वारा किया गया एक अभिनव प्रयास था। उस समय यह भी कहा गया था कि 'जागते रहो' अपने समय से पहले बनाई गई फिल्म है। आज पुनर्प्रदर्शन होने पर वर्तमान पीढ़ी उसे देखकर विस्मित हो उठती है। समीक्षकों ने इसे राजकपूर की सर्वश्रेष्ठ फिल्म के रूप में स्वीकार किया है। इसमें दो मत नहीं कि हिन्दी सिनेमा का इतिहास इसकी चर्चा के बगैर पूरा नहीं होगा।

राजकपूर अपने अभिनय में आँखों की भाषा का इस्तेमाल करने में उस्ताद हैं। उनका यह कौशल 'जागते रहो' में चरम सीमा पर उपस्थित है। पूरी फिल्म में वह सिर्फ आँखों से बोलते हैं। अपनी बेचारगी, अपनी दीनता, अपनी असहमति, अपना आक्रोश, अपनी व्यथा–सब-कुछ सिर्फ आँखों से कहते हैं। 'जागते रहो' में राजकपूर के अतिरिक्त मोतीलाल, पहाड़ी सान्याल, नेमो, प्रदीप कुमार, स्मृति विश्वास, सुमित्रा देवी, सुलोचना चटर्जी, रशीद खान, नाना पलसीकर, इफ्तेखार आदि छोटी-छोटी-सी भूमिकाओं में भी ध्यान आकर्षित करते हैं। शराबी की भूमिका में मोतीलाल अप्रतिम हैं। उन्होंने बेखुदी के एक-एक पल में प्राण फूँक दिए हैं। इसमें नरगिस सिर्फ अन्तिम दृश्य में उपस्थित होती हैं। जहाँ वह मन्दिर में 'जागो मोहन प्यारे' गीत गाते हुए प्यासे नायक की प्यास बुझाती हैं। इस दृश्य में नरगिस के स्थान पर कोई भी सामान्य-सी अभिनेत्री होने पर भी कोई अन्तर नहीं पड़ता। लेकिन नरगिस तो आर.के. की आत्मा के सदृश्य थीं। राजकपूर शायद यह नहीं चाहते थे कि उनकी इस अत्यन्त महत्त्वपूर्ण कलात्मक कृति में नरगिस अनुपस्थित रहें। 'जागते रहो' में शंकर-जयकिशन की जगह सलिल चौधरी ने संगीत निर्देशन किया था। लेकिन गीत शैलेन्द्र ने ही लिखे थे। वस्तुतः शैलेन्द्र शंकर-जयकिशन के अतिरिक्त एस.डी.बर्मन, सलिल चौधरी आदि संगीतकारों की भी पहली पसन्द थे। बिमल राय की 'मधुमती' जिसके संगीत-निर्देशक सलिल चौधरी थे और देव आनन्द की 'गाइड' जिसके

संगीतकार एस.डी. बर्मन थे, उनके गीत भी शैलेन्द्र ने ही लिखे थे जो सिर्फ लोकप्रिय ही नहीं हुए, अपितु अनुपम शब्द-रचना के लिए भी सराहे गए। 'बन्दिनी' और 'मेरी सूरत तेरी आँखें' उन अनेक फिल्मों में महत्त्वपूर्ण हैं जिनमें शैलेन्द्र ने गीत लिखे, किन्तु जिनके संगीत-निर्देशक शंकर-जयकिशन नहीं थे। मुकेश के स्वर में मोतीलाल पर चित्रित किया गया गीत–'ज़िन्दगी ख़्वाब है, ख़्वाब में झूठ क्या! और भला सच है क्या!' समय की गति से प्रभावित न होनेवाली रचना है। इसके अतिरिक्त 'जागो मोहन प्यारे' और प्रेम धवन का लिखा 'कि मैं झूठ बोल्याँ' अपनी संरचना में तो अनूठे थे ही, लोकप्रिय भी हुए। निम्नांकित गीत की दो पंक्तियों की सहजता और प्रभाव की सघनता काबिले-गौर है–

'सच्चे फाँसी चढ़ते देखे झूठा मौज उड़ाए
तू कैंदा ये रब दी माया मैं कैंदा अनयाय!'

शम्भु मित्रा और सोमू मित्रा के निर्देशन में बनी 'जागते रहो' एक ऐसी कलात्मक फिल्म है जिसमें अपने समय में व्यावसायिक रूप से सफलता के लिए अचूक समझे जानेवाले सभी नुस्खों की उपेक्षा की गई है। 'जागते रहो' हिन्दी और बँगला दोनों भाषाओं में एक साथ बनाई गई थी। इसमें सफेदपोश सभ्यता की आड़ में पनपने वाली कालिख को उजागर किया गया था, बहुत खूबसूरती से। अपने भीतर आदर्शवादी दृष्टिकोण सँजो रखने के बावजूद कहीं इसकी प्रतीति नहीं होती। आदर्श और यथार्थ एक-दूसरे के प्रतिद्वन्द्वी न होकर पूरक बन जाते हैं। इसकी कहानी में किसी प्रेम-प्रसंग को नहीं जोड़ा गया। एक इमारत के भीतर, एक ही रात में पूरा घटना-चक्र घूमता रहता है। निर्देशक-द्वय ने विसंगतियों पर कटाक्ष करने के लिए स्थितियों द्वारा उत्पन्न सहज हास्य का आश्रय सर्वाधिक लिया है। निर्देशकों को कलाकारों का पूरा साथ मिला। हर कलाकार अपनी भूमिका की आत्मा तक प्रवेश कर जाता है। ख्वाजा अहमद अब्बास के अर्थपूर्ण संवाद भी उल्लेख्य हैं।

राजकपूर को श्रेष्ठतम पुरस्कार दिलानेवाली 'जागते रहो' अपनी कलात्मक श्रेष्ठता और सृजन-यात्रा का महत्त्वपूर्ण विकास-बिन्दु होने के बाद भी उनके सुनहरे रचनात्मक आगत का आधार नहीं बन सकी। 'जागते रहो' को 'आवारा', 'श्री 420' और 'बूट-पॉलिश' की भाँति व्यावसायिक सफलता नहीं मिली। इसने राजकपूर के बढ़ते हुए कदमों को जकड़ा। यद्यपि वह 'जागते रहो' के बाद भी सामाजिक यथार्थ के आदर्श स्वरूप से टकराए, पर इस क्षेत्र में पहले जैसी सफलता नहीं मिली। उनकी सृजन-यात्रा में हिन्दी सिनेमा को कलात्मक श्रेष्ठता से जोड़ने का प्रयास निरन्तर है, 'आग' से 'प्रेमरोग' तक। उनका कलाकार मन बार-बार विद्रोह करता है, कुछ ऐसा करने के लिए जो अनोखा हो। उस ऊँचाई तक पहुँचने के लिए जहाँ कोई न पहुँच सका हो, वह बार-बार छटपटाता है। वह पराजित होता है, समझौते करता है, किन्तु विचलित नहीं होता। हर पराजय अगली विजय का सपना बन जाती है।

1957 में सुनील दत्त के साथ विवाह के पश्चात नरगिस हमेशा-हमेशा के लिए आर.के. फिल्म्स से ही नहीं, सैल्युलॉइड की रोशनियों से भी दूर हो गईं। सिनेमा के ग्लैमर में रच-बस जाने के बाद उससे एकाएक छिटककर दूर चले जाना आसान नहीं होता। इसलिए कई अभिनेत्रियाँ विवाह के समय तो फिल्मों को अलविदा कह देती हैं, किन्तु कुछ समय बाद ही या तो वे पुनः रोशनी की दुनिया में वापस लौट आती हैं या फिर विवाह उनके लिए घुटन बन जाता है। विशेष

रूप से उस स्थिति में जब पति फिल्मों से जुड़ा हुआ हो। नरगिस निस्सन्देह जितनी महान अभिनेत्री थीं उतनी ही महान पत्नी और उतनी ही कुशल गृहणी प्रमाणित हुईं। उनमें मातृत्व का श्रेष्ठतम उदाहरण ढूँढ़ा जा सकता है। जब वे जीवन और मृत्यु से संघर्ष कर रहीं थीं, तब भी अपने बेटे संजय की पहली फिल्म 'रॉकी' के लिए बेहद बेचैन थीं। नियति ने उन्हें इतनी भी मोहलत न दी कि वे 'रॉकी' के प्रीमियर में शरीक हो सकें। पर मृत्यु के समय भी उन्होंने यही चाहा कि किसी भी हालत में 'रॉकी' का प्रीमियर स्थगित न हो। उनकी मृत्यु पर भी। यही हुआ। नरगिस की मृत्यु के चन्द दिनों बाद ही 'रॉकी' प्रदर्शित हुई। सुनील दत्त ने अपनी पत्नी की आखिरी ख्वाहिश के लिए दुनिया के सामने अपने आँसुओं को पी लिया। कौन कहता है कि सिनेमा की जगमग रोशनियों की दुनिया में जज्बातों के अँधेरे होते हैं? सुनील दत्त ने अपनी पत्नी की प्राण-रक्षा के लिए पैसा पानी की तरह बहाया। लेकिन यह तो मामूली बात है। इससे भी आगे बढ़कर उन्होंने नरगिस की सेवा-सुश्रुषा में अपनी जिन्दगी की बाजी लगा दी। ऐसा कुछ उठा नहीं रखा जो आदमी के लिए सम्भव हो। मृत्यु का साकार रूप भी उन्हें नरगिस को बचा लेने की हर सम्भव कोशिश के लिए विचलित नहीं कर सका। नरगिस ने दुनिया को अलविदा कहा, 3 मई 1981 को। उस समय जब वह मात्र 51 वर्ष की थीं। यद्यपि उन्हें सिनेमा से दूर हुए 23-24 वर्ष हो चुके थे, किन्तु वह एक महान अभिनेत्री ही नहीं, महान व्यक्तित्व के रूप में भी उतनी ही लोकप्रिय थीं। मृत्यु के समय वे राज्यसभा की सदस्या थीं। हिन्दी सिनेमा की वह पहली अभिनेत्री थीं जिन्हें 'पद्मश्री' की उपाधि से सम्मानित किया गया था।

नरगिस ने हिन्दी सिनेमा को उस समय अलबिदा कहा था जिस समय वे रूप, यौवन और कलात्मक परिपक्वता के शिखर पर थीं। सिर्फ सत्ताईस वर्ष की उम्र में । पर इस छोटी-सी उम्र में उन्होंने जिन ऊँचाइयों का स्पर्श किया, उसकी ख्वाहिश किसी भी अभिनेत्री की सबसे बड़ी इच्छा हो सकती है। सिर्फ तेरह वर्ष की उम्र में नरगिस ने महबूब खान की 'तकदीर' में नायिका की भूमिका पहली बार निबाही थी। मोतीलाल और चन्द्रमोहन जैसे अपने जमाने के श्रेष्ठतम नायकों के साथ नरगिस ने अपनी प्रतिभा की श्रेष्ठता को स्थापित कर दिखाया था। इसके पहले वह बेबी रानी के नाम से बाल-कलाकार के रूप में काम कर चुकी थीं। फातिमा रशीद को महबूब खान ने ही 'नरगिस' नाम दिया था। यह एक संयोग ही है कि 1957 में प्रदर्शित होनेवाली महबूब की ही फिल्म 'मदर इंडिया' नरगिस के जीवन की अन्तिम फिल्म साबित हुई। यद्यपि उसके बाद 'रात और दिन' प्रदर्शित हुई, किन्तु उसका निर्माण बहुत पहले से हो रहा था। अपने भाई की ही फिल्म होने के कारण विवाह के बाद नरगिस ने उसे पूरा कराया। वही एकमात्र फिल्म है जिसमें उन्होंने विवाह के बाद भी काम किया। वह भी इसलिए कि विवाह के समय 'रात और दिन' अधूरी पड़ी थी। विवाह के बाद कोई प्रलोभन नरगिस को सिनेमा में वापस नहीं ला सका। एस.एस. वासन जैसे बड़े निर्माता दिलीप कुमार से चौगुना पारिश्रमिक देना मंजूर करने के बाद भी उनके अडिग निश्चय को तोड़ नहीं सके। एक सच्चा इनसान जिन्दगी के प्रत्येक पक्ष में पूरा ईमानदार होता है। नरगिस में जितनी कशिश अभिनय की थी, उतनी ही पारिवारिक सुख की। नरगिस-सुनील दत्त जैसा सुखी पारिवारिक और दाम्पत्य जीवन हिन्दी सिनेमा के सितारों में कुछ को ही नसीब हुआ है। सुनील दत्त के साथ नरगिस के विवाह के समय किसी को यह यकीन नहीं था कि यह शादी कामयाब होगी। सुनील दत्त ने तब प्रवेश ही किया था फिल्मों में और

नरगिस प्रसिद्धि के शिखर पर थीं। फिर सुनील, नरगिस से उम्र में भी एक वर्ष छोटे थे। धर्म भी अलग। और सबसे बढ़कर यह कि जिस फिल्म के दौरान यह प्रेम प्रस्फुटित हुआ उसमें नरगिस ने सुनील की माँ की भूमिका की है। हर तरह से बेमेल। लेकिन नरगिस और सुनील दत्त ने यह साबित कर दिया कि दुनिया में सच्ची मुहब्बत से बढ़कर और कुछ नहीं है। धर्म, समाज, उम्र आदि के तमाम बन्धन मुहब्बत के आगे घुटने टेक देते हैं।

नहीं किया तो करके देख
तू भी किसी पे मरके देख!

नरगिस की 'मदर इंडिया' हिन्दी सिनेमा की अन्यतम उपलब्धि है। यह वह फिल्म है जिससे कला-फिल्मकारों को सबक लेना चाहिए। इसकी अप्रतिम रागात्मक संरचना से। भारतीय ग्रामीण जीवन का इतना वैविध्य-भरा दृश्य, इतना मनोहारी और रोमांचक, इतना वास्तविक और फिर भी सपनीला–किसी अन्य फिल्म में नहीं मिलता–आजादी के बाद। नरगिस ने नववधू से लेकर बुढ़िया दादी तक की बहुआयामी भूमिका निबाही है 'मदर इंडिया' में। छब्बीस वर्ष की उम्र में वृद्ध स्त्री का रोल किसी भी स्टार-अभिनेत्री के लिए चुनौती है। ऐसी चुनौती सिर्फ वे ही स्वीकार कर सकते हैं जिन्हें हर चुनौती को चुनौती देने में लुत्फ आता है। नरगिस ने इस चुनौती-भरी भूमिका को इस तरह स्पन्दित किया है कि पत्थर-दिल भी पसीज उठें।

'मदर इंडिया' की बात हो और कन्हैयालाल का जिक्र न किया जाए तो चित्र पूरा बन ही नहीं सकता। वे जिन्दगी से सीधे उठकर चले आए खलनायक थे 'मदर इंडिया' में। उन्होंने सूदखोर महाजन की नीचता और लोलुपता को इस तरह साकार कर दिया था कि भावुक दर्शकों की जुबानें गालियाँ उगलते नहीं थकती थीं। महबूब इसी विषय पर पहले भी 'औरत' फिल्म का निर्माण कर चुके थे। अकसर 'रिमेक' सफल नहीं हुआ करते। पर नरगिस, कन्हैयालाल और नौशाद ने 'मदर इंडिया' को यादगार बना दिया।

नरगिस ने कुल 53 फिल्मों में अभिनय किया। 3 फिल्मों में वह बाल-कलाकार के रूप में आईं और 50 फिल्मों में नायिका बनीं। मोतीलाल, अशोक कुमार, दिलीप कुमार, बलराज साहनी, देव आनन्द, पहाड़ी सान्याल आदि उनके प्रमुख नायक थे। नरगिस ने राजकपूर के साथ सबसे अधिक फिल्मों में नायिका की भूमिका की। सोलह फिल्मों में। इनमें 'बरसात', 'आवारा', 'चोरी-चोरी', 'श्री 420', 'अन्दाज', 'अम्बर' आदि इस जोड़ी की अविस्मरणीय फिल्में हैं। नरगिस अपने युग की अत्यधिक लोकप्रिय नायिका ही नहीं थीं, उन्हें नायक से अधिक सम्मान भी प्राप्त होता था। फिल्म की स्टार-कास्ट में उनका नाम दिलीप, राज, देव जैसे महामहिम नायकों के ऊपर होता था।

नरगिस वस्तुतः 1956 तक की राजकपूर की फिल्मों की आत्मा हैं। नरगिस-राजकपूर की स्टार-जोड़ी के दर्शक दीवाने थे। 'आवारा' ने उन्हें देश-विदेश में बेहद लोकप्रिय बना दिया था। नरगिस राजकपूर का भाग्य-सूर्य बनकर आई थीं जैसे। '57 में ये दोनों अलग हो गए। हिन्दी सिनेमा के क्षेत्रों में और दर्शकों के बीच इनके रोमांस के अफसाने इतनी मजबूती से जमे हुए थे कि इनके अलहदा होते ही राजकपूर का अस्तित्व ही डगमगा जाने की कल्पना की गई। नरगिस के बाद अनेक नायिकाओं के साथ राजकपूर आए, किन्तु कोई साथ उतना दूरगामी नहीं बना, जितना नर्गिस का। 'आवारा' के प्रणय-दृश्यों की मानसिक विह्वलता और शारीरिक उत्ताप

का अद्‌भुत समन्वय आज भी अद्वितीय है। 'आवारा' के एक दृश्य में राजकपूर नरगिस से कहते हैं–'अगर नाव डूब गई तो?' नरगिस जुबान से सिर्फ इतना कहती हैं–'डूबती है तो डूब जाने दो!' लेकिन इन चन्द शब्दों में वह मुहब्बत की अनोखी गहराई से दर्शकों को परिचित करा उन्हें भी डूब जाने के लिए बाध्य कर देती हैं। राज-नरगिस का साथ टूटने के बाद दोनों अलग-अलग क्षेत्रों में अपने ढंग से व्यस्त हो गए। किसी ने एक-दूसरे पर कीचड़ नहीं उछाला। एक अद्‌भुत कला-यात्रा को अत्यन्त सौम्य विराम-चिन्ह लगा दिया।

'51 से '56 के बीच नायक के रूप में राजकपूर की जितनी भी फिल्में आईं, उन सबकी नायिका नरगिस थीं। हिन्दी सिनेमा में यह भी एक रिकॉर्ड है कि इतने लम्बे समय में किसी नायक ने सिर्फ एक ही नायिका के साथ भूमिकाएँ की हों। राजकपूर '51 के पहले नरगिस के अतिरिक्त कामिनी कौशल, मधुबाला, तृप्ति मित्रा, रेहाना, निम्मी, सुरैया और गीताबाली के साथ नायक की भूमिकाएँ कर चुके थे। '56 तक मधुबाला के अतिरिक्त अन्य सभी नायिका के रूप में लुप्त हो चुकी थीं। ये अटकलें लगाई जाने लगीं कि अब राजकपूर की जोड़ी शायद ही किसी नायिका के साथ बन सके। हिन्दी सिनेमा का वह भावना-प्रधान युग था। नायक, नायिका दोनों महत्त्वपूर्ण होते थे। आज की भाँति नायिकाएँ अच्छी भूमिकाओं के लिए तरसती नहीं थीं। न ही वे नायक की परछाईं थीं। यह मान लिया गया कि राजकपूर की फिल्में अब कभी उस भावनात्मक संसार और मांसल सौन्दर्य की उष्णता की चमत्कारिक सृष्टि नहीं कर पाएँगी। किसी नई नायिका के साथ इतना गहरा तालमेल बैठा पाना मुश्किल ही नहीं, नामुमकिन होगा। इन बातों को राजकपूर की आगामी फिल्मों ने रेत की दीवार की तरह ढहने के लिए मजबूर कर दिया। उन बातों की सच्चाई आधी ही रह पाई। नरगिस की तरह किसी अन्य नायिका के साथ राजकपूर का साथ स्थायी नहीं बन सका। आगे के समय में उन्होंने मीना कुमारी, नूतन, माला सिन्हा, मधुबाला, वहीदा रहमान, पद्‌मिनी, वैजयन्तीमाला, नंदा, शकीला, साधना, सिमि, जीनत अमान, सायरा बानो और हेमा मालिनी आदि अनेक नायिकाओं के साथ अभिनय किया। कुछ के साथ अनुपम सौन्दर्य और भाव-जगत सृष्टि भी की फिल्मों में। पर कोई साथ बहुत लम्बा नहीं हुआ। पर परिवर्तन तो समय का नियम है। उसे मनुष्य को स्वीकार करना ही पड़ता है। राजकपूर ने समय की गति को हमेशा पहचाना और स्वीकार किया है। पर हिन्दी सिनेमा सदैव परिवर्तन के प्रति शंकालु रहा है। जब 'चोरी-चोरी' में राजकपूर के लिए मुकेश के स्थान पर मन्ना डे के स्वर में गीत रिकॉर्ड किए गए थे, तब भी संगीत के असफल हो जाने की भविष्यवाणी की गई थी। पर परिणाम ठीक विपरीत निकले। 'चोरी-चोरी' में मन्ना डे के स्वर में राजकपूर के ऊपर चित्रित गीतों ने तहलका मचा दिया। 'आजा सनम मधुर चाँदनी में हम' और 'ये रात भीगी-भीगी ये मस्त नज़ारे'–इन दोनों गीतों की खुशबू उसी शिद्दत के साथ मौजूद है। मन्ना डे का स्वर भी राजकपूर के व्यक्तित्व के साथ एकाकार हो गया। इसके पहले मन्ना डे 'श्री 420' के दो गीतों के लिए भी अपना स्वर दे चुके थे। बाद में राजकपूर के लिए 'दिल ही तो है' में 'लागा चुनरी में दाग छुपाऊँ कैसे' और 'मेरा नाम जोकर' में 'ऐ भाई ज़रा देख के चलो' गीत मन्ना डे ने ही गाए थे और बेहद पसन्द किए गए थे। दरअसल नरगिस के साथ राजकपूर के नायक-व्यक्तित्व का तालमेल उस गहराई तक जा पहुँचा था जिससे निकल पाने की कल्पना ही असम्भव प्रतीत होती थी। यही स्थिति राजकपूर के गीतों के लिए मुकेश के स्वर की रही है। पर राजकपूर ने

असम्भव को भी सम्भव बनाने के लिए कोई बाधा स्वीकार नहीं की। ऐसी दुर्दम आकांक्षा को बार-बार ठोकरें लगाना स्वाभाविक ही है।

'चोरी-चोरी' और 'जागते रहो' के साथ ही राजकपूर की कला-यात्रा का एक चरण पूरा होता है। इस चरण की तमाम उपलब्धियों को प्राप्त करने में नरगिस उनके व्यक्तित्व की अनिवार्य शक्ति बनी हैं। 'चोरी-चोरी' स्त्री-पुरुष के स्वतन्त्र व्यक्तित्व को बनाए रखकर प्रेम की अनन्यता के महत्त्व को स्थापित करती है। वह स्त्री और पुरुष के अलग-अलग व्यक्तित्वों के टकराव के द्वारा उनकी सम्बद्धता का मधुरतम दृढ़ बिन्दु तलाश करने की फिल्म है। स्त्री-पुरुष का ऐसा अनोखा साहचर्य हिन्दी सिनेमा में बहुत कम देखने को मिलता है। इसीलिए प्रत्यक्ष रूप से बेहद साधारण सी प्रतीत होनेवाली यह प्रेम कहानी दर्शकों के मानस को जकड़ लेने में सफल हुई। यह समझ नहीं आता कि यह करिश्मा क्योंकर हुआ। जिन्दगी की ही तरह, जो समझ में नहीं आती लेकिन लुभाती है, बाँधती है। अपनी साधारण स्थितियों में भी आदमी को असाधारण ढंग से जकड़ रखती है। '56 के बाद राजकपूर नए युग में प्रवेश करते हैं अपनी उसी तड़प के साथ। उसी कोशिश और मजबूती के साथ। अब उनके पास एक और शक्ति है, अपने महिमामंडित व्यक्तित्व की। एक शक्ति का अभाव भी है—नरगिस का।

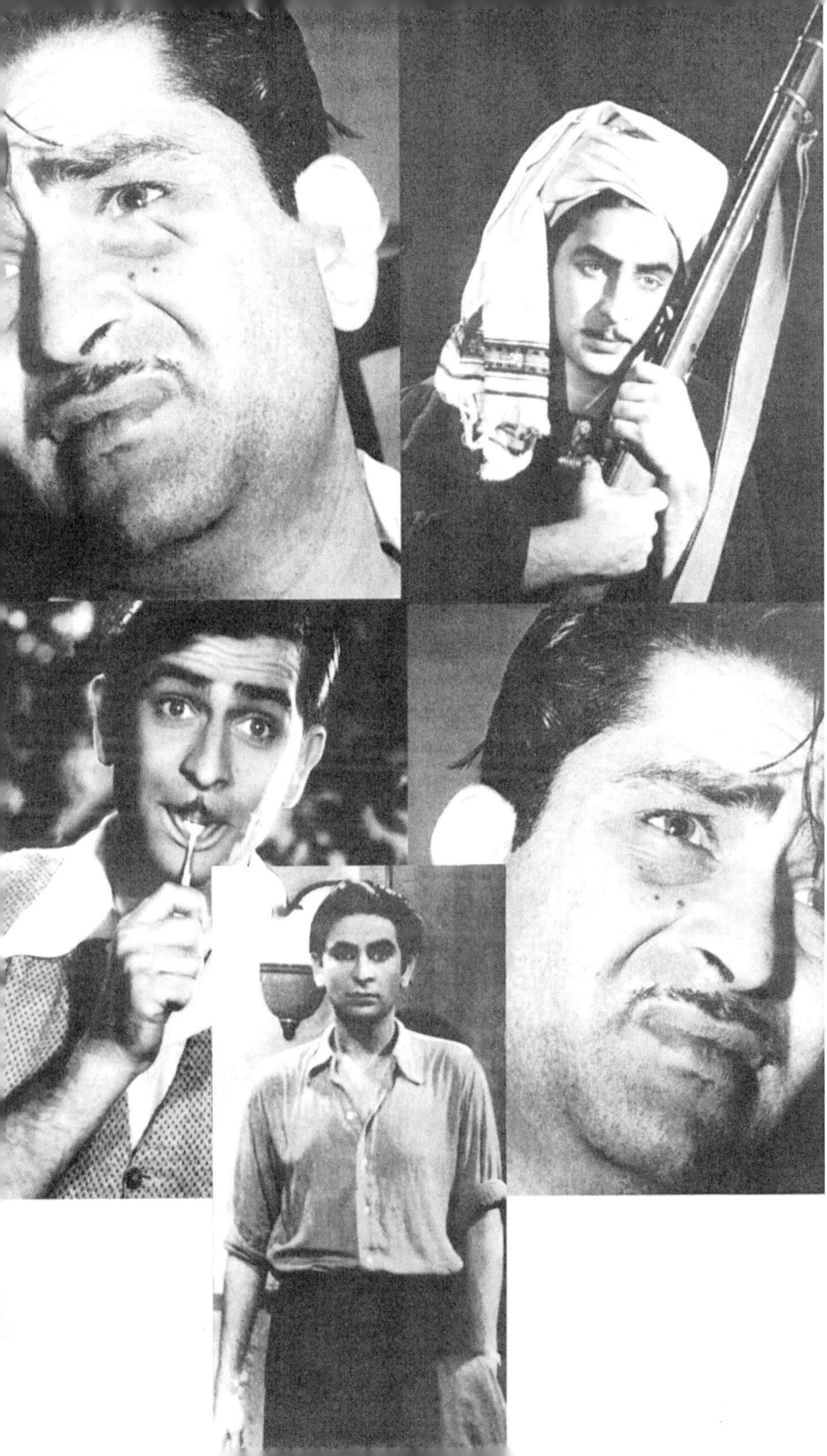

पाँचवें दशक के अन्त तक आते-आते पौराणिक, धार्मिक और ऐतिहासिक फिल्मों का जमाना बीते युग की बात बन गया। इसका कारण यह नहीं था कि दर्शकों के बीच इनकी माँग घट गई या इन फिल्मों का आकर्षण समाप्त हो गया, अपितु उन निर्माता-निर्देशकों का अभाव हो गया जो इन विषयों को सुन्दरतापूर्वक चित्रित कर पाते थे। ऐतिहासिक फिल्मों के निर्माण में जिस सौन्दर्य-दृष्टि और कल्पनापूर्ण चमत्कारिक दृश्य-संयोजन की आवश्यकता होती है–वह कठिन परिश्रम की माँग करती है। उसके अभाव में ऐतिहासिक फिल्मों की सफलता मुमकिन नहीं। पौराणिक और धार्मिक फिल्मों के नाम पर अब सिर्फ कास्ट्यूम ड्रामा ही रह गया है। सामाजिक, पारिवारिक और प्रेम-कथाओं पर आधारित फिल्मों ने छठवें दशक में सर्वोपरि स्थान बना लिया। बिमल राय, महबूब, बी.आर. चोपड़ा, हृषिकेश मुकर्जी, अमिय चक्रवर्ती के अतिरिक्त मद्रास की ए.वी.एम. और जेमिनी संस्थानों की फिल्मों को खूब लोकप्रियता मिली। पर ये सिर्फ फार्मूला फिल्में नहीं थीं। इनकी कलात्मक संरचना और सोद्देश्यता भी प्रशंसनीय थी। वी. शान्ताराम की 'दो आँखें बारह हाथ', 'झनक-झनक पायल बाजे', बिमल राय की 'देवदास', 'परिणीता', 'दो बीघा जमीन', महबूब की 'मदर इंडिया' बी.आर.चोपड़ा की 'साधना', 'धूल का फूल', 'नया दौर', ए.वी.एम. की 'भाभी', 'हम पंछी एक डाल के', जेमिनी की 'मि.सम्पत', 'इंसानियत' आदि कुछ महत्त्वपूर्ण फिल्में हैं। अनेक प्रसिद्ध फिल्म अभिनेता भी निर्माण-क्षेत्र में आ गए थे। राजकपूर के अतिरिक्त देव आनन्द, गुरुदत्त, चेतन आनन्द ने अपनी फिल्म कम्पनियाँ बना ली थीं। देव आनन्द ने अपनी निर्माण-संस्था 'नवकेतन' के अन्तर्गत अनेक फिल्मों का निर्माण किया है। किसी भी अभिनेता-निर्माता से अधिक। उनकी फिल्मों का निर्देशन गुरुदत्त, विजय आनन्द, चेतन आनन्द, राज खोसला आदि ने किया। 'प्रेम पुजारी' से वे निर्देशक भी बन गए, किन्तु उन्हें फिल्म- निर्देशन के क्षेत्र में अप्रतिम सफलता नहीं मिली। देव आनन्द द्वारा निर्मित फिल्मों में कुछ हैं– 'सी.आई.डी.', 'टैक्सी ड्राइवर', 'हम दोनों', 'गाइड', 'तेरे मेरे सपने', 'देस-परदेस', 'स्वामी दादा' आदि।

'57 में दक्षिण भारत के प्रसिद्ध निर्माता-निर्देशक एल.वी. प्रसाद ने अपनी पहली हिन्दी फिल्म का निर्माण किया। उनकी फिल्म 'शारदा' की नायिका थीं मीनाकुमारी–हिन्दी सिनेमा की अत्यन्त भाव-प्रवण अभिनेत्री, जिन्होंने अपनी कोमलता के कारण हिन्दी सिनेमा के कई व्यक्तियों को आश्रय दिया। उनका सहारा बनीं। लेकिन दूसरों ने बहुधा उनकी अतिशय भावुकता का शोषण ही किया। मीनाकुमारी ने अपना फिल्म कैरियर 'अलादीन का जादुई चिराग' जैसी द्वितीय श्रेणी की फिल्मों से आरम्भ किया था। पर वे अपनी भावनात्मक गहराई को कारण हिन्दी सिनेमा की एक अविस्मरणीय मूवी-क्वीन बन गईं। उन्हें बहुधा एक जैसी भूमिकाएँ ही मिलीं, किन्तु उन्होंने अपनी निजता के संस्पर्श के द्वारा एक-दूसरे से अलग और महिमामय बना दिया। गुरुदत्त

कृत 'साहिब बीवी और गुलाम' की छोटी बहू हिन्दी सिनेमा के इतिहास में सदैव अद्वितीय बनी रहेगी। जिस समय मीनाकुमारी को 'शारदा' में पहली बार राजकपूर के साथ अनुबन्धित किया गया, दोनों ही अत्यन्त लोकप्रिय सितारे थे। इसी समय ख्वाजा अहमद अब्बास ने भी राज-मीना को अपनी संस्था नया संसार के अन्तर्गत बननेवाली 'चार दिल चार राहें' के लिए अनुबन्धित कर लिया। 'शारदा' रजत-जयन्ती फिल्म साबित हुई। इसके संगीत-निर्देशक थे–सी.रामचन्द्र। उनकी 'अनारकली' धूम मचा चुकी थी। अपने समय के अत्यन्त लोकप्रिय संगीतकार हैं वे। पर 'शारदा' का संगीत-पक्ष बहुत अधिक प्रभावशाली नहीं था। इसका एक गीत 'जप जप जप जप रे जप प्रीत नाम की माला' ही लोकप्रिय हुआ। 'शारदा' की सफलता के कारण राजकपूर और मीनाकुमारी की जोड़ी बन सकती थी। राजकपूर को किसी समर्थ नायिका का साथ चाहिए भी था। पर ऐसा हुआ नहीं। इन दो फिल्मों के अतिरिक्त वे कभी साथ नहीं आए।

'शारदा' में मीनाकुमारी ने उस त्यागमयी भारतीय नारी की भूमिका निबाही है जो परिस्थितिवश उसी व्यक्ति के पिता से विवाह करने के लिए मजबूर हो जाती है, जिससे वह प्यार करती है। जिसे पति के रूप में पाना चाहिए था उसे बेटे के रूप में पाती है। एक सहनशील, त्यागमयी भारतीय नारी के अनुरूप वह तो इसे विधि का विधान मानकर स्वीकार कर लेती है, किन्तु नायक उसे अपनी माँ मानने के लिए तैयार नहीं हो पाता। जिसे उसने जीवन-भर साथ देनेवाली पत्नी के रूप में देखा, जिसके तन-मन की सुगन्ध से वह दूर जाकर भी भीगा रहा, उसे प्रेमिका और पत्नी के रूप में न देखकर माँ के रूप में कैसे देखे? इस क्रूर उपहास को उसका भावुक हृदय स्वीकार नहीं कर पाता। पर अन्ततः उसके त्याग और समर्पण के आगे नायक को झुकना पड़ता है। वह दृश्य जिसमें राजकपूर मीनाकुमारी को पहली बार माँ कहकर सम्बोधित करते हैं, दिल को दहला देनेवाला है। इस दृश्य की विशेषता यह है कि जीवन में वृहद सार्थकता के लिए पराजय स्वीकार करने में भी विलक्षण आनन्द होता है, इस तथ्य को बगैर लम्बे-चौड़े संवादों के, सुन्दरतापूर्वक अभिव्यक्त कर दिया गया है।

इसके बाद किसी अन्य फिल्म में राजकपूर ने मीनाकुमारी के साथ नायक की भूमिका स्वीकार नहीं की। जिसका बेटा बना, अब उसका प्रेमी कैसे बने! उन्होंने मीनाकुमारी को सदैव सम्मान और श्रद्धा की दृष्टि से देखा। राजकपूर का व्यक्तित्व कभी भावनाहीन नहीं रहा। उन्होंने सदैव अपने जीवन में नैतिक मूल्यों की इज्जत की। बुजुर्गों का सम्मान किया। अपने पिता स्व. पृथ्वीराज कपूर के प्रति वह हमेशा अत्यन्त कृतज्ञ रहे। आर.के. फिल्म्स की प्रत्येक फिल्म के आरम्भ में पृथ्वीराज को शिवलिंग की पूजा करते हुए दिखलाया जाता है। यह क्रम 'आग' से लेकर 'प्रेम रोग' तक निरन्तर जारी है। 'आवारा' के साथ राजकपूर का मोनोग्राम बदल गया, किन्तु 'आग' से आरम्भ हुआ वह क्रम नहीं बदला।

पर राजकपूर और मीनाकुमारी की जोड़ी न बनने का एक कारण और भी हो सकता है। मीनाकुमारी का सौन्दर्य अप्रतिम था, किन्तु उसमें तीखापन नहीं था। फिर मीना की छवि एक आदर्श भारतीय नारी के रूप में दृढ़तापूर्वक स्थापित हो चुकी थी। मीना के व्यक्तित्व में एक विशेष सात्विकता थी। जैसे सीता को कितना भी सौन्दर्यपूर्ण क्यों न अंकित किया जाए, आम भारतीय के भीतर उस छवि से वासना उद्दीप्त होती ही नहीं। वहाँ चाहने का नहीं, श्रद्धा का भाव ही पैदा होता है। ऐसी ही कुछ छवि मीनाकुमारी की बन गई थी। मेरे एक मित्र मीनाकुमारी

को मुसलमान कहने से बड़े नाराज हो जाते थे। मीनाकुमारी ऐसी अद्भुत भावप्रवण अभिनेत्री थीं जिनकी त्यागमयी भारतीय नारी की छवि ने भारतीय औरतों को ही नहीं, पुरुषों तक को रुलाया है।

'मैं भी लड़की हूँ' में मीना ने काली-कुरूप लड़की की भूमिका की है। कहते हैं, इस फिल्म के सैट पर उनके प्रशंसक ने उन्हें इस रूप में देखा तो बहुत अधिक दुखी हुए। उन्होंने एक स्लिप पर यह शेर लिखकर मीना के पास भिजवाया—

'यह तेरा काला रंग फ़रिश्तों की ख़ता है
वो तिल बना रहा था कि स्याही फिसल गई!'

मीनाकुमारी की दृढ़ता से स्थापित छवि राजकपूर की नायिका की छवि से मेल नहीं खाती थी। राजकपूर की नायिका में मांसल सौन्दर्य का तीखापन जरूर होता है। वह विभोर ही नहीं, उद्दीप्त भी करती है। वह दर्शक की भी अन्तरंग सहचरी बन जाती है। इसलिए मीनाकुमारी के साथ राजकपूर की जोड़ी नहीं बनी, यह अच्छा ही हुआ। इस जोड़ी का बहुत अधिक लोकप्रिय हो पाना सन्दिग्ध ही था। 'शारदा' जैसी पारिवारिक फिल्में भी राजकपूर के कैरियर में अपवाद स्वरूप ही हैं। प्रेम और त्याग के अन्तर्द्वन्द्व को 'शारदा' के बाद श्रीधर की पहली फिल्म 'नजराना' में चित्रित किया गया था।

'57 में ही आर.के. फिल्म्स की 'अब दिल्ली दूर नहीं' भी प्रदर्शित हुई। राजकपूर इसके सिर्फ निर्माता हैं। निर्देशक थे अमर कुमार। पं. जवाहरलाल नेहरू के बच्चों के प्रति असीम अनुराग को आधार बनाकर इसका ताना-बाना बुना गया था। पर इसका आदर्शवाद बहुत सतही बन गया। आजादी के बाद निश्चित रूप से देश के हालात बदले और पं.जवाहरलाल नेहरू का व्यक्तित्व आज भी प्रधानमन्त्री के चौखटे में अप्रतिम बना हुआ है। आज तक कोई अन्य प्रधानमन्त्री अपने व्यक्तित्व से उनके व्यक्तित्व के औदात्य और चमक को फीका नहीं कर सका है। उनके व्यक्तित्व में आशा जगाने और मोहित करने की अद्भुत क्षमता थी। 'अब दिल्ली दूर नहीं' कहती है कि जब तक बच्चों के चाचा नेहरू प्रधानमन्त्री हैं तब तक उनके लिए दिल्ली दूर नहीं है। उनके शासन में किसी बच्चे के साथ अन्याय नहीं हो सकता। एक निर्दोष व्यक्ति को कत्ल के आरोप में फाँसी की सजा दी जाती है। उसका मासूम बेटा विषम परिस्थितियों से संघर्ष करता हुआ अपने मुँहबोले चाचा के पास न्याय माँगने दिल्ली पहुँचता है। उसे यह विश्वास है कि उसके चाचा नेहरू के होते हुए निर्दोष पिता को फाँसी नहीं हो सकती। पर अपने पिता की मुक्ति के लिए बेटे के पंडित नेहरू से मिल पाने वाला दृश्य कोई गम्भीर प्रभाव उत्पन्न नहीं कर पाता। अपितु वह स्थितियों का सरलीकरण ही बन जाता है। ऐसी आदर्श स्थिति जिसका आकर्षण दर्शकों को बाँध नहीं पाता। 'बूट पॉलिश' और 'श्री 420' भी आदर्शवादी फिल्में ही थीं, किन्तु उनमें आदर्श पर दृष्टि है। स्थितियाँ यथार्थ से जूझती हैं और आदर्श की स्थापना के लिए वास्तविकता से मुँह नहीं चुरातीं। यहाँ एक निश्चित आदर्शवादी फ्रेम के लिए अनुकूल स्थितियों को गढ़ा गया है। इसलिए दर्शकों ने इस मनोरम आदर्शवादिता के प्रति विशेष अनुराग प्रगट नहीं किया।

'अब दिल्ली दूर नहीं' में स्व. याकूब और स्व. मोतीलाल ने मर्मस्पर्शी अभिनय किया था। यद्यपि इन दोनों की लोकप्रियता का सूरज ढलान पर था, उन दिनों। मोतीलाल और याकूब

चौथे-पाँचवें दशक के अत्यन्त लोकप्रिय अभिनेता थे। मोतीलाल तो अपने चमत्कारी व्यक्तित्व के लिए मशहूर रहे हैं। पर इसके साथ ही वे एक भावुक इंसान भी थे। इस फिल्म का संगीत तैयार किया था शंकर-जयकिशन के सहायक दत्ताराम ने। 'अब दिल्ली दूर नहीं' के संगीत में वह आकर्षण नहीं था जो राजकपूर की फिल्मों की खास बात बन जाता था। मोहम्मद रफी के स्वर में 'चुन-चुन करती आई चिड़िया' गीत अवश्य लोकप्रिय हुआ। दत्ताराम ने 'परवरिश' और 'श्रीमान सत्यवादी' फिल्मों का संगीत-निर्देशन भी स्वतन्त्र रूप से किया था। लेकिन इन दोनों ही फिल्मों की असफलता ने उन्हें पीछे ढकेल दिया।

'58 में राजकपूर की दो फिल्में प्रदर्शित हुईं—'परवरिश' और 'फिर सुबह होगी'। इन दोनों ही फिल्मों में उनकी नायिका थीं—माला सिन्हा। माला सिन्हा यद्यपि उस समय लोकप्रियता के चरम शिखर पर नहीं थीं, लेकिन राजकपूर के व्यक्तित्व के साथ उनका नायिका का रूप मेल खाता था। माला में वे सब गुण मौजूद थे जो राजकपूर की नायिका के लिए सर्वाधिक उपयुक्त हैं। उनके व्यक्तित्व में भाव-विभोर करने की ही नहीं, उत्तेजित करने और दैहिक आकर्षण में बाँध लेने की भी पर्याप्त क्षमता है। पर ये दो ही नहीं, '59 में प्रदर्शित होनेवाली माला सिन्हा की राजकपूर के साथ तीसरी और अन्तिम फिल्म 'मैं नशे में हूँ' भी असफल हो जाने के कारण निर्माताओं ने राजकपूर को माला सिन्हा के साथ अनुबन्धित नहीं किया। राजकपूर ने भी अपनी निर्माण-संस्था के अन्तर्गत बनने वाली किसी फिल्म के लिए माला सिन्हा को नहीं लिया। 'जिस देश में गंगा बहती है' के लिए राजकपूर ने पद्मिनी को अनुबन्धित किया। पद्मिनी के व्यक्तित्व में माला की तमाम खूबियों के साथ कुशल नृत्यांगना होने का अतिरिक्त आकर्षण था। 'जिस देश में गंगा बहती है' की नायिका के लिए यह बहुत आवश्यक था कि वह भावप्रवण अभिनेत्री के साथ ही कुशल नर्तकी भी हो। यदि ऐसा न होता तो इस फिल्म की नायिका के लिए राजकपूर का ध्यान माला सिन्हा की ओर अवश्य जाता। बाद में माला सिन्हा ने अपने मादक व्यक्तित्व से कई फिल्मों को अप्रतिम बनाया। इनमें बी.आर. चोपड़ा की दो फिल्में 'धूल का फूल' और 'गुमराह' विशेष रूप से उल्लेखनीय हैं।

'धूल का फूल' में माला सिन्हा ने विवाह-पूर्व माँ बन जानेवाली युवती के सामाजिक और मानसिक संघर्ष को प्रस्तुत किया था। इस फिल्म में उसकी यह भूमिका इतनी प्राणवान बन गई थी कि बाद में न जाने कितनी फिल्मों में उन्हें विवाह-पूर्व माँ बन जानेवाले स्वरूप में प्रस्तुत किया गया। और जैसा हमेशा होता ही है कि नकल कभी असल का मुकाबला नहीं कर पाती, वैसा ही हुआ। पर ऐसी फिल्मों के निर्माता मलाई की जगह छाछ से ही सन्तुष्ट हो जाते हैं। बगैर किसी नई चीज के यदि भागते भूत की लँगोटी ही हाथ लग जाए तो क्या नुकसान है? 'धूल का फूल' में ही प्रसिद्ध चरित्र-अभिनेता मनमोहन कृष्ण ने एक ऐसे रहमदिल इंसान की भूमिका अदा की थी जो नायिका की अवैध सन्तान को माँ का प्यार और पिता का संरक्षण प्रदान करता है। मजहब और समाज के झूठे उसूलों की परवाह किए बगैर। इस भूमिका को अविस्मरणीय बना देने के लिए उस वर्ष मनमोहन कृष्ण को सर्वश्रेष्ठ चरित्र-अभिनेता का 'फिल्म फेयर अवार्ड' प्राप्त हुआ था।

'गुमराह' में माला सिन्हा ने एक ऐसी युवती को साकार किया था जो परिस्थितियों के कारण अपने जीजा से विवाह करने के लिए मजबूर हो जाती है। वह विवाहित भारतीय नारी के आदर्श

स्वरूप को स्वीकार करके भी अपने पूर्व-प्रेमी को हृदय से नहीं निकाल पाती और भटक जाती है। इस मानसिक अन्तर्द्वन्द्व को माला सिन्हा ने बेहद खूबसूरती से 'गुमराह' में उभारा था। माला की ही अन्य फिल्म 'सुहागन' जिसमें नायक गुरुदत्त थे, कमजोर प्रस्तुति के बावजूद अभिनय की दृष्टि से अविस्मरणीय है। इसमें नायिका विवाहित होते हुए भी पति की अनायास असमर्थता के कारण दाम्पत्य सुख से वंचित हो जाती है। इसकी जानकारी स्वयं पति को भी नहीं होती। पति अपनी पत्नी के दूर रहने का कारण नहीं समझ पाता और पत्नी अपने भीतर की ज्वाला और बाहर के संघर्ष से एक साथ जूझती है। 'सुहागन' बहुत लोकप्रिय नहीं हो सकी, इसलिए उसमें माला सिन्हा के अपूर्व कौशलपूर्ण अभिनय को उचित महत्त्व नहीं मिल सका।

'परवरिश' की एक ही स्मृति आज शेष है। वह है मुकेश के स्वर में–'आँसू भरी हैं ये जीवन की राहें-कोई उनसे कह दे हमें भूल जाएँ'–गीत। पच्चीस वर्षों बाद भी इस गीत का माधुर्य आज भी पूरी शिद्दत के साथ बरकरार है। संगीतकार दत्ताराम का सर्वाधिक लोकप्रिय गीत यही है। मुकेश की आवाज की मिठास, मिठास का दर्द, दर्द की कशिश और जादू जगानेवाली अनोखी क्षमता इस गीत में मौजूद है। इसके अतिरिक्त 'परवरिश' में ऐसा कुछ भी नहीं था जो याद रह जाता। यह अपने समय की सामान्य फार्मूला फिल्म थी। इसके निर्देशक थे–एस.बनर्जी।

'58 में ही प्रदर्शित होनेवाली रमेश सहगल की 'फिर सुबह होगी' निश्चित ही एक उम्दा फिल्म थी, लेकिन टिकिट-खिड़की पर बुरी तरह असफल हो गई। हिन्दी सिनेमा में कभी-कभी कुछ चमत्कार भी होते हैं। 'फिर सुबह होगी' की असफलता एक ऐसा ही चमत्कार थी। इसमें राजकपूर और माला सिन्हा ने उत्कृष्ट अभिनय किया था। रमेश सहगल का निर्देशन भी सक्षम था। और इसके साथ ही साहिर लुधियानवी के सारगर्भित भावनापूर्ण गीतों को संगीतकार खय्याम ने मधुर धुनों से सजाया था। यह राजकपूर की एकमात्र ऐसी फिल्म है जिसके गीत साहिर लुधियानवी ने लिखे। हिन्दी सिनेमा में लोकप्रियता चाहे जितने गीतकारों को मिल गई हो, किन्तु लोकप्रियता और अर्थवत्ता का समन्वय करने में सर्वाधिक सफल शैलेन्द्र और साहिर लुधियानवी ही हुए। साहिर की कई प्रसिद्ध नज्मों का उपयोग स्व. गुरुदत्त ने अपनी फिल्मों में अत्यन्त कुशलता के साथ किया। विशेष रूप से 'प्यासा' में! 'प्यासा' की ताकत को अप्रतिम बनाने में साहिर के गीतों और नज्मों का बहुत बड़ा योगदान है। 'ये कूचे ये नीलामघर दिलकशी के' तथा 'ये दुनिया अगर मिल भी जाए तो क्या है'–इन दोनों नज्मों में भावनाओं की जितनी गहराई है, उतनी ही गहराई के साथ उन्हें फिल्म में चित्रित भी किया गया था।

'फिर सुबह होगी' में भी साहिर की एक प्रसिद्ध गजल का उपयोग किया गया था–'फिर न कीजे मेरी गुस्ताख निगाही का गिला, देखिए आपने फिर प्यार से देखा मुझको'। इसके अतिरिक्त 'फिर सुबह होगी' का शीर्षक गीत–शब्द रचना, संगीत-संयोजन और मुकेश के स्वर में अप्रतिम था–

इन काली सदियों के सर से जब रात का आँचल ढलकेगा
जब दुख के बादल पिघलेंगे जब सुख का सागर छलकेगा
जब अम्बर झूम के नाचेगा जब धरती नग्में गाएगी
वह सुबह कभी तो आएगी
मासूम लड़कपन जब सूनी गलियों में धूल न फाँकेगा

मजबूर बुढ़ापा जब अन्धी गलियों में भीख न माँगेगा
हक माँगनेवालों को जिस दिन सूली न दिखाई जाएगी
वो सुबह कभी तो आएगी!

खय्याम ने इन गीतों में अद्‌भुत मिठास भर दी थी। वे इस कला में अद्वितीय हैं। स्थितियों के अनुकूल संगीत के माधुर्य का उपयोग करने में उनका कोई मुकाबला नहीं। हिन्दी सिनेमा के वे अपने ढंग के अद्वितीय संगीतकार हैं। व्यावसायिक रूप से यदि उन्हें अपार लोकप्रियता नहीं मिली तो उसका एकमात्र कारण यही है कि इस झूठी चमक के पीछे वे कभी आँख मूँदकर नहीं दौड़े। लोकप्रियता हासिल करने के लिए उन्होंने किसी भी सीमा तक समझौता करने का प्रयास नहीं किया। वर्षों उनकी अद्‌भुत क्षमता को नहीं पहचाना गया, लेकिन इसका मलाल उन्हें कभी नहीं हुआ। बहुत बाद में 'नूरी' में उनका संगीत बहुत अधिक लोकप्रिय हुआ और कुछ निर्माता उनकी ओर मुखातिब हुए, लेकिन व्यवसाय-जगत में उनकी कद्र नहीं हुई। 'नूरी' की सफलता का पूरा श्रेय इसके संगीत को ही था।

'फिर सुबह होगी' में राजकपूर ने अपनी प्रचलित छवि से हटकर संजीदा भूमिका की थी। पर इस फिल्म की असफलता ने उन्हें बाद में पुनः अपने छवि के दायरे में वापस कर दिया। 1957 और '58 के दो वर्ष राजकपूर के लिए बहुत कठिनाई के वर्ष साबित हुए। '56 में नरगिस के साथ उनकी अत्यन्त लोकप्रिय जोड़ी टूट जाने के बाद उनकी फिल्मों में पहले जैसा आकर्षण नहीं रह गया था। किसी दूसरी नायिका के साथ उन्हें सफलता नहीं मिल पा रही थी। इस बीच उन्होंने 'जिस देश में गंगा बहती है' के लिए पद्‌मिनी को नायिका चुना तो उनकी पराजय सुनिश्चित समझी जाने लगी। पद्‌मिनी को इसके पहले प्रथम श्रेणी की नायिकाओं में नहीं गिना जाता था। पर पद्‌मिनी का चुनाव राजकपूर ने एक विशेष दृष्टिकोण से किया था। 'जिस देश में गंगा बहती है' पद्‌मिनी के जीवन की सर्वश्रेष्ठ फिल्म है। इसमें उनके मांसल सौन्दर्य, अभिनय-प्रतिभा और नृत्य-कौशल को अनोखे स्वरूप में उजागर किया गया। बाद में किसी नायिका के साथ राजकपूर की स्थायी जोड़ी नहीं बन सकी। नूतन, पद्‌मिनी और वैजयन्तीमाला के साथ भी उन्हें सफलता मिली, लेकिन इनमें से किसी के साथ ऐसी संलग्नता पैदा नहीं हुई जो अपरिहार्य रूप से उन्हें जोड़े रहती। वैजयन्ती के साथ तो 'संगम' से ही आरम्भ हुआ तालमेल इसी फिल्म के निर्माण के दौरान अपने चरमोत्कर्ष पर भी पहुँचा और रिलीज के साथ ही उस पर पूर्णविराम भी लग गया—यद्यपि नरगिस के बाद सम्बन्धों की तीव्रता का रोमांच वैजयन्ती के साथ ही खड़ा हुआ। बाद में वैजयन्ती ने राजकपूर के ही मित्र डॉ. बाली के साथ विवाह कर घर बसा लिया। 'संगम' के निर्माण के दौरान जो वैजयन्ती राजकपूर की तारीफों के पुल बाँधते नहीं थकती थी, रिलीज के बाद राज की योग्यता पर खूब छींटाकशी करनेवाली साबित हुई।

'59 में एल.बी.लछमन द्वारा निर्मित और आज के सुप्रसिद्ध निर्देशक हृषिकेश मुकर्जी द्वारा निर्देशित 'अनाड़ी' का प्रदर्शन एक सुखद घटना बनी राजकपूर के लिए। नरगिस से अलग होने के बाद 'अनाड़ी' ने ही राजकपूर को फिर अनोखे रूप में प्रस्तुत किया। निराशा का एक दौर समाप्त हुआ और सृजनात्मकता का नया अध्याय आरम्भ।

'अनाड़ी' अभिनय की दृष्टि से राजकपूर की विशिष्ट फिल्म है। इसके निर्माता थे एल. बी.लछमन और निर्देशन था हृषिकेश मुकर्जी का। इसमें राजकपूर की प्रचलित छवि का माकूल इस्तेमाल करने के कारण, इसे अपार सफलता भी मिली थी। इसमें सहज हास्य, करुण दृश्यों को भी बोझिल नहीं बनने देता। बेरोजगारी, गरीबी और भटकाव के दौरान भी आदमी अपनी निश्छलता से कितने सहज और संघर्षपूर्ण जीवन की सृष्टि कर सकता है, इसे 'अनाड़ी' में बखूबी प्रस्तुत किया गया है। राजकपूर एक बेरोजगार, बेसहारा नवयुवक है जो पेइंगगेस्ट के बतौर मिसेज डीसा (ललिता पवार) के घर में रहता है। मिसेज डीसा ऊपर से बेहद कठोर लगनेवाली सोने के दिल की महिला है। उसका अपना बेटा जवानी में मर चुका है। वह राजकुमार उर्फ राजू (राजकपूर) को अपने बेटे की तरह प्यार करती है। मिसेज डीसा के शब्दों में राजू के व्यक्तित्व की परिभाषा है–'यह दुनिया जितनी चालाक और होशियार है तू उतना ही अनाड़ी!' सचमुच वह अनाड़ी ही तो है, तभी तो न्यू ताजमहल होटल में मैनेजर की चालीस रुपया माहवार पगारवाली नौकरी मिलने पर उसे इसलिए निकाल फेंका जाता है क्योंकि वह सब ग्राहकों को बतला देता है कि 'दाल में काक्रोच पड़ गया है, दाल मत खाइए!' सारे ग्राहक खाना छोड़कर बगैर पैसा दिए चले जाते हैं। होटल का मालिक आकर पूछता है–'क्या काक्रोच निकालकर नहीं फेंका जा सकता था?' वह जवाब देता है–'जी नहीं, दाल फेंकनी चाहिए।' और तब होटल के मालिक का जवाब होता है–'मैं अभी बताता हूँ किसे फेंक देना चाहिए!' एक साधारण आदमी भी जिस बात को समझ सकता है वह भी उसके लिए अबूझ है कि न्यू ताजमहल होटल का मालिक दो पैसे कमाने के लिए बैठा है। जो वह कह रहा है, व्यापार की दुनिया में शुद्ध मूर्खता से अधिक और कुछ नहीं है। और वह अनाड़ी ही तो है, क्योंकि जब उसे एक अमीर घर में मालकिन का चित्र बनाने के लिए एक हजार रुपए मिलते हैं तब वह उन्हें उस घर की नौकरानी के हवाले कर देता है। क्योंकि उसकी माँ बेहद बीमार है। और यह बात कई महीनों का चढ़ा हुआ किराया चुकाने के लिए हमेशा तकाजा करनेवाली मिसेज डीसा से भी वह नहीं छिपाता। समझदार लोग इसे जिन्दगी जीने की कला न जानना ही कहेंगे। वह अनाड़ी नहीं तो और क्या है! वह तो यह भी नहीं जानता कि उसने जिसे गरीब समझकर एक हजार रुपए का नोट दे दिया है वही वस्तुतः घर की मालकिन है। एक गलतफहमी में वह शहर के बहुत बड़े सेठ रामलाल (मोतीलाल) की भतीजी जो उनकी तमाम सम्पत्ति की वारिस भी है, उसे नौकरानी समझकर दिल दे बैठता है। वह दृश्य जिसमें नूतन राजकपूर को एक हजार का नोट देती है अपनी संरचना में क्लासिक है।

राजू नूतन के कहने पर नकली मालकिन का चित्र बनाने के लिए उसके घर आता है। महल जैसे ऐश्वर्यशाली घर की शान-ओ-शौकत देखकर वह हतप्रभ है। नूतन वस्तुतः उसकी मदद करना

चाहती है और वह उससे कहती है–'चित्र बनाने के लिए मालकिन से अच्छी-खासी रकम की माँग करे। पैसेवाले चित्र नहीं बनवाते, झूठी शान खरीदते हैं।' तब राजू हेकड़ी से जवाब देता है–'मुझे अमीर आदमियों से कोई दिलचस्पी नहीं है।' और फिर वह बहुत सोच-समझकर कहता है–'मैं उनसे बीस रुपए माँगूँगा।' नूतन अवाक रह जाती है। इसकी कल्पना भी पहुँची तो कहाँ तक! सिर्फ बीस रुपए! एक गरीब आदमी के लिए तो दो वक्त की रोटी भी कारूँ के खजाने से कम नहीं होती। उसकी कल्पना में भी हजारों-लाखों की अय्याशी नहीं समाती। वह तो यह कल्पना भी नहीं कर सकता कि एक चित्र की कीमत हजारों रुपया भी होती है। नूतन बड़े आश्चर्य से पूछती है–'बी-ई-ई-स रुपए?' राजू सोचता है–उसकी माँग जरूरत से ज्यादा हो गई है। वह नरमी से कहता है–'आप कहेंगी तो दो-चार रुपए कम कर दूँगा।' नूतन को विश्वास हो जाता है कि यह आदमी तो सीधी-सादी ही बात समझ सकता है। इसलिए वह बिल्कुल स्पष्ट कहती है कि आपको कम-से-कम हजार रुपए माँगने चाहिए। और राजू समझता है कि दुनिया में उसके साथ इससे बड़ा मजाक आज तक और कोई दूसरा नहीं हुआ। कौन देगा उसे चित्र बनाने के लिए हजार रुपए? हजार रुपए उसकी कल्पना में अँट ही नहीं पाते। और जब सचमुच उसे हजार रुपए का नोट दे दिया जाता है तो वह जैसे आसमान से गिर पड़ता है। उसकी आँखों को यकीन नहीं होता। उसकी जुबान लड़खड़ा जाती है, वह 'हजार' नहीं कह पाता। यह बात नूतन की समझ में कैसे समा सकती है हजार रुपए एक गरीब आदमी के लिए कितनी आश्चर्यजनक और कल्पनातीत रकम हो सकती है। वह तो एक करोड़पति की साहबजादी है जिसके लिए हजार रुपए महज किसी क्षण-भर की उत्तेजना के लिए फूँक देना मामूली बात है। और जब नूतन उसे सहारा देती है यह कहकर–'क्या देख रहे हैं, हजार रुपए का नोट!' तब उसका जवाब होता है–'जी हाँ, जिन्दगी में पहली बार देखा है। लीजिए आप भी देखिए।' लेकिन 'हजार' उसकी जुबान से फिर भी नहीं निकल पाता। और कितना बड़ा है उसका दिल कि वह सपना जो उसकी आँखों में नहीं समा पा रहा है, जो ऐश्वर्य उसकी कल्पनाओं के भी बाहर है, बहुत सहजता से किसी का दुख दूर करने के लिए जो पल-भर में भूल जाता है! जिसके अपने पल्ले फूटी कौड़ी नहीं है, वह हजारों रुपया यूँ दे देता है, जैसे कोई शहंशाह हो। जैसे वह नाम का ही नहीं, सचमुच का राजकुमार हो। वह हजार रुपए नूतन को अपनी माँ की दवा कराने के लिए देकर इस तरह खुश होता हुआ झूमता-गाता कोठी के बाहर निकलता है, जैसे उसे सारी दुनिया की दौलत मिल गई हो–

किसी की मुस्कुराहटों पे हो निसार
किसी का दर्द मिल सके तो ले उधार
किसी के वास्ते हो तेरे दिल में प्यार / जीना इसी का नाम है!
रिश्ता दिल से दिल के ऐतबार का
ज़िन्दा है हमीं से नाम प्यार का
कि मरके भी किसी को याद आएँगे
किसी के आँसुओं में मुस्कुराएँगे
किसी को हो न हो हमें है ऐतबार / जीना इसी का नाम है!

रामलाल सेठ से अनायास राजकुमार की मुठभेड़ हो जाती है, जब वह अठन्नी लेकर किसी होटल में खाना खाने जा रहा है। राजकुमार सेठ की कार से टकराने से बचता है, लेकिन उसकी

अठन्नी गिर जाती है। पहले तो सेठ समझता है कि झूठे एक्सीडेंट का नाटक रचकर उससे रुपए ऐंठना चाहता है, किन्तु जल्द ही राजू की मासूमियत से वाकिफ हो जाता है। तब सेठ उसे कुछ रुपए देना चाहता है, किन्तु वह स्वीकार नहीं करता। कार में जाते हुए सेठ का बटुआ सड़क पर गिर जाता है जिसे वह उठा लेता है। वह चिल्लाकर गाड़ी रोकने का प्रयास करता है। पर सेठ तो तब तक अपनी कार में हवा हो चुका है, लेकिन उसके चिल्लाने से कुछ शोहदे जरूर इकट्ठा हो जाते हैं। उन्हें जब यह मालूम होता है कि किसी का बटुआ यह लौटाना चाहता है तब वे पहले तो उसे चतुराई से हथियाना चाहते हैं, लेकिन जब वह बटुआ देने से इंकार कर देता है तब उससे बटुआ छीनने का प्रयास करते हैं। लेकिन वह किसी तरह बटुए-सहित घर पहुँचने में सफल हो जाता है। सबसे बड़ा हादसा यह होता है कि मिसेज डीसा भी उसे चोर समझ लेती हैं। राजू शोहदों की मार खाकर भी उतना पीड़ित नहीं होता जितना मिसेज डीसा के अविश्वास से। क्या मिसेज डीसा भी उसे बेईमान समझ सकती हैं? मिसेज डीसा यह अच्छी तरह जानती हैं कि राजू सब-कुछ हो सकता है, लेकिन मवाली जेबकतरा नहीं। वह भूखों मर जाएगा, लेकिन कभी किसी की जेब नहीं काटेगा। जब मिसेज डीसा उसे जीजस की मूर्ति के आगे 'कन्फेशन' के लिए बाध्य करती हैं तो वह बिफर पड़ता है–'मैं चोर नहीं हूँ, मैं जीजस की नहीं, तुम्हारी कसम खाकर कहता हूँ।' मिसेज डीसा के प्यार से बढ़कर और कोई दूसरा भगवान नहीं है राजू की जिन्दगी में। वह उसे जन्म देनेवाली माँ-भर नहीं है–सिवाय इसके वह राजू के लिए किसी तरह माँ से कम नहीं है। पर्स लौटाने के लिए वह उस होटल पहुँचता है जहाँ सेठ खाना खाने गया था। अपना बटुआ वापस पाकर सेठ को जितना आश्चर्य होता है, उससे अधिक तरस उसे राजकुमार की ईमानदारी पर आता है। वह राजकुमार से कहता है–'देख रहे हो चमकदार कपड़ों में लिपटे इन लोगों को! ये वे लोग हैं जिन्हें सड़कों पर बटुए पड़े मिले, लेकिन जिन्होंने लौटाए नहीं।' आधुनिक सभ्यता की चमक-दमक को कितने सरल शब्दों में नंगा कर दिया गया है! यह जमाना उन लोगों का है जो किसी भी तरह पैसा बनाना जानते हैं।

लेकिन हर बेईमान आदमी को ईमानदार आदमी की सख्त जरूरत होती है। बेईमानी का महल ईमानदारी की नींव पर खड़ा होता है। सेठ उसे अपने दवाइयों के कारखाने में नौकरी दे देता है। यदि कोई दूसरा निर्देशक होता तो सम्भवतः इतने विस्तार में जाकर किसी सामाजिक प्रश्न को उठाने का प्रयास नहीं करता और नायिका की अपने अंकल से सिफारिश के द्वारा ही नायक को नौकरी दिलवा देता। लेकिन यहाँ कथासूत्र तो मात्र एक बहाना है। असल बात है दर्शकों तक फिल्म के मन्तव्य का सम्प्रेषण। हृषिकेश मुकर्जी के कल्पनाशील निर्देशन ने इसको संजीदगी से निबाहा है। 'अनाड़ी' फिल्म कहती है–यह दुनिया है–बेईमानों और चाटुकारों की, जो दूसरों की मेहनत पर रँगरेलियाँ मनाते हैं। यहाँ मेहनती और ईमानदार आदमी बेवकूफ कहलाता है। लेकिन क्या ईमानदारी कभी किसी 'कमेन्ट' की मोहताज होती है?

फिल्म में एक-दो दृश्यों के द्वारा ही ऑफिसों में बाबुओं की कार्यपद्धति और काम-चोरी की प्रवृत्ति पर चुटीला व्यंग्य किया है। हास्य-अभिनेता मुकरी ने क्लर्क की छोटी-सी भूमिका में प्राण फूँक दिए हैं। वह काम चाहे रत्ती-भर न करे, लेकिन बड़े साहब को आते ही 'सलाम' करना कभी नहीं भूलता। सेठ रामलाल कार्यालय में आते हैं। सब खड़े होकर सलाम करते हैं। लेकिन

काम में डूबे नव-नियुक्त राजकुमार को मालूम ही नहीं होता कि बड़े साहब कब आए और चले गए। बड़े साहब के जाते ही राजकुमार को अन्दर से बुलावा आ जाता है। मुकरी सोचता है–गए बेटा काम से। जिसे बड़े साहब को सलाम करना नहीं आता, वह काम क्या खाक करेगा। लेकिन जब लौटने पर राजकुमार बतलाता है कि उसे तरक्की भी मिली है और एडवांस भी, तो वह हतप्रभ रह जाता है। अगले दिन जैसे ही बड़े साहब ऑफिस में प्रवेश करते हैं तब मुकरी रजिस्टर में आँखें गड़ाए बैठे रहते हैं। तरक्की पाने का यह नया नुस्खा उनके हाथ लगा था। सेठ रामलाल उसके पास आकर खड़े होते हैं, सामने उलटा रखा हुआ रजिस्टर सीधा कर पटक देते हैं और अपनी केबिन में चले जाते हैं। मुकरी के हाथों के तोते उड़ जाते हैं। मुकरी का फिल्म में नाम है–कामलाल। और श्रीमान कामलाल तब कहते हैं–'मैं गया आज काम से।' त्रिवेदी जी चतुर्वेदी बनने गए थे, लेकिन द्विवेदी बनकर लौट आए। इन श्री कामलाल के जीवन का उसूल है–'आज करन्ते काल कर, काल करन्ते परसों। इतनी जल्दी क्या है बेटा, जब जीना है बरसों।'

राजकुमार अपनी मेहनत और ईमानदारी के कारण बहुत जल्दी तरक्की करता है। लेकिन इसी बीच उसे यह मालूम होता है कि जिसे वह नौकरानी समझ बैठा है, वह वस्तुतः सेठ रामलाल की भतीजी है। नूतन की जन्मदिन की पार्टी का दृश्य है वह। राजकुमार से एक सज्जन कहते हैं–'देखिए, रामलाल जी भी कितने मजाकिया किस्म के इंसान हैं, केक भी लाए हैं तो दिल की शक्ल का!' और राजकुमार कहता है–शायद किसी से नहीं या शायद अपने आप से–'और देखिए, कोई उसी दिल पर छुरी चला रहा है।' उस समय राजू भी यह समझता-महसूस करता है कि मिसेज डीसा सच कहती हैं, सारी दुनिया सच कहती है, वह अनाड़ी है! वह सचमुच अनाड़ी है!

सब कुछ सीखा हमने न सीखी होशियारी
सच है दुनियावालो कि हम हैं अनाड़ी
दिल का चमन उजड़ते देखा, प्यार का रंग उतरते देखा
हमने हर जीनेवाले को, धन-दौलत में मरते देखा
दिल पे मरनेवाले, मरेंगे भिखारी।

नाटकीयता हिन्दी फिल्मों की एक अनिवार्य आवश्यकता है। हिन्दी सिनेमा के आरम्भिक युग में पौराणिक फिल्मों का इसीलिए अपार स्वागत किया गया। हमारी धार्मिक और सांस्कृतिक गाथाओं में नाटकीयता की भरपूर गुंजाइश है। ऐतिहासिक फिल्मों में भी नाटकीयता का यह तत्व विशेष भूमिका अदा करता है। सोहराब मोदी ने हिन्दी सिनेमा को 'पुकार', 'सिकन्दर' और 'पृथ्वीवल्लभ' जैसी महान ऐतिहासिक फिल्में दी हैं। के. आसिफ की 'मुगल-ए-आजम' का भी अपना महत्त्वपूर्ण स्थान है। ऐतिहासिक फिल्मों में अभिनेताओं को अपने संवाद एक विशेष ख़म के साथ अदा करने होते हैं। कहीं-कहीं वह अन्दाज पारसी थिएटर के निकट तक होता है। यह हिन्दी सिनेमा का बहुत बड़ा दुर्भाग्य है कि आज ऐसा निर्माता-निर्देशक हमारे बीच नहीं है जो ऐतिहासिक और पौराणिक गाथाओं को सशक्त रूप में प्रस्तुत कर सके। तनिक भी समझदारी से बनाई गई ऐतिहासिक और पौराणिक फिल्में आज तक असफल नहीं हुईं। आज ऐतिहासिक और पौराणिक फिल्मों का युग जरूर बीत गया, किन्तु उनमें विद्यमान नाटकीयता का तत्व हिन्दी

सिनेमा में उसी तरह मौजूद है। यही कारण है कि जिन अभिनेताओं की डायलॉग-डिलीवरी में नाटकीय तेवर मौजूद रहा उन्होंने अपनी तमाम खामियों के बावजूद बेहद लोकप्रियता अर्जित की। अभिनेता राजकुमार इसका उम्दा उदाहरण हैं। हिन्दी सिनेमा में वे एक 'कठिन हीरो' के रूप में विख्यात रहे हैं। वे अपनी अधिकांश फिल्मों में अपने एक ही तेवर में मौजूद रहने के बावजूद लोकप्रिय बने रहे तो 'डायलॉग-डिलीवरी' के अपने निराले नाटकीय ढंग के कारण। इसीलिए वे 'वक्त' जैसी फिल्म में, जिसमें अनेक सितारे थे, अपने सिर्फ एक संवाद के कारण सब पर भारी पड़े थे–'चिनॉय सेठ, जिनके अपने घर शीशे के बने हों वे दूसरों के घरों पर पत्थर नहीं फेंका करते।' आठवें दशक के उत्तरार्द्ध में सुपर-स्टार अमिताभ बच्चन ने भी डायलॉग-डिलीवरी के महत्त्व को पहचानकर अपनी मर्दाना आवाज के सहारे ही अपार लोकप्रियता अर्जित की। आज की समसामयिक वातावरण पर आधारित फिल्मों में तो नाटकीयता इतने कृत्रिम रूप में पहुँच गई है कि पूरा परिवेश ही नकली लगने लगा है। जो उपादान वास्तविकता लाता था, वही अब बाजारू प्रवृत्तियों का वाहक बन गया है। अतिनाटकीयता ने हिन्दी सिनेमा को अविश्वास की हद तक पहुँचा दिया। आठवें दशक में उसके जरिए अपराधी जीवन के प्रति उन्मादपूर्ण रोमांस युवा-मानस में तेजी से फैला है।

'अनाड़ी' का क्लाइमैक्स भी नाटकीय है। मिसेज डीसा बीमार पड़ती हैं और उनकी जान उसी कम्पनी की बनी नकली दवाई खाकर जाती है जिसमें राजकुमार काम करता है। राजकुमार को असलियत मालूम होती है तो वह अपनी 'औकात' पहचाने बगैर सेठ रामलाल से टकरा जाता है। सेठ पहले उसे खरीदना चाहता है, लेकिन नाकामयाब होने पर उसे मिसेज डीसा के कत्ल के इल्जाम में फँसा देता है। पूँजीपति की कार्य-पद्धति को नाटकीय स्थितियों में भी बहुत समझदारी और संयम से प्रस्तुत करने में हृषिकेश मुकर्जी सफल हुए हैं। पूँजीपति बेमतलब किसी को अपना शत्रु नहीं बनाना चाहता। सेठ राजू को हर तरह से समझाने का प्रयास करता है कि मिसेज डीसा की मौत एक हादसा है। इसके लिए उसे भी दुख है। वह इसकी हर कीमत चुकाने के लिए भी तैयार है। सेठ तभी टकराता है जब राजू सुलह के सारे रास्ते बन्द कर देता है। सेठ रामलाल को राजू से नफरत नहीं है, उसे नफरत है गरीबी से। यदि राजू भी उसकी तरह गरीबी और गरीबों से नफरत करना सीख लेता तो उसे अपनी भतीजी का हाथ उसके हाथ में देने में कोई ऐतराज नहीं होता। चूँकि सेठ की भतीजी उसकी सम्पत्ति की अकेली वारिस है, इसलिए फिल्म के अन्त में राजू और नायिका के मिलन के साथ ही राजू का 'सेठ' बन जाना और 'जैसे उसके दिन फिरे, वैसे सबके दिन फिरें' स्टाइल में समापन ज्यादा उपयुक्त होता है। यह हमारे सिनेमा का सामान्य दृष्टिकोण है। लेकिन 'अनाड़ी' इसलिए भी साफ दृष्टि का प्रमाण देती है, क्योंकि इसमें नायिका अपना ऐश्वर्य ही नहीं, अपनी पुरानी जीवन-पद्धति को भी ठुकराकर नायक के पास जिन्दगी का संघर्ष नए सिरे से शुरू करने के लिए आती है। पर अन्त में हर हिन्दी फिल्म में सत्य की असत्य पर, न्याय की अन्याय पर, विजय होना लाजिमी है, इसीलिए नायक विजयी होता है और सेठ रामलाल अपनी भतीजी के द्वारा बाध्य किए जाने पर अपना गुनाह कुबूल कर लेता है। सेठ रामलाल जिसने अपने ही शब्दों में–'कभी किसी से हार नहीं मानी' वह जब 'दिल के हाथों' मजबूर होता दिखलाया जाता है, तब बात गले नहीं उतरती। भावना एकाएक सेठ रामलाल की जिन्दगी में इतनी महत्त्वपूर्ण कैसे हो उठी कि वह अपना जुर्म

स्वीकार करने के लिए तैयार हो गया—इसकी कोई ठोस तार्किक परिणिति नहीं मिल पाती। क्लाइमेक्स के इस पूरे नाटकीय संयोजन में यही ऐसा मुद्दा है जिसे आसानी से पचाया नहीं जा सकता। लेकिन यह हिन्दी के व्यावसायिक सिनेमा की चिरपरिचित मजबूरी है। यदि नायक पूँजीपतियों के अमानवीय शोषण और अन्याय का शिकार हो जाता तो फिल्म अधिक प्रभावोत्पादक हो सकती थी, लेकिन ऐसा करना फिल्म के व्यवसाय-पक्ष पर कुठाराघात भी हो सकता था। इन स्थितियों में बड़े-से-बड़े निर्माता-निर्देशकों को समझौता करने पर बाध्य होना पड़ा है।

मिसेज डीसा के रूप में ललिता पवार का अद्वितीय अभिनय 'अनाड़ी' का एक विशेष आकर्षण है। इस भूमिका के लिए उन्हें सर्वश्रेष्ठ सह-अभिनेत्री का 'फिल्म फेयर पुरस्कार' भी दिया गया था। सहृदय ईसाई महिला की भूमिका में जो ऊपर से कठोर दिखती है, किन्तु अपनी आन्तरिकता में अत्यन्त कोमल भावनाएँ सँजोए एक बेगाने को अपना बनाकर उसे अपना सब-कुछ दे जाती है, ललिता जी ने बेजोड़ अभिनय किया है। अपने जीवन के पचपन वर्ष उन्होंने हिन्दी सिनेमा को दिए हैं और सैकड़ों फिल्मों में अनेक प्रकार की भूमिकाएँ अदा की हैं। उसे सजाने-सँवारने और विकसित करने का प्रयास बहुत ही कम हुआ है। यूँ ललिता जी ने अपने आरम्भिक फिल्म जीवन में नायिका की भूमिकाएँ की हैं, किन्तु उन्हें सर्वाधिक ख्याति खलनायिका के रूप में ही प्राप्त हुई। हृदयहीन चिड़चिड़ी सास की भूमिका उन्होंने न जाने कितनी बार कुशलतापूर्वक निभाई। एक ही तरह के स्टीरियो टाइप चरित्रों के बीच भी उन्होंने उनको बारीकी से एक-दूसरे से अलग करने का प्रयास किया, अपनी निजी प्रतिभा का स्पर्श देकर आकर्षक बनाया। भावनाओं को सूक्ष्म अभिव्यक्ति देने की क्षमता अद्भुत है, किन्तु उसका उपयोग कम ही हुआ है। आगे चलकर हृषिकेश मुकर्जी के निर्देशन में ही 'मेम दीदी' फिल्म में मेम दीदी के केन्द्रीय चरित्र में ललिता पवार ने एक बार पुनः अविस्मरणीय अभिनय किया था। इस फिल्म के निर्माता भी एल.बी.लछमन ही थे और निर्देशक भी वही हृषीकेश मुकर्जी। 'अनाड़ी' हृषीकेश मुकर्जी द्वारा निर्देशित पहली फिल्म है। इसमें उन्होंने अपने दृष्टिकोण को स्पष्ट कर दिया था कि वे एक ऐसे निर्देशक के रूप में सामने आना चाहते हैं जिनकी फिल्मों में दर्शकों की रुचि की आड़ में कुत्सा और विकृति न हो और न कलात्मकता के नाम पर उबा देनेवाली गतिहीनता। हमारे यहाँ यह एक भ्रम सदैव विद्यमान रहा है कि गतिहीनता कला-फिल्मों के लिए अनिवार्य है। वस्तुतः फार्मूला फिल्मों में तेज गति से दर्शकों को भरमाने की कोशिश होती है। इसलिए उसके विरोध में सम्भवतः गतिहीनता को 'उत्तम' फिल्मों का गुण मान लिया गया है। मुकर्जी आगे चलकर एक सफल फिल्मकार साबित हुए और उन्होंने 'अनाड़ी', 'आनन्द', 'आशीर्वाद', 'सत्यकाम', 'मेम दीदी' और 'खूबसूरत' जैसी उम्दा फिल्में दीं जिनमें कला और व्यवसाय का उत्कृष्ट समन्वय था।

1960 में राजकपूर की बहुप्रतीक्षित और अनेक दृष्टियों से उनके भविष्य का फैसला करने वाली आर.के. फिल्म्स की 'जिस देश में गंगा बहती है' प्रदर्शित हुई। इसी वर्ष एम.एम.अब्बास द्वारा निर्देशित 'श्रीमान सत्यवादी' और मनमोहन देसाई द्वारा निर्देशित 'छलिया' का भी प्रदर्शन हुआ। जहाँ 'श्रीमान सत्यवादी' हर दृष्टि से एक घटिया फिल्म थी, वहीं 'छलिया' में राजकपूर की छवि का सही इस्तेमाल कर लिया गया था। यह मनमोहन देसाई के निर्देशन में बनी पहली

फिल्म थी। भारत-पाक विभाजन की पृष्ठभूमि पर आधारित इस फिल्म में कमर जलालाबादी के शब्दों को कल्याण जी-आनन्द जी ने सुरों में ढाला था। 'छलिया मेरा नाम', 'डम-डम डिगा-डिगा मौसम भीगा-भीगा' और 'मेरे टूटे हुए दिल से कोई तो आज ये पूछे कि तेरा हाल क्या है' आदि गीत बहुत पसन्द किए गए थे। यद्यपि शैलेन्द्र-हसरत और शंकर-जयकिशन के साथ संगीत के क्षेत्र में राजकपूर का स्थायी सम्बन्ध बना रहा है, किन्तु अन्य निर्माताओं की फिल्मों में काम करते समय राजकपूर ने उन पर इस बारे में कभी कोई दबाव नहीं डाला कि वे अमुक-अमुक व्यक्तियों को ही अनुबन्धित करें। अन्य निर्माताओं की फिल्मों पर यथासम्भव अपनी मरजी कभी नहीं थोपी। यूँ राजकपूर के लिए यह अधिक स्वाभाविक होता कि वह अन्य निर्माताओं की फिल्मों में काम करते हुए फिल्म के प्रत्येक पक्ष में हस्तक्षेप करते। वह स्वयं सफलता के चरमोत्कर्ष पर पहुँचे हुए निर्माता-निर्देशक थे। यदि वह निर्देशक के काम में हस्तक्षेप करते तो बहुत विस्मयकारी बात न होती। लेकिन स्वयं फिल्मकार होने के कारण वह इस दोष से मुक्त भी रहे। वह एक फिल्मकार की कठिनाइयों से पूरी तरह वाकिफ थे। वह यह भी समझते थे कि कलाकार को निर्देशक के काम में हस्तक्षेप की छूट हो जाने पर फिल्म का पूरा ढाँचा ही गड़बड़ा सकता है। निर्माता पर इतने अधिक दबाव होते हैं कि यदि उसे अपनी फिल्मों के सितारों से सहयोग न मिले तो फिल्म की सफलता भी उसे गले तक कर्ज में डुबो देती है। ऐसे कितने ही निर्माता हैं जो सितारों की कुदृष्टि के कारण घुट-घुटकर मर गए। राजकपूर ने अपनी फिल्मों के निर्माताओं को कभी परेशान नहीं किया। फिल्म की प्रगति में बाधा नहीं डाली। मनमोहन देसाई आरम्भ से ही राजकपूर से प्रभावित रहे हैं। उन्होंने अपनी फिल्म में सम्भवतः इसीलिए राजकपूर को नायक के रूप में लिया। अपनी पहली फिल्म के द्वारा ही वे एक सफल निर्देशक के रूप में प्रतिष्ठित हो गए, किन्तु बाद की उनकी फिल्में असफल हो गईं। अगले बारह वर्षों तक मनमोहन को विशेष सफलता नहीं मिली। पर आठवें दशक में यही मनमोहन देसाई एक धुरन्धर व्यावसायिक निर्देशक के रूप में प्रतिष्ठित हुए जिन्होंने 'धर्मवीर', 'अमर-अकबर-एन्थनी', 'सुहाग', 'नसीब', जैसी हिट फार्मूला फिल्में बनाईं। देसाई को मल्टी-स्टार फिल्मों के दौर में कामयाबी हासिल हुई। इस समय क्रूरतम हिंसा और भोंड़ा शरीर-प्रदर्शन फिल्मों की सफलता का पर्याय बन गया था, पर उन्होंने अपनी फिल्मों में अपराध को भी अपेक्षाकृत संयमित ढंग से और हास्यप्रद स्थितियों के द्वारा प्रस्तुत किया। मधुर संगीत के प्रति भी उनकी फिल्मों में अधिक ध्यान दिया गया। राजकपूर की तरह देसाई भी यह मानते हैं कि हिन्दी सिनेमा में सफलता के लिए मधुर संगीत की बहुत अधिक आवश्यकता होती है। प्रसिद्ध निर्माता-निर्देशक नासिर हुसैन ने एक ही कहानी पर बीस वर्षों तक स्थितियाँ बदल-बदलकर कम-से-कम आधा दर्जन तो हिट फिल्मों का निर्माण किया। तेज रफ्तार मधुर संगीत और हास्यप्रद (कहीं-कहीं हास्यास्पद भी) स्थितियों के द्वारा वे मैदान जीतते रहे। 1982 में प्रदर्शित उनकी चकाचौंध से भरपूर 'जमाने को दिखाना है' पिट गई तो सिर्फ इसलिए कि इसका संगीत लोकप्रिय नहीं हो सका। इसके साथ ही नासिर हुसैन हास्य की सृष्टि करने में असफल रहे।

'छलिया' में राजकपूर की नायिका थीं नूतन और 'श्रीमान सत्यवादी' में शकीला। शकीला को पहले दर्जे की नायिकाओं में स्थान नहीं मिल पाया, हालाँकि वह अशोक कुमार के साथ नायिका बनकर आई। लेकिन उन दिनों तक नायक के रूप में अशोक कुमार का कैरियर भी

ढलान की ओर पहुँच चुका था। वह अकसर द्वितीय श्रेणी के नायकों के साथ आती रहीं। देव आनन्द और राजकपूर की नायिका बनने का मौका उसे मिला, किन्तु वे फिल्में चलीं नहीं और शकीला को जिस उत्कर्ष पर पहुँचना चाहिए था, वह नहीं पहुँच सकीं। परदे पर शकीला खूबसूरत ही नहीं दिखलाई पड़ती थीं, उसकी प्रतिभा भी झलकती थी। लेकिन यहाँ हर प्रतिभा को उचित अवसर मिल जाए, यह कतई जरूरी नहीं। इसके बाद जल्दी ही शकीला रोशनियों की दुनिया से सदा-सदा के लिए बहुत दूर हो गईं।

'श्रीमान सत्यवादी' में एक ऐसे नवयुवक की कहानी थी जो हमेशा सच बोलता है। व्यावहारिकता जिसके व्यक्तित्व में है ही नहीं। फिल्म में अत्यन्त कृत्रिम और नाटकीय स्थितियों के द्वारा इस बात को कहा गया था। दरअसल एस.एम.अब्बास ने राजकपूर की इमेज के अनुसार गढ़ी हुई कहानी को खींच-तानकर परदे पर भुनाने का प्रयत्न किया। कल्पनाहीन निर्देशन और निरर्थक भावुकता इस फिल्म को ले डूबी। इसके संगीत निर्देशक थे दत्ताराम। दत्ताराम को राजकपूर ने भी 'अब दिल्ली दूर नहीं' में स्वतन्त्र रूप से संगीत-निर्देशन करने का अवसर दिया था। उनमें प्रतिभा होते हुए भी भाग्य का अवलम्ब उन्हें नहीं मिला। उन फिल्मों की असफलता ने जिनमें वे स्वतन्त्र रूप से संगीत-निर्देशक बनकर सामने आए उनका भविष्य खत्म कर दिया। वे शंकर-जयकिशन के साथ हमेशा सहायक संगीत-निर्देशक बने रहे।

'छलिया' में राजकपूर की निर्द्वन्द्व आदर्शवादी छवि का मनमोहन देसाई समुचित उपयोग कर सके, इसलिए यह असफल नहीं हुई। 'छलिया' में राजकपूर के साथ ही प्राण और नूतन का उत्कृष्ट अभिनय तथा इसका रोमांचक संगीत और गीतों का विशिष्ट राजकपूरी शैली में चित्रांकन इसकी सफलता के महत्त्वपूर्ण कारण थे। हालाँकि मनमोहन देसाई ने सामाजिक जागरूकता को अपनी फिल्म-निर्माण की प्रक्रिया में महत्त्व नहीं दिया, लेकिन फिल्म-कला में राजकपूर के नजरिए से वे पूरी तरह प्रभावित रहे हैं।

'59 में 'अनाड़ी' के अतिरिक्त तारा हरीश के द्वारा निर्देशित, अभिनेता-निर्माता शेख मुख्त्यार की 'दो उस्ताद', अभिनेता-निर्माता-निर्देशक ओमप्रकाश की 'कन्हैया' और नरेश शहगल की 'मैं नशे में हूँ' राजकपूर की अन्य फिल्में हैं। ये तीनों औसत रूप से ही सफल रहीं। 'कन्हैया' के अतिरिक्त अन्य दोनों फिल्मों में विशेष रूप से उल्लेखनीय कुछ था भी नहीं। शेख मुख्त्यार अपने समय के 'टफ' हीरो रहे हैं। उन दिनों स्टंट फिल्मों को दूसरे दर्जे की फिल्में माना जाता था। शेख मुख्त्यार इसी वर्ग के नायक थे। उन्होंने कई फिल्मों में खलनायक और चरित्रनायक की भूमिकाएँ भी कीं। उन्होंने 'बारूद', 'दो उस्ताद', 'नूरजहाँ' आदि कई फिल्मों का निर्माण भी किया। अपने जीवन के अन्तिम दिनों में वे पाकिस्तान में जाकर बस गए। वहाँ उनकी फिल्म 'नूरजहाँ' के प्रदर्शन को लेकर बड़ा विवाद हुआ। अन्त में बमुश्किल वह प्रदर्शित हो सकी। 'नूरजहाँ' ने पाकिस्तान में सफलता के पिछले तमाम रिकॉर्ड तोड़ दिए, जबकि भारत में इसे बहुत मामूली सफलता मिली थी। पाकिस्तान में भारत में बनी फिल्मों का क्रेज हमेशा रहा है। चोरी-छिपे भारतीय फिल्मों के प्रदर्शन के प्रकरण अकसर ही सुनाई पड़ते हैं।

'दो उस्ताद' में राजकपूर की नायिका थीं मधुबाला। हिन्दी सिनेमा की वीनस। जिनकी महारानियों जैसी शान-ओ-शौकत विख्यात थी। 1946 में प्रदर्शित केदार शर्मा की 'नीलकमल' तथा मोहन सिन्हा के निर्देशन में बनी 'चित्तौड़ विजय' और 'दिल की रानी' तथा 1948 में एन.

एम.केलकर द्वारा निर्देशित 'अमर प्रेम' में भी मधुबाला ही राजकपूर की नायिका थीं। नरगिस के बाद मधुबाला के साथ ही राजकपूर ने सबसे अधिक फिल्मों में नायक की भूमिका की है। पर इनमें सफल सिर्फ 'नीलकमल' ही हुई। अन्य फिल्मों की असफलता के कारण उन्हें भुला दिया गया। 'दो उस्ताद' मधुबाला के साथ राजकपूर की अन्तिम फिल्म है। यह भी न व्यावसायिक दृष्टि से अधिक सफल हो सकी और न ही इसमें कोई विशेष कलात्मक दक्षता या अभिनय-कौशल था। मधुबाला की अन्तिम उल्लेखनीय फिल्म स्व. के.आसिफ की अत्यन्त भव्य ऐतिहासिक फिल्म 'मुगल-ए-आजम' है जिसमें उन्होंने अनारकली का किरदार खूबसूरती से निभाया था। मधुबाला की शोख मुसकान आज भी दर्शकों के दिलों में जिन्दा है। 'दो उस्ताद' के संगीतकार थे ओ.पी. नैयर। इन्होंने सिर्फ इसी एक फिल्म में संगीत दिया है जिसमें राजकपूर नायक थे। यह राजकपूर की उन चन्द फिल्मों में एक है जिसका संगीत-पक्ष कमजोर था। ओ. पी.नैयर ने अनेक फिल्मों में हिट संगीत दिया है, किन्तु राजकपूर के चरित्र के साथ तालमेल न बैठा पाने के कारण और मुकेश के स्वर के अभाव में 'दो उस्ताद' का संगीत लोकप्रिय नहीं हुआ।

इसके विपरीत नरेश सहगल की 'मैं नशे में हूँ' मधुर संगीत के बावजूद एक बेहद कमजोर फिल्म थी। यह भी अधिक सफल नहीं हो सकी। 'मुझको यारो माफ करना मैं नशे में हूँ' और 'किसी नरगिसी नजर को दिल देंगे हम' इसके ये दो गीत बहुत पसन्द किए गए थे। इसकी थोड़ी-सी भी सफलता का श्रेय इसके संगीत को है। इसके संगीतकार थे शंकर-जयकिशन।

'कन्हैया' अपनी अनेक विशेषताओं के साथ भी बहुत सफल नहीं रही। इसकी असफलता का सबसे बड़ा कारण था कमजोर निर्देशन। ढीली-ढाली पटकथा और अबूझ समाप्ति ने रही-सही कसर पूरी कर दी। यदि इसे सशक्त निर्देशन मिला होता तो नूतन और राजकपूर के भावप्रवण अभिनय और अत्यधिक मधुर संगीत से सजाई गई यह फिल्म जबरदस्त हिट साबित होती। 'रुक जा ओ जाने वाली रुक जा', 'ओ कन्हैया ओ कन्हैया आज आना ख्वाब में', 'याद आई आधी रात को कल रात की तौबा' और 'मुझे तुमसे कुछ भी न चाहिए, मुझे मेरे हाल पे छोड़ दो' गीत आज भी माधुर्य में जवान हैं।

इनके अलावा 'चार दिल चार राहें' भी '59 में ही प्रदर्शित हुई थी। ख्वाजा अहमद अब्बास की यह कलाकृति राजकपूर, मीनाकुमारी, निम्मी, शम्मी कपूर, अजीत आदि प्रसिद्ध सितारों के होने के बावजूद फ्लॉप हो गई। कल्पनाहीन निर्देशन और पटकथा का बिखराव इसकी असफलता के मुख्य कारण थे। अब्बास की अधिकांश फिल्में अपनी समर्थ कथावस्तु और प्रगतिशील दृष्टिकोण के बावजूद चलीं नहीं।

श्री जयप्रकाश नारायण द्वारा आरम्भ किए गए डाकुओं के आत्मसमर्पण अभियान के बहुत पूर्व 'जिस देश में गंगा बहती है' प्रदर्शित हुई थी। यह एक आदर्शवादी फिल्म है जिसमें प्रेम और करुणा की अन्याय पर विजय दिखलाई गई थी। अपने अत्यन्त मधुर और स्थितियों को झंकृत कर देनेवाले संगीत, शैलेन्द्र की भावनापूर्ण गीत-रचनाओं, पद्मिनी के मांसल सौन्दर्य के अत्यन्त मादक प्रदर्शन, राका (प्राण) और राजू (राजकपूर) के परम्परागत रूप में कलुष और सत्य के प्रतीक-विधान द्वारा चरित्र-चित्रण और अर्जुनदेव 'रश्क' के बेहद चुटीले (कहीं-कहीं द्विअर्थी भी) संवादों के साथ ही भारतीय मानसिकता के साथ आबद्ध भावनात्मक कोमलता की अपूर्व समझ के कारण इसने सफलता प्राप्त की। 'जिस देश में गंगा बहती है' में राजकपूर कोई खतरा नहीं उठाते। अपनी प्रदर्शन-प्रियता, अतुलनीय सौन्दर्य-दृष्टि के साथ ही भोले-भाले पाक-साफ आदमी की अपनी इमेज को भरपूर ग्लैमराइज करते हैं। यही कौशल 'जिस देश में गंगा बहती है' को टिकिट-खिड़की पर भी अपार सफलता प्रदान करता है और सर्वश्रेष्ठ फिल्म, सर्वश्रेष्ठ अभिनेता सहित 'फिल्म फेयर' के कई अवार्ड मिलते हैं। 'जिस देश में गंगा बहती है' को श्रेष्ठ फिल्म का राष्ट्रपति का प्रशंसा-पत्र भी प्राप्त हुआ था।

इसी वर्ष सिटीजन फिल्म के झंडे तले दिलीप कुमार ने भी अपने जीवन की एकमात्र फिल्म 'गंगा-जमना' का निर्माण किया था। यह फिल्म दिलीप कुमार ने प्रस्तुत की थी और निर्माता के रूप में उनके छोटे भाई नासिर खान का नाम दिया गया था। दोनों फिल्मों के कथानक में विषय के आधार पर थोड़ा-सा साम्य था। 'गंगा-जमना' के निर्देशक थे नितिन बोस। वयोवृद्ध और अनुभवी। 'गंगा-जमना' में जहाँ यथार्थवादी पुट देने की कोशिश की गई, वहाँ 'जिस देश में गंगा बहती है' एक आदर्शवादी फिल्म है। राजकपूर का दृष्टिकोण सदा ही आदर्शवादी रहा है, किन्तु वह यथार्थ स्थितियों से टकराते चलते हैं। 'जिस देश में गंगा बहती है' में यथार्थ कई परदों के पीछे छिप गया है। 'गंगा-जमना' में दिलीप कुमार के चमत्कारी अभिनेता व्यक्तित्व की सारी खूबियाँ निचोड़ ली गईं। इसके संवादों में भोजपुरी का मिश्रण था और उत्तेजक शब्दों का इस्तेमाल भी। 'गंगा-जमना' भी खूब लोकप्रिय हुई थी, पर 'जिस देश में गंगा बहती है' की संरचना अधिक कसी हुई और प्रभावोत्पादक थी। इस फिल्म के निर्देशक यद्यपि आर.के.फिल्म्स के स्थायी छायाकार राधू कर्मकार हैं, किन्तु पूरी फिल्म में राजकपूर के निर्देशन की शैली की स्पष्ट छाप मौजूद है—विशेष तौर पर धुनों के छोटे-छोटे टुकड़ों को दृश्यों के पार्श्व में बड़ी कुशलता से इस्तेमाल करने में। ढोलक की थाप पर थिरकते हुए कम्मो (पद्मिनी) द्वारा चोली की डोरियों में गाँठ लगाने के उपक्रम में। 'हम भी हैं तुम भी हो, दोनों हैं आमने-सामने' समूह नृत्यगीत के संयोजन में। चरम सीमा के दृश्यों के अत्यन्त प्रभावशाली आयोजन में। हो सकता है, राजकपूर के लगातार सान्निध्य के कारण राधू कर्मकार के निर्देशक-व्यक्तित्व पर उनकी गहरी छाप पड़ी हो।

फिल्म का नायक भोला-भाला राजू है। पाँच चौपड़ी तक 'विद्या' पढ़ा हुआ। बन्दूक को 'दम्बूक' कहनेवाला जो गाँव-गाँव घूमकर ढपली बजाकर पब्लिक को खुश करता है। बात-बात में ज्ञान और धर्म-कर्म की सीख देनेवाला। लेकिन यह नहीं जानता कि किसी जवान औरत से खुलेआम लिपट जाना 'बुरी बात' होती है। पर यह भी निर्विवाद है कि ऐसे चरित्र को शत-प्रतिशत विश्व-स्तरीय बना देना राजकपूर के ही बूते की बात है।

गंगोत्री से हरिद्वार, इलाहाबाद और वाराणसी तक गंगा की धारा को विभिन्न कोणों से दिखलाने के बाद राजू को गंगा में डुबकी लगाते हुए दिखलाकर फिल्म का आरम्भ होता है। डुबकी लगाने के बाद राजू कहता है–'जय हो, जय हो गंगा माई, मैं भी कितना भाग्यवान हूँ जो ऐसे देश में जन्म मिला' और ऐसा प्रतीत होता है जैसे गंगा के जल से अक्षर निकलकर परदे पर आ गए हों–'जिस देश में गंगा बहती है'।

नामावली समाप्त हो जाने के पश्चात् राजू को नाव पर बैठा हुआ, खड़ा हुआ और फिर गंगा जी के घाट पर 'मेरा नाम राजू घराना अनाम' गीत गाते हुए दिखाया जाता है। अगले दृश्य में डाकू एक गाँव में डाका डालते हैं, वहाँ पुलिस से उनकी मुठभेड़ होती है और डाकुओं का सरदार (नायमपल्ली) पैर में गोली लग जाने के कारण घायल हो जाता है। फिर भी वह बच निकलता है और जंगल में घोड़े से गिरकर असहाय हो जाता है। तभी वहाँ से ढपली बजाते हुए राजू निकलता है जो सरदार के हाथों में बन्दूक देखकर घबरा जाता है। सरदार के पूछने पर कि क्या उसके पास कोई हथियार है, वह अपने झोले से 'काँटा' निकालकर प्रस्तुत कर देता है।

सरदार को विश्वास हो जाता है कि इस आदमी से कोई खतरा नहीं है। सरदार के कहने पर राजू उसके पैर के ज़ख़्म के ऊपर कपड़ा बाँधता है, उसे सहारा देकर पास के खंडहर में ले जाता है। वहाँ राजू सरदार को अपनी रोटी खिलाता है और अपने बारे में बतलाता है। राजू सरदार को 'गंगा-जल' भी पिलाता है इस व्याख्या के साथ–'यह कोई मामूली पानी नहीं है, गंगा जी का जल है जी।' पर सरदार बेहोश होकर एक ओर लुढ़क जाता है और उसके कपड़ों के भीतर से जेवरात बाहर आ जाते हैं। राजू समझता है, डाकू इस आदमी का पीछा कर रहे हैं। तभी बाहर से आवाजें आती हैं। राजू सरदार की बन्दूक लेकर बाहर आता है और कहता है, 'मैं पुलिस का आदमी हूँ, गोली मार दूँगा।' खंडहर के ऊपर से राका (प्राण) राजू के ऊपर कूदता है और उसे गिरा देता है। तभी झाड़ियों के पीछे छिपे डाकू बाहर निकल आते हैं जिन्हें राका 'उस पुलिसवाले' को बाँधकर ले चलने का आदेश देकर स्वयं सरदार के पास भीतर चला जाता है।

अब दर्शक पहुँचते हैं डाकुओं की बस्ती में, जहाँ थिरकते कदमों से राका के दिल में हलचल पैदा करनेवाली सरदार की बेटी कम्मो है। कम्मो से ईर्ष्या रखनेवाली और राका पर न्यौछावर बिजली (चंचल) है। बिजली का बाप और पूरी बस्ती का ताऊ (नाना पलसीकर) है जो बस्ती की जवान लड़कियों के निकलने पर 'रिमार्क पास' करता है–'जवाब नहीं' और जब एक लड़की पूछती है–'क्यों रे बुड्ढे, किसका जवाब नहीं?' तो आँखें मटकाकर चिलम का कश लगाते हुए कहता है–'उस सुनार के बच्चे का जिसने ये झांझरें बनाई हैं!' इनके अतिरिक्त भइया (तिवारी) है जो इसलिए डाकू बना कि जमींदार ने उसके हाथों से हल छीनकर 'दोनाली' थमा दी थी,

उसकी बीवी भाउजी (ललिता पवार) और उनका बेटा है। उन प्रमुख पात्रों के अतिरिक्त अनेक डाकू, कुछ की बीवियाँ और बच्चे तथा ढेर सारी जवान लड़कियाँ हैं जो हर किस्म की नृत्यकला में पारंगत हैं।

राका राजू को पुलिसवाला सिद्ध करना चाहता है, लेकिन सरदार और उसकी बेटी कम्मो उसकी गंगा जी की कसम पर विश्वास कर लेते हैं। जो आदमी खाना खाने के काँटे को हथियार समझे, उसका पुलिसवाला होना सरदार को नामुमकिन लगता है। सरदार राजू को अपना मेहमान बना लेता है। राजू की कम्मो से पहली मुलाकात राका के झोंपड़े के सामने हो चुकी है, जहाँ वह राजू को टकरा जाने पर थप्पड़ से उसका स्वागत करती है। पर कम्मो जल्दी ही उसकी भोली-भाली बातों से आकर्षित हो जाती है। कम्मो राजू को उसके कमरे में ले जाती है और वहाँ एकाएक याद कर कहती है–'लो, तुम भी मेरे गाल पर एक थप्पड़ मार दो।' राजू के कारण पूछने पर वह कहती है–'जो तुम्हें मारे, तुम उसे मारो, ये कायदा है इस दुनिया का।' इस पर राजू अपना निर्णय देता है–'यह आपकी दुनिया का कायदा होगा जी, मेरी दुनिया का बिलकुल नहीं है।'

कमरे के भीतर जाते ही राजू मरे हुए शेर को देखकर चिल्लाता है–'बचाओ, बचाओ!' और उसकी आवाज सुनकर भागकर आती कम्मो से दरवाजे पर लिपट जाता है। कम्मो उसे हटाकर खुद शेर के ऊपर एक पैर रखकर खड़ी हो जाती है। राजू के शान्त हो जाने पर कम्मो उससे कहती है, 'तुम्हें यह किसी ने नहीं बतलाया कि लड़की से इस तरह लिपट जाना बुरी बात है!' इस पर राजू अपनी गलती का प्रायश्चित इस प्रकार करने का मशविरा देता है–'वह जो आपका कानून है न, जो तुम्हें मारे तुम उसे मारो, उसके हिसाब से आप बेशक लिपट जाइए मुझसे।' कम्मो राजू की इस मूर्खता बनाम मासूमियत पर शरमा जाती है और कम्मो के झिड़कने पर राजू पुनः उलाहना देता है–'यह आपका कैसा कानून है जी, जो कुछ बातों में चलता है और कुछ बातों में नहीं चलता!'

अगले दृश्य में भागकर आती हुई कम्मो पहाड़ियों के बीच नाच-गाकर अपनी हालत का बयान करती है–

'क्या हुआ ये मुझे क्या हुआ क्या पता
जाने क्यों मचल रहा है आज दिल मेरा'

इसका जवाब बिजली देती है–

'प्यार की डगर पे कोई तुझे ले चला
कौन है वो कौन है हमें भी तो बता।'

और इन दोनों का साथ देने के लिए बस्ती की लगभग एक दर्जन लड़कियाँ आ जाती हैं।

इसके बाद मध्यान्तर से कुछ पहले तक कथा-सूत्र बहुत कम आगे खिसकता है। लगभग साठ मिनिट के इन दृश्यों में राजू और कम्मो के प्रणय-प्रसंग, राका की ईर्ष्यालु दृष्टि और चार गीत हैं, पर ये ही दृश्य इस फिल्म की सबसे बड़ी व्यावसायिक शक्ति हैं। इन्हीं दृश्यों ने बार-बार दर्शकों को सिनेमाघरों में लौटने पर विवश किया था। 'होठों पे सच्चाई रहती है', 'हो मैंने प्यार किया', 'हम भी हैं तुम भी हो दोनों हैं आमने-सामने' तथा 'बेगानी शादी में अब्दुल्ला दीवाना' गीत न सिर्फ मधुर थे, अपितु इनका चित्रांकन भी अपूर्व सूझ-बूझ के साथ किया गया था। राजकपूर

की फिल्मों के गीतों की सबसे बड़ी विशेषता यही होती है कि वे फिल्म में अधिक मधुर लगते हैं। वे फिल्म का अभिन्न हिस्सा बन जाते हैं। कथा-सूत्र आगे न बढ़ने पर भी दर्शक इसलिए उकताहट महसूस नहीं करते, क्योंकि उन्हें ये गीत और नृत्य फिल्म की आवश्यकता प्रतीत होते हैं।

राका के भड़काने पर भी अन्य डाकू राजू से कोई खतरा महसूस नहीं करते। वह उन्हें नाच-गाकर और ढपली बजाकर प्रसन्न कर देता है। दरअसल राका भी राजू से नहीं, इस बात से डरता है कि कहीं कम्मो उसके हाथ से न निकल जाए। इसका स्पष्ट संकेत राका के इस वाक्य से मिलता है–'बाप ने नमक खाया है, बेटी हक अदा कर रही है।'

राजू के कारण कम्मो के हृदय में नए संस्कार जागते हैं। राजू और कम्मो के प्रणय-प्रसंगों में एक निरालापन है जो दर्शकों को गुदगुदाता है। इसका बड़ा श्रेय संवादों को है। यद्यपि अर्जुनदेव रश्क ने अपने संवादों में पूर्वार्द्ध तक द्विअर्थी वाक्यों का खुला प्रयोग किया है, पर ये संवाद, विशेष रूप से फिल्म में अश्लील नहीं लगते। लेकिन यह भी सत्य है कि व्यावसायिक सफलता के लिए ऐसे संवादों का आश्रय आर.के.बैनर की फिल्म में पहली बार लिया गया था।

अनेक रोचक प्रसंगों के बाद कम्मो राजू को यह विश्वास कराती है कि 'हम लोग दुनिया बरोब्बर करते हैं।' और भोला-भाला राजू उन्हें 'चोचलिस्ट' जैसा मानकर धन्य हो जाता है। उसे खुशी होती है कि वह 'ऐसे' धरम-करम करनेवाले जत्थे में भरती हो गया है। लेकिन जब वह दुनिया बराबर करने के लिए डाकुओं के साथ नाचने-गाने वालों के रूप में एक जमींदार की हवेली पर शादी में जाता है तो उसका भ्रम टूट जाता है। वहाँ दुल्हन के गले से हार और मंगल-सूत्र खींचते देखकर वह हतप्रभ हो जाता है। राका उस सौभाग्यवती होने जा रही स्त्री को विधवा बना देता है, और एक अन्य डाकू किसी मासूम बच्चे को अपनी गोली का शिकार। डाकू लूटपाट कर भाग खड़े होते हैं और राजू सीधा पुलिस-स्टेशन पहुँचता है जहाँ सामने ही राका की बड़ी फोटोवाला इश्तहार लगा है, जिसमें राका को जिन्दा या मुर्दा पकड़नेवाले की नगद इनाम की घोषणा भी है।

राजू पुलिस को बतलाता है कि राका और उसके साथी राजगढ़ में डाका डालने जा रहे हैं, लेकिन जब वह पुलिस को उनसे मुठभेड़ के लिए जाते देखता है तो स्वयं राजगढ़ की ओर जाते हुए राका और अन्य डाकुओं को बतलाता है कि राजगढ़ में पुलिस पहुँच गई है। राका उसकी बात पर अविश्वास करते हुए एक डाकू को पता लगाकर आने का आदेश देता है। राजू उसे जाने से रोकता है, किन्तु वह बन्दूक का ऊपरी हिस्सा उसके सिर पर मारकर उसे घायल कर देता है। जब उस डाकू का सिर्फ घोड़ा 'पलटकर' आता है तो सब राजू को बाँधकर अपनी बस्ती की ओर पलट जाते हैं। सरदार राजू से पूछता है–'तुमने पुलिस को खबर क्यों दी?'

राजू–'मैं राजगढ़वालों को इनकी गोलियों से बचाना चाहता था।'

एक डाकू–'फिर हमें क्यों रोक दिया आकर?'

राजू–'मैं आप लोगों को पुलिस की गोलियों से बचाना चाहता था। मैंने सोचा जैसे उनके बीबी-बच्चे हैं, वैसे ही आप लोगों के भी हैं।'

इसका डाकुओं पर अप्रत्यक्ष प्रभाव पड़ता है। तभी पुलिस की गोली का शिकार होनेवाले डाकू की बीबी छाती पीटती आ जाती है और पूछती है, 'फिर तूने मेरे मरद को क्यों नहीं

बचाया?' राजू बतलाता है कि उसने रोका था और सरदार से यह भी कहता है कि राका से पूछिए वह खुद आगे क्यों नहीं गया था? इस पर अधिकांश डाकू राका की ओर सन्देह-भरी दृष्टि से देखने लगते हैं। भइया (तिवारी) सबके मन की बात इन शब्दों में कहता है–'जो अपनी ही चमड़ी से प्यार करे, वह सरदार बनने के काबिल नहीं, राका!'

इस पर राका सम्पूर्ण घृणा के साथ राजू की ओर देखता हुआ प्रत्युत्तर देता है–'जी हाँ, सरदार तो ये बनेगा अब पुलिस वाला! एक-एक को फाँसी पर चढ़वाएगा और कहेगा मैंने तो तुम्हारे बच्चों की जून सुधारी है। मुई गंगा की कसम खाता हूँ।'

अपनी आस्था पर आक्रमण होते ही राजू उत्तेजित हो उठता है–'खबरदार जो मेरी गंगा माई को मुई कहा तो।' इसके पहले भी जब कम्मो उसके सीने पर दोनाली तान देती है तो वह छाती खोलकर कहता है–'यदि सिर्फ जान का जोखम हो तो मैं जरूर दम्बूक से डर जाता हूँ, लेकिन जब धरम-करम की बात आ जाती है तो यूँ छाती तान देता हूँ जी।' राजू के चरित्र के इसी द्वन्द्व को जो आज के युग में दुर्लभ है, साकार कर देना राजकपूर का कमाल है। वह ऐसे लगभग असम्भव-से व्यक्तियों के बारे में भी दर्शक के मन में किसी हद तक यह धारणा बना देते हैं कि ऐसा आदमी भी हो सकता है। ऐसा आदमी जो पत्थर के सीने को चीरकर प्यार का दरिया बहा देता है। उसकी सबसे बड़ी ताकत उसकी अपनी सच्चाई है, ईमानदारी है और कुछ नहीं। इस युग में दर्शकों को ऐसे चरित्र की सजीवता का यकीन दिला देना क्या छोटी बात है?

राजू अपना सामान उठाकर जाने लगता है तो देखता है, दुल्हन बनी कम्मो उसका ढप बजा रही है। राजू को वह दृश्य याद आ जाता है जब राका ने उस दुल्हन के गले से हार खींचा था और उसे विधवा बनाया था। जब कम्मो उससे पूछती है, 'क्यों, लगती हूँ न दुल्हन?' तो राजू जवाब देता है–'विधवा लगती हो!' कम्मो को वह पूरा वृत्तान्त बतलाकर वह जाने लगता है तो कम्मो सारे आभूषण फेंककर उसे रोकती है, लेकिन राजू नहीं रुकता। वह कहता है, 'जो यह झूठ है तुम्हारे भीतर, इसे भी इसी तरह फेंककर दिखाओ तो! दुनिया बरोब्बर करते हैं! राम-राम।'

अगले दृश्य में ऊँची-ऊँची संगमरमर की पहाड़ियों के बीच नदी बह रही है। भेड़ाघाट की प्रसिद्ध संगमरमर की चट्टानों के बीच फिल्माया गया वह दृश्य सौन्दर्य और आतंक–दोनों की मिली-जुली सृष्टि करता है। राजू के पीछे कम्मो भागती हुई उसे पुकार रही है, रोकने के लिए। कम्मो कहती है–'रुक जाओ राजू, आगे बहुत भयानक और गहरी खाइयाँ हैं।' लेकिन राजू का नजरिया है– 'बाहरवाले रास्तों पर वो लोग भटकते हैं कम्मो जी, जिनके भीतर की हर राह सूनी और अँधेरी होती है।' यहीं 'ओ बसन्ती पवन पागल' गीत कम्मो गाती है।

सरदार के कहने पर राका राजू का पीछा करता है। जब वह राजू को गोली मारने लगता है तो कम्मो उसे शक्ति माँ की मूर्ति के सामने कर खुद उसके आगे नृत्य करने लगती है। वह यह भी कहती है कि वह राजू से विवाह करेगी। उसने शक्ति की कसम खाई है। राका सरदार को ले आता है। किन्तु बेटी के हक के आगे उसे घुटने टेकते देख वह सरदार को गोली मार देता है। सारे डाकू एकत्र हो जाते हैं। राका उन्हें इन शब्दों से अपने पक्ष में करता है–'यह जानते हुए भी कि राजू पुलिस का आदमी है, वह बूढ़ा अपाहिज अपनी बेटी की शादी उससे करना चाहता था, जो हम सबको एक दिन फाँसी पर चढ़वा देता। ऐसे सरदार का न होना ही बेहतर था।'

सब डाकू राका को अपना नया सरदार बनाते हैं। जब भइया (तिवारी) राजू को गोली मारने लगता है तब राजू को मारने से राका यह कहकर रोक देता है कि वह पहले कम्मो से शादी करेगा, बाद में शक्ति माँ को राजू की नर-बलि चढ़ाएगा। राजू को एक पेड़ से बाँध दिया जाता है। रात को राका शराब के नशे में धुत होकर कम्मो के पास पहुँचता है, लेकिन उसी समय राजू का हथियार 'काँटा' मिल जाता है जिससे वह राका का मुँह नोच लेती है। वह भागकर भाउजी (ललिता पवार) के पास पहुँचती है, उसकी मदद से वह और राजू भागने में सफल हो जाते हैं। जब सुबह राका को पता चलता है तो वह कम्मो को ढूँढ़ने निकलता है, चारों ओर लूट-पाट, आगजनी और हत्याएँ करता हुआ। राजू कम्मो को पुलिस सुपरिन्टेंडेंट (राज मेहरा) के पास ले जाता है। उसी समय एक पत्थर खिड़की का काँच तोड़कर भीतर गिरता है। उसके साथ राका की चिट्ठी लिपटी हुई है। वह कम्मो को वापस न करने पर पुलिस सुपरिन्टेंडेंट की बीवी और बच्चे को मार देने की धमकी पत्र में देता है।

ईमानदार पुलिस-अफसर पर इस धमकी का कोई असर नहीं होता और वह पुलिस हेडक्वार्टर को सूचना देता है। राजू का नजरिया है कि डाकू भी सहानुभूति के पात्र हैं। उनके भी बीवी-बच्चे हैं। और हमें गुनाह से घृणा करनी चाहिए, गुनहगार से नहीं। पर सुपरिन्टेंडेंट इन बातों पर ध्यान न देकर कम्मो को हवालात में बन्द कर देता है। राजू कम्मो को बगैर बताए डाकुओं के अड्डे पर लौट आता है। उसे रास्ते में एक डाकू (विश्वा मेहरा) देख लेता है और पकड़कर राका के पास ले आता है। जब राजू कहता है कि 'राका, सुपरिन्टेंडेंट तुम लोगों को फाँसी लगाए बगैर नहीं छोड़ेंगे', तब राका पूछता है–'तुम्हें क्या हम लोगों के गले के नाप लेने भेजा है?'

अगले संवाद को बोलते हुए राजकपूर ने राका के प्रश्न के व्यंग्य को न समझते हुए या उसे बिलकुल सहज लेने के भाव का बहुत सुन्दर प्रदर्शन किया है। वह कहता है–'नहीं जी, मैं अपनी मर्जी से आया हूँ और इस बात का फैसला करने आया हूँ कि न तुम उनके बीवी-बच्चों की हत्या करो और न वो तुम्हें फाँसी लगाएँ।'

यहीं से डाकू-समस्या के गांधीवादी समाधान का उपक्रम आरम्भ होता है। राजू जो अब तक डाकुओं के बीच अन्तरंगता स्थापित कर चुका है, उनकी भावनाओं को उकसाता है। उनकी सद्वृत्तियों को कुरेदता है। उनके फौलादी जिस्म के भीतर दबे करुणा के स्रोत को जगाता है। इसके लिए वह सबसे पहले आश्रय लेता है भाउजी का–वह औरत जो डाकू की बीवी की तरह तेज और एक माँ की तरह ममतामयी है। जब राजू उसके ममत्व को ठेस पहुँचाता है, उसके बच्चे के भविष्य के प्रति प्रश्नचिन्ह लगाता है तो उसकी चेतना जाग उठती है। वह अपने पति तिवारी से प्रश्न करती है कि क्या एक दिन उसका बेटा पुलिस की गोली का शिकार नहीं हो सकता? या सूली पर नहीं लटकाया जा सकता? उसके भीतर बेचैनी सुलग उठती है।

इस आग को हवा तब लगती है जब कम्मो की वापिसी का इन्तजाम करने गया उसका पति गिरफ्तार हो जाता है। यह खबर सुनते ही वह राका के पास पहुँचती है, जो लूट का माल गाड़ने के लिए गड्ढा खोद रहा है। वहाँ सारे डाकू मौजूद हैं। वह राका को अपनी व्यथा सुनाते हुए पूछती है–'अब इसके (बेटे के) बाप को फाँसी लगती है या नहीं?' लेकिन राका उसकी एक नहीं सुनता और चला जाता है। भाउजी राजू के साथ जाने को तैयार हो जाती है। अन्य

डाकुओं पर भी प्रभाव पड़ता है। वे भी उसके साथ चलने को तैयार हो जाते हैं, किन्तु उनके मन में शंका है कि लोग उनसे घृणा करेंगे, उन्हें घृणित समझते हुए सजा दी जाएगी। जब ललिता पवार वही भावना व्यक्त करती है तो राजू कहता है–'...पर इतनी बात मैं स्टैम्प पर लिखकर दे सकता हूँ कि तेरा जग्गू बच जाएगा, माई!'

राजू उनसे यह नहीं कहता कि उन्हें उनके पापों की सजा नहीं मिलेगी। पर वह यह जरूर कहता है कि उनके पापों की परछाईं उनकी सन्तान पर नहीं पड़ेगी। उनका हृदय पसीज उठता है। यहाँ पर लेखक और निर्देशक दोनों ने अत्यन्त सहजतापूर्वक एक अतिशय आदर्शवादी स्थिति को विश्वसनीय बनाने में सफलता प्राप्त की। इसमें संवादों का अत्यन्त महत्त्वपूर्ण योगदान है। जब राजू से ताऊ (नाना पलसीकर) किंचित व्यंग्य करते हुए पूछता है–'तू पुलिस वाला भी है और पापियों को मुक्ति का रास्ता भी बतलाता है। सच बता, कौन है रे तू, कहाँ का रहनेवाला है?'

इस पर राजू कहता है–'ताऊजी, एक देस है इस धरती पर जहाँ दाता भिखारी को कुछ नहीं दे सकता तो कहता है, मुझे माफ कर देना भाई। जहाँ खिलानेवाला, खानेवाले से कहता है, बड़ी कृपा हुई कि आपने जो मेरा चौका पवित्र किया। जहाँ एक डाकू जब अपने पाप से पलटता है तब रामायण जैसा महान ग्रन्थ लिखता है और ऋषि बालमीकि कहलाता है। हम उस देश के वासी हैं जिस देश में गंगा बहती है।'

जब एक डाकू उससे पूछता है–'तुम हमें लेकर कहाँ जाओगे, और हमें वहाँ क्या करना होगा?' तब राजू आत्मीय व्यंग्य से कहता है–'मैं तुम्हें लेकर जाऊँगा मथुरा जी के टेसन और वहाँ पर तुम्हें शुद्ध मावे के पेड़े मिलेंगे खाने के लिए।'

वह उन्हें समझाता है। उनके भीतर की अच्छाइयों को कुरेदता है और वे सब उसके साथ चलने के लिए तैयार हो जाते हैं। बिजली भी 'अपने' राका को 'तैयार' करने जाती है, लेकिन वह तो पहले से ही दोनाली हाथ में लिए तैयार खड़ा है। वह राजू के साथ जानेवाले हर डाकू को भून डालने की धमकी देता है। जब वह राजू को गोली मारता है तो भाउजी सामने आ जाती है। भाउजी को गोली लगते ही सारे डाकू उत्तेजित हो जाते हैं। वे अपनी बन्दूकें उठाकर राका पर झपटते हैं, लेकिन राजू उन्हें रोकता है। वह कहता है–'अब तुम लोग डाकू नहीं हो, पापी तो वह है जिसने अपनी माँ को मार डाला।' भाउजी मरते हुए अपने बेटे जग्गू को राजू को सौंपती है और राका से कहती है–'जिसने तुझे जना वो मेरी सहेली थी रे! पर इसमें तेरा कोई कुसूर नहीं, तेरा धंधा ही ऐसा है। कभी-कभी बेटे अपनी माँओं की छातियाँ फाड़ने के लिए मजबूर हो जाते हैं।'

इधर पुलिस सुपरिन्टेंडेंट कम्मो से डाकुओं के अड्डे का रास्ता पूछते हैं, लेकिन वह नहीं बतलाती, क्योंकि तब राजू उससे कहेगा कि तू डाकुओं की बेटी हत्यारिणी ही निकली। राजू यह भी नहीं चाहता कि डाकुओं की मौत हो। वह उन्हें सच्चाई की राह पर लौटाना चाहता है। जब सुपरिन्टेंडेंट कम्मो को राजू के डाकुओं द्वारा मार डाले जाने का भय दिखलाता है तब वह रास्ता बतलाने के लिए तैयार हो जाती है।

एक ओर राजू अपनी गंगा माई की कृपा से भूले-भटकों को सही राह पर ले जा रहा है। उनके साथ औरतें-बच्चे हैं। सारे हथियार और लूट का माल बैलगाड़ियों पर लदा है। वे निहत्थे

हैं और सबसे पीछे राका भी है, सिर झुकाए हुए। सब जैसे अपने बिछड़े हुए घरों को लौट रहे हों।

'आ अब लौट चलें, आँखें बिछाए, बाहें पसारे
तुझको पुकारे देश तेरा!'

दूसरी ओर पुलिस सुपरिन्टेंडेंट के नेतृत्व में पुलिस के सैकड़ों हथियारबन्द जवान ट्रकों पर कम्मो के बतलाए रास्ते पर चले जा रहे हैं। एक ओर अन्यायी-अत्याचारी अपने पापों से तौबा कर दुनिया से सहानुभूति की भीख माँगने चले आ रहे हैं और दूसरी ओर पुलिस-दल उनका 'मुकाबला' करने जा रहा है। पुलिस को चारों ओर घेरा डाले देखकर डाकू उत्तेजित हो जाते हैं। उन्हें लगता है, राजू पुलिस का ही आदमी है और उन्हें चालाकी से मौत के मुँह में ले आया है। उन्हें राजू की मीठी बातों में धोखा स्पष्ट दिखलाई पड़ने लगता है।

पुलिस सुपरिन्टेंडेंट माइक पर चेतावनी देते हैं कि कोई आगे न बढ़े और न गोली चलाए वरना उन्हें भी मजबूरन एक गोली का जवाब सैकड़ों गोलियों से देना पड़ेगा। पुलिस को देखकर हतबुद्धि डाकू अपने सरदार राका के उकसाने पर हथियार सम्भालकर मोर्चा बना लेते हैं। पुलिस के जवान एक ओर, डाकू दूसरी ओर। बस पहली गोली के चलने की देर है!

लेकिन राजू पुलिस और डाकुओं के बीच जग्गू को लेकर खुद आगे बढ़ता है। उसके पीछे-पीछे सारी औरतें और बूढ़े भी दौड़ पड़ते हैं। विचित्र स्थिति निर्मित हो जाती है। एक ओर पुलिस, दूसरी ओर डाकू और बीच में औरतों-बच्चों की भीड़ के साथ राजू। डाकू पुलिस का मुकाबला तो कर सकते हैं, लेकिन अपने ही बीवी-बच्चों की भीड़ पर गोलियाँ तो नहीं बरसा सकते। अपने हाथों अपने ही दिल के टुकड़ों को मौत के मुँह में तो नहीं ढकेल सकते। राजू जब उन्हें समझाता है तो वे अपने हथियार फेंककर आत्म-समर्पण कर देते हैं। राका पराजित होना नहीं जानता। वह उसे जिन्दा नहीं छोड़ सकता जिसने हर कदम पर पराजित किया है। राका जैसे ही राजू पर गोली चलाने के लिए झपटता है, कम्मो उसके सामने आ जाती है और राका जैसा दानव भी कम्मो पर तो गोली नहीं चला सकता। रावण में भी संवेदना का कोई-न-कोई मुकाम तो होता ही है। फिल्म के क्रूरतम चरित्र राका तक की पराजय अन्ततः करुणा और प्रेम के हाथों होती है। कम-से-कम अन्तिम दृश्यों में तो हिंसा के क्रूरतम चित्रण की पूरी गुंजाइश थी। कोई भी नासमझ निर्माता उसका भरपूर लाभ उठाने की कोशिश करता–किन्तु राजकपूर यह अच्छी तरह जानते हैं कि हिंसा के दृश्यों के अभाव में भी उत्तेजना और रोमांच पैदा किया जा सकता है। वह अधिक व्यापक और प्रभावशाली बन सकता है।

सारे डाकू कानून के हवाले करने के लिए गिरफ्तार किए जाते हैं, लेकिन सुपरिन्टेंडेंट के इस आश्वासन के साथ कि उन्हें सजा ही नहीं सच्ची दया भी मिलेगी और उनके बीवी-बच्चों को फूलने-फलने का हर मौका मिलेगा। और राजू कहता है–'देखिए सुपरिन्टेंडेंट साहब, यह मेरी गंगा माई का पुण्य प्रताप ही है न!' यानी अन्ततः विश्वास और प्रेम की विजय हुई!

और अन्तिम दृश्य में राजू कम्मो और जग्गू के साथ गंगा के किनारे खड़ा ढप बजा-बजा कर गा रहा है–

'हम कल क्या थे, हम आज हैं क्या, इसका ही नहीं अभिमान हमें
जिस राह पे आगे चलना है, है उसकी भी पहचान हमें

अब हम तो क्या सारी दुनिया सारी दुनिया से कहती है
हम उस देश के वासी हैं जिस देश में गंगा बहती है!'

प्राण का राका की भूमिका में बेहद प्रभावोत्पादक अभिनय फिल्म की उपलब्धि है। डाकू की क्रूरता और चालाकी उसके चेहरे से टपकती है। फाँसी पर लटकाए जा सकने की चिन्ता को वह अपनी कमीज के कालर के भीतर गरदन के चारों ओर अँगुली घुमाकर हमेशा व्यक्त करता है। उसका चरित्र भावुकता से पूरी तरह दूर होने के बावजूद संवेदन-शून्य नहीं है। 'जिस देश में गंगा बहती है' में प्राण ने अपने जीवन की एक महत्त्वपूर्ण भूमिका अदा की है, जिसे कभी भुलाया नहीं जा सकता। ललिता पवार, तिवारी, नायमपल्ली, चंचल, नाना पसलीकर आदि ने भी छोटी-छोटी भूमिकाओं में प्राण फूँक दिए हैं। शैलेन्द्र और हसरत जयपुरी के गीत और शंकर-जयकिशन के अत्यन्त मधुर संगीत का विशेष उल्लेख किए बगैर 'जिस देश में गंगा बहती है' की चर्चा कभी पूरी नहीं हो सकती। शैलेन्द्र के गीत तो वस्तुतः राजकपूर की फिल्म की आत्मा ही होते थे। इस फिल्म का शीर्षक-गीत जिसे स्वर्गीय मुकेश ने स्वर दिया था, अपनी शाब्दिक संरचना में बेमिसाल है। इसमें गहनतम भावों को सरलतम शब्दों में अभिव्यक्ति मिली है–

कुछ लोग जो ज़्यादा जानते हैं इंसान को कम पहचानते हैं
हम पूरब हैं पूरबवाले हर जान की कीमत जानते हैं

**

जो जिससे मिला सीखा हमने ग़ैरों को अपनाया हमने
मतलब के लिए अन्धे बनकर रोटी को नहीं पूजा हमने
हिल-मिल के रहो और प्यार करो एक चीज़ यही तो रहती है
हम उस देश के वासी हैं जिस देश में गंगा बहती है

फिल्म के नौ गीतों में हसरत जयपुरी का लिखा हुआ एकमात्र गीत था–'हो मैंने प्यार किया।' इसे फिल्म की नायिका पद्मिनी पर चित्रित किया गया था। इस गीत के चित्रांकन में पद्मिनी की कुछ बेहद उत्तेजक मुद्राएँ चित्रित की गई थीं। टिकिट-खिड़की की दृष्टि से यह गीत सर्वोपरि प्रमाणित हुआ था। इसके अतिरिक्त 'मेरा नाम राजू घराना अनाम', 'ओ बसन्ती पवन पागल' और 'बेगानी शादी में अब्दुल्ला दीवाना' आदि गीत भी बहुत प्रचलित हुए थे। लगभग दस मिनिट की अवधि का समूह-गीत–'हम भी हैं तुम भी हो दोनों हैं आमने-सामने, देख लो क्या असर कर दिया प्यार के नाम ने'–प्रस्तुतीकरण की दृष्टि से अद्वितीय था। इसमें फिल्म के लगभग सभी मुख्य पात्र शरीक थे। राजकपूर, पद्मिनी, प्राण, ललिता पवार, तिवारी, चंचल आदि से लेकर सहायक कलाकार तक। यह गीत 'श्री 420' के 'रमय्या वस्तावय्या' गीत के चित्रांकन की स्मृति ताजा कर देता है। उस वर्ष बिनाका गीतमाला के वार्षिक कार्यक्रम में 'जिस देश में गंगा बहती है' के पाँच गीतों ने स्थान पाया था, जो अपने-आप में एक रिकॉर्ड है। उस वर्ष बिनाका गीतमाला के साप्ताहिक कार्यक्रमों में 'जिस देश में गंगा बहती है' के एक साथ सात गीत तक रहे हैं जबकि पूरे कार्यक्रम में कुल सोलह गीत होते थे।

सातवें दशक के आरम्भ में हिन्दी सिनेमा में रंगीन फिल्मों का आकर्षण बढ़ने लगा था। सिटीजन

फिल्म्स की 'गंगा जमना', शशिधर मुकर्जी की 'जंगली' और एच.एस. रावेल की 'मेरे महबूब' उस समय अत्यन्त लोकप्रिय हुईं। फिल्मों का निर्माण-व्यय बहुत बढ़ गया। व्यावसायिक सन्दर्भ सबसे अधिक महत्त्वपूर्ण बनते चले गए। व्यक्तिवादी प्रवृत्तियों का ऐसे मौके पर सिर उठाना स्वाभाविक भी था। कलाकारों की कीमतें आसमानी ऊँचाइयों को स्पर्श करने लगीं। किसी कलाकार के बड़े होने का मापदण्ड उसके द्वारा ली जानेवाली रकम बन गई। नायकों में दिलीप-राज-देव की त्रयी के अतिरिक्त राजेन्द्रकुमार और शम्मीकपूर भी अत्यन्त लोकप्रिय हो रहे थे। इन्ही के साथ धर्मेन्द्र, मनोज कुमार आदि नए नायक भी उभर रहे थे। अब प्रतिस्पर्द्धा अन्धी दौड़ में बदलने लगी थी। दूसरी ओर, कला-फिल्मों के आन्दोलन ने एक नई चेतना जागृत की थी। इसमें समर्पण होते हुए भी उस समझदारी का अभाव था जो हिन्दी सिनेमा को एक नया मोड़ दे पाती। आम आदमी से सम्बन्ध न बना पाने के कारण कला-फिल्मों का यह मोड़ हाशिए पर ही पड़ा रह गया। इससे सम्बन्धित कलाकार धीरे-धीरे व्यावसायिक निर्माताओं की हवस का शिकार बनते गए। जो इस धारा से नहीं जुड़े वे अधिकांशतः गुमनामी के अँधेरे में खो गए। राजकपूर जैसे निर्माताओं के लिए स्थिति बहुत कठिन और अबूझ बनती जा रही थी। वे न आम आदमी से अलग होकर अपनी फिल्मों की कल्पना कर पाते थे और न ही जमाने के साथ बह जाना चाहते थे। इसीलिए राजकपूर ने 'जिस देश में गंगा बहती है' की सफलता को और पुख्ता बनाने के लिए प्रेम के त्रिकोण के शाश्वत विषय को अपनी अगली फिल्म 'संगम' के लिए चुना।

'संगम' राजकपूर की पहली रंगीन फिल्म है। निर्माता के रूप में भी और अभिनेता के रूप में भी। राजकपूर की फिल्मों का तकनीकी पक्ष हमेशा सशक्त रहा है, लेकिन तकनीक उनके लिए माध्यम है, लक्ष्य नहीं। तकनीकी कौशल को उन्होंने संवेदनात्मक कमजोरियों को छिपाने के लिए इस्तेमाल नहीं किया। इसीलिए रंगों की ओर वह तभी झुके जब रंगीन फिल्मों का आकर्षण प्रबल हो गया। 'जिस देश में गंगा बहती है' के बाद 'संगम' के निर्माण में लगभग चार वर्ष लगे। इस बीच अन्य निर्देशकों के साथ राजकपूर की पाँच फिल्में प्रदर्शित हुईं। इनमें सबसे अधिक महत्त्वपूर्ण है, मद्रास के सुप्रसिद्ध निर्माता-निर्देशिक श्रीधर की पहली हिन्दी फिल्म 'नज़राना' जो 1961 में प्रदर्शित हुई थी।

श्रीधर ने हिन्दी सिनेमा को दो-तीन अच्छी फिल्में दी हैं। 'नज़राना' के अतिरिक्त 'प्यार किए जा' उनकी एक अन्य महत्त्वपूर्ण फिल्म है। यह एक संगीतमय हास्य फिल्म थी। महमूद, किशोरकुमार, शशि कपूर और ओमप्रकाश को इस फिल्म में बहुत खूबसूरती के साथ इस्तेमाल किया गया था। हिन्दी में अच्छी स्वच्छ हास्य फिल्मों का हमेशा अभाव रहा है। महमूद और किशोर कुमार ने हास्य अभिनेताओं के रूप में अपार ख्याति अर्जित की, लेकिन उनकी प्रतिभा का उचित उपयोग जिन चन्द फिल्मों में हुआ उनमें 'प्यार किए जा' महत्त्वपूर्ण है। 'प्यार किए जा' का वह दृश्य जिसमें फिल्मों का दीवाना बेटा महमूद अपने करोड़पति पिता ओमप्रकाश को अपनी फिल्म की कहानी सुनाता है, दृश्य-संरचना और अभिनय की दृष्टि से अप्रतिम था। किशोर कुमार ने भी शशि कपूर के नकली पिता की भूमिका में बेहतरी अदाकारी प्रस्तुत की थी।

'नज़राना' में राजकपूर की नायिका थी वैजयन्तीमाला। यह पहली फिल्म है जिसमें वह राजकपूर के साथ आईं। आर.के. की निर्माणाधीन 'संगम' में भी नायिका वही बनीं। तब वैजयन्तीमाला की दिलीप कुमार के साथ जोड़ी बहुत लोकप्रिय थी। 'संगम' में उनके लिए जाने

का मतलब था उनका आर.के. कैम्प में शामिल हो जाना। 'संगम' के निर्माण के दौरान राज-वैजयन्ती का तालमेल अपने चरमोत्कर्ष पर भी पहुँचा और सम्बन्धों की समाप्ति भी हुई। 'संगम' के बाद वैजयन्तीमाला न राजकपूर के साथ ही किसी फिल्म में आईं और न दिलीप कुमार के साथ ही। दिलीप के साथ वैजयन्ती की अन्तिम फिल्म थी, 'संघर्ष'। इस फिल्म के निर्माण के समय दोनों के बीच मतभेद इतने उग्र हो गए थे कि वे फिल्म में प्रेमी-प्रेमिका की भूमिका करते हुए सैट पर एक-दूसरे से बात भी नहीं करते थे। पर अपने तमाम मतभेदों के बावजूद उन्होंने फिल्म पूरी कर ही दी।

प्रेम और कर्तव्य के अन्तर्द्वन्द्व को प्रस्तुत करनेवाली 'नज़राना' में राजकपूर ने लम्बे समय के बाद गम्भीर भूमिका निबाही थी। स्वयं राजकपूर ने यह स्वीकार किया है कि अभिनेता के रूप में संजीदा चरित्रों के प्रति उनका बहुत आकर्षण रहा है, लेकिन 'आवारा' और 'श्री 420' में फक्कड़ मस्तमौला नौजवान की छवि इतनी मजबूती से स्थापित हो गई कि वह इनके दायरे से बाहर निकल नही सके। 'नज़राना' अभिनय की दृष्टि से उनकी महत्त्वपूर्ण फिल्म है। प्रेम की तीव्रता, कर्तव्य की निष्ठा और इन दोनों के द्वन्द्व को उन्होंने बहुत खूबसूरती से निभाया था। छोटी बहन (वैजयन्ती) से प्यार करनेवाला युवक उसी के आग्रह पर उसकी बड़ी बहन (उषा किरण) से विवाह करने के लिए मजबूर हो जाता है। बड़ी बहन से विवाह के बाद जब वही अपने समर्पित पति के अपनी छोटी बहन के साथ सम्बन्धों पर शक की निगाह डालती है तो वह छटपटा उठता है। इस वेदना की पूरी तन्मयता और सहजता से प्रस्तुति ही फिल्म की सबसे बड़ी शक्ति है। 'नज़राना' में उषा किरण लम्बे समय बाद रजतपट पर आई थीं और उसने अपनी छोटी बहन के प्रति समर्पित त्याग और विवाहोपरान्त उसी से घृणा के भाव को सुन्दरता से प्रस्तुत किया था। इस फिल्म के गीतकार थे राजेन्द्रकृष्ण और संगीत-निर्देशक रवि। यह एकमात्र फिल्म है जिसमें राजकपूर नायक थे और रवि संगीतकार। राजेन्द्रकृष्ण और रवि ने मिलकर 'नज़राना' के लिए कई मधुर गीत तैयार किए थे। इनमें 'एक वो भी दिवाली थी, एक ये भी दिवाली है; उजड़ा हुआ गुलशन है रोता हुआ माली है'–विशेष रूप से उल्लेखनीय है।

'62 में प्रदर्शित होनेवाली राजकपूर की एकमात्र फिल्म थी–'आशिक'। इसके निर्देशक थे हृषिकेश मुकर्जी, जिन्होंने 'अनाड़ी' में राजकपूर का बेहतरीन उपयोग किया था। 'आशिक' व्यावसायिक रूप से सफल नहीं हो सकी तो इसका कारण था इसकी अस्त-व्यस्त पटकथा, जो कथा के मूल मन्तव्य को सम्प्रेषित करने में कतई सफल नहीं हुई। निर्देशक ने फिल्म को सम्भालने की कोशिश में इतना लम्बा खींच दिया कि वह मध्यान्तर के बाद उकताहट पैदा करने लगती है। 'आशिक' कहानी थी एक ऐसे युवक की जो संगीत का आशिक है। नदियों के प्रवाह, झरनों के गिरने, सूर्य के उगने, पक्षियों के कलरव, वृक्षों के हिलने और पुष्पों के खिलने–यानी प्रकृति के हर क्रिया-कलाप में अलौकिक संगीत सुनाई पड़ता है उसे। छोटी-सी जगह में उसके इस अद्वितीय संगीत-ज्ञान का कोई मोल नहीं। इसीलिए शहर से आई एक नर्तकी (पद्मिनी) उसे बम्बई आकर तकदीर आजमाने की सलाह देती है। वह उस नर्तकी से प्रेम करने लगता है। उसका विवाह गाँव की ही एक लड़की (नन्दा) से कर दिया जाता है। मजबूरी में हुए इस विवाह को वह स्वीकार नहीं कर पाता। बम्बई जाकर उसको अपार यश प्राप्त होता है। नर्तकी भी उससे प्रेम करने लगती है, किन्तु उसकी पत्नी के सुख के लिए हमेशा के लिए नवयुवक से दूर हो

जाती है। वह वापस अपने गाँव लौट आता है। कथा में वे तत्व पूरी ताकत के साथ मौजूद थे, जिन पर एक सफल फिल्म का ढाँचा खड़ा किया जा सकता था। भावनाओं को खूबसूरती से संवेदना को छूने की क्षमता दी जा सकती थी। पर असम्बद्ध पटकथा ने पूरी फिल्म को लड़खड़ा दिया। निर्देशक के रूप में हृषिकेश मुकर्जी भी कोई अद्वितीय प्रभाव उत्पन्न नहीं कर सके। 'आशिक' का निर्माण प्रसिद्ध फिल्म-पत्रकार और प्रचारक बनी रुबेन ने किया था। इसके असफल हो जाने से वे निर्माता के रूप में आगे नहीं बढ़ सके।

'आशिक' यूँ सौ दिन से अधिक चली, किन्तु इतनी अधिक प्रचारित और सितारोंवाली फिल्म के सफल होने के लिए यह नाकाफी है। बनी रुबेन ने 'आशिक' का प्रचार भी इतनी खूबसूरती से किया था कि दर्शकों के भीतर तीव्र उत्सुकता पैदा हो गई थी। उस उत्सुकता ने उनकी आकांक्षाओं को बढ़ा दिया था। फिल्म उनको पूरा नहीं कर सकी, इसलिए दोहरा नुकसान हुआ। बनी रुबेन हिन्दी फिल्मों की दुनिया से बहुत नजदीक से जुड़े थे। वे अत्यन्त लोकप्रिय और समर्थ फिल्म प्रचारक थे। राजकपूर से उनका निकट का सम्पर्क था। किसी बड़े व्यक्ति का सम्पर्क और व्यवसाय की जानकारी होने पर फिल्म-निर्माता बन जाना कठिन नहीं होता। कोई बड़ा सितारा सहयोग करे तो कुछ लाख रुपयों में ही फिल्म की शुरुआत हो जाती है। सितारों के कारण फाइनेंसरों और डिस्ट्रीब्यूटरों से पैसा मिल जाता है। पर यदि फिल्म न चली तो निर्माता के रूप में वही फिल्म अन्तिम भी साबित होती है। आठवें दशक में तो सितारों के कृपापात्र न जाने कितने निर्माता ही नहीं, निर्देशक भी बन बैठे।

पर 'आशिक' 1962 की संगीत की दृष्टि से श्रेष्ठ फिल्म थी। शैलेन्द्र-हसरत और शंकर-जयकिशन ने एकबार पुनः अपनी संगीत-रचनाओं से दर्शकों को भाव-विभोर कर दिया। मुकेश और लता के स्वर में 'आशिक' का हर गीत लोकप्रिय हुआ। ये गीत कर्णप्रिय भी थे, इतने सहज भी कि करोड़ों जुबानों पर चढ़ जाएँ और भावनायुक्त भी। 'मैं आशिक हूँ बहारों का', 'ये तो कहो कौन हो तुम', 'मेहताब तेरा चेहरा', 'ओ शमा मुझे फूँक दे', 'तुम आज मेरे संग हँस लो', 'तुम जो हमारे मीत न होते' गीतों ने धूम मचा दी। शैलेन्द्र ने अपनी सुपरिचित शैली में एक बहुत सुन्दर गीत 'आशिक' को दिया–

तुम आज मेरे सँग हँस लो
तुम आज मेरे सँग गा लो
और हँसते-गाते इस जीवन की उलझी राह सँवारो
दुख में जो गाए मल्हारें वो इन्साँ कहलाए
जैसे बंसी के सीने में छेद हैं फिर भी गाए
गाते-गाते रोए मयूरा फिर नाच दिखाए रे
फिर भी नाच दिखाए!

'दिल ही तो है' और 'एक दिल सौ अफसाने' 1963 में और 'दुल्हा-दुल्हन' 1964 में प्रदर्शित अन्य फिल्में हैं जिनमें राजकपूर नायक थे। ये सामान्य रूप से ही सफल हुईं। यद्यपि 'दिल ही तो है' एक अच्छी रोमैंटिक कॉमेडी थी और इसमें साहिर की सार्थक शब्द-रचनाओं को रोशन ने मधुर धुनों में पिरोया था, फिर भी इसे बहुत अधिक लोकप्रियता नहीं मिली। इसकी नायिका थीं नूतन। 'दिल ही तो है' राजकपूर के साथ नूतन की अन्तिम फिल्म है। नूतन हिन्दी रजतपट

की श्रेष्ठतम भाव-प्रवण अभिनेत्रियों में से एक हैं, जिन्होंने विविध रंगों की भूमिकाओं को बहुत सामर्थ्य से प्रस्तुत किया है। 'सुजाता', 'बन्दिनी', 'पेइंग गेस्ट', 'अनाड़ी', 'मैं तुलसी तेरे आँगन की' आदि उनकी अविस्मरणीय फिल्में हैं। पर 'दिल ही तो है' की नायिका को जिस ग्लैमर और शोखी की जरूरत थी वह नूतन पूरी नहीं कर पातीं। 'कोहिनूर' में दिलीप कुमार और 'दिल ही तो है' में राजकपूर की भूमिकाएँ लगभग एक जैसी ही हैं। 'कोहिनूर' में दिलीप अपनी प्रेमिका से मिलने के लिए नकली दाढ़ी लगाते हैं और जीवन को बेवकूफ बनाकर हास्य पैदा करते हैं, 'दिल ही तो है' में राजकपूर भी इसी प्रकार प्राण को बेवकूफ बनाते हैं। प्राण और राजकपूर के बीच निर्देशक ने कई बहुत सुन्दर हास्यप्रद दृश्यों की रचना की है। अभिनेताओं के स्वाभाविक अभिनय के साथ ही चुटीले और द्विअर्थी संवादों का भी इन दृश्यों को रोचक बनाने में बहुत सहयोग था। सबसे बड़ी बात यह है कि कई संवाद द्विअर्थी होते हुए भी उनका ध्वन्यार्थ अश्लील नहीं था। दूसरा अर्थ उलटे रोचकता बढ़ानेवाला था। एक दृश्य में प्राण को राजकपूर की दाढ़ी की असलियत पर शक हो जाता है। जब यह बात उसे मालूम होती है तो वह प्राण से अपनी दाढ़ी खींचकर तसल्ली कर लेने के लिए कहता है। प्राण जब अपनी गलती पर शर्मिन्दा होता है तो वह कहता है–'बरखुरदार, यदि तुम दाढ़ी खींचकर देखते तो तुम्हें असलियत नजर आ जाती।' इसी तरह अनेक दृश्यों को चुटीले संवादों द्वारा और अधिक रोचक बनाने में निर्देशक को बहुत मदद मिली है। इसके निर्देशकद्वय थे पी.एल. सन्तोषी और सी.एल. रावल। सन्तोषी स्वयं एक लोकप्रिय गीतकार और लेखक भी रहे।

'दिल ही तो है' के दो गीत बहुत पसन्द किए गए–मुकेश के स्वर में 'तुम अगर मुझको न चाहो तो कोई बात नहीं' और मन्ना डे की आवाज में 'लागा चुनरी में दाग छिपाऊँ कैसे'। साहिर की शब्द-चयन की अपूर्व क्षमता इन गीतों में मौजूद थी। विशेष रूप से 'तुम अगर मुझको न चाहो' गीत–

तुम अगर मुझको न चाहो तो कोई बात नहीं
तुम किसी ग़ैर को चाहोगी तो मुश्किल होगी
अब अगर मेल नहीं है तो जुदाई भी नहीं
बात तोड़ी जो नहीं तुमने बनाई भी नहीं
ये सहारा ही बहुत है मेरे जीने के लिए
तुम अगर मेरी नहीं हो तो पराई भी नहीं
मेरे संग तुम न निबाहो तो कोई बात नहीं
तो कोई बात नहीं
किसी दुश्मन से निबाहोगी तो मुश्किल होगी!

'लागा चुनरी में दाग' गीत में राजकपूर को 'चोरी-चोरी' के बाद मन्ना डे ने स्वर दिया था। मुकेश के बाद मन्ना डे का ही स्वर सबसे उपयुक्त साबित हुआ। इस गीत का माधुर्य अनोखा बनाने में सबसे बड़ा हाथ संगीतकार रोशन का है। राग भैरवी पर आधारित इस गीत की उन्होंने बहुत मधुर धुन बनाई थी। रोशन विलक्षण प्रतिभा के धनी संगीत-निर्देशक थे। उन्होंने अपनी रचनाओं में कभी फूहड़पन और अन्धी नकल को प्रश्रय नहीं दिया। आपने काम के प्रति वे सदैव समर्पित और निष्ठावान रहे। उनके पुत्र राजेश रोशन संगीतकार के रूप में उतने प्रखर

प्रमाणित नहीं हुए। इसी तरह उनके निर्माता-अभिनेता बेटे राकेश रोशन को भी पर्याप्त क्षमता के बावजूद अधिक सफलता नहीं मिली।

'दिल ही तो है' में दस गीत थे और सभी मधुर और भाव-प्रधान। इन दो के अतिरिक्त 'भूले से मुहब्बत कर बैठा नादाँ था बेचारा दिल ही तो है', 'परदा उट्ठे सलाम हो जाए' भी उल्लेखनीय हैं। 'एक दिल सौ अफसाने' और 'दुल्हा-दुल्हन' भी यदि किसी तरह स्मरणीय हैं तो सिर्फ अपने संगीत के कारण। ये फिल्में बहुत सफल नहीं हुईं, पर इनका संगीत खूब लोकप्रिय हुआ। राजकपूर के पूरे कैरियर में ऐसी फिल्में अपवाद जैसी ही हैं जिनका संगीत-पक्ष कमजोर रहा हो। सिर्फ उन फिल्मों में ही नहीं जो उन्होंने खुद बनाईं, अपितु उन फिल्मों में भी जिनमें वह सिर्फ नायक थे, संगीत सदैव लोकप्रिय हुआ। 'एक दिल सौ अफसाने' के शीर्षक गीत में शंकर-जयकिशन ने अपनी ही एक अत्यन्त लोकप्रिय गीत की धुन को दोहरा दिया था। वह फिल्म थी 'दिल अपना और प्रीत पराई'। इसी फिल्म के शीर्षक-गीत की धुन को उन्होंने 'एक दिल सौ अफसाने' के शीर्षक गीत में दोहराया था। इसके अतिरिक्त जो गीत महत्त्वपूर्ण हैं उनमें 'सुनो जी सुनो हमारी भी सुनो' और 'कुछ शेर सुनाता हूँ मैं जो तुझसे मुख़ातिब है' खूब सराहे गए। 'एक दिल सौ अफसाने' की नायिका थीं वहीदा रहमान और निर्देशक आर.सी.तलवार। ललिता पवार की भी इसमें प्रमुख भूमिका थी और उन्होंने उम्दा अभिनय किया था, पर असम्बद्ध कथा-सूत्र ने किसी भी कलाकार को सराहे जाने का अवसर नहीं दिया।

'दुल्हा-दुल्हन' के संगीत-निर्देशक थे कल्याण जी-आनन्द जी। गीत लिखे थे इन्दीवर ने और नायिका थीं साधना। एच.एस. रावेल की 'मेरे महबूब' में साधना के रूप-सौन्दर्य को मादकता की जिन्दा तस्वीर बनाकर पेश किया गया था। इस फिल्म से साधना अपनी समकालीन सभी नायिकाओं से ऊपर पहुँच गईं। 'साधना कट' बालों का फैशन चल निकला। 'आरजू', 'वो कौन थी', 'एक मुसाफिर एक हसीना' आदि में लोकप्रियता के चरम शिखर को स्पर्श करनेवाली साधना ने एस.मुकर्जी की 'लव इन शिमला' से फिल्मों में पदार्पण किया था। इस फिल्म के निर्देशक थे आर.के.नैयर, जिनसे बाद में साधना ने विवाह कर फिल्मों को त्याग-सा दिया। साधना ने बाद में 'गीता मेरा नाम' का निर्देशन भी किया, किन्तु सफलता नहीं मिली। तब तक उसके रूप का जादू भी खत्म हो चला था, इसलिए 'गीता मेरा नाम' की नायिका के रूप में भी वह आकर्षित नहीं कर सकीं। रही-सही कसर फिल्म की कहानी ने पूरी कर दी। इसमें साधना स्टंटक्वीन नाडिया जैसी भूमिका में थी। दर्शक तो उसे भावुक प्रेमिका और खूबसूरत परी के रूप में देखते थे, इसलिए उन्होंने इस रूप को पसन्द नहीं किया। 'दुल्हा-दुल्हन' साधना की राजकपूर के साथ एकमात्र फिल्म है। पर यह जोड़ी बिलकुल नहीं जमीं। राजकपूर और साधना को दर्शक प्रेमी-प्रेमिका के रूप में बिलकुल स्वीकार नहीं कर सके। इसी तरह 'अराउण्ड द वर्ल्ड' में राजश्री और 'दीवाना' में सायरा बानो के साथ भी राजकपूर की जोड़ी बेमेल साबित हुई। इन फिल्मों की असफलता का एक बड़ा कारण यह भी है। 'दुल्हा-दुल्हन' में स्मरण-शक्ति खो जाने और फिर वापस लौट आने का उन दिनों का कामयाब नुस्खा आजमाया गया था। निर्देशक रवीन्द्र दुबे का पूरी तरह कल्पनाहीन निर्देशन फिल्म को रोचक नहीं बना सका। इस फिल्म के भी गीत खासे लोकप्रिय हुए। 'मुझे कहते हैं कल्लू कव्वाल', 'हमने तुमको प्यार किया है जितना कौन करेगा उतना' इनमें प्रमुख हैं। इन बढ़िया गीतों का भी निर्देशक फिल्म में अच्छा उपयोग

नहीं कर सका। इसीलिए ये गीत फिल्म में सुनने की अपेक्षा बाहर सुनने में अधिक मधुर लगते हैं।

इस दौर में राजकपूर का पूरा ध्यान केन्द्रित था अपनी निर्माणाधीन फिल्म 'संगम' पर। अपनी फिल्मों पर पूरी तरह सब-कुछ लुटा देना राजकपूर की आदत है। फिल्म बनाना उनका शौक नहीं है, व्यापार भी नहीं है—उनकी मुक्ति है। उनकी फिल्म ही सबसे बड़ी मुहब्बत भी है उनके लिए। 'संगम' के प्रदर्शन के पूर्व ही इसके प्रति दर्शकों की उत्सुकता इतनी अधिक बढ़ गई कि रिलीज होने पर दर्शकों की भीड़ टूट पड़ी। 'संगम' के रागात्मक सम्मोहन, नयनाभिराम दृश्यांकन और मधुर संगीत ने मिलकर इसे घनघोर लोकप्रिय बना दिया। भारत में ही नहीं, यूरोप के अनेक देशों में भी 'संगम' को बहुत सफलता मिली। 'संगम' ने राजकपूर को एशिया का सबसे बड़ा शोमैन बना दिया।

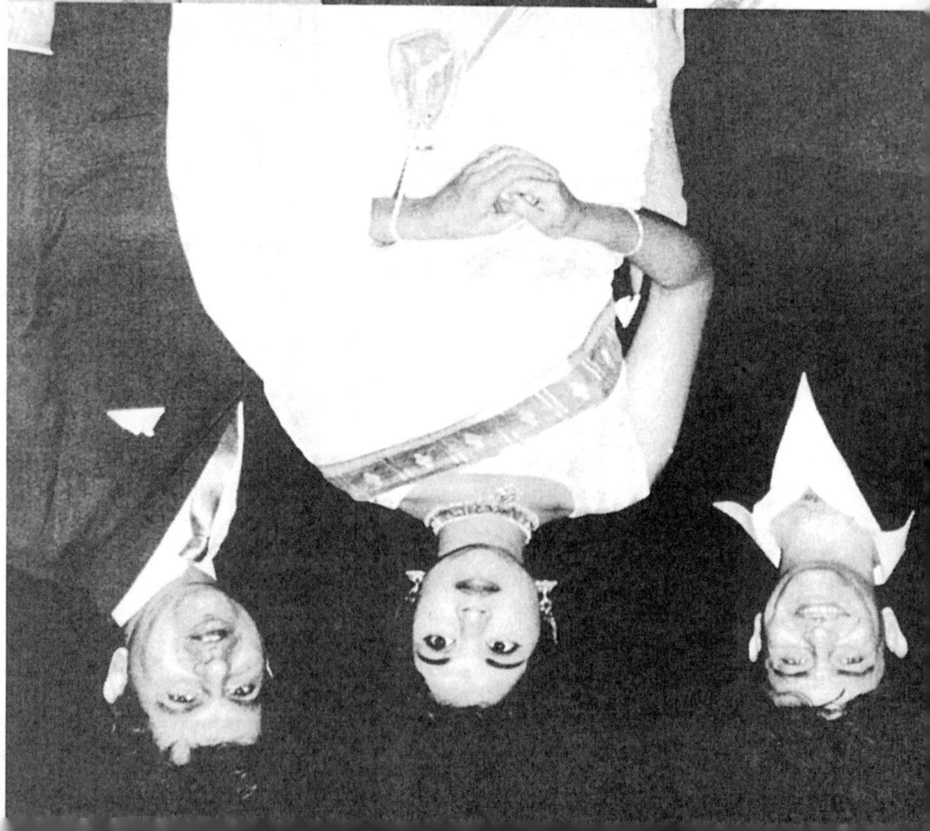

'संगम' 26 जून '64 को अखिल भारतीय स्तर पर प्रदर्शित हुई। इसके सौ से अधिक प्रिंट एक साथ रिलीज किए गए थे। अपने समय की यह बहुत बड़ी लागत की फिल्म थी। अस्सी लाख से लेकर एक करोड़ रुपए तक के निर्माण-व्यय की फिल्म के रूप में इसे प्रचारित किया गया था। कुछ ही वर्षों बाद तो यह एक औसत सितारोंवाली फिल्म का निर्माण-व्यय बन गया। अब तो हिन्दी सिनेमा में बीस-पच्चीस करोड़ की प्रचारित लागतवाली फिल्में परदे पर आ पहुँची हैं। पर 'संगम' में लगा एक-एक पैसा उसकी भव्य रमणीयता से झाँकता था। आर.के.फिल्म्स के अन्तर्गत बननेवाली यह पहली रंगीन फिल्म है। इसके पहले तक राजकपूर ने सभी श्वेत-श्याम फिल्मों का निर्माण किया है। राजकपूर की फिल्मों का तकनीकी पक्ष हमेशा सशक्त रहा है, लेकिन तकनीक उनके लिए आधार है, लक्ष्य नहीं। 'संगम' के वर्षों पूर्व रंगीन फिल्मों का आकर्षण छा चुका था, किन्तु 'संगम' के पूर्व राजकपूर ने अपनी फिल्मों के लिए इसे अनिवार्यता नहीं बनाया। 'संगम' अनेक दृष्टियों से राजकपूर की कला-यात्रा की महत्त्वपूर्ण कड़ी है। हिन्दी सिनेमा में पहली बार यूरोप के अनेक देशों का जीवन और नैसर्गिक सौन्दर्य इतने उत्ताप के साथ चित्रित किया गया था। 'संगम' राजकपूर की शौमैनशिप की सबसे बड़ी उपलब्धि है।

राजकपूर की यह पहली फिल्म है जिसमें कोई सन्देश नहीं है। यद्यपि 'आग', 'बरसात' और 'आह' भी प्रेम-कहानियाँ ही थीं, किन्तु 'आवारा' ने उसे एक सार्थक मोड़ दिया था। उसके बाद हर फिल्म में कोई सामाजिक सन्दर्भ अवश्य रहा। 'संगम' प्रेम त्रिकोण की कहानी है जिसे हिन्दी सिनेमा में अनेक निर्देशकों ने अनगिनत बार फिल्माया है। प्रेम के इसी त्रिकोण को महबूब भी 'अन्दाज़' में अपूर्व सफलता के साथ प्रस्तुत कर चुके थे, जिसमें राजकपूर स्वयं भी एक नायक थे। 'संगम' को अपार व्यावसायिक सफलता मिली। अनेक स्थानों पर रजत और स्वर्ण-जयन्तियाँ हुईं। सौ दिन से अधिक तो वह लगभग प्रत्येक उस केन्द्र पर चली जहाँ अखिल भारतीय प्रदर्शन के साथ रिलीज की गई थी। 'रांगग' ने राजकपूर को मालामाल कर दिया। पर इसके लिए राजकपूर की कटु आलोचना भी हुई। इस आलोचना का आधार था 'संगम' से किसी भी सामाजिक सन्देश का गायब होना। 'संगम' की तकनीकी गुणवत्ता, अभूतपूर्व दृश्य-संयोजन, मुग्धकारी संगीत और लाजवाब अभिनय की तारीफों के साथ ही इसे राजकपूर का एक कदम आगे बढ़कर दो कदम पीछे हटना ही माना गया। कहा गया कि राजकपूर भी अब विशुद्ध रोजगारिया बन गया है। 'जिस देश में गंगा बहती है' में भी वह सब-कुछ था जो 'संगम' में, किन्तु सामाजिक उद्देश्य सहित। भले ही उसकी प्रवृत्ति आदर्शवादी रही हो। पर हमारा भावुक अतीतजीवी समाज इस आदर्शवादी मनोवृत्ति को सहज रूप में पचा लेता है। 'संगम' के अद्वितीय छायांकन, मधुर संगीत, चुस्त सम्पादन, श्रेष्ठतम कलात्मक संरचना, प्रभावपूर्ण अभिनय और स्तब्ध कर देनेवाले निर्देशन की प्रशंसा के साथ आलोचकों ने कथावस्तु के ठोस आधार को

नदारद पाया। एक ऐसी सुन्दर फिल्म, जिससे उसकी आत्मा गायब है। किसी सीमा तक यह आरोप सच है। पर पूरा सच नहीं। 'संगम' महान फिल्म न हो, किन्तु निस्सन्देह अपने ढंग की अद्वितीय है। यह एक ऐसी फिल्म है जिसे सिर्फ राजकपूर ही बना सकते थे। 'संगम' हिन्दी सिनेमा में प्रेम के त्रिकोण की अन्तिम परिणिति बन गई। इसके बाद 'संगम' से बढ़कर प्रेम के त्रिकोण पर कोई दूसरी फिल्म नहीं आई। इस तरह यह मील का पत्थर भी बनी हिन्दी सिनेमा में। प्रेम के त्रिकोण पर आज तक जितनी फिल्में बनी हैं उनमें 'संगम' सबसे अलग, सबसे विशिष्ट और सबसे सौन्दर्यपूर्ण है। यह प्रेम की मादकता से भरी तीव्रता को चरम सीमा तक पहुँचाती है।

राजकपूर ने 'संगम' सिर्फ मनोरंजन के लिए नहीं बनाई थी, अपितु इसके पीछे एक सुनिश्चित प्रयोग की धारणा भी थी। हिन्दी फिल्मों की औसत लम्बाई चार हजार मीटर होती है। 'संगम' की लम्बाई लगभग सवा छह हजार मीटर थी। राजकपूर के दिमाग में लम्बे समय से एक सपना पल रहा था—एक क्लासिक के निर्माण का। जो हर दृष्टि से अभूतपूर्व हो। जो एक कलाकार की संवेदना का जीवन्त दस्तावेज हो। अपने जिन्दगी-भर के कौशल को एक ही फिल्म में समेटकर प्रस्तुत करना चाहते थे राजकपूर। इस लिहाज से उन्होंने 'संगम' में प्रयोग किया था। क्या हिन्दी सिनेमा के दर्शक असाधारण रूप से लम्बी फिल्म को स्वीकार कर सकेंगे? वह उकताहट तो पैदा नहीं करेगी? इसलिए 'संगम' की अभूतपूर्व सफलता के बाद ही राजकपूर ने अपने सपनों की अद्वितीय फिल्म 'मेरा नाम जोकर' का निर्माण आरम्भ किया था और इसकी पृष्ठभूमि में 'संगम' एक प्रयोग जैसी थी। प्रयोग से भी बढ़कर एक आधार थी 'जोकर' के लिए।

'संगम' की कहानी निहायत साधारण-सी थी। दो दोस्तों के बीच एक लड़की। एक दोस्त अमीर, दूसरा गरीब। दोनों उस लड़की को तहे-दिल से प्यार करते हैं। गरीब दोस्त का प्यार मुखर है और अमीर का अन्तर्मुखी। लड़की अमीर दोस्त से प्यार करती है। जब गरीब दोस्त को मालूम होता है कि उसका फटेहाल होना उसके प्यार के रास्ते की सबसे बड़ी रुकावट है तो वह फौज में भर्ती हो जाता है और एयरफोर्स में स्क्वाड्रन-लीडर के पद तक पहुँच जाता है। वहीं एक हादसे में यह समझ लिया जाता है कि वह मारा गया। उसके अमीर दोस्त और लड़की—दोनों को उसकी मौत का गहरा आघात लगता है। साथ ही वे अब उन्मुक्तता से अपने प्यार को स्वीकार भी कर लेते हैं। उनकी शादी से पहले ही गरीब दोस्त सही-सलामत वापस लौट आता है। अमीर दोस्त कुर्बानी देता है। गरीब दोस्त यानी सुन्दर (राजकपूर) और लड़की यानी राधा (वैजयन्तीमाला) की शादी हो जाती है। क्योंकि अब तो वह बड़ा ऑफिसर हो गया था—परमवीर चक्र-विजेता, अब राधा के माँ-बाप को भी इस सम्बन्ध में क्या हिचक हो सकती थी! खास तौर से उस समय जब अमीर दोस्त यानी गोपाल (राजेन्द्र कुमार) ने शादी के प्रस्ताव को ठुकरा दिया था। शादी के बाद सुन्दर की खुशियों में उस समय जहर घुल जाता है जब गोपाल का राधा को लिखा हुआ प्रेम-पत्र उसके हाथ पड़ जाता है। वह जानना चाहता है कि वह प्रेम-पत्र राधा को किसने लिखा? राधा कैसे बतलाए, किसने लिखा था वह प्रेम-पत्र? और अन्ततः गोपाल ही बतलाता है कि किसने लिखा था वह प्रेम-पत्र। गोपाल अपने दोस्त सुन्दर और राधा की खुशियों के खातिर अब सबसे बड़ी कुर्बानी देता है—जिन्दगी की कुर्बानी।

निश्चित ही प्रेम के त्रिकोण की यह कहानी हिन्दी सिनेमा में एक नहीं, अनेकानेक बार परदे

पर उतारी जा चुकी है। अनेक रंगों में। दिलीप-राज-नरगिस के साथ महबूब इसे अपार सफलता के साथ 'अन्दाज़' में प्रस्तुत कर चुके थे। वस्तुतः गोपाल की जो भूमिका राजेन्द्रकुमार ने अभिनीत की, उसके लिए राजकपूर दिलीप कुमार को ही लेना चाहता था। यह वस्तुतः हिन्दी सिनेमा और दर्शकों का दुर्भाग्य है कि हिन्दी सिनेमा के दो दिग्गज राजकपूर और दिलीप कुमार 'अन्दाज़' के बाद फिर किसी फिल्म में एक साथ नहीं आए। यदि इन दोनों का मिलन सम्भव हो पाता तो हिन्दी सिनेमा के इतिहास में अद्वितीयता का एक नया अध्याय जुड़ता। निर्देशक के रूप में राजकपूर और अभिनेता के रूप में दिलीप कुमार की उपस्थिति सचमुच अनोखी साबित हो सकती थी। दिलीप और राज हिन्दी सिनेमा के दो महान स्तम्भ हैं। अपने-अपने ढंग के महारथी। दोनों ने हिन्दी सिनेमा के चार दशकों को प्रभावित किया है। इतनी लम्बी और जबरदस्त लोकप्रियता इनके अतिरिक्त किसी और के हिस्से में नहीं आई। देव आनन्द भी इनके समानान्तर उतने ही लम्बे समय तक छाए रहे, किन्तु उन ऊँचाइयों तक वे नहीं पहुँच सके जिन्हें राज और दिलीप ने स्पर्श किया। हिन्दी सिनेमा में यह हमेशा विवाद का विषय रहा है कि राजकपूर बड़े हैं या दिलीप कुमार? हालाँकि इन दोनों व्यक्तित्वों की तुलना की ही नहीं जा सकती। तुलनाएँ अकसर गलत मन्तव्यों तक ले जाती हैं और किसी हद तक वे बेमतलब भी होती हैं।

हिन्दी सिनेमा में इन दोनों की स्थिति ठीक उसी प्रकार की है जैसी हिन्दी साहित्य में तुलसी और सूर की है। आज तक यह निर्णय नहीं हो सका कि इन दोनों में श्रेष्ठ कौन है। यह निर्णय हो भी नहीं सकता, क्योंकि वे दोनों अपने-अपने क्षेत्रों में अनुपम हैं। तुलसी का व्यक्तित्व बहुआयामी है। उन्होंने अपने काव्य में लोकमंगल को प्रधानता दी। उनकी दृष्टि की परिधि में सम्पूर्ण मानव-जीवन समाहित हो जाता है। सूर के व्यक्तित्व में सघनता है। उनकी दृष्टि जीवन के अनिर्वचनीय सौन्दर्य का सन्धान करती है। वे प्रेम और सौन्दर्य के महासागर में डूब जाते हैं। जीवन के एक ही भाव की अनन्त गहराइयों में उतरते हैं। ठीक उसी तरह राजकपूर और दिलीप कुमार हैं। जहाँ राजकपूर का सपना एक सम्पूर्ण फिल्म होती है, वहीं दिलीप कुमार अपने अभिनेता-व्यक्तित्व के प्रति इतने सतर्क हैं कि वे पूरी फिल्म की उत्तमता का पर्याय बन जाते हैं। राजकपूर अपनी निजता को फिल्म से सम्बन्धित प्रत्येक व्यक्ति में प्रसारित करते हैं। वह प्रत्येक सहयोगी कलाकार और तकनीशियन के भीतर की क्षमता का अधिक-से-अधिक उपयोग कर लेते हैं। वह अपने व्यक्तित्व को प्रत्येक पक्ष में बाँट देते हैं और फिल्म निर्माण के साथ जुड़े हुए हर व्यक्ति की क्षमता को अधिक से अधिक विकसित करने में सहयोगी बनते हैं। इसी दृष्टिकोण के कारण वह आर.के.फिल्म्स के लिए एक अनोखी टीम का निर्माण कर सके। ऐसी सुव्यवस्थित और प्रतिभावान टीम हिन्दी सिनेमा के पिछले छह दशकों में दूसरी नहीं मिलेगी। राधू कर्मकार (छायाकार), जी.जी.मायेकर (सम्पादक), एम.आर.आचरेकर (कला-निर्देशक), शंकर-जयकिशन (संगीत-निर्देशक), शैलेन्द्र और हसरत जयपुरी (गीतकार) उनकी निर्माण संस्था के अभिन्न अंग रहे हैं। उन्होंने अपनी रचनात्मक क्षमता का सर्वश्रेष्ठ राजकपूर की फिल्मों को दिया है। फिल्म-निर्माण के प्रत्येक पक्ष के प्रति राजकपूर की आकांक्षाएँ भी श्रेष्ठतम प्राप्ति की रही हैं, जिससे कम में वह सन्तुष्ट हो ही नहीं सकते। यह स्थिति राजकपूर के उस दृष्टिकोण की परिचायक है जो व्यक्ति को नहीं, सामूहिक कार्य को महत्त्व देती है। जो यह स्वीकार करती है कि अकेला व्यक्ति अपूर्ण होता है। पूर्णता सामाजिक जीवन के द्वारा ही सम्भव है।

'संगम' की साधारण-सी कहानी को असाधारण बना देना निर्देशकीय प्रतिभा का ही कमाल है। निर्देशक का असाधारण-सा व्यक्तित्व 'संगम' के एक-एक फ्रेम में मौजूद है। हर कलाकार के अभिनय में उसकी छाप झलकती है। हालाँकि राजेन्द्र कुमार की फिल्मों ने उस समय व्यावसायिक रूप से बहुत सफलताएँ प्राप्त कीं, और उन्हें 'जुबिली कुमार' के रूप में ख्याति मिली, लेकिन राजेन्द्र कुमार को महान कलाकार कभी नहीं माना गया। उन पर हमेशा दिलीप कुमार की नकल करने का आरोप लगाया गया। 'संगम' में राजकपूर ने राजेन्द्र कुमार की अभिनय-क्षमता को चरमोत्कर्ष पर पहुँचने का अवसर प्रदान किया। राजकपूर ने अपनी भूमिका से भी अधिक महत्त्वपूर्ण भूमिका राजेन्द्र कुमार की बना दी। दर्शकों ने भी यही कहा कि राजेन्द्र कुमार, राज से एक कदम आगे बढ़ गया है। राजकपूर के अतिरिक्त जितने भी अन्य स्टार-निर्माता हुए हैं, अपनी फिल्मों में तो कम-से-कम उन्होंने अपने व्यक्तित्व को ही पूरी तरह छाए रखने की भरपूर कोशिश की है। यदि राजकपूर इसके विपरीत आचरण कर सके हैं तो सिर्फ इसलिए, क्योंकि उनकी दृष्टि में अपने नायक-व्यक्तित्व की अपेक्षा सम्पूर्ण फिल्म अधिक महत्त्वपूर्ण होती है। उसे प्रक्षेपित करने के लिए फिल्म के सम्पूर्ण अस्तित्व को वह कभी नहीं नकार सके। इसीलिए जिन कलाकारों ने राजकपूर के साथ काम किया, उन्होंने हमेशा उनके साथ काम करने को सुखद, आश्चर्यजनक और महत्त्वपूर्ण अनुभव स्वीकार किया। इसीलिए कि वह प्रत्येक सहयोगी कलाकार से उसकी क्षमता का सर्वश्रेष्ठ प्राप्त कर लेना चाहते हैं।

'संगम' में यदि दिलीप कुमार ने अभिनय करने से इंकार कर दिया तो इसका कारण यह कतई नहीं हो सकता कि दिलीप को यह भ्रम रहा हो कि 'संगम' राजकपूर की अपनी फिल्म है, इसलिए वह अपने मुकाबले उनके अभिनेता-व्यक्तित्व को दबाने की कोशिश कर सकते हैं। दिलीप कुमार के मन में यह धारणा कदापि नहीं बनी होगी। वह यह अच्छी तरह जानते थे कि राजकपूर उनकी भूमिका को ही सबसे अधिक महत्त्व प्रदान करेंगे। उनके अभिनेता-व्यक्तित्व के श्रेष्ठतम उपलब्धियों का उपयोग वह अपनी फिल्म के लिए करने से कभी नहीं चूकेंगे। वह उनके अभिनेता को अनछुई ऊँचाइयों तक पहुँचाने का हर सम्भव प्रयत्न करेंगे, लेकिन इसका श्रेय निर्देशक राजकपूर ले जाएगा। यही कहा जाएगा कि राजकपूर ने दिलीप कुमार को अपनी फिल्म में चरमोत्कर्ष पर पहुँचाया। दिलीप और राज दोनों घनिष्ठ मित्र रहे हैं और अपने-अपने बनाए हुए साम्राज्यों के बेताज बादशाह। लेकिन अपनी सीमाओं में घिरकर इन्होंने खिलाड़ी भावना के साथ फिल्म में आना स्वीकार नहीं किया।

किसी ने राजकपूर को अभिनेता के रूप में अद्वितीय माना तो किसी ने निर्देशक के रूप में। राजकपूर की 1956 तक की फिल्मों की नायिका नरगिस, राजकपूर को सबसे बढ़कर एक फिल्म-निर्माता मानती थीं। उनका दृष्टिकोण था कि राजकपूर एक ऐसे निर्माता हैं जिनकी दृष्टि अत्यन्त तीक्ष्ण और बहुआयामी है। 'संगम' में राजकपूर अपनी बहुआयामी प्रतिभा के साथ उपस्थित हैं। 'संगम' के निर्माता, निर्देशक, सम्पादक और नायक वह स्वयं हैं। इस फिल्म के लिए राजकपूर को सर्वश्रेष्ठ निर्देशक और सम्पादक के रूप में 'फिल्म फेयर अवार्ड' प्राप्त हुए।

जैसा कि पहले भी यह कहा जा चुका है, 'संगम' सामान्य हिन्दी फिल्म की तुलना में डेढ़ गुना लम्बी थी और इसमें दो मध्यान्तर थे। पहले मध्यान्तर के बाद दूसरे मध्यान्तर तक के लगभग 70 मिनटों में कथा-सूत्र एक कदम भी आगे नहीं बढ़ता। लगभग 60 मिनटों तक राजकपूर और

वैजयन्तीमाला के हनीमून को चित्रित किया गया है। शादी के बाद नायक की पोस्टिंग लंदन में हो जाती है और वह अपनी नवविवाहिता के साथ यूरोप के तमाम देशों की सैर को निकल पड़ता है। इन दृश्यों में सौन्दर्य भर देने में निर्देशक को छायाकार राधू कर्मकार का उत्कृष्ट सहयोग मिला है। पश्चिमी देशों के सौन्दर्य को इतने मनमोहक रूप में 'संगम' से पहले कभी प्रस्तुत नहीं किया गया था। इन दृश्यों की दूसरी सबसे बड़ी विशेषता है—नायिका वैजयन्तीमाला। वैजयन्तीमाला ने इतने मनोयोग से 'संगम' में अभिनय किया है कि वह राजकपूर और राजेन्द्र कुमार दोनों पर भारी पड़ती हैं। हनीमून के इन दृश्यों में वह इतनी मुखर हैं कि हर दृश्य जीवन्त और सच्चा बन गया है। अनेक नगरों के प्रसिद्ध स्थानों में घूमते हुए, बर्फीले पहाड़ों में फिसलते हुए, शॉपिंग करते हुए, नौका-विहार करते हुए वे इतने सच्चे पति-पत्नी महसूस होते हैं कि दर्शकों को यह ध्यान ही नहीं रहता कि कथा-सूत्र एकदम ठहर गया है। यहीं संगीतकार शंकर-जयकिशन के महत्त्वपूर्ण योगदान का उल्लेख करना जरूरी होगा। इन दृश्यों में संवाद बहुत कम हैं। अधिकांशतः मनोभावों को तीव्रता प्रदान करने के लिए पार्श्व-संगीत का आश्रय लिया गया है। इन दृश्यों को अधिकाधिक प्रभावशाली बनाने में उनके अत्यन्त मधुर संगीत का बहुत बड़ा हाथ है।

विदेशों में चित्रित दो-तीन दृश्य तो फिल्म-कला और निर्देशकीय प्रतिभा के अद्भुत उदाहरण हैं। पति-पत्नी पेरिस में शॉपिंग करने मे लिए निकले हैं। हर मध्यवर्गीय भारतीय औरत की भाँति वैजयन्ती प्रत्येक दुकान की ओर आकर्षित होती हैं और हर मध्यवर्गीय पति की भाँति राजकपूर आर्थिक चिन्ताओं में व्यस्त हैं, जिसकी आँखें कहती हैं—बस देख लो, खरीदने की मत सोचो। वैजयन्ती को एक पर्स पसन्द आ जाता है और राजकपूर को पैकपाइप। दोनों में से एक ही चीज खरीदी जा सकती है। क्योंकि वे टूरिस्ट हैं, उनके पास अटूट पैसा तो है नहीं। दोनों अपने-अपने पक्ष में दलीलें प्रस्तुत करते हैं। पति का पक्ष ज्यादा प्रबल है, क्योंकि पत्नी के पास पर्स पहले से ही मौजूद है। और पति की निगाह में दुनिया में दो ही चीजों में तो संगीत है—एक औरत और दूसरी पैकपाइप। लेकिन हर पति की भाँति उसे भी पत्नी की इच्छा स्वीकार करनी पड़ती है। वह उसे रुपए दे देता है और हर कुलीन पत्नी की भाँति वैजयन्ती अन्ततः उसके लिए पैकपाइप ही खरीदती है। इस पूरे फ्रेम में दो-चार ही छोटे-छोटे संवाद हैं। शेष सम्पूर्ण अभिव्यक्ति पार्श्व-संगीत और कलाकारों के हाव-भाव के द्वारा ही हुई है। एक अन्य दृश्य में पति पैरिस में नाइट-क्लब में कैबरे देखने जाने की तैयारी कर रहा है। पत्नी साथ चलने का आग्रह करती है तो वह कहता है—'ऐसी जगहों पर शरीफ औरतें नहीं जातीं।' लेकिन पत्नी को यह स्वीकार नहीं है कि जहाँ शरीफ औरतें नहीं जा सकतीं वहाँ शरीफ मर्द जाएँ। वह होटल के कमरे का दरवाजा बन्द कर देती है और साथ के बेडरूम में घुस जाती है। पति अपनी विवशता और पत्नी की जिद से परेशान है। तभी पत्नी बेडरूम से कैबरे नर्तकी की पोशाक में निकलती है। और यहीं चित्रित किया गया है फिल्म का सबसे मादक गीत—'मैं क्या करूँ राम मुझे बुड्ढा मिल गया।' इस गीत में वैजयन्ती ने इतना सुन्दर कैबरे-नृत्य किया है कि जिसकी कल्पना भी नहीं की जा सकती थी। वैजयन्तीमाला एक कुशल नर्तकी हैं, लेकिन उन्होंने 'संगम' के अतिरिक्त सदैव भारतीय नृत्य ही प्रस्तुत किए। 'संगम' का यह नृत्य-गीत सबको आश्चर्य में डाल देनेवाला था। इसमें वैजयन्ती के मांसल सौन्दर्य को भी अनोखी तीव्रता के साथ प्रस्तुत किया गया था। इसमें मादकता थी, कुरूपता नहीं। यदि पति-पत्नी के बेडरूम-दृश्य में मादकता न हो तो वह

कितना नकली होगा! तीसरा महत्त्वपूर्ण दृश्य है जब पति-पत्नी पैरिस के एफिल टावर में चढ़ रहे हैं। पत्नी सफेद साड़ी में लिपटी हुई गुड़िया-सी आगे-आगे और पीछे-पीछे पति उसकी मादकता में डूबा हुआ। पति पत्नी को उस प्रेमी युगल को देखने के लिए कहता है जो परस्पर आलिंगन में आबद्ध एक-दूसरे का चुम्बन ले रहे हैं। पत्नी उन्हें देखकर शरमा जाती है। पति पत्नी से एक चुम्बन का आग्रह कर रहा है और पत्नी शरमाकर मुँह फेरते हुए मना कर रही है। तभी तालियों की आवाज सुनाई पड़ती है। पति-पत्नी जैसे नींद से जागकर अपने आसपास के प्रति सजग होते हैं। ये दोनों विदेशी प्रौढ़ाएँ हैं जो पति-पत्नी को अपनी ओर मुखातिब देखकर फिर तालियाँ बजाती हैं और बड़े स्नेह से पूछती हैं–'इंडिया? इंडिया' पति कहता है–'यस, यस इंडिया!' और वे दोनो प्रौढ़ाएँ मुस्कुराते हुए आगे बढ़ती हैं। हमारी सभ्यता का सौन्दर्य बहुत खूबसूरती के साथ इस दृश्य में दिखलाई पड़ता है। भारतीय स्त्री-पुरुषों के प्रेम-सम्बन्धों में लज्जा की अनिवार्य सत्ता की सुगन्ध को किसी ताम-झाम और बड़बोलेपन के बगैर बड़ी सादगी से प्रस्तुत कर दिया गया है।

ऐसे ही खूबसूरत छोटे-छोटे टुकड़ों को जोड़कर इस साठ मिनट के हनीमून को पूरा किया गया है। यह निर्देशक के रूप में राजकपूर की उपलब्धि है कि जितने समय में लगभग आधी फिल्म समाप्त हो जाती है, इतने लम्बे समय में वह एक बिलकुल छोटे-से दृश्य की परिकल्पना कर लेते हैं। इन दृश्यों में दर्शकों को 'फ्रीज़' कर देने की क्षमता है। वे अपने साथ दर्शकों को ठहरने के लिए बाध्य कर देते हैं। वर्तमान समय में निर्देशक फिल्म की गति को बहुत महत्त्व प्रदान करते हैं। यदि गति में शिथिलता आई तो समझो, समस्या शुरू हुई। वे दर्शकों को बाँधे रखने की क्षमता में विश्वास नहीं रखते। उन्हें गति के साथ बहाए ले चलना चाहते हैं, जिससे वे एक क्षण के लिए भी उकताहट महसूस न करें। वे वस्तुतः दर्शक को अपनी इच्छा-शक्ति के अनुरूप ढालने में असमर्थ हो जाते हैं। तेज गति के प्रति तीव्र आकर्षण इसीलिए शुरू हुआ। अपनी अक्षमता को रफ्तार से दबाने का प्रयत्न किया गया। राजकपूर एक ऐसे निर्देशक हैं जो दर्शक की शर्तों से परिचालित नहीं होते। वह अपने फन के उस्ताद हैं और दर्शकों को अपनी क्षमता से बाँधने में विश्वास रखते हैं। हिन्दी सिनेमा के श्रेष्ठतम निर्देशकों की अग्रिम पंक्ति में उनका स्थान सुरक्षित है। राजकपूर ने निर्देशकों की एक लम्बी जमात को प्रभावित किया है। आठवें दशक के व्यावसायिक धुरन्धर मनमोहन देसाई का यह मत था कि राजकपूर अस्सी साल की उम्र में भी सफलतम फिल्मों का निर्माण कर सकते हैं। सुरुचिपूर्ण फिल्मों के निर्देशन के लिए विख्यात हृषिकेश मुकर्जी, राजकपूर की क्षमता के कायल हैं। उन्होंने अपनी अत्यन्त सफल और कलात्मक दृष्टिकोण से अविस्मरणीय फिल्म 'आनन्द' राजकपूर को ही समर्पित की थी। शत्रुघ्न सिन्हा राजकपूर के प्रशंसक हैं और उन्होंने अपनी फिल्म 'खान दोस्त' का निर्माण किया तो राजकपूर के साथ अभिनय करने का सुअवसर प्राप्त किया। स्वयं अत्यन्त समर्थ निर्देशक होने के बावजूद राजकपूर ने दूसरे निर्माता-निर्देशकों की फिल्मों में काम करते हुए कभी अपने विचार उन पर नहीं थोपे। राजकपूर ने एकदम नए निर्देशकों के साथ काम करते हुए भी कभी उनके काम में हस्तक्षेप नहीं किया, क्योंकि वह एक निर्देशक की उलझनों और जिम्मेदारियों की बखूबी समझते थे। फिल्म-निर्माण के प्रत्येक पक्ष के महत्त्व से पूरी तरह वाकिफ होने से वह निर्माताओं के लिए कभी भी संकट नहीं बने। यद्यपि यह भी उतना ही सच है कि अधिकांश निर्माता-निर्देशक,

अभिनेता के रूप में उनका सही उपयोग नहीं कर सके। पर अपने स्वार्थ के लिए राजकपूर ने कभी उन्हें परेशान नहीं किया।

राजकपूर अपनी फिल्मों के गीतों के फिल्मीकरण को विशेष महत्त्व प्रदान करते हैं। एक मधुर गीत को यदि विशिष्टता के साथ फिल्माया जाए तो उसका प्रभाव और सघन हो जाता है। अकसर यह देखने में आता है कि कोई गीत बाहर सुनने में तो अत्यन्त मधुर लगता है, किन्तु फिल्म में वही गीत उकताहट पैदा करने लगता है। पर राजकपूर की फिल्मों में स्थिति ठीक उलटी होती है। फिल्म में गीत और अधिक प्रभावशाली बन जाते हैं। उनके फिल्मांकन में वह इतने सतर्क और कल्पनाशील होते हैं कि गीत फिल्म का अनिवार्य आकर्षण सिद्ध होते हैं। 'संगम' में आठ गीत थे। एक-एक गीत को चित्रित करने में की गई अपार मेहनत स्पष्ट झलकती है। 'संगम' के गीत पात्रों के मनोभावों को प्रदर्शित करने का सशक्त माध्यम बने हैं। किसी प्रेम-कहानी के लिए तो गीत अत्यन्त महत्त्वपूर्ण होते हैं। 'अनारकली' का 'मुगल-ए-आजम' से निर्माण-गुणवत्ता, कल्पनाशीलता और भव्यता में कोई मुकाबला नहीं है, किन्तु अपने गीत-संगीत की तीव्र माधुर्य शक्ति के कारण वह दर्शकों में 'मुगल-ए-आजम' से कम लोकप्रिय नहीं हुई। 'बोल राधा बोल संगम होगा कि नहीं' गीत का फिल्मांकन श्री कृष्ण द्वारा गोपियों के चीर-हरण की याद ताजा कर देता है। वैजयन्ती झील में तैर रही हैं और राजकपूर उनके कपड़े मछली पकड़ने की डोर से खींचकर झाड़ के ऊपर बैठ जाता है। और यदि अब उसे झील से बाहर निकलना है तो नायक की शर्त माननी होगी। वह कपड़े वापस करने के लिए कहती है तो उसका प्रश्न होता है–'बोल राधा बोल संगम होगा कि नहीं?' इसी तरह पैरिस के किसी नाइट-क्लब का कैबरे दृश्य चित्रित करने के स्थान पर उन्होंने वैजयन्ती का ही कैबरे-नृत्य इतनी कुशलता से चित्रित कर उसमें इतनी मादकता भर दी कि 'बुड्ढा मिल गया' गीत बेहद असाधारण बन गया। ये दोनों गीत 'संगम' की व्यावसायिक सफलता के बहुत बड़े आधार प्रमाणित हुए। मादक होने के बावजूद इन गीतों में खलनेवाली अश्लीलता कहीं नहीं थी। हाँ, इनमें नारी-शरीर का ताप जरूर मौजूद था और उसमें एक भीनी सुगन्ध भी मौजूद थी। सबसे अधिक सूझबूझ और सजगता के साथ गीत का चित्रांकन किया गया वह है राजेन्द्र कुमार और वैजयन्तीमाला के ऊपर फिल्माया गीत–'ये मेरा प्रेम-पत्र पढ़कर कि तुम नाराज न होना कि तुम मेरी जिन्दगी हो कि तुम मेरी बन्दगी हो'। साढ़े तीन-चार मिनट के इस गीत को फिल्म में ग्यारह मिनटों में चित्रित किया गया है। राधा और गोपाल के प्रेम की तीव्रता को अभिव्यक्ति प्रदान करने के लिए प्राकृतिक सौन्दर्य के साथ गहरा तालमेल बैठाया गया है। उनके अनुराग को जहाँ लाल फूलों से लदे वृक्षों की कतारों, देवदार के लम्बे-लम्बे वृक्षों की पंक्तियों से अभिहित किया, वहीं उनकी वेदना और संशय को काले गड़गड़ाते बादलों के माध्यम से। और जब वह निराशा पिघलती है तो वर्षा की बूँदें जैसे उन्हें शीतलता प्रदान करती हैं। एक-दूसरे पर टिके हुए राधा और गोपाल इस गीत की प्रथम पंक्ति को गुनगुनाते हुए लांग शॉट से दूर चले जा रहे हैं और दर्शक उसके सघन प्रभाव में स्वयं को बँधा महसूस करता है।

कथानक के अनुसार यही आभास होता है कि 'दोस्त दोस्त न रहा, प्यार प्यार न रहा, जिन्दगी हमें तेरा ऐतबार न रहा' गीत उस समय चित्रित किया गया होगा जब नायक को अपनी प्रेमिका और दोस्त की बेवफाई मालूम पड़ गई होगी। लेकिन इसके विपरीत इसका चित्रांकन

प्रेमिका और दोस्त की उपस्थिति में उस समय किया गया है जब नायक अपनी प्रेमिका को पत्नी के रूप में पा चुका है और अपने दोस्त के ऊपर उसे गुमान है। वह अपने-आपको बेहद खुशनसीब मानता है कि उसे राधा जैसी पत्नी और गोपाल जैसा दोस्त मिला। लेकिन दुनिया में सब उसकी तरह तो खुशनसीब नहीं होते। सबको ऐसे वफादार दोस्त नहीं मिलते। एयरफोर्स के अपने एक साथी का स्मरण कर उसकी आँखों में आँसू आ जाते हैं–अपनी खुशनसीबी पर और उस साथी की बदनसीबी पर जिसके दोस्त और प्रेमिका ने उसके साथ बेवफाई की। परोक्ष में निर्देशक सुन्दर के उस मानसिक संकट को स्पष्ट करता है जो अस्पष्ट है, स्वयं उसे भी। राधा उसकी होकर भी जैसे उसकी अपनी नहीं है। गोपाल उसका सबसे प्यारा दोस्त, जैसे उससे कहीं बहुत दूर चला गया है। उसके सुखी दाम्पत्य जीवन के पीछे जैसे कोई अदृश्य काली छाया मँडरा रही है और वह उसे देख नहीं पा रहा है। समझ नहीं पा रहा है। वह अपने फौज के बदनसीब दोस्त के दर्द के साथ डूब जाता है। और इस गीत के प्रत्येक शब्द के साथ राधा और गोपाल भी अतीत के उन क्षणों में पहुँच जाते हैं जहाँ उन्होंने मुहब्बत की कसमें खाई थीं। उम्र-भर साथ निभाने के वायदे किए थे। यह सब सुन्दर की मृत्यु की खबर मिल जाने के बाद ही हुआ, लेकिन हुआ तो। गोपाल यह गीत बरदाश्त नहीं कर पाता। और राधा भविष्य में उठ सकनेवाले तूफान की सम्भावना से सिहर उठती है। इस गीत का चित्रांकन इतनी सूझबूझ के साथ किया गया है कि यह फिल्म के आगामी हिस्सों की आधारभूमि बनता है। यहाँ राधा और गोपाल के मानसिक अन्तर्द्वन्द्व को भी निर्देशक गहराई के साथ उभारने में सफल होता है।

इनके अतिरिक्त 'ओ महबूबा', 'ओ मेरे सनम' और फिल्म के अंग्रेजी गीत 'इश लिबेदिश आई लव यू' का फिल्मीकरण भी कुशलतापूर्वक हुआ है। राजकपूर की यह विशेषता रही है कि वह अपनी फिल्म में एक ऐसा गीत अवश्य रखते थे जिसमें फिल्म के लगभग सभी प्रमुख चरित्र शामिल हों। 'संगम' की एक विशेषता यह भी रही है कि इसमें मूलतः तीन ही पात्र प्रमुख थे। बाकी अन्य पात्रों की स्थिति एकदम महत्त्वहीन रही है। पूरी फिल्म सुन्दर, राधा और गोपाल के इर्द-गिर्द घूमती है। 'हर दिल जो प्यार करेगा वो गाना गाएगा' गीत इन तीनों प्रमुख चरित्रों पर इस तरह फिल्माया गया है कि फिल्म का कथानक उसमें समाहित हो जाता है। गोपाल के विलायत से बैरिस्टर बनकर लौटने की खुशी में भव्य पार्टी का आयोजन किया गया है। राधा, जो गोपाल से बेइन्तिहा मुहब्बत करती है, इस पार्टी में अत्यन्त उत्साह के साथ शरीक है और उस मौके की तलाश में है जब वह गोपाल से एकान्त में अपने दिल की बात कह सके। इधर सुन्दर के उत्साह की भी सीमा नहीं है। एक तो लम्बे समय के बाद उसका सबसे प्यारा दोस्त लौटकर आया है और दूसरी ओर, उसकी महबूबा राधा इस मौके पर मौजूद है। वह राधा, जो उसकी जिन्दगी का सबसे हसीन सपना है। जिसके करीब आ सकने का हर क्षण उसके लिए दीवाली जैसा रोशनी से भरा हुआ है। अपने गले में पियानो-अकार्डियन लटकाए वह उत्साह के साथ पार्टी में शरीक है और राधा के अधिक-से-अधिक निकट पहुँचना चाहता है। इधर राधा गोपाल के पास पहुँचने के लिए बेताब है। गोपाल, सुन्दर और राधा दोनों की मनःस्थिति को समझता है, लेकिन जुबान से कुछ नहीं कह सकता। वह अपने सबसे प्यारे दोस्त सुन्दर से कैसे कहे कि राधा उससे प्यार नहीं करती? वह कैसे बरदाश्त कर पाएगा इसे? राधा का प्यार तो उसकी जिन्दगी है। और वह राधा से भी कैसे कहे कि मैं तुम्हें सिर्फ इसलिए नहीं अपना सकता, क्योंकि सुन्दर तुम्हें

प्यार करता है! इन मनोभावों को गीत के द्वारा अत्यन्त सुन्दर ढंग से अभिव्यक्ति मिली है। सुन्दर अपनी भावना स्पष्ट शब्दों में अभिव्यक्त करता है–

'हर दिल जो प्यार करेगा वो गाना गाएगा
दीवाना सैकड़ों में पहचाना जाएगा
आप हमारे दिल को चुराकर आँख चुराए जाते हैं
ये एक-तरफा रस्मे-वफ़ा हम फिर भी निभाए जाते हैं
चाहत का दस्तूर है लेकिन आप को ही मालूम नहीं
जिस महफिल में शम्मआ हो, परवाना जाएगा।'

सुन्दर राधा की ओर बढ़ता है और राधा गोपाल की ओर। गोपाल राधा को अपनी ओर बढ़ते हुए देखकर आगे बढ़ जाता है। राधा अपनी बात गीत को आगे बढ़ाते हुए कहती है–

'भूली-बिसरी यादें मेरे हँसते-गाते बचपन की
रात-बिरात चली आती हैं नींद चुराने नैनन की
अब कह दूँगी करते-करते कितने सावन बीत गए
जाने कब इन आँखों का शरमाना जाएगा।
दीवाना ऽऽऽ'

और सुन्दर समझता है कि राधा उसकी दीवानगी की ओर इशारा कर रही है।

सुन्दर तो जैसे भाव-विभोर हो जाता है। गोपाल असलियत जानकर मुसकुराकर रह जाने के अतिरिक्त और क्या करे? लेकिन इस सुनहरे मौके को वो हाथ से नहीं खोना चाहता। इसलिए वह पियानो पर बैठकर अपनी बात भी कहता है–

'अपनी-अपनी सबने कह ली लेकिन हम चुपचाप रहे
दर्द पराया जिसको प्यारा वो क्या अपनी बात कहे
खामोशी का यह अफसाना रह जाएगा साथ मेरे
अपना के हर किसी को बेगाना जाएगा
दीवाना सैकड़ों में पहचाना जाएगा, दीवाना ऽऽऽ'

गीत के समाप्त होने पर भी नृत्य का दौर समाप्त नहीं होता, बल्कि आरम्भ होता है। सुन्दर मस्ती में झूमते हुए राधा की ओर बढ़ता है, उससे अपने साथ नृत्य की पेशकश करने के लिए। तभी राधा की सहेली (विजयलक्ष्मी) गोपाल को प्रोत्साहित करती है कि वह राधा के साथ नृत्य करे। गोपाल आगे बढ़कर राधा का आवाहन करता है नृत्य के लिए। और राधा तो यही चाहती ही है। दोनों एक-दूसरे की बाहों में सिमट जाते हैं। सुन्दर की आँखें एकाएक धुँधला जाती हैं, लेकिन दूसरे ही क्षण उसके चेहरे पर एक बेचैन-सी मुसकुराहट खिल उठती है। आखिर गोपाल मेरा ही दोस्त है–सबसे प्यारा दोस्त। और जिन्दगी में दो ही तो आधार हैं उसके लिए–राधा की मुहब्बत और गोपाल की दोस्ती। वह सारी सम्भावनाओं को मस्ती में झटक देना चाहता है। लेकिन जैसे-जैसे राधा गोपाल की बाहों में और-और सिमटती जाती है वह बेचैन हो उठता है। इस बेचैनी को निर्देशक ने संगीत के तीखेपन और चेहरे के सुन्दर भावों के उतार-चढ़ावों के द्वारा बहुत खूबसूरती से पेश किया है। इस फिल्म के दो गीत–'बोल राधा बोल संगम होगा कि नहीं' और 'ये मेरा प्रेम-पत्र पढ़कर' 1964 में बिनाका गीतमाला के वार्षिक कार्यक्रम में क्रमशः

पहले और दूसरे स्थान पर रहे। इनके अतिरिक्त 'दोस्त दोस्त न रहा' और 'बुड्ढा मिल गया' गीत भी वार्षिक कार्यक्रम में आए। 'संगम' को शंकर-जयकिशन ने अपने जीवन की मधुरतम संगीत-रचनाओं से सजाया था। विशेष रूप से पार्श्व-संगीत के संयोजन में उन्होंने अपनी सारी शक्ति लगा दी। इतना हृदयग्राही पार्श्व-संगीत हिन्दी सिनेमा के इतिहास में बहुत ही कम अन्य फिल्मों में सुनने को मिला है। पर इस वर्ष भी शंकर-जयकिशन को संगीत के लिए 'फिल्म फेयर पुरस्कार' प्राप्त नहीं हुआ। यह पुरस्कार उस समय के उभरते संगीतकार लक्ष्मीकांत-प्यारेलाल 'दोस्ती' के संगीत के लिए प्राप्त करने में सफल रहे। इसमें दो मत नहीं कि 'दोस्ती' के गीत भी लोकप्रिय हुए थे और उनका संगीत भी मनोहारी था। और पार्श्व-संगीत के सन्दर्भ में तो 'संगम' और 'दोस्ती' का कोई मुकाबला ही नहीं है। शंकर-जयकिशन को यूँ अनेक बार सर्वश्रेष्ठ संगीतकार के रूप में 'फिल्म फेयर पुरस्कार' प्राप्त हुए, पर उनके श्रेष्ठ कृतित्व को अकसर सम्मान नहीं मिला। इसीलिए सबसे बड़ा पुरस्कार वही होता है जो जनता प्रदान करती है—अपना अनुराग। और वह कलाकार रचनात्मक क्षमता के उत्ताप और अपने समर्पित प्रयासों के द्वारा ही प्राप्त कर सकता है। जैसे हर चमकती हुई चीज सोना नहीं होती, उसी प्रकार हर लोकप्रिय चीज श्रेष्ठ नहीं होती। पर इसका तात्पर्य यह कतई नहीं होगा कि श्रेष्ठता लोकप्रिय हो ही नहीं सकती। श्रेष्ठता को ही लोकप्रिय बनाने का प्रयास कलाकार का सबसे बड़ा दायित्व है। कलाकार के लिए उसके रसिक उपभोक्ता ही पहले साध्य हैं। 'संगम' में वैजयन्तीमाला को सर्वश्रेष्ठ अभिनेत्री और राजेन्द्र कुमार को समानान्तर भूमिका में सर्वश्रेष्ठ अभिनय के लिए 'फिल्म फेयर अवार्ड' मिले।

'संगम' में वैजयन्तीमाला के अंग-प्रदर्शन को लेकर बहुत अधिक हल्ला मचा। और ऐसा पहली बार नहीं हुआ था। राजकपूर की हर नायिका को लेकर ऐसे विवाद उठते रहे हैं, चाहे वह 'आवारा' की नरगिस हों,'श्री 420' की नादिरा हों या 'जिस देश में गंगा बहती है' की पद्मिनी। सभी नायिकाएँ अपनी मांसल प्रस्तुति के लिए आलोचना का विषय बनीं। लेकिन इन आरोपों में अधिक-से-अधिक आधी सच्चाई है। नायिकाओं के मांसल सौन्दर्य के चित्रण में राजकपूर की अपनी विशिष्ट दृष्टि और कलात्मक अभिरुचि होती है, फूहड़पन और बाजारू मनोवृत्ति से सर्वथा दूर। पर मानसिक सौन्दर्य की स्थिति देह से निरपेक्ष नहीं हो सकती। शरीर से अलग कर प्रेम की कल्पना तक नहीं की जा सकती। दरअसल हम नैतिकता की आड़ में सत्य को झुठला देना चाहते हैं। मुहब्बत की दीवानगी दैहिक आकर्षण से ही आरम्भ होकर दैहिक सीमाओं का अतिक्रमण करती है। यदि शरीर आधी सच्चाई है तो आत्मा भी पूरा सत्य देह के साथ मिलकर ही बनती है। शरीर के अभाव में आत्मा की भी कोई स्थिति नहीं हो सकती। इसी परिप्रेक्ष्य में हम 'संगम' की वैजयन्तीमाला के सौन्दर्य-चित्रण की सम्पूर्णता का आकलन कर सकते हैं। सिर्फ दो गीतों में ही उनके वक्ष का उभार दिखलाया गया है। 'बोल राधा बोल' गीत के दौरान जब वह झील मे बेदिंग कास्ट्यूम में तैर रही हैं और पैरिस के होटल में कैबरेनुमा नृत्य के साथ 'बुड्ढा मिल गया' गीत गाते हुए। क्या झील में उसे साड़ी लपेटकर तैरते हुए दिखलाया जाना चाहिए था? और 'बुड्ढा मिल गया' गीत नायिका अपने पति के सम्मुख उसका दिल जीतने के लिए गा रही है, यदि वहाँ शारीरिक सौन्दर्य का उत्ताप मौजूद है तो इसमें अन्यथा क्या है? वैजयन्तीमाला ने शारीरिक सौन्दर्य का जितना खुला प्रदर्शन एफ. सी. मेहरा-कृत 'आम्रपाली' में किया है, उसका शतांश भी 'संगम' में नहीं है। यदि सिर्फ नंगी देह ही टिकिट-खिड़की पर अपार कमाई का एकमात्र कारण

होती तो शायद 'आम्रपाली' को 'संगम' से कई गुना अधिक सफलता प्राप्त होती। चूँकि ऐसा नहीं है, इसलिए 'आम्रपाली' बॉक्स-ऑफिस पर बुरी तरह असफल हो गई थी। सौन्दर्य अपने निरावरण में मादक नहीं होता। आकर्षण और मादकता तो आवृत्त करने में है। 'संगम' में अधिकांश दृश्यों में वैजयन्ती साड़ी में गुड़िया की तरह लपेटकर प्रस्तुत की गई हैं। नारी-सौन्दर्य के उत्ताप को प्रस्तुत करना हिन्दी सिनेमा में राजकपूर से बेहतर कोई नहीं जानता। नायिका को कपड़े से ढँककर भी उन्होंने जितना उत्तेजक बनाया है, उसे अधिक-से-अधिक नंगा करके भी दूसरे वह उष्णता पैदा नहीं कर सके।

वस्तुतः एक सम्पूर्ण औरत राजकपूर के फिल्मों की आत्मा होती है। और एक सम्पूर्ण औरत की परिकल्पना देह के अभाव में तो नहीं ही की जा सकती। नारी-शरीर की उष्णता उनकी हर फिल्म में मौजूद रही है, जिसे वह निर्देशकीय कौशल और संगीत के साथ जोड़कर अनन्त ऊँचाइयों तक पहुँचाते हैं। नरगिस, पद्मिनी, वैजयन्तीमाला, सिमी आदि अभिनेत्रियों के सौन्दर्य को उन्होंने चरम आकर्षण प्रदान किया। 'बॉबी' में डिम्पल को क्रेज बना देने का श्रेय राजकपूर को ही जाता है। क्या कैशौर्य प्रेम पर आधारित कई अन्य फिल्मों में सैक्स-प्रदर्शन का कम सहारा लिया गया? फिर उन्हें 'बॉबी' जैसी सफलता क्यों प्राप्त नहीं हुई? शायद यही कारण है कि अनेक अभिनेत्रियाँ राजकपूर के निर्देशन में अभिनय करने के लिए बेताब रही हैं और औरत को सम्पूर्णता में चित्रित करने में, उसके सम्पूर्ण सौन्दर्य को चरमोत्कर्ष प्रदान करने में वह सिर्फ एक बार असफल हुए हैं—'सत्यं शिवं सुन्दरम्' में। इसमें सचमुच राजकपूर सत्य, शिव और सुन्दर की व्याख्या जीनत के शरीर के जरिए करते नजर आते हैं। और यही कारण है इस फिल्म की असफलता का भी। यद्यपि 'सत्यं शिवं सुन्दरम्' एक रजत-जयन्ती फिल्म है, किन्तु इससे जो अपेक्षाएँ थीं, उनका एक हिस्सा भी सन्तुष्ट करने में वह असफल हुई। 'सत्यं शिवं सुन्दरम्' को राजकपूर ने अपनी जिन्दगी के सबसे बड़े जुए के रूप में विज्ञापित किया था और यह जुआ उन्होंने अपनी क्षमता के प्रति अतिरिक्त विश्वास पर लगाया था। लेकिन राजकपूर जीनत को रूपारानी नहीं बना सके। इसमें सन्देह नहीं कि 'सत्यं शिवं सुन्दरम्' में जीनत ने उम्दा एक्टिंग की है। पर रोना तो इसी बात का है। राजकपूर की फिल्म में नायिका एक्टिंग नहीं करती, वह तो चरित्र के साथ एकाकार हो जाती है। जीनत ऐसा नहीं कर सकीं। राजकपूर जीनत को रूपा के आत्मिक स्वरूप की गूँज बनाने की जगह शारीरिक रेखाओं का जादू बनाकर सन्तुष्ट हो गए। 'सत्यं शिवं सुन्दरम्' में 'बदसूरत' जीनत बहुत खूबसूरत भी लगती हैं, अभिनय के प्रति उनका समर्पण भी परिलक्षित होता है, किन्तु ऐसा भी लगता है कि 'भोर भए पनघट पे मोहे नटखट श्याम सताए' गाते-गाते रूपारानी कहीं अचानक 'दम मारो दम' न गाने लगे। 'सत्यं शिवं सुन्दरम्' में राजकपूर अपनी अद्वितीयता से ही पराजित हुए, पर उसका जिक्र फिलहाल यहाँ नहीं।

मुहब्बत में अच्छा नहीं दौड़ चलना
जो आगे चले हैं वो पीछे रहे हैं।

'संगम' की अद्‌भुत सफलता ने राजकपूर में गहन आत्मविश्वास भर दिया और उन्होंने एक साथ चार फिल्मों के निर्माण की घोषणा की–'मेरा नाम जोकर', 'अजन्ता', 'मैं और मेरा दोस्त' और 'सत्यं शिवं सुन्दरम्'। पर जब '65 में राजकपूर ने 'मेरा नाम जोकर' का निर्माण आरम्भ किया तब सम्भवतः उन्होंने भी यह कल्पना नहीं की होगी कि इस फिल्म का एक ही भाग बनाने में छह वर्षों का समय लग जाएगा। 'मेरा नाम जोकर' को दो या दो से अधिक भागों में बनाने की राजकपूर की परिकल्पना थी। इसका पहला भाग ही 1970 में प्रदर्शित हुआ जो तीन खण्डों में विभाजित था और लगभग 260 मिनिट का समय घेरता है। यह हिन्दी सिनेमा के इतिहास में अब तक की सबसे लम्बी फिल्म है। यदि राजकपूर रोजगारिए होते तो वह 'संगम' की अपार सफलता के बाद 'मेरा नाम जोकर' का निर्माण कभी नहीं करते। 'जोकर' राजकपूर के सपनों की सबसे दिलकश फिल्म है। ऐसा नहीं है कि राजकपूर इस फिल्म के विषय की गम्भीरता से वाकिफ नहीं थे। लेकिन उनके लिए यह सिर्फ एक फिल्म ही नहीं थी, यह उनकी जिन्दगी का सबसे हसीन सपना भी था जिसे साकार करने के लिए वह अपना सब-कुछ दाँव पर लगा सकते थे। उन्होंने 'जोकर' के निर्माण का भी यही वक्त चुना था, जब उनकी व्यावसायिक साख सातवें आसमान पर थी। 'जिस देश में गंगा बहती है' यदि सुपर-हिट हुई थी तो 'संगम' ने सफलता के तब तक के सारे कीर्तिमान ध्वस्त कर दिए थे। यही समय राजकपूर को 'जोकर' के निर्माण के लिए उपयुक्त प्रतीत हुआ।

इन छह वर्षों के अन्तराल में राजकपूर द्वारा अभिनीत कई फिल्में प्रदर्शित हुईं, जिनमें सन् 1966 में प्रदर्शित कवि शैलेन्द्र की 'तीसरी कसम' भी शामिल है। यह वह फिल्म है जिसमें राजकपूर ने अपने जीवन की सर्वोत्कृष्ट भूमिका अदा की। यही नहीं, 'तीसरी कसम' वह फिल्म है जिसने हिन्दी साहित्य की एक अत्यन्त मार्मिक कृति को सैल्यूलाइड पर पूरी सार्थकता से उतारा। 'तीसरी कसम' फिल्म नहीं, सैल्यूलाइड पर लिखी कविता थी।

'तीसरी कसम' शैलेन्द्र के जीवन की पहली और अन्तिम फिल्म है। और न सिर्फ यह फिल्म डूबी, शैलेन्द्र भी डूब गए इसके साथ। सदा-सदा के लिए। हिन्दी फिल्मों का यह अनोखा जनकवि अपनी भावनाओं की गहराइयों में ही खो गया। 'तीसरी कसम' को बाद में 'राष्ट्रपति स्वर्णपदक' मिला, बंगाल फिल्म जर्नलिस्ट एसोसिएशन द्वारा सर्वश्रेष्ठ फिल्म और कई अन्य पुरस्कारों द्वारा सम्मानित किया गया। मास्को फिल्म फेस्टिवल में भी यह फिल्म पुरस्कृत हुई। इसकी कलात्मकता की लम्बी-चौड़ी तारीफें हुईं। पर असल बात यह है कि जिस आदमी ने हिन्दी सिनेमा के घोर व्यावसायिक माहौल में सैकड़ों ऐसे गीत दिए, जो सामान्यजन के हृदय की वाणी बन गए–जिनमें करुणा का अनन्त सागर लहरा उठा–उन्होंने जब निर्माता के रूप में पहली फिल्म का निर्माण किया, तो उन्होंने अपनी तमाम जिन्दगी की संचित पूँजी–अपने भावुक संवेदनशील हृदय की

मार्मिक वेदना को खो तो नहीं दिया? और यह वाकई आश्चर्यजनक है कि इस प्रश्न का उत्तर नकारात्मक है। शैलेन्द्र टूट गए, लेकिन वितरकों की गलत माँगों के आगे झुके नहीं। उन्होंने बॉक्स ऑफिस सफलता के लिए फिल्म की संवेदना का गला घोंटना मंजूर नहीं किया। 'तीसरी कसम' हिट हुई या फ्लॉप, अच्छी थी या बुरी–ये सब अलहदा बातें हैं। सबसे महत्त्वपूर्ण बात यह है कि इसमें शैलेन्द्र की संवेदनशीलता पूरी शिद्दत के साथ मौजूद है। उन्होंने ऐसी फिल्म बनाई थी जिसे सच्चा कवि-हृदय ही बना सकता था।

शैलेन्द्र ने राजकपूर की भावनाओं को शब्द दिए हैं। राजकपूर ने अपने अनन्य सहयोगी की फिल्म में उतनी ही तन्मयता के साथ काम किया, किसी पारिश्रमिक की अपेक्षा किए बगैर। शैलेन्द्र ने लिखा था कि वे राजकपूर के पास 'तीसरी कसम' की कहानी सुनाने पहुँचे तो कहानी सुनकर उन्होंने बड़े उत्साहपूर्वक काम करना स्वीकार कर लिया। पर तुरन्त गम्भीरतापूर्वक बोले– 'मेरा पारिश्रमिक एडवांस देना होगा।' शैलेन्द्र को ऐसी उम्मीद नहीं थी कि राजकपूर जिन्दगी-भर की दोस्ती का ये बदला देंगे। शैलेन्द्र का मुरझाया हुआ चेहरा देखकर राजकपूर ने मुसकुराते हुए कहा, 'निकालो एक रुपया, मेरा पारिश्रमिक! पूरा एडवांस'। शैलेन्द्र राजकपूर की इस याराना मस्ती से परिचित तो थे, लेकिन एक निर्माता के रूप में बड़े व्यावसायिक सूझबूझवाले भी चक्कर खा जाते हैं, फिर शैलेन्द्र तो फिल्म-निर्माता बनने के लिए सर्वथा अयोग्य थे। राजकपूर ने एक अच्छे और सच्चे मित्र की हैसियत से शैलेन्द्र को फिल्म की असफलता के खतरों से आगाह भी किया। पर वह तो एक आदर्शवादी भावुक कवि थे, जिसे अपार सम्पत्ति और यश तक की इतनी कामना नहीं थी जितनी आत्म-सन्तुष्टि के सुख की अभिलाषा थी। 'तीसरी कसम' कितनी ही महान फिल्म क्यों न रही हो, लेकिन यह एक दुखद सत्य है कि इसे प्रदर्शित करने के लिए बमुश्किल वितरक मिले। बावजूद इसके कि 'तीसरी कसम' में राजकपूर और वहीदा रहमान जैसे नामजद सितारे थे, शंकर-जयकिशन का संगीत था, जिनकी लोकप्रियता उन दिनों सातवें आसमान पर थी और इसके गीत भी फिल्म के प्रदर्शन के पूर्व ही बेहद लोकप्रिय हो चुके थे, लेकिन इस फिल्म को खरीदनेवाला कोई नहीं था। दरअसल इस फिल्म की संवेदना किसी दो से चार बनाने का गणित जाननेवाले की समझ से परे थी। उसमें रची-बसी करुणा तराजू पर तौली जा सकनेवाली चीज नहीं थी। इसलिए बमुश्किल जब 'तीसरी कसम' रिलीज हुई तो इसका कोई प्रचार नहीं हुआ। फिल्म कब आई, कब चली गई, मालूम ही नहीं पड़ा। दर्शकों ने इसे स्वीकार नहीं किया। लेकिन इस अस्वीकृति के पीछे सिर्फ जनरुचि को ही दोषी नहीं ठहराया जा सकता। यदि ऐसा होता तो बाद में एकाएक 'हाउस फुल' क्यों होते? हमारे यहाँ खोटे माल का तो अन्धाधुन्ध प्रदर्शन होता है, लेकिन अच्छी फिल्मों को वितरक यूँ प्रदर्शित करते हैं, मानो एहसान कर रहे हों। ऐसी फिल्मों का भविष्य पहले से ही तय कर लिया जाता है। वे 'बॉबी', 'शोले' और 'अमर अकबरों' की नकली रोशनियों के बीच खो जाती हैं। अपने गुरुत्व के बावजूद दर्शकों तक नहीं पहुँच पातीं। और दर्शकों का विकृत चटपटा स्वाद भी इस नए रंग को तुरन्त आत्मसात नहीं कर पाता। फिर ऐसी फिल्में टिकिट-खिड़की पर थोड़ी-सी ढीली पड़ते ही हॉल से तुरन्त निकाल बाहर की जाती हैं। इनके निर्माता की ऐसी हैसियत भी नहीं होती कि नकली 'हाउस फुल' के द्वारा फिल्म को घसीटकर सिल्वर-जुबिली तक पहुँचा सके।

पर ऐसा नहीं है कि शैलेन्द्र बीस सालों तक फिल्म इंडस्ट्री में रहते हुए भी वहाँ के

तौर-तरीकों से नावाकिफ थे, परन्तु उनमें उलझकर वे अपनी आदमियत नहीं खो सके थे। 'श्री 420' का एक लोकप्रिय गीत है–'प्यार हुआ, इकरार हुआ है, प्यार से फिर क्यूँ डरता है दिल।' इसके अन्तरे की एक पंक्ति–'रातें दसों दिशाओं से कहेंगी अपनी कहानियाँ' पर संगीतकार जयकिशन ने आपत्ति की। उनका खयाल था कि दर्शक 'चार दिशाएँ' तो समझ सकते हैं–'दस दिशाएँ' नहीं। लेकिन शैलेन्द्र परिवर्तन के लिए तैयार नहीं हुए। उनका दृढ़ मन्तव्य था कि दर्शकों की रुचि की आड़ में हमें उथलेपन को उन पर नहीं थोपना चाहिए। कलाकार का यह कर्तव्य भी है कि वह उपभोक्ता की रुचियों का परिष्कार करने का प्रयत्न करे। और उनका यकीन गलत नहीं था। यही नहीं, वे बहुत अच्छे गीत भी जो उन्होंने लिखे बेहद लोकप्रिय हुए। 1966 के बाद राजकपूर की फिल्मों के गीतों में एक ही कमी दिखलाई पड़ती है–कवि शैलेन्द्र की कमी। शैलेन्द्र ने झूठे आभिजात्य को कभी नहीं अपनाया। उनके गीत भाव-प्रणव थे–दुरूह नहीं। 'मेरा जूता है जापानी, ये पतलून इंगलिस्तानी, सर पे लाल टोपी रूसी, फिर भी दिल है हिन्दुस्तानी'–यह गीत शैलेन्द्र ही लिख सकते थे। शान्त नदी का प्रवाह और समुद्र की गहराई लिए हुए। यही विशेषता उनकी जिन्दगी की थी और यही उन्होंने अपनी फिल्म के द्वारा भी साबित किया।

'तीसरी कसम' यदि एकमात्र नहीं तो चन्द उन फिल्मों में से है जिन्होंने साहित्य-रचना के साथ शत-प्रतिशत न्याय किया हो। शैलेन्द्र ने राजकपूर जैसे स्टार को 'हीरामन' बना दिया था। हीरामन पर राजकपूर हावी नहीं हो सके। और छींट की सस्ती साड़ी में लिपटी 'हीराबाई' ने वहीदा रहमान की प्रसिद्ध ऊँचाइयों को बहुत पीछे छोड़ दिया था। कजरी नदी के किनारे उकड़ूँ बैठा हीरामन जब गीत गाते हुए हीराबाई से पूछता है 'मन समझती हैं न आप?' तब हीराबाई जुबान से नहीं आँखों से बोलती है। दुनिया-भर के शब्द उस भाषा को अभिव्यक्ति नहीं दे सकते। ऐसी ही सूक्ष्मताओं से स्पन्दित थी–'तीसरी कसम'। अपनी मस्ती में डूबकर झूमते-गाते गाड़ीवान–'चलत मुसाफिर मोह लियो रे पिंजरेवाली मुनिया।' सिया सुकुमारी के चरण-स्पर्श को लालायित पंडित, टप्पर-गाड़ी में हीराबाई को जाते हुए देखकर उनके पीछे दौड़ते-गाते बच्चों का हुजूम–'लाली-लाली डोलिया में लाली रे दुल्हनियाँ', एक नौटंकी की बाई में भी पवित्रता खोज लेनेवाला सरल हृदय गाड़ीवान! अभावों की जिन्दगी जीते लोगों के सपनीले कहकहे। प्यार खरीद-फरोख्त की चीज नहीं, एक भावना का नाम है, जो आदमी को सच्चा इनसान बनाती है। यही भावना अपने विशाल फलक पर प्रस्तुत होकर लैला को खुदा का प्रतिरूप बना देती है। इसी कारण हम राधा की पूजा करते हैं और यही बात सुजान नामक वेश्या का रूपान्तरण कवि घनानन्द के द्वारा ईश्वर में कराती है।

हमारी फिल्मों की सबसे बड़ी कमजोरी होती है, लोक-तत्व का अभाव। वे जिन्दगी से दूर होती हैं। यदि त्रासद स्थितियों का चित्रांकन होता है तो उन्हें ग्लोरीफाई किया जाता है। दुख का ऐसा वीभत्स रूप प्रस्तुत होता है जो दर्शकों का भावनात्मक शोषण कर सके। और 'तीसरी कसम' की यह खास बात थी कि वह दुख को भी सहज स्थिति में, जीवन-सापेक्ष प्रस्तुत करती है। तभी हीराबाई के इस प्रश्न पर कि यहाँ सभी लोग हर वक्त गाते क्यूँ रहते हैं? हीरामन यह जवाब दे पाता है–'फटै कलेजा गाओ गीत, दुख सहने की ये ही रीत।' 'तीसरी कसम' में औरत की अस्मिता को जितने सहज रूप में और जीवन्तता से प्रस्तुत किया है, वैसा हिन्दी फिल्मों

में शायद ही कहीं अन्यत्र मिले। हीराबाई को किसी तरह अतिरंजित नहीं किया गया। वह कहीं विद्रोही भी प्रतीत नहीं होती। आखिर यदि कोई नाचने-गाने वाली को रंडी कहता है, तो उसके लिए किसी को झगड़ा करने की जरूरत क्या है? उसे अपनी पवित्रता का प्रमाण-पत्र किसी और से नहीं पाना है। वह जैसी है, जिस रूप में है, उसी रूप में उस आदमी के सामने भी प्रस्तुत है, जो उसे जीवन की सम्पूर्ण पवित्रता और गरिमा का प्रतिरूप 'देवी' मानता है। शैलेन्द्र ने किसी भी हालत में औरत के इस गरिमामय साहसी रूप को व्यावसायिक आधार पर कुंठित नहीं किया। ऐसा भी नहीं कि हीराबाई के भीतर एक खूबसूरत, आदर्श जिन्दगी की ललक नहीं है–है, और पूरी शिद्दत के साथ है–इसीलिए जब जमींदार कहता है कि 'सती-सावित्रियाँ बनाने से नहीं बना करतीं, हीराबाई'–तो वह भड़क उठती है–'जब आप जैसे लोग सती-सावित्रियों को बाजारी औरत बना सकते हैं, तो कोई ऐसा क्यों नहीं हो सकता जो बाजारू औरत को सती-सावित्री बना दे?' हीराबाई के भीतर यह ख्वाहिश बेपनाह मुहब्बत के साथ पाली गई है कि वह एक दिन ऐसा पा सके अपनी जिन्दगी में जिसमें औरत होने की सार्थकता सम्पूर्णता में जी सके। हीराबाई को हजारों चाहनेवाले मिले, मुहब्बत का इजहार करनेवाले मिले, जान-ओ-दिल लुटा देनेवाले मिले, लेकिन ऐसा कोई पहली बार मिला जो उसे 'कुँवारी' समझे, जो उसके भीतर थरथराहट पैदा कर सके–जिसका नाच चार आने फेंककर सारी दुनिया देख सकती है, उसे इस तरह परदे में छिपाकर ले आए कि यदि कोई देख लेगा तो नजर लग जाएगी। हीराबाई को हीरामन 'सपनों की देवी' बना देता है। वह सारी दुनिया को मुहब्बत के आगे झुठला देता है। ऐसे आदमी के सपनों को कैसे तोड़ सकती है हीराबाई? इसीलिए 'तीसरी कसम' का अन्त दहला देनेवाला बन गया है। बेचैनी, मिलन की छटपटाहट और कभी न मिल सकने की निष्ठुर विवशता–सब एक साथ मूर्तिमान हो उठते हैं। हीरामन जी-जान लड़ाकर स्टेशन जा पहुँचता है। हीराबाई को ले जानेवाली रेलगाड़ी प्लेटफार्म पर आ चुकी है। दलाल को हड़बड़ी है, कहीं गाड़ी छूट न जाए। हीरामन, हमेशा बक-बक करनेवाला हीरामन एकदम चुपचाप हो गया है, जैसे आवाज ही छिन गई हो! और हीराबाई अपनी स्मृतियों का दुशाला उसके कन्धों पर डालते हुए, कह रही है 'महुआ को सौदागर ने खरीद लिया, हीरामन...।' हीराबाई गई, लेकिन वह भावना नहीं खत्म हो सकी जो स्त्री को जिन्दगी का स्पन्दन बना देती है। कोई एक-दूसरे से कुछ नहीं कहता, कोई गिले-शिकवे नहीं होते, लेकिन सब-कुछ कह दिया जाता है, सुन लिया जाता है। हीराबाई को जब उसकी सहेली नजमा सलाह देती है हीरामन से एक बार सब-कुछ कह देने के लिए, तब उसका यही जवाब होता है–'जब कहना चाहिए था तब न कहकर एक गलती की, अब जब नहीं कहना चाहिए तब कहकर दूसरी गलती नहीं करूँगी।' कुछ न कहते हुए भी सब-कुछ कह देना ही 'तीसरी कसम' का सबसे बड़ा कौशल है–जिसे कहानी से अधिक तीव्रता से सैल्युलाइड पर निर्देशक बासु भट्टाचार्य प्रस्तुत करने में सफल हुए हैं।

मैंने शैलेन्द्र को गीतकार नहीं, कवि कहा है। वे सिनेमा की चकाचौंध के बीच रहते हुए यश और धन-लिप्सा से कोसों दूर थे। जो बात उनकी जिन्दगी में थी वही उनके गीतों में भी। उनके गीतों में सिर्फ करुणा नहीं, जूझने का संकेत भी था और वह प्रक्रिया भी मौजूद थी जिसके तहत अपनी मंजिल तक पहुँचा जाता है। व्यथा आदमी को पराजित नहीं करती, उसे आगे बढ़ने का सन्देश देती है–

'छोटे-से घर में गरीब का बेटा, मैं भी हूँ माँ के नसीब का बेटा
रंजो-ग़म बचपन के साथी, आँसुओं से जली जीवन-बाती
भूख ने है बड़े प्यार से पाला
ग़म से अभी आज़ाद नहीं हूँ, खुश हूँ मगर आबाद नहीं हूँ
मंज़िल मेरे पास खड़ी है, पाँव में लेकिन बेड़ी पड़ी है
टाँग अड़ाता है दौलतवाला।'

यूँ हसरत जयपुरी गीतकार के रूप में शैलेन्द्र से सीनियर थे, लेकिन इस क्षेत्र में आगे चलकर शैलेन्द्र ने आधिक सफलता प्राप्त की। शंकर-जयकिशन के साथ शैलेन्द्र और हसरत की जोड़ी सुनिश्चित होती थी। यूँ दोनों गीतकारों ने अलग-अलग भी अन्य संगीत-निर्देशकों के साथ गीत लिखे, लेकिन बहुत कम। 'तीसरी कसम' में जिस गीत में हीरामन, हीराबाई को महुआ घटवारिन की कहानी सुनाता है, वह हसरत जयपुरी की श्रेष्ठ काव्य-रचना है–

दुनिया बनाने वाले क्या तेरे मन में समाई
काहे को दुनिया बनाई
प्रीत बना के जीना सिखाया, हँसना सिखाया, रोना सिखाया
जीवन पथ पर मीत मिलाए
मीत मिला के तूने सपने जगाए
सपने जगा के तूने काहे को दे दी जुदाई?

शैलेन्द्र ने 'तीसरी कसम' को अपनी भावप्रवणता का सर्वश्रेष्ठ तथ्य प्रदान किया। मुकेश की आवाज में शैलेन्द्र का यह गीत जो अद्वितीय बन गया है–

सजनवा बैरी हो गए हमार
चिठिया हो तो हर कोई बाँचे भाग न बाँचे कोय
करमवा बैरी हो गए हमार
जाय बसे परदेस सजनवा सौतन के भरमाए
न सन्देस न कोई खबरिया रुत आए रुत जाए
डूब गए हम बीच भँवर में करके सोला पार
सजनवा बैरी हो गए हमार
सूनी सेज गोद मोरी सूनी मरम न जाने कोय
छटपट तड़पे प्रीत बेचारी ममता आँसू रोय
न कोई इस पार हमारा न कोई उस पार
सजनवा बैरी हो गए हमार।

अभिनय के दृष्टिकोण से 'तीसरी कसम' राजकपूर की जिन्दगी की सबसे हसीन फिल्म है। राजकपूर–जिसे समीक्षक और कला-मर्मज्ञ आँखों से बात करनेवाला कलाकार मानते हैं, 'तीसरी कसम' में मासूमियत के चरमोत्कर्ष को छूता है। अभिनेता राजकपूर जितनी ताकत के साथ 'तीसरी कसम' में मौजूद है, उतना 'जागते रहो' में भी नहीं। 'जागते रहो' में राजकपूर के अभिनय को बहुत सराहा गया था, लेकिन 'तीसरी कसम' वह फिल्म है जिसमें राजकपूर अभिनय नहीं करते। वह हीरामन के साथ एकाकार हो गए हैं। खालिस देहाती भुच्च गाड़ीवान

जो सिर्फ दिल की जुबान समझता है, दिमाग की नहीं। जिसके लिए मुहब्बत के सिवा किसी दूसरी चीज का कोई अर्थ नहीं। बहुत बड़ी बात यह है कि 'तीसरी कसम' राजकपूर के अभिनय-जीवन का वह मुकाम है, जब वह एशिया के सबसे बड़े शोमैन के रूप में स्थापित हो चुके थे। उनका अपना व्यक्तित्व एक किंवदन्ती बन चुका था। लेकिन 'तीसरी कसम' में वह महिमामय व्यक्तित्व पूरी तरह हीरामन की आत्मा में उतर गया है। वह कहीं हीरामन का अभिनय नहीं करते, अपितु खुद हीरामन में ढल गए हैं। हीराबाई की फेनू-गिलासी बोली पर रीझता हुआ, उनकी 'मनुआ-नटुआ' जैसी भोली सूरत पर न्यौछावर होता हुआ और हीराबाई की तनिक-सी उपेक्षा पर अपने अस्तित्व से जूझता हुआ सच्चा हीरामन बन गया है।

'तीसरी कसम' की पटकथा मूल कहानी के लेखक फणीश्वरनाथ रेणु ने स्वयं तैयार की थी। कहानी का रेशा-रेशा, उसकी छोटी-से-छोटी बारीकियाँ फिल्म में पूरी तरह उतर आईं। लेकिन 'तीसरी कसम' के लिए शैलेन्द्र को शहीद होना पड़ा। फिल्म के रिलीज होने के छह वर्ष बाद जब 'तीसरी कसम' की पटकथा पुस्तकाकार सन् 1972 में हिन्दी पॉकेट बुक्स दिल्ली द्वारा प्रकाशित की गई तब फणीश्वरनाथ रेणु ने उसे शैलेन्द्र को समर्पित करते हुए लिखा–'स्वर्गीय शैलेन्द्र को! जिनकी याद जिन्दगी-भर आती रहेगी। जब-जब कहीं कोई 'सजनवा बैरी' गाएगा अथवा 'सजन से झूठ मत बोलो', उसकी मुसकुराती छवि 'केऽइन' होगी और मैं पूछूँगा–पूछता रहूँगा उससे–'क्यों जीवन के पथ पर मिले मीत, क्यों गीतों भरे सपने जगाए...? काहे को दे दी जुदाई...?? क्यों-ओ कविराज??'' शैलेन्द्र ने इस दुनिया से जुदा होने के लिए ऐसा दिन चुना जो हमेशा-हमेशा के लिए राजकपूर के दिल में एक जख्म छोड़ गया। 1966 में 14 दिसम्बर के दिन शैलेन्द्र सदा-सदा के लिए चले गए। 14 दिसम्बर राजकपूर का जन्म-दिन! राजकपूर ने अपनी संस्था के लिए जिन अप्रतिम व्यक्तित्वों की माला गूँथी थी उसका एक चमकदार मोती खो गया। शैलेन्द्र की मृत्यु राजकपूर के लिए पहला बहुत बड़ा हादसा थी। इसके बाद आनेवाले वर्षों में उनके और कई साथी धीरे-धीरे उनका साथ छोड़ते चले गए। संगीतकार जयकिशन, गायक मुकेश और कला-निर्देशक एम.आर.आचरेकर। 'आग' से लेकर 'मेरा नाम जोकर' तक इन सभी व्यक्तियों ने मिलकर आर.के. फिल्म्स के कृतित्व को अनछुई ऊँचाइयों तक पहुँचाया है। मुकेश की मृत्यु पर राजकपूर ने कहा था–'मैं गूँगा हो गया। मेरी आवाज खो गई।' मुकेश की आवाज सचमुच ऐसी ही प्रतीत होती है, जैसे वह राजकपूर के लिए ही बनी हो। राजकपूर ने यह भी कहा कि अब मैं एक ऐसा दीया रह गया हूँ जिसकी रोशनी गुल हो गई है। मुकेश के स्वर में एक ओर निराशा में डूबा हुआ करुण क्रन्दन व्यक्त हुआ वहीं दूसरी ओर गहरी मिठास भी और इनके साथ जिन्दगी के उल्लास की चमकती तरंगें भी। करुणा, दर्द, माधुर्य और उल्लास का अनोखा सम्मिश्रण था मुकेश की आवाज में।

'तीसरी कसम' निर्देशक के रूप में बासु भट्टाचार्य की पहली फिल्म थी। कभी-कभी पहली फिल्म की अद्वितीयता कलाकार के विकास की बहुत बड़ी बाधा बन जाती है। सायरा बानो की पहली फिल्म 'जंगली', जिसमें शम्मी कपूर नायक थे, अपार सफल हुई। इसमें सायरा ने जितना सुन्दर अभिनय किया था, उससे वे कभी आगे नहीं जा सकीं। वह चुलबुलाहट और मासूमियत जो

सायरा ने 'जंगली' में पैदा की थी, हमेशा के लिए एक कीर्तिमान बनकर रह गई, सायरा बाद में कभी उसका अतिक्रमण नहीं कर सकीं। स्व. जयन्त अपने समय के दिग्गज खलनायक थे। चरित्र-अभिनय में भी उन्होंने अनछुई ऊँचाइयों को स्पर्श किया। स्व. जयन्त के बड़े बेटे अमजद खान एक लम्बे अरसे तक हिन्दी फिल्मों में प्रवेश नहीं पा सके। अपने पिता की ही तरह अपार प्रतिभा का धनी यह कलाकार वर्षों जूझता रहा। उसे मौका मिला जी.पी.सिप्पी की 'शोले' में जो बॉक्स-ऑफिस पर महानतम सफल फिल्म साबित हुई। इसमें धर्मेन्द्र, संजीव कुमार, अमिताभ बच्चन, हेमा मालिनी और जया भादुड़ी जैसे नामजद और बड़े सितारे थे, लेकिन 'शोले' की अपार सफलता का श्रेय मिला अमजद खान को। गब्बर सिंह एक ऐसा कीर्तिमान बन गया जिसे स्वयं अमजद को तोड़ने में वर्षों का समय लग गया। लेकिन अमजद इस घेरे से भी बाहर निकल सके, यह सचमुच उनकी क्षमता का प्रभाव है। पहली सफलता अकसर कलाकार के लिए एक बड़ा व्यवधान बन जाती है। वह उसे स्थापित तो कर देती है, किन्तु भविष्य के प्रति प्रश्नचिन्ह भी बनती है। उस सफलता की इमेज के घेरे से बाहर निकल पाना कठिन होता है। कभी-कभी तो कलाकार स्वयं उसमें कैद होकर राहत महसूस करता है, भले ही उसकी सम्भावनाओं के पंख कट जाएँ। आठवें दशक में ऐसा ही हादसा दो अत्यन्त सम्भावनापूर्ण और क्षमतावान कलाकारों के साथ हुआ—राजेश खन्ना और अमिताभ बच्चन। पर इनके बारे में अभी यहाँ नहीं। बासु भट्टाचार्य को बाद में अनेक फिल्मों के बावजूद दर्शकों द्वारा नहीं पहचाना गया। कभी-कभी व्यक्ति की गलत जिद उसके व्यक्तित्व के विकास की बड़ी बाधा बन जाती है। बासु के साथ यही हुआ। वरना उनमें अनन्त सम्भावनाएँ थीं।

'संगम' के बाद राजकपूर अपने जीवन की सबसे महत्त्वाकांक्षी फिल्म 'मेरा नाम जोकर' के निर्माण में व्यस्त हो गए। 'मेरा नाम जोकर' तक पहुँचने के लिए राजकपूर ने 'जिस देश में गंगा बहती है' और 'संगम' से ऊँची व्यावसायिक साख बना ली थी। 'जोकर' एक करोड़ से भी अधिक बजट की फिल्म थी। तब तक इतनी महँगी कोई दूसरी फिल्म नहीं बनाई गई थी। कुछ सबक राजकपूर ने 'जागते रहो' की असफलता से लिया था और उससे भी बड़ा सबक उन्हें मिला 'तीसरी कसम' की असफलता से। यद्यपि राजकपूर 'तीसरी कसम' के सिर्फ नायक थे, किन्तु वह फिल्म उनके बेहद अजीज दोस्त ने बनाई थी। और इसी फिल्म ने उसे असमय मार भी डाला। सचमुच शैलेन्द्र हिन्दी सिनेमा को ऊँची जगह पर पहुँचाने के असफल प्रयास में शहीद हो गए। राजकपूर अपनी तमाम जिन्दगी के सपनों की फिल्म तो बनाना चाहते थे, पर यह भी चाहते थे कि उसे सारी दुनिया देखे। उसके दर्द को महसूस करे और उसमें डूब जाए। 'जोकर' के निर्माण में उन्होंने सिर्फ रुपया ही नहीं लगाया, अपना तमाम कौशल, अपनी पूरी शक्ति भी लगा दी। यदि राजकपूर के लिए सिनेमा सिर्फ व्यवसाय होता तो वह 'जिस देश में गंगा बहती है' और 'संगम' जैसी अपार सफल फिल्मों के बाद 'जोकर' जैसी संवेदनशील फिल्म बनाने की बात सोचते भी नहीं। एक ऐसी फिल्म, जिसका दार्शनिक नजरिया बमुश्किल ही समझा जा सकेगा—यह बात जानकर भी।

'संगम' और 'मेरा नाम जोकर' के बीच में 'तीसरी कसम' के अतिरिक्त अभिनेता के रूप में राजकपूर की तीन और फिल्में प्रदर्शित हुईं। 1967 में 'अराउण्ड द वर्ल्ड' और 'दीवाना' तथा 1968 में 'सपनों का सौदागर'। ये तीनों ही फिल्में किसी भी दृष्टि से उल्लेखनीय साबित नहीं

हुईं। वस्तुतः ये फिल्में नायक के रूप में भी राजकपूर के अवसान की घोषणा करती नजर आती हैं। 'अराउंड द वर्ल्ड' में कथा-सूत्र एकदम गायब था। अपने बेहद सुन्दर छायांकन, मधुर संगीत और दुनिया-भर के मनमोहक दृश्यों के बावजूद 'अराउंड द वर्ल्ड' फुसफुसी फिल्म थी। इसमें राजकपूर की नायिका थीं षोड़षी राजश्री। महान निर्माता-निर्देशक व्ही. शान्ताराम की पुत्री राजश्री को उन्होंने ही अपनी फिल्म 'गीत गाया पत्थरों ने' में पहली बार प्रस्तुत किया था। राजश्री अपनी आकर्षक देहयष्टि और अभिनय-क्षमता के कारण शीघ्र ही अग्रणी नायिकाओं में पहुँच गईं, लेकिन हिन्दी सिनेमा का माहौल उन्हें रास नहीं आया और वह शीघ्र ही अपना घर बसाकर हिन्दुस्तान के बाहर चली गईं। राजश्री के व्यक्तित्व की सबसे बड़ी खासियत थी—उनकी अत्यन्त चंचल मादक आँखें, जिनमें देखनेवालों को मदहोश कर देने की क्षमता थी।

महेश कौल हिन्दी सिनेमा के वयोवृद्ध व्यक्तित्व थे। 'दीवाना' और 'सपनों का सौदागर' के निर्देशक वही थे। यह बड़े दुर्भाग्य की बात है कि उन जैसे समर्थ आदमी के हाथों 'दीवाना' और 'सपनों का सौदागर'—दोनों ही फिल्मों में राजकपूर की भोले-मासूम इनसान की छवि का सबसे घटिया उपयोग हुआ। 'दीवाना' में यद्यपि राजकपूर ने अपनी क्षमता को पूरी तरह दाँव पर लगा दिया, लेकिन बार-बार दोहराए गए दृश्यों, खोखले सन्दर्भों, सस्ती भावुकता और बनावटी आदर्शवादिता से बुनी गई इस अविश्वसनीय फिल्म में वे प्राण नहीं फूँक सके। इस फिल्म में उनकी नायिका थीं—सायरा बानो। फिल्म की गति इतनी ढीली थी कि उकताहट पैदा होने लगती थी। राजकपूर के स्थापित चरित्र पर सैकड़ों बार आजमाए गए नुस्खों की बेहूदी पुनरावृत्ति ने फिल्म को आकर्षणहीन बना दिया था। सातवें दशक की समाप्ति तक पहुँचते-पहुँचते हिन्दी सिनेमा धीमी गतिवाली फिल्मों से दूर होता जा रहा था। फिल्मों की क्लाइमेक्स में मार-धाड़ के दृश्यों को महत्त्व दिया जाने लगा था। कहानी के साथ तारतम्य बैठता हो या नहीं, फिल्मों में तेज गति ही सर्वाधिक महत्त्वपूर्ण बन गई थी। तेज गति से दर्शकों को बाँधे रहने का उपाय हमेशा निर्देशकीय अक्षमता का प्रमाण होता है। हिन्दी सिनेमा में निर्देशक की पकड़ ढीली पड़ती जा रही थी और 'स्टार' की अहमियत तेजी से बढ़ने लगी थी। इसका कारण था महबूब, शान्ताराम, बिमल राय और गुरुदत्त जैसे समर्थ निर्देशकों का निरन्तर बढ़ता अभाव। फिल्मों में वही नाम अहमियत रखता है जिसे सफलता की कुंजी माना जाए। चूँकि अब फिल्में अपने निर्देशक की बजाय सितारों के नाम से पहचानी जाने लगी थीं, इसलिए उनका महत्त्व और हस्तक्षेप बढ़ जाना नितान्त स्वाभाविक था। इस स्थिति को मौका रहते हुए न पहचानने के कारण 70 के बाद तो हालात और भी बदतर होते चले गए। बड़ी-बड़ी निर्माण-संस्थाएँ अपना अस्तित्व खो बैठीं। निर्देशकों ने घुटने टेक दिए। सितारे उन्हें अपनी उँगलियों पर नचाने लगे। अनुभवहीन निर्देशकों तथा फिल्म और आलू के व्यवसाय में कोई अन्तर न माननेवाले निर्माताओं की बाढ़ आ जाने के कारण फिल्मों का बजट अन्धाधुन्ध बढ़ने लगा। इन हालात ने फिल्मों को निर्माताओं की मर्जी से भी बाहर निकाल दिया। फिल्मों पर उन पूँजीपतियों का नियन्त्रण हो गया जो फिल्मों में पैसा लगाते हैं। फिल्म-उद्योग की भाषा में इन्हें 'फाइनेंसर' कहा जाता है। यह फाइनेंसर फिल्मों के हीरो-हिरोइन भी निर्धारित करता है और फिल्म की मार्केट-वैल्यू बढ़ाने के लिए उसमें हिंसा और सैक्स के सैकड़ों बार आजमाए गए सौ फीसदी मुफीद नुस्खों को भी भरवाता है। कहानी में आवश्यकता हो या न हो, यदि वह चाहता है कि उसमें हेलन या बिन्दू या कल्पना अय्यर

का एक कैबरे जोड़ा जाना चाहिए तो बड़े-से-बड़ा निर्माता-निर्देशक भी उसकी राय मानने के लिए मजबूर होता है। फाइनेंसर के साथ ही एक और हस्ती जुड़ती है जिसे कहते हैं वितरक या डिस्ट्रीब्यूटर। वितरकों से फिल्म-निर्माण के दौरान ही पैसा वसूल करने की और विभिन्न क्षेत्रों के लिए फिल्म बेच देने की भ्रष्ट प्रथा का आरम्भ होते ही उनका हस्तक्षेप भी बढ़ जाना स्वाभाविक था। कुल मिलाकर आठवें दशक में हिन्दी सिनेमा पूरी तरह रोजगारियों के चंगुल में जा फँसा। सफलता के सारे मापदण्ड व्यवसाय में केन्द्रित हो गए। कलात्मकता जैसी बातें पूरी तरह अर्थहीन हो गईं।

दरअसल इन फिल्मों की ओर आरम्भ में ही ध्यान नहीं दिया गया। समर्थ निर्माता और निर्देशक भी इनके चंगुल में फँसते ही चले गए। सफलता की अन्धी दौड़ में उनका आँख मूँदकर शरीक होना हिन्दी सिनेमा के लिए अभिशाप बन गया। यदि सातवें दशक के आरम्भ में ही समर्थ निर्माताओं और निर्देशकों ने वक्त के इशारे को पहचाना होता और प्रतिस्पर्धा की रपटीली खाइयों में उतरने की जगह अच्छे सिनेमा को प्रोत्साहित करने की दिशा में आगे कदम बढ़ाया होता तो स्थिति सम्भवतः उतनी बदतर नहीं बनती जितनी कि वह आज है। पर आजादी के बाद हिन्दी सिनेमा की बाजी हमेशा उन्हीं के हाथों में रही है जिन्होंने मनोरंजन के नाम पर दर्शकों को कूड़ा-करकट देने में कोई कमी उठाकर नहीं रखी।

महेश कौल जैसे समर्थ निर्देशक के द्वारा जब 'दीवाना' जैसी फिल्म का निर्माण किया जाए तब इस बारे में कोई शंका नहीं होनी चहिए कि फिल्में अपने महत्त्व को बहुत शीघ्र नष्ट कर डालेंगी। 'दीवाना' के बाद 1968 में प्रदर्शित 'सपनों का सौदागर' भी महेश कौल के निर्देशन में ही बनी थी। और इस फिल्म ने एक बार फिर यह प्रमाणित किया कि वे निर्देशक के रूप में अपनी पकड़ पूरी तरह खो चुके हैं। जिस तरह 'तीसरी कसम' राजकपूर के अभिनेता-व्यक्तित्व की श्रेष्ठतम फिल्मों में है उसी प्रकार 'सपनों का सौदागर' उसका सबसे घटिया रूप है। 'दीवाना' और 'सपनों का सौदागर'– दोनों ही फिल्मों में शंकर-जयकिशन का संगीत तथा शैलेन्द्र और हसरत के गीत थे। जैसा कि राजकपूर की फिल्मों के साथ हमेशा हुआ है, 'दीवाना' के गीत अत्यन्त लोकप्रिय हुए। 'दीवाना' में कुछ छह गीत थे और छहों मुकेश की आवाज में, जिन्हें परदे पर राजकपूर ने गाया था। 'दीवाना मुझको लोग कहें मैं समझूँ जग है दीवाना', 'पते की बात करेगा जब भी दीवाना', 'हम तो जाते अपने गाम, अपनी राम-राम-राम', 'तारों से प्यारे दिल के इशारे', 'अय सनम जिसने तुझे चाँद-री सूरत दी है' और 'तुम्हारी भी जय-जय हमारी भी जय-जय, न तुम हारे न हम हारे'–ये सभी गीत बहुत लोकप्रिय हुए। मुकेश का स्वर, शैलेन्द्र और हसरत जयपुरी के शब्द तथा शंकर-जयकिशन की जुदाई की धुनों ने उनमें असीम लालित्य भर दिया। पर ये गीत फिल्म के बाहर ही मधुर लगते हैं। इनके गलत चित्रांकन ने इनकी आत्मा को ही नष्ट कर दिया। यही कारण है कि 'दीवाना' किसी दृष्टि से उल्लेखनीय फिल्म नहीं हो सकी।

हिन्दी सिनेमा में बगैर किसी विशिष्ट अभिनय-प्रतिभा के लगभग एक दशक तक शीर्षस्थ स्थान पर रहनेवाली नायिका हेमा मालिनी की पहली फिल्म 'सपनों का सौदागर' थी। उनके नाम के साथ जोड़ा गया 'स्वप्न-सुन्दरी' विशेषण खूब कारगर साबित हुआ। 'सपनों का सौदागर' भले ही एक घटिया फिल्म रही हो, पर उसके माध्यम से हिन्दी सिनेमा में प्रवेश करने वाली हेमा

मालिनी लम्बे समय तक हिन्दी सिनेमा में महत्त्वपूर्ण बनी रहीं। 'सपनों का सौदागर' में हेमा मालिनी की भूमिका को महत्त्व भी अधिक दिया गया था। उस समय तक नायिका के रूप में तब तक की लगभग सभी स्थापित नायिकाएँ या तो फिल्मों से दूर होती चली जा रही थीं या उनका कैरियर ढलान की ओर था। मीनाकुमारी, वैजयन्तीमाला, माला सिन्हा, नूतन आदि की भी यही स्थिति थी। विशेष रूप से वैजयन्तीमाला के हिन्दी सिनेमा से दूर हो जाने के कारण एक नर्तकी-अभिनेत्री का अभाव बहुत महसूस किया जा रहा था। ऐसी स्थिति में हेमा मालिनी का स्वागत होना सहज और स्वाभाविक था। बाद की फिल्मों में हेमा को बड़े बैनर, अच्छे निर्देशक और लोकप्रिय हीरो भी मिले, जिनके कारण वह लोकप्रियता की चरम ऊँचाइयों तक पहुँच सकीं। सातवें और आठवें दशक की सबसे मशहूर जोड़ी धर्मेन्द्र और हेमा मालिनी की ही प्रमाणित हुई, जिसे बॉक्स-ऑफिस पर खूब सफलता मिली। धर्मेन्द्र और हेमा मालिनी ने पच्चीस से अधिक फिल्मों में एक साथ काम किया। संख्या की दृष्टि से इन्होंने हिन्दी सिनेमा की सबसे पुरअसर जोड़ी राज-नरगिस का रिकॉर्ड भी तोड़ दिया। यह अलग बात है कि इन फिल्मों में 'आवारा', 'श्री 420' और 'चोरी-चोरी' जैसी कोई अद्वितीय फिल्म नहीं है। फिर भी राज-नरगिस के बाद धर्मेन्द्र-हेमा की जोड़ी सर्वाधिक सफल हुई है।

'सपनों का सौदागर' के निर्माता बी. अनन्थना ने बहुत सुव्यवस्थित और आकर्षक प्रचार किया था। प्रदर्शन के पूर्व ही प्रचार की श्रेष्ठता ने 'सपनों का सौदागर' के लिए दर्शकों के मन में तीव्र उत्सुकता भर दी थी। फिल्म के प्रदर्शित होने पर अपनी अपेक्षाओं के अनुरूप न पाकर दर्शकों पर इसकी प्रतिकूल प्रतिक्रिया भी हुई। इसमें राजकपूर की मासूमियत को इतना बेहूदा बना दिया गया था, उनका चरित्र इतना खोखला था कि वह बेहद नकली और अरुचिकर लगा। 'दीवाना' के सदृश्य ही 'सपनों का सौदागर' में भी राजकपूर और हेमा मालिनी की जोड़ी दर्शकों को एकदम बेमेल लगी। इसके संगीत में भी वह कशिश नहीं थी। राजकपूर पर कुर्बान होती हेमा मालिनी और उससे दामन बचाते राजकपूर इसलिए और भी कृत्रिम लगे, क्योंकि दर्शकों को नायक के प्रति नायिका के इस तरह कुर्बान होने का कोई उपयुक्त कारण समझ में नहीं आता। 'सपनों का सौदागर' में प्रेम-दृश्य एक तमाशे से अधिक कुछ नहीं थे। इसलिए दर्शक भावनात्मक गहराई के अभाव में उनकी कोई तार्किक परिणिति भी नहीं खोज सके। जबलपुर में सुभाष छवि-गृह में जब यह फिल्म रिलीज हुई तो राजकपूर के ऊपर किसी दर्शक ने चिल्लाकर कमेन्ट किया–'खसुआ कहीं का!' कुछ ही क्षणों बाद हॉल में एक दहाड़ती हुई आवाज–'कौन है साला! माँ का दूध पिया है तो सामने आओ।' हल्ला-गुल्ला बढ़ा, मारपीट की नौबत आ गई। फिल्म रोक दी गई। मैंने देखा तो आश्चर्यचकित रह गया। चुनौती देनेवाले सज्जन को मैं जानता था–वे मेरे कार्यालय के समीप पान का ठेला लगाते थे। शरीराकृति से पूरी तरह पहलवान दिखनेवाले यह सज्जन अकसर अपने ठेले पर सिर्फ लुंगी लपेटे विराजमान रहते। उन्होंने अपने ठेले में एक ओर राजकपूर और दूसरी ओर दारा सिंह की फोटो लगा रखी थी। उनके बारे में यह जग-जाहिर था कि वे राजकपूर और दारा सिंह की बुराई नहीं सुन सकते। सिनेमा-हॉल में उनका यह प्रचण्ड रूप देखकर मेरे भीतर उनके बारे में स्वाभाविक जिज्ञासा जागृत हुई। एक दिन उनके ठेले पर पान खाते हुए हिम्मत कर मैंने सिनेमा-हॉल का जिक्र छेड़ दिया। मैंने कहा– 'देखिए, मैं भी राजकपूर का प्रशंसक हूँ। मैं मानता हूँ कि राजकपूर बढ़िया ऐक्टर है। पर यदि

कोई अरुचिकर बात कहे तो इस पर किसी से झगड़ा करने से क्या फायदा?' इस पर पहलवान जी ने जो जवाब दिया, उसने मुझे स्तब्ध कर दिया। वे बोले–'आप भी क्या बात करते हैं, बाबूजी? ऐक्टर तो दिलीप कुमार से बढ़कर कोई दूसरा पैदा हुआ ही नहीं। वह भी कोई ऐक्टर है! राजकपूर तो बस राजकपूर ही है। उसे गाली देनेवाला यदि उस दिन मिल जाता तो उसकी चटनी बनाए बगैर न छोड़ता।' मेरा दिमाग चकरा गया। जो राजकपूर का इतना बड़ा भक्त है वह उसे ऐक्टर ही नहीं मानता! लेकिन यदि ठंडे दिमाग से सोचें तो इसमें कहीं कोई विरोधाभास नहीं है। वस्तुतः राजकपूर अपने अनेक चरित्रों के द्वारा इतने सामान्य रूप में प्रस्तुत हुए हैं कि वह अधिकांशतः ऐक्टर प्रतीत होते ही नहीं। वह तो बस अपनी ही परछाईं लगते हैं, जिसे आदमी एप्रीशिएट नहीं करता, बल्कि उससे मुहब्बत करता है। राजकपूर की सबसे बड़ी उपलब्धि है कि उनका बड़प्पन दिखलाई नहीं पड़ता। वह आतंकित नहीं करता, अभिभूत करता है। उनकी छवि का सम्मोहन नजदीक लाता है, विशिष्ट बनाने की जगह सामान्य बनाता है। इसलिए उनके अभिनय की बारीकियों को अकसर नहीं पहचाना गया और यही कारण है समाजवादी मुल्कों में उनकी अतिशय लोकप्रियता का। वह आदमी के भीतर सच्चाई को जगाते हैं। उसके भीतर जिन्दगी का मोह पैदा करते हैं–उन स्थितियों में भी जिनमें जिन्दगी बोझ प्रतीत होने लगती है।

जोकर' 1970 के दिसम्बर में अखिल भारतीय स्तर पर एक साथ प्रदर्शित हुई। प्रत्यक्ष रूप से तो इसके निर्माण में लगभग छह वर्षों का समय और एक करोड़ रुपया लगा था, किन्तु अप्रत्यक्ष रूप से राजकपूर की पूरी जिन्दगी इस सपने के साथ जुड़ी हुई थी। 'जोकर' अपने समय की सबसे महँगी फिल्म थी और निश्चय ही राजकपूर इसके माध्यम से लूटने के लिए नहीं, अपने कलाकार की मुक्ति की उद्दाम आकांक्षा से उद्वेलित होकर निकले थे। 'जोकर' का तमाशा लगातार लोगों ने सराहा था, उसे सिर-आँखों पर बिठाया था, लेकिन उसकी अन्दरूनी पीड़ा से तादात्म्य स्थापित करने से उन्होंने कतई इनकार कर दिया। 'जोकर' में वे उस मसखरे को नहीं ढूँढ़ पाए जिसकी तलाश में वे लम्बी-चौड़ी उम्मीदें लगाए सिनेमाघरों तक खिंचे चले आए थे। प्रेम जो राजकपूर की हर फिल्म की अदम्य शक्ति है, 'जोकर' में सामान्यीकृत होकर इतने विशाल धरातल पर फैल गई है कि वह किसी बँधे-बँधाए चौखटे में कैद नहीं रह पाती, अपितु सारी दुनिया उसकी भागीदार बन जाती है। प्रेम का इतना विस्तृत और मानवीय विकास होता है कि उसका फलक बढ़कर 'आई विल मेक क्राइस्ट लाफ' तक पहुँच जाता है। जोकर एक ऐसे दिल का मालिक है जिसमें सारी दुनिया का गम समा सकता है। 'जोकर' के बचपन की भूमिका राजकपूर के दूसरे बेटे ऋषि कपूर ने निभाई थी जिसे राजकपूर ने '73 में 'बॉबी' में नायक के रूप में पेश किया और 'बॉबी' की अद्वितीय सफलता ने उसे रातों-रात स्टार बना दिया। बचपन में 'जोकर' क्राइस्ट की उदास मूर्ति देखकर अपनी टीचर से पूछता है–'मैंने क्राइस्ट को जहाँ देखा है, जब भी देखा है, उदास देखा है, कभी हँसते हुए नहीं देखा। ऐसा क्यूँ?' टीचर उसकी बाल-सुलभ जिज्ञासा शान्त करने के लिए कहती है–'क्योंकि उसके बच्चे, सारी दुनिया के आदमी दुखी हैं। उनके दुख में वह भी दुखी हो जाता है।' और जोकर का जवाब है–'मैं कभी उदास नहीं होऊँगा। आल विल मेक क्राइस्ट लाफ।' वह उसे भी हँसाना चाहता है, जो सारी दुनिया के दुखों से दुखी है। यानी वह सारी दुनिया के दुखों में मुसकुराहटों की चिंगारी भर देना चाहता है। जिन्दगी में वह शिद्दत, वह ताकत पैदा करने के लिए सब-कुछ कुर्बान कर देने को तैयार है जो मुश्किलों, तकलीफों और शिकस्तों में भी खुशियाँ तलाश कर सके। लोगों ने 'जोकर' को राजकपूर की निजी जिन्दगी से जोड़कर देखा। उन हीरोइनों के साथ जोड़कर देखा जो एक के बाद एक उसे अलविदा कहकर चली गईं। 'जोकर' वस्तुतः राजकपूर के फिल्म-चरित्र की दार्शनिक व्याख्या है। एक कलाकार का जीवन-दर्शन–जिसका हँसना-रोना सब दूसरों को खुश करने के लिए है। जिसकी जिन्दगी सबके लिए तमाशा है। एक ऐसा तमाशा जो कभी खत्म नहीं होता। इसीलिए तो जोकर की माँ की मृत्यु पर जब जोकर की आँखें डबडबा आई हैं, वह आँखों से और चेहरे की एक-एक लकीर से बोल रहा है–मैं कैसे हसाऊँ दुनिया-भर को इस समय? आखिर मैं तो एक आदमी हूँ। पर नहीं। सर्कस का मालिक जोकर से कहता है–'राजू, मत भूलो,

तुम एक जोकर हो और जोकर कभी नहीं रोता। जाओ, तुम्हारा टाइम आ गया है। शो मस्ट गो ऑन!'

हाँ, ये समूची जिन्दगी एक 'शो' ही तो है, जिन्दगी जो कभी रुकती नहीं। जिन्दगी जो सबसे हसीन इनायत है। मृत्यु भय है और जिन्दगी एक सुसंगत क्रमबद्धता। आदमी मर के भी नहीं मरता। मृत्यु सिर्फ परिवर्तन है जो जिन्दगी की निरन्तरता के लिए अनिवार्य है। जब जिन्दगी नहीं रुकती तो जोकर का तमाशा कैसे रुक सकता है? वह तो दुनिया बनानेवाले की संजीदा तसवीर को भी मुसकुराहटों से भर देने का ख्वाब सँजोए है। क्या वह अपनी माँ की मौत के दर्द से भीगे हुए आँसुओं से भी तमाशाइयों को कहकहे नहीं बाँट सकेगा? और जोकर मौजूद है तमाशाइयों के सामने अपने आँसुओं के साथ। उसकी आँखों से आँसुओं की पिचकारियाँ छूट रही हैं और दर्शक समझ रहे हैं, यह भी जोकर का कोई नया तमाशा है। वे खिलखिला रहे हैं, तालियाँ बजा रहे हैं। उसके सीने से एक कबूतर निकलकर ऊपर उड़ गया है–वह उसे खोई-खोई आँखों से ताकता रह गया है। उसके होंठों पर उड़ती हुई हँसी है–

सर्कस...हाँ बाबू, ये सर्कस है
और ये सर्कस शो है तीन घंटे का
पहला घंटा बचपन है, दूसरा जवानी है
तीसरा बुढ़ापा है,
और उसके बाद
माँ नहीं बाप नहीं बेटा नहीं बेटी नहीं
कुछ भी नहीं, कुछ भी नहीं रहता है!
रहता है जो कुछ वो ऽऽऽ ...
खाली-खाली कुरसियाँ हैं, खाली-खाली तम्बू है, खाली-खाली डेरा है,
जीना चिड़िया का बसेरा है
न तेरा है, न मेरा!

सारे कलात्मक कौशल के बावजूद ऐसे कठिन चरित्र की संजीदा व्याख्या कोई आश्चर्य नहीं, जो व्यावसायिक दृष्टिकोण से दो कौड़ी की साबित हुई। और राजकपूर के लिए यह सिर्फ एक करोड़ का घाटा नहीं था, जिन्दगी-भर की तमाम संचित कलात्मक अनुभूतियों को डुबा देने का भी सवाल पैदा करता था। 'जोकर' के प्रदर्शन के पूर्व राजकपूर खुद इसकी व्यावसायिक असफलता की सम्भावना से बहुत अधिक नावाकिफ नहीं थे। 'जोकर' के लम्बे निर्माण-काल के दौरान इस फिल्म के लिए अपनी विशिष्ट प्रचार-पद्धति के द्वारा उन्होंने जनता में बेहद उत्सुकता भर दी थी। 'जोकर' के आकर्षण को बढ़ाने के लिए सोवियत सर्कस के अनेक कलाकारों को भारत बुलाया गया। वे महीनों भारत में रहकर 'जोकर' की शूटिंग में व्यस्त रहे। रूस की बैलरीना क्षण राबिनकिना, जो हर दूसरे भाग की नायिका थीं, लम्बे समय तक भारत में रहकर 'जोकर' के छायांकन में व्यस्त रहीं। दर्शक इस फिल्म से कुछ अनोखा, कुछ अत्यधिक आकर्षक कृतित्व की उम्मीद लगाए हुए थे। अब दर्शकों की वह पीढ़ी थी जिसने राजकपूर के 'जिस देश में गंगा बहती है' और 'संगम' के लुभा देनेवाले व्यक्तित्व को देखा था। राजकपूर इसीलिए 'जोकर' के तीसरे भाग में अधिक-से-अधिक रोचकता पैदा कर देना चाहते थे। भव्यतम सैट, कव्वाली,

मुजरा, हीर-राँझा का ड्रामा, उत्तेजक मांसल सौन्दर्य, मधुर गीत–वह सब-कुछ जो दर्शकों को आकर्षित कर सकता था। अपनी निर्माण-गुणवत्ता में अनन्यतम होने पर भी यह तीसरा भाग पूरी फिल्म की संरचना से दूर जा पड़ा है और वह सम्पूर्ण फिल्म की शक्ति बनने की जगह कमजोरी बन गया है। राजकपूर के भीतर कहीं-न-कहीं यह भय जरूर था कि 'जोकर' साधारण दर्शक के लिए अबूझ हो सकती है। इसीलिए वह तीसरे भाग में अपनी अद्‌भुत प्रदर्शन-प्रियता के द्वारा उन्हें भरमाना चाहते हैं।

'जोकर' का तमाशा शुरू होता है उसके आखिरी शो की घोषणा के साथ, जिसमें उसने तीन महिलाओं को विशेष रूप से आमन्त्रित किया है। मैरी–उसकी स्कूल-टीचर, मैरीना–उसकी बेहद अजीज दोस्त और सोवियत रूस की बेहतरीन ट्रेपीज़ आर्टिस्ट! और मीना या उसकी अजीज मीनू मास्टर–जो उसके सहारे सीढ़ी-दर-सीढ़ी चढ़ते हुए रोशनियों की दुनिया में पहुँच गई। ये तीनों जिन्होंने जोकर की जिन्दगी में खुशबुएँ बिखेरीं थीं। जोकर ने उन्हें विशेष रूप से आमन्त्रित किया है इस आखिरी शो के लिए। और दर्शकों से खचाखच भरे सर्कस के तम्बू में जोकर का आखिरी शो देखने के लिए आई हैं–उसकी टीचर मैरी, पति डेविड के साथ, रूस से खास इसलिए आई मैरीना, और मीना अपने किस्मत के मालिक कुमार के साथ। सर्कस का मालिक महिन्दर जोकर के अन्तिम शो की घोषणा करता है–जिसमें यह भी सम्मिलित है कि उसने दुनिया से अपनी जिन्दगी में जो कुछ पाया है–सुख-दुख, आशा-निराशा, मुहब्बत, नफरत, आँसू, मुसकानें–उन सबको कहकहों और खुशियों में तब्दील कर सारी दुनिया को लुटा दिया है। और इसके बाद सर्कस के रिंग में एक ऑपरेशन-थिएटर दिखलाई पड़ता है जहाँ बड़े-बड़े गैस-सिलेंडर, एक विशाल खून की बोतल और ऑपरेशन थिएटर पर दैत्याकार छुरियाँ और कैंचियाँ रखी हुई हैं। इसके साथ ही मौजूद है वहाँ डॉक्टरों और नर्सों की भीड़। ये सब मौजूद हैं वहाँ एक ऐसे आदमी का ऑपरेशन करने के लिए जिसका दिल जरूरत से ज्यादा बड़ा हो गया है। छोटे-छोटे स्वार्थों में डूबी हुई दुनिया में बड़े दिल से खतरनाक और क्या चीज हो सकती है?

अन्धकार में डूबे सर्कस के तम्बू में ऊपर से धीरे-धीरे जगमगाता हुआ दिल के आकार का एक विशाल गुब्बारा नीचे उतर रहा है और उस गुब्बारे के बीच से निकलता है–जोकर। सारे डॉक्टर आश्चर्यचकित हैं, वह दिल है या आदमी? डॉक्टर उसे बतलाते हैं कि अब सारी दुनिया लगातार छोटी होती जा रही है और उसका बड़ा दिल होता चला जा रहा है। दिल बड़ा और दुनिया छोटी–यह तो ऐसी स्थिति है जिसका तुरन्त इलाज होना चाहिए। और सारे डॉक्टर जोकर को पकड़कर ऑपरेशन-टेबल पर लिटा देते हैं। यहाँ शुरू होता है एक कौतुक भरा तमाशा। बड़ी-बड़ी छुरियाँ, कैंचियाँ और हथौड़ों के जरिए जोकर का ऑपरेशन किया जा रहा है। बड़े डॉक्टर ने ऑपरेशन करके जोकर का दिल निकाल लिया। एक डॉक्टर से दूसरे डॉक्टर के हाथों में जाते हुए दिल और बड़ा होता चला जा रहा है। वे कहते हैं–इस दिल में पूरा सर्कस, सारा शहर...नहीं-नहीं सारी दुनिया ही समा सकती है! और राजू...!

और राजू टेबल से उतरकर अपनी दोनों बाँहें फैलाए सारी दुनिया से पूछ रहा है–किसी ने देखा है मेरा दिल, कोई जानता है किसने चुराया है मेरा दिल? मैरी, मैरीना और मीना–तीनों से वह बाँहें फैलाए आँखों की जुबान में पूछ रहा है–कुछ कह रहा है–टटोलकर देखो अपने भीतर कहीं मेरा दिल, धड़कता हुआ पाओगे। दुनिया को मुहब्बत लुटानेवाले जोकर को भी मुहब्बत

का एक कतरा चाहिए। और उनकी आँखों में सिर्फ एक संवेदना है–बेबस संवेदना–कातर संवेदना। वह संवेदना जिसका अर्थ है, यह सच है कि तुम्हारा दिल मेरे पास कैद है, उससे बेइन्तिहा मुहब्बत भी करती हूँ। लेकिन उस मुहब्बत के कोई मायने नहीं हैं। और राजू...बगैर मायने के ये जिन्दगी चलती नहीं। यदि चलताऊ जुबान में कहें तो मतलब के बगैर जिन्दगी जी पाना लगभग नामुमकिन है। इसलिए मैरी, मैरीना, मीना–सब उसकी जिन्दगी से दूर हो गईं। वे बेवफा नहीं थीं–कतई नहीं। उन्होंने राजू से तहेदिल से बेपनाह मुहब्बत की। लेकिन क्या एक जोकर को अपना बना पाना कोई आसान काम है? जिसके दिल में सारी दुनिया के आँसू और मुसकुराहटें समा सकें, उसको सिर्फ अपने एक दिल में कौन कैद कर सकता है? अब राजू लौट आया है उन्हीं डॉक्टरों के पास। अब उसकी आँखों में ऑपरेशन के पहले जैसी चमक नहीं है। खोई-खोई-सी आँखें हैं उसकी। डॉक्टर उसे उसका दिल वापस लौटाते हुए हिदायत देते हैं कि वह उसे सम्भालकर रखे। यदि वह इसी तरह बढ़ता रहा तो एक दिन उसमें सारी दुनिया समा जाएगी। जोकर खुश है–बहुत खुश। क्या ऐसा हो सकेगा कि उसके दिल में सारी दुनिया का दर्द समा जाए? इससे बढ़कर उसे क्या चाहिए? कोई भी जिन्दगी में इससे बढ़कर और क्या पा सकता है? उसकी जिन्दगी निरर्थक नहीं हुई। उसे किसी बात का अफसोस नहीं। राजू अपनी खुशियों में डूबा हुआ अपने दिल को बार-बार उछाल रहा है, और अचानक उसका दिल सर्कस के रिंग में गिरकर सैकड़ों टुकड़ों में बिखर गया है। और वह खुश हो रहा है उन टुकड़ों में झाँकती हुई अपनी जिन्दगी को देखकर। और यहाँ से शुरू होती है जोकर की कहानी। जिस कहानी के साथ जुड़ी हुई हैं–मैरी, मैरीना और मीना।

मैरी–जिसने उसकी किशोर-अवस्था को भावुक संवेदना दी। मैरीना–जिसने उसके जवान होते दिल को धड़कना सिखाया। और मीना, उसकी प्यारी मीनू मास्टर–जिसने मुहब्बत और दुनियादारी की चतुराई सिखलाई। वो सबके हाथों का खिलौना बना। लेकिन जोकर कभी हार नहीं मानता। उसका दिल कभी नहीं टूटता। लेकिन उसकी आँखों में कभी आँसू नहीं आते। वह हर पुराना सपना टूटते ही नया सपना बुनना शुरू कर देता है। राजकपूर अपने रचनात्मक जीवन में भी इसी तरह लगातार सपने बुनते दिखलाई पड़ते हैं। सपने भले ही टूटने के लिए बने हों, लेकिन सपनों से बढ़कर उसके लिए कुछ भी नहीं। कोई सपना उसकी जिन्दगी का आखिरी सपना नहीं है। वह हर क्षण उस मधुरतम जीवन के सत्य की तलाश में है, जो अभी तक अज्ञात है, लेकिन सपनीला आदमी इसी माधुर्य की निरन्तर तलाश में जीता है। महाकवि शैली की तरह–'हर्ड मेलोडीज़ आर स्वीट, बट दोज़ अन्हर्ड–आर स्वीटर।' वह सब कुछ लुटाकर भी फिर होश में आ जाता है। बार-बार सब-कुछ लुटाने पर भी उसके भीतर की आग बुझती नहीं है; कभी नहीं बुझ सकती, क्योंकि यही आग तो उसकी जिन्दगी है। इसीलिए जोकर का तमाशा कभी खत्म नहीं होता। फिल्म के अन्तिम दृश्य में दोनों हाथ फैलाकर दर्शकों का शुक्रिया अदा करते हुए जोकर यह निवेदन करता है कि मेरा तमाशा अभी खत्म नहीं हुआ। यह सिर्फ इंटरवल है जो पंद्रह मिनट का भी हो सकता है और पंद्रह महीनों का भी। लेकिन जोकर का तमाशा अभी खत्म नहीं हुआ। ...आप लोग जाइएगा नहीं, जोकर का तमाशा अभी खत्म नहीं हुआ। रोते और मुसकुराते जोकर का तमाशा। अपनी तमाम इच्छाओं के बावजूद राजकपूर का यह तमाशा अधूरा ही रह गया। आज भी यह तमाशा अधूरा भले ही हो, किन्तु खत्म नहीं हुआ।

और सच तो यह है कि जोकर का तमाशा कभी खत्म होता ही नहीं। राजकपूर अपने जीवन में कोई ऐसा बिन्दु कभी नहीं पा सकते थे जिससे वह सन्तुष्ट हो जाते। वह हमेशा ही अपनी रचना-यात्रा में अधूरापन खोजते रहे। मनुष्य के अस्तित्व की सार्थकता भी इसी अधूरेपन से निरन्तर संघर्ष करने में है। पूर्णता का आभास स्थायित्व की जड़ता में बदल जाता है। ज्ञान-ज्योति का यही विरोधाभास है। जब तक अज्ञान घेरे रहे, मनुष्य बहुत सुखी होता है, किन्तु ज्ञान-ज्योति की पहली किरण का प्रकाश पाकर उसे आभास होता है कि वह कितने अन्धकार में है। ज्ञान अनन्त है। इसीलिए अज्ञानी ही स्वयं को ज्ञान-ज्योति से पूर्ण मान सकते हैं।

राजकपूर ने कई बार बदले हुए परिवेश में फिल्म बना सकने की असमर्थता जाहिर की थी। समय के साथ फिल्म-निर्माण की पूरी प्रक्रिया ही बदल गई। वह आत्मीय वातावरण ही नहीं रहा जिसमें राजकपूर जैसे फिल्मकार रमते थे। लेकिन समय का हर परिवर्तन अनचाहे भी स्वीकार करना मनुष्य की मजबूरी है। उसमें नए सौन्दर्य की सृष्टि करना उसकी सार्थकता है। राजकपूर अपने जीवन में कभी रुक नहीं सकते थे। खुद को फिल्म बनाने से रोक नहीं सकते थे। वह फिल्म बनाकर ही सन्तुष्ट हो सकते थे। सम्पूर्ण सिने-कला ही उनके जीवन का पर्याय थी। वह उसमें कितनी सार्थकता जोड़ सके, यह अलग बात है। फिर कोई भी काम अपने समय में सिर्फ सार्थक या निरर्थक हो सकता है, छोटा या बड़ा नहीं। छोटा या बड़ा तो वह समय के पंख लगाकर बनता है।

एक निर्देशक और एक कलाकार के रूप में राजकपूर ने अपनी जिन्दगी का सब-कुछ 'जोकर' को दिया। एक निर्माता के रूप में उन्होंने अंगरेजी की 'लेफ्ट नो स्टोन अन्टर्न्ड' कहावत चरितार्थ की। 'मेरा नाम जोकर' राजकपूर के सपनों का एक ऐसा तमाशा था जिसे वह एक साथ कलात्मक और व्यावसायिक ऊँचाइयों तक पहुँचाना चाहते थे। यूँ तो राजकपूर का पूरा कैरियर ही इसी तालमेल के जद्दोजहद की कहानी है। उनकी ख्वाहिश थी कि जोकर की दास्तान सारी दुनिया तक पहुँचे। इसीलिए 'जोकर' में एक सौम्य संजीदा कलाकार और शोमैन–दोनों उपस्थित हैं। पर 'जोकर' में कहीं भी शोमैन कलाकार पर हावी नहीं हो सका। शोमैन कलाकार का सिर्फ साथ देता है। राजकपूर आम आदमी के कलाकार हैं। वह जो बौद्धिकता की तंग और खोखली गलियों में नहीं भटकता। जो दिल की जुबान समझता है। खूबसूरती पर भोलेपन से रीझता है। मनुष्य का जीवन भावनाओं से काटा नहीं जा सकता। भावना की तीव्रता ही उसे सच्चा इनसान बनाती है। इसीलिए हम देखते हैं कि जीवन चाहे कितने ही बौद्धिक तर्कों से घिरा हुआ हो, लेकिन जिन्दगी की मुश्किलों का कोई मुकम्मिल हल तर्क द्वारा कभी सम्भव नहीं है। यह जरूरी है कि आदमी भावनाओं के प्रवाह में अपने अस्तित्व को न डुबा दे। पर भावना का इतना आश्रय अवश्य ले कि आत्मघाती प्रवंचना से दूर रह सके; दूसरे के दर्द को महसूस कर सके। जो 'पराई चूपड़ी' देखकर अपना मन नहीं डुलाता। ईर्ष्या, घृणा, द्वेष, क्रोध आदि विकारों से लिप्त होते हुए भी जो सुन्दर की स्थापना के संघर्ष में सदैव अपना तुच्छ अहंकार-विहीन सहयोग अर्पित करता है। राजकपूर उस तक पहुँचना चाहते हैं जो सभ्यता के जंगल के अँधेरे में बड़ा हुआ है। इसीलिए उनकी फिल्में कड़वे यथार्थ को सपनीले आवरण के साथ पेश करती हैं। आदमी जिन्दा है–तमाम मुश्किलों के बीच तो सिर्फ इसलिए कि आँखें जिन्दगी का कोई सुनहला सपना सँजोए हुए हैं।

'जोकर' में केन्द्रीय भूमिका में राजकपूर के अतिरिक्त राजेन्द्र कुमार, मनोज कुमार, धर्मेन्द्र, दारा सिंह, पद्मिनी, सिमी, रूस की बैलरीना क्षण राबिनकिना, रूसी सर्कस और भारत के जेमिनी सर्कस के हजारों कलाकारों के साथ ही पहले दृश्य में हिन्दी फिल्मों के अनेक हास्य कलाकार थे। राजकपूर ने निर्देशन के अतिरिक्त 'जोकर' का सम्पादन भी स्वयं किया था। कला-निर्देशक थे एम.आर. आचरेकर तथा छायांकन किया था राधू कर्मकार ने। नीरज, शैली शैलेन्द्र और हसरत जयपुरी के गीतों को शंकर-जयकिशन ने स्वरबद्ध किया था। गरज यह कि 'जोकर' में भी राजकपूर की पूरी टीम मौजूद थी सिर्फ एक शैलेन्द्र को छोड़कर, शैलेन्द्र जिनके गीत राजकपूर की फिल्मों की आत्मा होते थे। शैलेन्द्र की कमी को किसी हद तक नीरज और हसरत जयपुरी ने पूरा किया। नीरज ने 'जोकर' को अपनी जिन्दगी का एक श्रेष्ठतम गीत दिया–'ऐ भाई जरा देख के चलो, आगे ही नहीं पीछे भी, दाएँ ही नहीं बाएँ भी, ऊपर ही नहीं, नीचे भी'। इस गीत का फिल्मांकन राजकपूर ने तीन टुकड़ों में अपूर्व कल्पनाशीलता के साथ किया। यों 'जोकर' के सभी गीत अत्यन्त लोकप्रिय हुए। शब्द-रचना, गायकी और स्वर-रचना में वे अप्रतिम थे। 'जाने कहाँ गए वो दिन' मुकेश के स्वर में दर्द की जिन्दा तसवीर बन गया था। शंकर-जयकिशन ने 'जोकर' का संगीत तैयार करने में अपनी सारी शक्ति लगा दी थी, विशेषकर पार्श्व-संगीत के संयोजन में उन्होंने सारे कीर्तिमानों को पीछे छोड़ दिया। संगीत जो मनुष्य की आत्मा को आनन्द-विभोर करने की क्षमता रखता है, राजकपूर की हर फिल्म की तरह 'जोकर' में भी पूरी शक्ति के साथ मौजूद है।

'जोकर' अभिनेत्री सिमि के जीवन की सर्वश्रेष्ठ फिल्म है। 15-16 वर्ष के बालक के अपने प्रति आकर्षण, उसके प्रति अपने अदम्य स्नेह और उसे अपना न बना सकने की विवशता के द्वन्द्व में छटपटाती स्कूल-टीचर मैरी की भूमिका में उसने प्राण फूँक दिए हैं। एक कान्वेंट-टीचर के रूप में उसकी रूपाकृति और उच्चारण भी एकदम सटीक थे। जोकर को पहली ठेस अपनी किशोरावस्था में ही लगती है, जब अपनी स्कूल-टीचर मैरी के प्रति उसके तीव्र आकर्षण की परिणिति डेविड के साथ उसका विवाह हो जाने पर बिछुड़ने में होती है। मैरी जो उसके लिए सब-कुछ है, उससे हमेशा के लिए दूर हो जाती है। वह जानता है कि मैरी, राजू से उम्र में बड़ी है। पर क्यों मुहब्बत हमेशा किसी रिश्ते की मोहताज होती है? असली रिश्ता तो वही होता है जिसका सरोकार तो दिल से होता है। जिसे कोई नाम नहीं दिया जा सकता। जो मनुष्य के अन्दर स्वाभाविक रूप से जन्म लेता है। मैरी के मंगेतर की भूमिका में मनोज कुमार ने अपनी संक्षिप्त उपस्थिति में भी उल्लेखनीय अभिनय किया। विशेषकर उस दृश्य में जब राजू से जोकर की अहमियत पर उसकी बातचीत होती है। जोकर जो अपने दुखों को भूलकर दूसरों की खुशियों के लिए कहकहे लगाता है। दुनिया में सबसे कठिन है जोकर बन पाना। जोकर वह फरिश्ता है जो गुमनामी की दुनिया में खोकर भी मुहब्बत की दुनिया रोशन करता है। डेविड राजू को समझाता है कि इस दुनिया में सबसे बड़ा और असली जोकर तो ऊपरवाला है। इसीलिए डेविड मैरी के साथ अपने विवाह पर राजू को तोहफे के बतौर छोटा सा जोकर देता है, जो उसके दुखों में मुसकुराहटें पैदा कर सके। यह वही जोकर है जिसे राजू बतौर अपनी निशानी मैरी को दे चुका था जब वह गर्मी की लम्बी छुट्टियों में अपने घर जा रही थी। राजू का यह उपहार एक बार नहीं, हर बार उसके पास लौट आता है। जोकर की मुहब्बत किसी को रास नहीं आती।

इस दुनिया में दुनियादार बने बगैर एक खुशहाल जिन्दगी तो सम्भव होती नहीं और जोकर की मुहब्बत में यही एक कमी है। वह लुभा लेता है, अपना बन जाने के लिए मजबूर करता है, किन्तु...हर बार ठुकरा दिया जाता है। बार-बार ठुकराए जाने के बावजूद जोकर कभी हार नहीं मानता। कभी निराश नहीं होता—क्योंकि जोकर का तमाशा कभी खत्म नहीं होता...कभी नहीं।

मुहब्बत में जितना प्रबल आकर्षण मन का होता है, देह का भी उससे कम नहीं होता। देह और मन का संयुक्त रागात्मक स्वरूप ही मनुष्य को प्रेम की सम्पूर्णता देता है। अपनी टीचर मैरी को अर्धनग्न अवस्था में देखकर राजू का मन एक ओर तीव्र अपराध-बोध से भर उठता है—वहीं दूसरी ओर उस शरीर को बार-बार देखने की ललक उसके भीतर कौंध उठती है। वह समझ नहीं पाता कि यह उसके मन की विकृति है या एक अत्यन्त सहज मानवीय भाव! उसकी अपनी आन्तरिक पवित्रता उसे चर्च में 'कन्फेशन' के लिए ले जाती है। वहाँ अनायास मैरी के आ जाने पर जब उसे यह कहना पड़ता है कि—'मैंने पाप किया है' और मैरी कहती है—'बच्चे कभी पाप नहीं करते।' तो वह लगभग चीख पड़ता है—'मैंने पाप किया है, मैं बच्चा नहीं हूँ।' सोलह साल की उम्र में पुष्पित होनेवाले प्रेम की उद्दाम लालसा को उतनी ही तीव्रता और सुन्दरता से राजकपूर ने 'जोकर' के पहले हिस्से में चित्रित किया है। राजकपूर पर अकसर नारी-शरीर के शोषण का आरोप लगाया जाता है, लेकिन नारी-शरीर के प्रति आकर्षण को जीवन-सापेक्ष स्थिति में कितनी गहराई और अद्‌भुत सौन्दर्य के साथ प्रस्तुत किया जा सकता है, 'जोकर' का पहला हिस्सा इसकी अनोखी मिसाल है—जिसका कोई समकक्ष उदाहरण पूरे हिन्दी सिनेमा में नहीं है।

बड़ा होकर राजू पहुँच जाता है सर्कस में। सर्कस का मालिक महिन्दर (धर्मेन्द्र) और रिंग मास्टर (दारा सिंह) उसके अपने बन जाते हैं। यहीं जोकर के यौवन में मुहब्बत की किरण चमकती है ट्रेपीज आर्टिस्ट क्षण राबिनकिना के रूप में। वह सर्कस में अपने चेहरे-मोहरे और नीली आँखों के द्वारा भ्रमवश रूसी समझ लिया जाता है और रूसी कलाकारों के साथ ही सर्कस में दाखिल हो जाता है। राजू को सर्कस तक पहुँचने के लिए अपनी जिन्दगी दाँव पर लगानी पड़ती है, लेकिन वह तो उसकी नियति ही है। वह एक बार पुनः मैरीना में मैरी की छवि देखता है। अपनी हस्ती को भुलाकर वह जज्बातों में डूब जाता है। राजू ही नहीं, मैरीना भी उस मसखरे को अपना दिल दे बैठती है। लेकिन मैरी की तरह मैरीना भी उसकी नहीं बन पाती। मैरी के साथ राजू की उम्र बाधा बनी थी और मैरीना के साथ देशों की दीवारें बाधक हो जाती हैं। मैरीना अपने देश में अपने अपंग पिता को नहीं छोड़ सकती। उसे लौटना होता है और राजू—जोकर, एक बार फिर अपना दिल टूटने पर मुसकुराने के लिए, हँसने और खुश होने के लिए, इतना ही नहीं, दुनिया-भर को खुशियाँ लुटाने के लिए बाध्य होता है।

जोकर की जिन्दगी में तीसरा प्यार बनकर आती है मीना। एक गरीब अनाथ लड़की जो लड़के का वेश बदलकर अपनी जिन्दगी गुजार रही है। जब वह राजू की जिन्दगी में प्रविष्ट होती है तो राजू उसके लिए सीढ़ी बन जाता है। राजू के सहारे सीढ़ी-दर-सीढ़ी चढ़ते हुए वह दौलत और शोहरत के सातवें आसमान पर जा पहुँचती है। राजू मूक-दर्शक बना रह जाता है, मीना की अदम्य महत्त्वाकांक्षाओं के सामने। वह जानता है कि मीना अतृप्ति की मृगतृष्णा में फैलती चली जा रही है। यह दौड़ उसे ऐसे मुकाम तक पहुँचा देती है जहाँ राजू ही बेमतलब हो जाता

है मीना के लिए। उसकी अपनी प्यारी-सी भोली मीनू मास्टर रोशनियों के अँधेरे में गुम हो जाती है। और एक बार फिर राजू को अपना टूटा हुआ दिल लेकर मीना की जिन्दगी से बाहर हो जाना पड़ता है–हँसते हुए, खुशियाँ बिखेरते हुए। दुनिया सिर्फ उसकी मुसकुराहटें देखती है। खिलखिलाते हुए मुसकुराहटों के पीछे छिपे हुए आँसुओं को कोई नहीं पहचानता।

'जोकर' असफल हो गई। राजकपूर की जिन्दगी का सबसे बड़ा सपना मिट्टी में मिल गया। वह सपना जिसके लिए उसने अपना पूरा अस्तित्व दाँव पर लगा दिया था। इस सबके बावजूद 'जोकर' राजकपूर की महानतम कलाकृति है जिसमें उसने अपने व्यक्तित्व, अपने रचनात्मक कौशल और कलाकार की पीड़ा को अत्यन्त मार्मिक और सघन अभिव्यक्ति दी है। 'जोकर' का पहला हिस्सा फिल्म-कला का अनोखा नमूना था। 'जोकर' के प्रदर्शन के उपरान्त साप्ताहिक 'धर्मयुग' में प्रकाशित अपनी लम्बी समीक्षा में कमलेश्वर ने इसे 'तीन पत्तियों में पलता हुआ दुःख' कहा था। एक कलाकार अपनी आन्तरिक वेदना की अभिव्यक्ति को लिए कितना संवेदनशील होता है–'जोकर' इसका उदाहरण है। 'जोकर' के दूसरे हिस्से में राजू और मैरीना का प्रेम वस्तुतः दो गूँगों का प्रेम है। राजू की भाषा मैरीना नहीं समझती और मैरीना की राजू। लेकिन भाषा और स्थान की दूरी मुहब्बत की दुनिया में बेमतलब है। मुहब्बत की जुबान किसी भाषा की मोहताज नहीं होती। तीसरे हिस्से में राजकपूर ने कुमार के चरित्र के माध्यम से वस्तुतः फिल्म-कलाकार, निर्माता और निर्देशक के रूप से अपने ही व्यक्तित्व को प्रक्षेपित किया है। कुमार राजू से कहता है–'लोग कहते हैं कि मैं अपनी हर हीरोइन के साथ उसकी मुहब्बत में गिरफ्तार हो जाता हूँ। हाँ, यह सच है, लेकिन उतना सच भी नहीं है। वस्तुतः मैं उसकी छिपी हुई अभिनय प्रतिभा की मुहब्बत में गिरफ्तार हो जाता हूँ। ऐसे लोग भी हैं जो यह मानते हैं कि मैं किसी से मुहब्बत नहीं करता, सिर्फ अपने सिवाय।' वस्तुतः यह स्वयं राजकपूर ही है। जो सिर्फ एक कलाकार है। जिसके लिए उसकी फिल्म उसका सम्पूर्ण व्यक्तित्व है। और नायिका उसी का एक हिस्सा है। जिसको फिल्म का अभिन्न अंग बनाने के लिए वह उसके साथ इतना रच जाता है कि कल्पना और वास्तविकता में कोई अन्तर प्रतीत नहीं होता। नरगिस, पद्मिनी, वैजयन्तीमाला–सभी के साथ राजकपूर का नाम जोड़ा गया। फिल्म-पत्रिकाओं ने इनके साथ राजकपूर की मुहब्बत के सैकड़ों दिलकश अफसाने रचे। और सिर्फ आँखों से देखने पर ये अफसाने बहुत झूठ नहीं लगते। नरगिस ने 'आवारा', 'श्री 420', 'बरसात' और 'चोरी-चोरी' में जिस तरह डूबकर प्रेम-विभोर नायिका को जीवन्तता से प्रस्तुत किया उतना अन्यत्र वह कहीं डूब ही नहीं सकीं। 'जिस देश में गंगा बहती है' में पद्मिनी, ऐसा प्रतीत होता है जैसे कम्मो की भूमिका में इतनी गहराई तक उतर जाती हैं कि राजकपूर और राजेन्द्र कुमार जैसे नायकों के ऊपर भी भारी पड़ती हैं। 'संगम' में राजकपूर और वैजयन्तीमाला पति-पत्नी की भूमिका में इतने वास्तविक प्रतीत होते हैं कि सच्चाई और अफवाह में अन्तर कर पाना सचमुच बहुत मुश्किल हो जाता है।

आज हिन्दी सिनेमा की सारी चकाचौंध अफवाहों के तंग दायरों में कैद है। अन्धी दौड़ में कलाकार आँखों पर पट्टी बाँधकर भटक रहे हैं। चाहे वह हीरो हो या हीरोइन, निर्देशक हो या संगीतकार या गीतकार, लेखक कोई भी हो–सब आनन-फानन में 'हिट' हो जाना चाहते हैं। और इस 'हिट' होने की प्रक्रिया में मुहब्बत और जंग की तरह सब-कुछ जायज माना जाता है।

इस भागमभाग में अफवाहों से कैसे बचा जा सकता है? ये अफवाहें भी तरह-तरह की होती हैं, जैसे–विनोद खन्ना ने घोषणा कर दी कि वह फिल्मों से संन्यास ले लेगा। अब तरह-तरह की अटकलें लगने लगीं। विनोद खन्ना संन्यास लेगा या नहीं? यह सच्चाई है या अफवाह? सच्चाई है तो उसके लिए अनुमान और अनुमान...क्यों...किसलिए?...? इन सब अफवाहों का एक सुनियोजित षड्यन्त्र होता है। कभी-कभी कलाकार खुद ऐसी अफवाहों को फैलाता है। इसके लिए कीमत चुकाता है। और फिर उनका खंडन करता है। जबकि इन बातों का कोई मतलब नहीं होता। पर मतलब होता है...और अकसर यह मतलब व्यापारिक होता है। यदि कोई कलाकार अपने संन्यास की अफवाह फैलाता है तो इसका मतलब होता है कि जितनी देख सको देख लो मेरी फिल्में, फिर मौका नहीं मिलेगा। इस तरह वह सोचता है कि वह 'न्यूज' में बना रहेगा। और दर्शकों में उसके क्रेज का भरपूर फायदा उठाया जा सकेगा। जब किसी कलाकार का क्रेज बढ़ रहा होता है तब दूसरे इसके बारे में अफवाहें फैलाते हैं, जब घट रहा होता है तब वह खुद फैलाता है।

किसी भी व्यवसाय में प्रचार के महत्त्व को एक सिरे से नकारा नहीं जा सकता। विशेष रूप से समाज के अविकसित ढाँचे में, जब पूँजीवाद आर्थिक स्रोतों और उत्पादक इकाइयों पर हावी हो, प्रचार अपनी महत्त्वपूर्ण भूमिका निबाहता है। इस 'शो बिजनेस' में तो प्रचार का और अहम स्थान है। इसीलिए इसमें अफवाहों की रेल-पेल भी है। इन अफवाहों के केन्द्र-बिन्दु अकसर सितारे ही होते हैं। बम्बई का यह फिल्म-उद्योग जिसमें हजारों लोग मुब्तिला हैं, अँगुलियों पर गिने जा सकनेवाले नामों की चमक बनाए रखने के लिए जिन्दगी-भर अँधेरे ढ़ोते रहते हैं। हमेशा 'न्यूज' में बने रहने के लिए सबसे अधिक आश्रय जिस अफवाह का लिया जाता है, वह है प्रेम-सम्बन्धों को लेकर। इनमें से अधिकांश का कोई अस्तित्व तक नहीं होता। फलाँ-फलाँ, अमुक-अमुक फिल्मों में साथ-साथ आ रहे हैं–इसका कारण नायक का नायिका के साथ लगाव है। वह 'हीरोइन' के लिए प्रोड्यूसर से अमुक नाम रिकमेंड करता है। इन सबके लिए तरह-तरह के बेडरूम और मेकअपरूम किस्से गढ़े जाते हैं। स्थितियाँ यहाँ तक पहुँच चुकी हैं कि अपनी पब्लिसिटी के लिए कलाकार जायज-नाजायज शादियाँ भी कर लेते हैं, जो जल्द ही बिखराव का शिकार भी हो जाती हैं।

पर इसी अँधेरे के साथ जुड़ा हुआ दूसरा पहलू भी है। जब स्त्री और पुरुष अत्यन्त भावनापूर्ण संवेगों के साथ अन्तरंगता में एक-दूसरे के निकट आते हैं तो उनमें भावनात्मक स्पन्दन वास्तविकता में जाग उठे, इसमें आश्चर्य जैसी कोई चीज नहीं है। और ऐसा नहीं है कि ऐसी स्थितियाँ पहले नहीं थीं। हिन्दी सिनेमा के आरम्भिक युग में भी एनाक्षी रामाराव ने निर्देशक एम.भवनानी से विवाह कर सनसनी पैदा कर दी थी। एनाक्षी एक शिक्षित और सुसम्पन्न परिवार से थीं। उनके पिता न्यायाधीश थे। जमना देवी और पी.सी.बरुआ, नजीर और स्वर्णलता, वी. शान्ताराम और जयश्री आदि के विवाह भी सिनेमा के आरम्भिक युग की प्रेम-गाथाएँ हैं। पहले भी नायक-नायिकाओं और निर्देशकों ने एकाधिक विवाह किए। सामाजिक रूप से जिन्हें अवैध सम्बन्ध कहा जाता है, उनकी भी भरमार थी। इस सबके बावजूद इनमें एक शालीनता, एक बड़प्पन भी जुड़ा हुआ था। सेठ चन्दूलाल शाह और गौहर के अफसाने को हिन्दी फिल्मोद्योग कभी नहीं भुला सकेगा। चन्दूलाल शाह ने यद्यपि एक गुमनामी जैसी स्थिति में मौत को वरण

किया, लेकिन हिन्दी सिनेमा के बड़े-बड़े दिग्गज उनके एहसानमन्द रहे हैं। अपनी राजसी आदतों के साथ चन्दूलाल शाह एक दिलवाले और रसिक मिजाज इनसान थे। उन्होंने न जाने कितनों की डूबती नैया पार लगाई। उन्होंने लाखों कमाए और लाखों गँवा दिए। उनके लिए पैसा साध्य नहीं, साधन था। पर धीरे-धीरे हिन्दी सिनेमा में पैसा ही सर्वस्व बनता चला गया। फिल्म-निर्माण के स्तर पर भी और आपसी व्यवहार में भी। हालाँकि ऐसा सम्पूर्ण भारतीय समाज में ही व्याप्त होता जा रहा है, फिर हम सिनेमा के उससे अछूते रह जाने की कल्पना कैसे कर सकते हैं? पर कभी-कभी स्थितियाँ अत्यन्त अमानवीय हो जाती हैं। जैसे—चन्दूलाल शाह जैसे दिलवाले की मौत पर उन लोगों तक की बेरुखी, जिन्हें यदि सेठ चन्दूलाल सहारा न देते तो हिन्दी सिनेमा में उनका अस्तित्व तक न रह जाता।

रोशनी की इस दुनिया में सितारे खुद ही हवा देते हैं उन आँधियों को, जो कभी-कभी खुद उनका ही सब-कुछ मिटा देती हैं। पारिवारिक बिखराव, अनिश्चित जीवन—सभी कुछ इस संसार के साथ जुड़ा हुआ है। यद्यपि राजकपूर के साथ अनेक औरतों का नाम जुड़ा, लेकिन श्रीमती कृष्णा कपूर सदैव अविचलित रहीं। कल्पना और यथार्थ की दूरी को वास्तविक संजीदगी से उन्होंने समझा और सुखी परिवार को सँजोए रखा। राजकपूर का विवाह 'आग' के प्रदर्शन के पूर्व ही हो चुका था। यदि कपूर-परिवार को पृथ्वीराज कपूर ने नींव का पत्थर बनकर मजबूती दी तो श्रीमती कृष्णा कपूर उसका एक शक्तिशाली स्तम्भ हैं जिन्होंने उसकी गरिमा को बनाए रखने में कोई कमी नहीं रखी। बम्बई के फिल्मोद्योग में वे सर्वश्रेष्ठ मेजबान और सबकी हितैषी मित्र के रूप में विख्यात हैं।

राजकपूर की फिल्मों में संगीत और औरत सबसे महत्त्वपूर्ण उपादान है। आज भी हिन्दी फिल्मों में नायकों का वर्चस्व है, औरत की उपस्थिति को गैरजरूरी करार नहीं दिया जा रहा है। नृत्य, संगीत और सौन्दर्य आरम्भ से लेकर आज तक हिन्दी सिनेमा की सबसे बड़ी जरूरत बने हुए हैं। नारी-सौन्दर्य को मनभावन बना देने में, उसकी उष्णता में दर्शकों को पिघला देने में राजकपूर कभी असफल नहीं हुए। नहीं, असफल हुए हैं। असफल ही नहीं हुए—बुरी तरह मुँह की खाई है और वह भी अपने जीवन की एकमात्र नायिका-प्रधान फिल्म—'सत्यं शिवं सुन्दरम' में।

उनके समकालीन अभिनेताओं में नायक के रूप में राजकपूर सबसे पहले रिटायर हुए। 'जोकर' की असफलता ने उन्हें भीतर तक हिला दिया। किसी की असफलता पर घी के दीए जलाना फिल्मवालों का सबसे बड़ा शौक है। 'जोकर' के साथ ही गुलशन राय की 'जानी मेरा नाम' प्रदर्शित हुई थी। देव आनन्द, हेमा मालिनी, प्रेमनाथ, आई.एस.जौहर और पद्‌मा खन्ना अभिनीत इस फिल्म ने बॉक्स-ऑफिस पर अपार सफलता प्राप्त की। इसकी सफलता के अनेक कारणों में सर्वप्रमुख पद्‌मा खन्ना का कैबरे नृत्य—'हुस्न के लाखों रंग, कौन सा रंग देखोगे?' इसमें पद्‌मा खन्ना की मादकता के साथ ही प्रेमनाथ ने नशे में डूबे वहशी आदमी की इतनी तीखी तसवीर पेश की थी कि दर्शक झूम-झूम उठे। 'जानी मेरा नाम' से प्रेमनाथ का पुनरागमन हुआ। चौदह वर्षों के बनवास के बाद वे रोशनियों की दुनिया में वापस लौटे। उन्हें पहली बार राजकपूर की 'बरसात' में पहचाना गया था। इसके बाद वे अनेक फिल्मों में नायक बनकर आए। छठवें दशक के पूर्वार्द्ध में वे निर्माता भी बने, लेकिन फिल्मकार के रूप में वे असफल रहे और दो-तीन

फिल्मों की लगातार असफलता ने उन्हें अँधेरों में गुम कर दिया। 'जानी मेरा नाम' की छोटी-सी भूमिका में वे इतने पसन्द किए गए कि उनके आगे भूमिकाओं के ढेर लग गए। एक बार फिर उनका सितारा बुलन्दी पर पहुँच गया। 'जानी मेरा नाम' की सफलता ने निर्माता गुलशन राय में गहन आत्मविश्वास भर दिया। कहा जाता है कि उन्होंने 'जोकर' के चार-चार रुपए के टिकट एक-एक रुपए में बिकवाए। गुलशन राय ने 'जोकर' की असफलता और 'जानी' की सफलता को जमकर सेलीब्रेट किया। सातवें दशक के बाद सार्थक प्रतिद्वन्द्विता के स्थान पर एक-दूसरे की टाँग खींचने का काम इतनी तेजी से शुरू हुआ कि असुरक्षा की भावना बढ़ती चली गई। 'संगम' की सफलता के बाद जो राजकपूर को जादूगर कहते थे, 'जोकर' की असफलता से वहीं जुबाने कह रहीं थीं–डूब गया राजकपूर। खत्म हो गया हमेशा-हमेशा के लिए। लेकिन जोकर का तमाशा कभी खत्म नहीं होता। राजकपूर ने यह बात बार-बार साबित की है। हिन्दी फिल्मों के इतिहास में राजकपूर ऐसी शख्सीयत का नाम है जो उठ-उठकर गिरा है और गिर-गिरकर उठा है। जिसने हर पराजय को चुनौती के रूप में स्वीकार किया है। उसने सिर्फ जीतना सीखा है, हारना नहीं। उसका अहं ऐसा है जो पराजय स्वीकार करना जानता ही नहीं। और अपनी हार को जीत में तब्दील करने के लिए बड़ी-से-बड़ी कीमत चुका सकता है। एक मसखरा कितना बड़ा इनसान है, उसकी हस्ती कितनी असीम होती है, जिसे शोहरत, दौलत और मुहब्बत की जंजीरें बाँधकर नहीं रख सकतीं। जो अपना सब-कुछ लुटा सकता है, दूसरों की मुसकुराहटों को जिन्दा रखने के लिए। एक कलाकार का यह जीवन-दर्शन 'जोकर' का अन्तःसंगीत है। यह फिल्म राजकपूर की सबसे निजी अनुभूति है, जो पूरी नहीं हो सकी, अधूरी रह गई। 'जोकर' का अगला हिस्सा असफलता की कब्र में दफन हो गया। 'जोकर' के साथ ही राजकपूर ने नायक के रूप में विदा ली। 'जोकर' के बाद जल्दी ही '72 के पूर्वार्द्ध में आर.के. की अगली फिल्म प्रदर्शित हो गई–'कल आज और कल'। इसमें राजकपूर नायक नहीं थे, निर्देशक भी नहीं–उनकी जगह ले ली थी उनके बड़े बेटे रणधीर ने। रणधीर, प्यार से डब्बू कहा जाता था।

रणधीर कपूर ने भी हिन्दी फिल्मों में ठीक उसी तरह प्रवेश किया जिस प्रकार उसके यशस्वी पिता राजकपूर ने। एक नायक-निर्देशक के रूप में। ठीक उसी तरह की टिप्पणियाँ भी उछाली गई थीं– रणधीर कपूर का तो सिर्फ नाम है, असली निर्देशक तो राजकपूर ही हैं। बाप ने अपने बेटे को जमाने के लिए यह आयोजन किया है। जब पहली बार 'आग' प्रदर्शित हुई तो राजकपूर के बारे में भी ऐसा ही कहा गया था। तब पृथ्वीराज पर यह आरोप लगाया गया था कि उन्होंने अपने बेटे को जमाने के लिए यह सब किया है। पर राजकपूर की 'आग' के बाद 'बरसात' इन सब आरोपों का मुँह-तोड़ जवाब बनकर सामने आई। सारे आरोप स्वतः धराशायी हो गए। राजकपूर एक अलग और सबसे निराली शख्सियत बन गए। रणधीर कपूर द्वारा निर्देशित 'कल आज और कल' जिसमें वह स्वयं नायक भी थे, राजकपूर की पहली निर्देशित फिल्म 'आग' से कम सफल नहीं हुई थी। रणधीर के भीतर एक चिंगारी भी दिखलाई पड़ती है। लेकिन 'कल आज और कल' में अपना अलग व्यक्तित्व बनाने की तीव्र आकांक्षा नहीं झलकती। शायद इसका एक कारण यह भी है कि 'आग' तक पहुँचने के लिए राजकपूर को जितने पापड़ बेलने पड़े, फिल्म-निर्माण की जिन वास्तविकताओं से रू-ब-रू होने का मौका मिला, जिन कड़वे अनुभवों को उन्होंने पचाया वे सब रणधीर के हिस्से में नहीं आए। इसीलिए आगे चलकर वह अपने लिए राह भी नहीं बना सके। वस्तुतः रणधीर कपूर ने भले ही निर्देशक लेख टंडन के सहायक के रूप में अपना फिल्मी कैरियर शुरू किया हो, किन्तु राजकपूर का महिमामय व्यक्तित्व हमेशा दूसरों के सामने रहा ही। फिर रणधीर कपूर को फिल्म-निर्माण की कठोर विसंगतियों से भी नहीं जूझना पड़ा। उनके पास आर.के. फिल्म्स जैसा जगमगाता विश्व-प्रसिद्ध बैनर था, राजकपूर जैसा सम्पन्न निर्माता था। और 'कल आज और कल' में कपूर-परिवार की तीन पीढ़ियाँ मौजूद थीं। दादा पृथ्वीराज कपूर, पिता राजकपूर और बेटा रणधीर कपूर। इसके अतिरिक्त आर.के.फिल्म्स की पूरी टीम तो थी ही–वह टीम जिसका निर्माण राजकपूर ने बड़ी मेहनत के साथ किया था। यद्यपि आजादी के बाद निर्माण-संस्थाओं की महत्ता धीरे-धीरे नष्ट होती चली गई और जो शेष बची थी, जिनका नाम दर्शकों को आकर्षित करता था, उनमें भी एक सुव्यवस्थित टीम का अभाव रहा। यद्यपि राजकपूर के सहयोगी भी दूसरे निर्माता-निर्देशकों के साथ काम करते रहे, लेकिन उनके लिए आर.के. बैनर की फिल्म का महत्त्व हमेशा बना रहा। उन्होंने भी राजकपूर की भाँति डूबकर अपना सब-कुछ उन फिल्मों को दिया–चाहे वे संगीतकार शंकर-जयकिशन हों या गीतकार शैलेन्द्र और हसरत जयपुरी, छायाकार राधू कर्मकार हों या कला-निर्देशक एम.आर. अचरेकर। जब 'जिस देश में गंगा बहती है' में राधू कर्मकार ने निर्देशक का दायित्व सँभाला तो छायाकार का स्थान लिया उनके सहायक तारूदत्त ने। तारूदत्त ने भी छायांकन के गहन दायित्व को पूरी क्षममा के साथ पूरा किया। रणधीर कपूर इन समस्त सहयोगियों की क्षमता का दोहन पूरी तरह

नहीं कर सके। नायिका के रूप में रणधीर कपूर ने अपनी प्रेमिका बबीता, जो बाद में उनकी पत्नी बन गईं, को चुना था। जहाँ राजकपूर की फिल्मों में औरत और संगीत सबसे बड़ी ताकतें बनती हैं, वहीं 'कल आज और कल' में यही दो कमजोरियाँ थीं। नायिका के रूप में बबीता ने यूँ तो कभी आकर्षित नहीं किया, पर इस फिल्म में भी कुछ खास बात पैदा नहीं कर सकीं। शंकर-जयकिशन के संगीत में भी कुछ खास आकर्षण नहीं था। रणधीर कपूर ने अपने लिए किशोर कुमार की आवाज चुनी थी। और यह चुनाव सिर्फ इसलिए किया गया था, क्योंकि उस समय किशोर कुमार 'आराधना' की अप्रत्याशित सफलता के कारण प्रसिद्धि के चरम शिखर पर पहुँच गए थे। वे लगभग हर नायक के लिए अपनी आवाज दे रहे थे। किशोर कुमार लम्बे निर्वासन के बाद गायक के रूप में चमत्कारिक ढ़ंग से प्रकट हुए थे। किशोर कुमार बहुमुखी प्रतिभा के धनी कलाकार थे। फिल्म-निर्माण-निर्देशन, सम्पादन, संगीत-निर्देशन, गीत-रचना, कथा-पटकथा लेखन, अभिनय और पार्श्व-गायन—सभी क्षेत्रों में उन्होंने जोरदार आजमाइश की है, लेकिन जैसी सफलता उन्हें अपने कैरियर के उत्तरार्ध में पार्श्व-गायक के रूप में मिली उतनी कभी किसी रूप में नहीं। यूँ किशोर कुमार अपने जमाने में सफल नायक भी रहे हैं। वे नामजद हीरोइनों के साथ हीरो बनकर आए हैं। मधुबाला, मीनाकुमारी, नूतन, माला सिन्हा, वहीदा रहमान, वैजयन्तीमाला आदि लगभग सभी के साथ। उन्होंने 'चलती का नाम गाड़ी' जैसी अत्यन्त हास्य-फिल्म का भी निर्माण किया था और 'दूर गगन की छाँव में' जैसी संजीदा फिल्म भी उन्होंने ही बनाई। लेकिन किशोर कुमार का व्यक्तित्व हमेशा विरोधाभासों से ग्रस्त रहा। 'झुमरू', 'बढ़ती का नाम दाढ़ी', 'चलती का नाम जिन्दगी' जैसी वाहियात फिल्में भी उन्होंने ही बनाईं।

'आराधना' के बाद पार्श्वगायक के रूप में किशोर कुमार को मिली अपार सफलता को एक चमत्कार से कम कुछ नहीं माना जा सकता। यदि फिल्मवालों की जुबान में कहें तो यह सब किस्मत का खेल है। 'आराधना' के पहले भी किशोर ने एक से बढ़कर एक गीत गाए हैं, लेकिन उन्हें वह सफलता कभी नहीं मिली जो 'आराधना' के बाद मिल सकी। विशेष रूप से 'आराधना' के 'मेरे सपनों की रानी कब आएगी तू' और 'रूप तेरा मस्ताना प्यार मेरा दीवाना'—इन दो गीतों ने तो धूम ही मचा दी। यदि इसे किस्मत का खेल कहा जाए तो बात कुछ गलत नहीं मालूम होती। किशोर कुमार ने 'आराधना' के पहले भी विविध रंगों में अपनी मधुर आवाज का जादू बिखेरा था। 'दुःखी मन मेरे सुन मेरा कहना, जहाँ नहीं चैना वहाँ नहीं रहना'—जैसे दर्द भरे गीत और 'ईना मीना डीका डे हाय डमडीका' जैसे शोरगुल से भरे गीत और 'इक लड़की भीगी-भागी-सी' तथा 'मेरा नाम अब्दुल रहमान' जैसे मस्ती-भरे गीत उन्होंने गाए थे। देव आनन्द ने बहुधा अपने लिए किशोर की आवाज का उपयोग किया। किशोर की आवाज देव के लिए सर्वाधिक उपयुक्त साबित हुई। 'माना जनाब ने पुकारा नहीं', 'गाता रहे मेरा दिल' जैसे अनेक गीत किशोर की आवाज में देव आनन्द के लिए बहुत प्रसिद्धि और लोकप्रियता अर्जित करनेवाले रहे। 'आराधना' की घनघोर सफलता ने राजेश खन्ना को सुपर-स्टार बना दिया और यह सर्वत्र महसूस किया गया कि इस सफलता के पीछे किशोर की आवाज का भी बहुत बड़ा सहयोग है। विशेष रूप से 'रूप तेरा मस्ताना, प्यार मेरा दीवाना, भूल कोई हमसे न हो जाए' गीत को जिस तरह झूमकर और दीवानगी से भरकर उन्होंने गाया, उसने दृश्य के प्रभाव को कई गुना बढ़ा दिया। इसके बाद राजेश खन्ना के लिए ही नहीं, लगभग हर नायक के लिए किशोर की आवाज

उपयुक्त समझी जाने लगी। इसी के साथ शुरू हुआ पार्श्व-गायन के क्षेत्र में लम्बे समय तक छाए रहनेवाले मोहम्मद रफी के निर्वासन का दौर। रफी हिन्दी सिनेमा के एक अनूठे गायक हैं। रफी ने विविध रंगों में इतने सुन्दर गीत गाए हैं कि उसकी मिसाल पूरे हिन्दी सिनेमा के इतिहास में नहीं है। गजल हो या शास्त्रीय रागों में बँधी रचना, हलका-फुलका गीत हो या दर्द-भरा नगमा–प्रत्येक में रफी ने अपनी अनूठी छाप छोड़ी। रफी की सबसे बड़ी विशेषता यह थी कि वह प्रत्येक नायक के अनुरूप अपनी आवाज को ढाल लेते थे। उन्होंने आजादी के बाद के अधिकांश नायकों को अपनी आवाज दी। पर 'आराधना' के बाद किशोर की ऐसी आँधी आई कि रफी के पैर उखड़ गए। ऐसा नहीं था कि मोहम्मद रफी की प्रतिभा चुक गई थी। लेकिन हिन्दी सिनेमा का यही रवैया है। सब सफलता के पीछे आँख मूँदकर दौड़ पड़ते हैं। यहाँ काम नहीं, नाम बिकता है। इसीलिए हिन्दी सिनेमा में किस्मत को बहुत महत्त्व दिया जाता है। और जब किसी की किस्मत चमकती है तो वह फिर आगा-पीछा नहीं सोचता। वह धड़ाधड़ दौलत और शोहरत लूटने के लिए आगे बढ़ता चला जाता है। फिर उसकी नजर काम पर नहीं होती, सिर्फ नाम और दाम पर होती है। ऐसे बिरले ही हैं जो सफलता को पचा जाते हैं। दरअसल लम्बे संघर्ष के बाद जब सफलता हाथ लगती है तो इतना धैर्य शेष ही नहीं रह जाता कि उससे प्रभावित हुए बगैर रहा जा सके। फिर यहाँ सफलता अकसर चंचल औरत की तरह होती है, जो आज यहाँ है तो कल पता नहीं कहाँ होगी। इसलिए जो सफलता को 'कैश' न कर पाएँ–व्यवसाय की दुनिया उन्हें मूर्ख नहीं तो और क्या मानेगी? इसका सबसे बड़ा कारण यह है कि इस क्षेत्र में अनिश्चय का इतना गम्भीर वातावरण है, जो बड़े-से-बड़े धैर्यवान को हिला देता है। आज आपकी माँग है तो सब-कुछ आपके हक में है, कल मौसम बदलते ही आपके आगे-पीछे अपनी ही परछाईं के सिवा कुछ नहीं रहता। कभी-कभी वह भी साथ नहीं देती।

किशोर की आवाज में 'कल आज और कल' के 'आप यहाँ आए किसलिए' और 'भँवरे की गुँजन है मेरा दिल' लोकप्रिय तो हुए, किन्तु उनमें कोई विशिष्ट आकर्षण नहीं था। रणधीर कपूर के अभिनय में भी नौसिखियापन झलकता था। और सबसे बड़ी बात यह थी कि उन पर राजकपूर की छाप थी। इस कमजोरी को रणधीर ने पहले पहचाना नहीं और बाद में इसके खतरों को महसूस नहीं किया। राजकपूर की अभिनय-शैली इतनी निजी और उलझनों से भरी है कि उसका अनुकरण करने का दुस्साहस कोई नहीं कर सका। वह इतने अजनबी संसार को साकार करती है जितनी हमारी कल्पना में ही समा सकता है। रंगीन कल्पना को यथार्थ की कठोर जमीन पर खड़ा कर देने के लिए एक ओर तो अपार साहस की जरूरत होती है; दूसरी ओर, विरोधी हवाओं और स्थापित लोकप्रियताओं के थपेड़ों से विचलित न होने की। इन खतरों को उठाने के लिए रणधीर ने पूरी तैयारी नहीं की और गलत रास्ता चुन लिया।

नायिका के रूप में बबीता सचमुच इस फिल्म की सबसे बड़ी कमजोरी थीं। 'कल आज और कल' की नायिका बबीता ही इस बात का सबसे बड़ा प्रमाण है कि इसमें राजकपूर का हस्तक्षेप हो ही नहीं सकता। निर्देशक ने अपनी मर्जी को सर्वोपरि रखा। बबीता राजकपूर की नायिकाओं के स्वरूप और प्रस्तुतीकरण से कहीं मेल नहीं खातीं। पीढ़ियों के संघर्ष पर आधारित कथानकवाली इस फिल्म में उनके बीच उभरनेवाले द्वन्द्व और तनावों को खूबसूरती से प्रस्तुत किया गया था। फिल्म का तकनीकी पक्ष और निर्माण-गुणवत्ता ऊँचे दर्जे की थी। और यह

स्वाभाविक भी था। तकनीकी पक्ष की बागडोर उन हाथों में थी जिनके पास लम्बा अनुभव और कार्य-कुशलता की अप्रतिम दक्षता थी। उन्होंने पहले भी आर.के. को अपनी क्षमताओं के द्वारा ख्याति दी थी। 'कल आज और कल' को घनघोर सफलता भले ही न मिली हो, फिर भी वह सामान्य रूप से सफल ही रही। अंगरेजी साप्ताहिक 'स्क्रीन' के फिल्म-समीक्षक ने रणधीर कपूर में अभिनेता और निर्देशक के रूप में तीव्र सम्भावनाएँ देखी थीं। कुछ कमियों के बावजूद। जिन्हें भविष्य ने गलत साबित कर दिया। रणधीर कपूर एक स्पष्टवादी और बड़बोला व्यक्तित्व है। इसमें सन्देह नहीं कि उनमें सम्भावनाएँ थीं, लेकिन अपनी ही अदूरदर्शिता के कारण वह हिन्दी सिनेमा में बहुत ही जल्दी फेड आउट हो गए।

राजकपूर पहली बार 'कल आज और कल' के द्वारा चरित्र-अभिनय के क्षेत्र में प्रस्तुत हुए। 'कल आज और कल' में उनका स्वाभाविक अभिनय फिल्म का विशेष आकर्षण था। राज-देव-दिलीप के त्रिगुट में राजकपूर सबसे पहले नायक के रूप में रिटायर हुए। ये तीनों महान अभिनेता लगभग समान उम्र के हैं। इनकी उम्र में एक वर्ष से अधिक का अन्तर नहीं है। यद्यपि दिलीप भी '70 के पास आकर नायक के रूप में अपना प्रभाव खो बैठे, लेकिन उन्होंने अगले सात-आठ वर्षों तक चरित्र-अभिनय स्वीकार नहीं किया। देव तो 1982 तक नायक बनते रहे, लेकिन उन्हें भी 'जानी मेरा नाम' के बाद नायक के रूप में कोई उल्लेखनीय सफलता नहीं मिली। चरित्र-अभिनेता के रूप में राजकपूर का कोई उपयोग नहीं किया जा सका। शत्रुघ्न सिन्हा ने 'खान दोस्त', संजय खान ने 'अब्दुल्ला' और रणधीर कपूर ने निर्देशित 'धरम करम' में उनकी प्रचलित छवि का ही इस्तेमाल किया गया। वह भी किसी विशिष्ट कौशल के साथ नहीं। उन भूमिकाओं में जो भी आकर्षण पैदा किया गया उसमें सिर्फ राजकपूर के व्यक्तित्व का ही कमाल है। निर्देशकीय कौशल और कथानक की बारीकियों का कोई सहारा नहीं मिला। बाद में नरेश कुमार की 'दो जासूस' और 'गोपीचन्द जासूस' में राजकपूर ने मुख्य भूमिकाएँ कीं। लेकिन उनके बारे में इतना ही कहना काफी है कि राजकपूर ने ये फिल्में स्वीकार न की होतीं तो वही ज्यादा उपयुक्त होता। पर राजकपूर ईमानदारी से दोस्ती निभाने वाले लोगों में-से हैं। उन्होंने किसी का एहसान कभी नहीं भुलाया। मुहब्बत की हमेशा कद्र की। प्यार के एक कतरे से बढ़कर अजीज तो उनकी जिन्दगी में कुछ है ही नहीं। इसीलिए दोस्ती की खातिर, मुहब्बत की खातिर उन्होंने कई ऐसी फिल्मों में भूमिकाएँ कीं जिनमें उन्हें कतई काम नहीं करना चाहिए था। चरित्र-अभिनय में एक मामूली-सी फिल्म विशेष उल्लेखनीय है—दारा सिंह द्वारा निर्मित 'मेरा देश मेरा धर्म'। यह वह फिल्म है जिसमें राजकपूर ने एक संवेदनशील देशभक्त डॉक्टर की भूमिका बेहद खूबसूरती से साकार की। परदुख-कातर और देश की आजादी के लिए बगैर किसी महानता की अपेक्षा किए हुए अपने प्राणों तक को न्यौछावर कर देनेवाले डॉक्टर की वह भूमिका बेमिसाल है। लेकिन चूँकि फिल्म नहीं चली, इसीलिए कलाकार की उस अपूर्व कुशलता का भी कोई मूल्यांकन नहीं हुआ। यहाँ सब-कुछ फिल्म के चलने-न-चलने पर ही निर्भर करता है। फिल्म हिट हुई तो उसके साथ हीरो-हीरोइन-म्यूजिक डायरेक्टर—सभी हिट हो जाते हैं और फिल्म फ्लॉप तो सब-कुछ खत्म। खय्याम जैसा संगीत का अद्भुत ज्ञाता और माधुर्य की अनुपम वर्षा करनेवाला इसी कारण लम्बे समय तक उपेक्षित रहा। संजय खान की करोड़पति फिल्म 'अब्दुल्ला' जिसके वे निर्देशक भी थे, एक बेहद लचर फिल्म थी। इसमें राजकपूर 'अब्दुल्ला' की शीर्षक भूमिका में थे। उनकी

भूमिका इतनी बनावटी और बिखरी हुई थी कि उसमें दर्शकों को भरमा पाना लगभग असम्भव था। पर अपनी अछूती शैली में राजकपूर ने उस निहायत कृत्रिम चरित्र को इतना स्पन्दनयुक्त बना दिया कि मात्र उनकी भूमिका के कारण ही 'अब्दुल्ला' डूबने से बच गई।

ठीक यही मनोज कुमार की 'क्रान्ति' के साथ हुआ। 'क्रान्ति' के द्वारा दिलीप कुमार ने चरित्र-अभिनेता के रूप में प्रवेश किया। 'क्रान्ति' में मनोज कुमार अपनी सम्पूर्ण प्रतिभा तो दाँव पर लगा देते हैं—सिर्फ एक छोटी-सी चीज—'सफल' होने के लिए! सफलता मनोज के लिए कोई बहुत बड़ी चीज नहीं है, किन्तु बहुत ही जल्द वह उसके गुलाम बन गए। 'क्रान्ति' में यदि दिलीप कुमार न होते तो फिल्म पानी नहीं माँगती। जैसे 'अब्दुल्ला' में राजकपूर का चरित्र एकदम लचर था, ठीक उसी तरह 'क्रान्ति' में दिलीप कुमार का चरित्र। पर दिलीप ने अपनी निजी शैली में उसे जीवन्त कर दिया। मनोज हिन्दी सिनेमा के अब तक के अन्तिम व्यक्तित्व है, जिनका ध्येय सम्पूर्ण फिल्म होती है। मनोज ने अभिनय में जहाँ दिलीप कुमार की शैली अपनाने की चेष्टा की, वहीं फिल्म-निर्माण और निर्देशन के क्षेत्र में वह राजकपूर की शैली का अनुकरण करते हैं। मनोज ने अपने कैरियर के आरम्भ में ही यह अच्छी तरह समझ लिया था कि नायक के रूप में उनका भविष्य बहुत अधिक उज्ज्वल नहीं है। उनके साथ ही आनेवाले उनसे आगे निकल रहे थे। अभिनय में मनोज की एक विशिष्ट छवि रही है, जिससे वह कभी बाहर नहीं निकल सके। इससे भी बढ़कर वह नितान्त निजी भी नहीं थी। इसीलिए मनोज ने एक फिल्मकार के व्यक्तित्व को गढ़ा अपने लिए, जिसकी शुरुआत हुई 'शहीद' से। मनोज की सम्पूर्ण स्वतः की फिल्म थी 'उपकार' जिसने उन्हें 'भारतकुमार' बना दिया। 'शहीद' और 'उपकार' निःसन्देह अविस्मरणीय फिल्में हैं। विशेष रूप से 'शहीद'। 'शहीद' देखकर तत्कालीन प्रधानमन्त्री श्री लालबहादुर शास्त्री अत्यन्त प्रभावित हुए थे। उन्हीं के द्वारा दिए गए नारे, 'जय जवान जय किसान' को आधार बनाकर मनोज ने अपनी अगली फिल्म 'उपकार' का निर्माण किया था। पर बाद में लगातार वह सफलता को लपकने की गुलामी में फँसते चले गए।

बाद में 'शक्ति' और 'विधाता' ने दिलीप कुमार की हस्ती को एक बार फिर अतुलनीय बना दिया। चरित्र-अभिनेता होते हुए भी फिल्म के प्रत्येक किरदार को उन्होंने बौना बना दिया। 1982 में प्रदर्शित होनेवाली इन दोनों फिल्मों ने एक बार पुनः निर्माताओं को दिलीप के पीछे भागने के लिए विवश कर दिया। 'शक्ति' में दिलीप कुमार के साथ हैं अपने समय की सबसे बड़ी और एकमात्र बिकनेवाली शक्ति अमिताभ बच्चन। अमिताभ बच्चन ऐसे सुपर-स्टार हैं जिसने यह खिताब हासिल किया कि नम्बर एक से नम्बर दस तक वह खुद है। उनके आगे कुछ समय के लिए सारे सितारे धुँधला गए।

अमिताभ की लोकप्रियता हिन्दी सिनेमा का सबसे बड़ा हादसा है। यूँ तो अमिताभ जैसे सैकड़ों-हजारों कलाकारों को अपने आरम्भिक दौर में बेहद कटु अनुभवों के बीच से गुजरना पड़ता है। सैकड़ों में एकाध ही कोई फिल्मों के नजदीक तक पहुँच पाता है और हजारों में एक चमकता है। लेकिन फिल्मों में एक दशक तक रहने और दर्जन-भर से ज्यादा फिल्मों में नायक बनने के बाद भी अमिताभ सफल नहीं हुए। कोई निर्माता-निर्देशक उनकी छिपी प्रतिभा को पहचान नहीं सका। यूँ प्रकाश मेहरा आसानी से अमित की चमत्कारी प्रतिभा को खोजने का दावा कर सकते हैं, क्योंकि उनकी 'जंजीर' ने ही अमिताभ के लिए अप्रतिम सफलताओं का

दरवाजा खोला। उनकी अप्रतिहत आक्रोश से भरी युवा छवि के लिए 'जंजीर' ने नींव का पत्थर रखा। लेकिन 'जंजीर' की वह भूमिका अमित के लिए नहीं लिखी गई थी। प्रकाश मेहरा का 'जंजीर' में अमित को लेने का कोई इरादा नहीं था। लेकिन जब अनेक बड़े स्टारों ने अनेक कारणों से उस भूमिका को ठुकरा दिया तो वह अनायास ही अमिताभ के हिस्से में आ गई। अमित के व्यक्तित्व से मेल खा जाने के कारण, लम्बे कटु संघर्ष और अदम्य महत्त्वाकांक्षाओं की पीड़ा उस भूमिका में उड़ेले जा सकने के कारण 'जंजीर' ने अमिताभ को लोकप्रियता दी। पर अमिताभ इस भूमिका में हमेशा के लिए कैद हो गए। वह भविष्य में किसी चरित्र के हाथों खुद को नहीं सौंप सके। उन्होंने सिर्फ 'आनन्द' में बाबू मोशाय के लिए खुद को समर्पित किया है–लेकिन यह उनके सफलता के दौर की बात नहीं है। हालाँकि बाद में भी उन्होंने कोशिशें कीं, पर कोई निर्देशक उन्हें इतना सक्षम प्रतीत नहीं हुआ कि वह खतरा उठा सकें। मनमोहन देसाइयों और प्रकाश मेहराओं के जरिए वह घनघोर लोकप्रियता ही पा सकते थे–इसीलिए उन्होंने हृषिकेश मुकर्जी के साथ अनेक फिल्में कीं, पर वे अमिताभ को लेकर उतने सफल नहीं हो पाए जितने राजकपूर को लेकर 'अनाड़ी' में और राजेश खन्ना को लेकर 'आनन्द' में हुए थे। श्याम बेनेगल, सथ्यू जैसे निर्देशकों की ओर अमिताभ की रुझान ही नहीं हुई। जो स्वाभाविक भी है। करोड़ों तक सम्प्रेषित होने की ख्वाहिश यदि सर्वोपरि बन जाए तो आश्चर्य की कोई बात नहीं। इसके लिए अकेले कलाकार पर सारा दोष मढ़ देना निश्चित ही ज्यादती है। पर हिन्दी सिनेमा में यदि ज्यादा दुरुपयोग किसी कलाकार का हुआ तो वह अमिताभ बच्चन ही हैं। उनके माध्यम से पैसा बटोरनेवालों ने हिन्दी सिनेमा को ऐसे मुकाम पर पहुँचा दिया जहाँ वह अपने ही भीतर के अन्तर्विरोधों से लड़खड़ाने लगा।

दिलीप ने 'शक्ति' में निश्चित ही अमिताभ को बहुत पीछे छोड़ दिया। जिस तरह इस फिल्म को काँटे के मुकाबले के रूप में प्रचारित किया गया था–इसमें दिलीप और अमित का कहीं काँटे का मुकाबला नहीं था। यद्यपि इसकी कहानी में इस बात की पूरी गुंजाइश थी और निर्देशक का समग्र ध्यान इसी पर केन्द्रित था। फिर भी बाजी यकीनन दिलीप के हाथ थी और यह अहसास दर्शकों ने स्पष्ट रूप से किया। उस पर तर्कों-कुतर्कों का कोई असर नहीं हुआ। लोकप्रियता और क्षमता दोनों में दिलीप ही इक्कीस रहे। लेकिन 'विधाता' में, जिसमें समूची फिल्म का दारोमदार ही दिलीप के कन्धों पर है–संजीव कुमार की छोटी सी भूमिका दिलीप के लिए चुनौती है। संजीव अपने चरित्र के हाथों इस तरह मिट जाते हैं कि 'अन्डर प्ले' करते हुए भी कहीं डिग नहीं पाते। 'विधाता' में वह सबसे अधिक ग्लैमरहीन भूमिका में हैं पर उनका कलाकार-व्यक्तित्व उस भूमिका को सबसे अधिक संवेदनयुक्त बना देता है। संजीव भारतीय सिनेमा के सबसे अधिक समर्पित अभिनेता हैं, जिनका अभिनय किसी शैली, किसी रचना-पद्धति और किसी क्षेत्र की सीमा में कैद नहीं। सत्यजीत राय जैसे महान कलाकार और जी.पी.सिप्पी जैसे महान व्यापारी–दोनों एक साथ उनकी महत्ता स्वीकार करते हैं।

और जी.पी.सिप्पी की 'शोले' तो सफलता का पर्याय बन गई, उसमें धर्मेन्द्र और अमिताभ बच्चन और गब्बर सिंह के रूप में उदित हुए अमजद खान के साथ संजीव कुमार सबसे कठिन भूमिका में हैं। उन्होंने एक ऐसे चरित्र के भीषण आक्रोश को जिन्दा किया है जो हर तरह से टूट चुका है। जिसकी पूरी शक्ति नष्ट हो चुकी है। गब्बर सिंह ने जिसके समूचे परिवार को

नष्ट कर दिया है, यहाँ तक कि उसके वे दोनों हाथ तक काट डाले हैं जिनकी शक्ति पर उसे बहुत अभिमान था। वह पूरी तरह एक पराजित आदमी है। लेकिन उस पराजय के अहसास से लगातार दबे रहने के बावजूद प्रतिशोध की ज्वाला और धधकी है–बुझ नहीं सकी। लगातार चुप्पी के भीतर दहकता ज्वालामुखी का अट्टहास। इसीलिए 'शोले' का अन्तिम दृश्य फिल्म की बहुत बड़ी शक्ति बन गया है। संजीव के सामने क्रूर गब्बर सिंह (अमजद खान) खड़ा अट्टहास कर रहा है–'तुम मुझे क्या मारोगे ठाकुर, तुम्हारे दोनों हाथ तो मैंने पहले ही काट डाले थे।' और ठाकुर कहता है–'कमीने, साँप को हाथ से नहीं, पैरों से कुचला जाता है'–और संजीव सिर्फ कहते नहीं हैं–प्रतिशोध की क्रूरता ज्वालामुखी फूटने के भीषण स्वरूप के रेशे-रेशे को अपने चेहरे से प्रस्तुत कर देते हैं। उस भूमिका में अन्तिम दृश्य में वह पूरी तरह खुद से अलग होकर चरित्र में समा गए हैं। कलाकार की अपनी कोई स्वतन्त्र इयत्ता नहीं रहती। और वह अपने अनेक चरित्रों के साथ ऐसा करने में सफल हुए हैं। यह खतरा उठाना कोई फायदेमन्द नहीं समझता। इस खतरे का कला-काम के लिए अनुपम आनन्द भी होता है–पर आखिर इस आनन्द को पहचान पाना भी तो सभी के लिए सम्भव नहीं होता।

यह वह दौर था जब राजकपूर की अटल हस्ती भी डगमगाने लगी थी। पच्चीस सालों का एक लम्बा दौर समाप्त हो चुका था। उद्योग में राजकपूर की साख नहीं के बराबर रह गई थी। कुछ ऐसे व्यक्तित्व भी थे जिन्होंने राजकपूर की महानता को इतिहास की वस्तु मानना शुरू कर दिया था। यह जरूर है कि राजकपूर अपनी सामर्थ्य की विशिष्टता के कारण अपने ही जीवन-काल में एक किंवदन्ती बन गए, किन्तु वह इतिहास कभी नहीं बने। 'जोकर' की असफलता ने स्वयं राजकपूर को भी मानसिक रूप से पराजित कर दिया। इस हादसे से वह उबर नहीं सके। पर असफलता राजकपूर के लिए कोई नई चीज नहीं थी। यदि उनके जीवन में असफलताएँ न होतीं तो वह उन शिखरों को कभी स्पर्श नहीं कर सके होते, जिन्होंने उनको हिन्दी सिनेमा का एक प्रमुख स्तम्भ बनाया है। 'जोकर' के बाद वह उस कोशिश में मशगूल हो गए जो उन्हें एक धुरन्धर के रूप में पुनः स्थापित कर दे। ऐसा नहीं था कि 'जोकर' की व्यावसायिक असफलता का पूर्वानुमान राजकपूर को कतई न रहा हो। यदि ऐसा न होता तो तीसरे हिस्से में उन्होंने अधिकाधिक व्यावसायिक समझौते नहीं किए होते। तीसरे हिस्से में नाच-गानों की भरमार थी। अधिक-से-अधिक भव्य सैट थे। और पद्मिनी का मांसल शरीर था। पर पद्मिनी 'जिस देश में गंगा बहती है' में जितनी आकर्षक साबित हुई थीं, 'जोकर' में वह उतनी ही स्थूलकाय और सामान्य-सी प्रतीत हुईं। नवाब वाजिद अली शाह के नाटक का दृश्य-गीत अपनी संगीत-रचना, छायांकन और प्रस्तुति में अद्वितीय था। लेकिन बाद में अनेक दृश्यों के साथ राजकपूर ने उसे भी काट दिया। 'जोकर' के प्रदर्शन के तीन-चार सप्ताह बाद उसकी लम्बाई काट-छाँटकर करीब सवा हजार मीटर कम कर दी गई, लेकिन इससे भी कोई लाभ नहीं हुआ। वस्तुतः इससे फिल्म में कसावट आने की जगह बिखराव आ गया। 'जोकर' का सम्पादन बेहद चुस्त था। इसकी संरचना में निर्देशक-सम्पादक राजकपूर ने लम्बे-लम्बे कई दृश्यों की योजना की थी और वे

प्रभावोत्पादक थे। दरअसल 'जोकर' का तीसरा हिस्सा अपनी रचना-शैली में पहले और दूसरे हिस्से से जैसे एकदम अलग-थलग जा पड़ा था। फिर दर्शकों ने इसकी गहन व्यथा को एकदम नहीं पहचाना और वे फिल्म की मूल चेतना के साथ सामंजस्य स्थापित नहीं कर सके। इस असफलता ने दर्शकों की नब्ज पहचानने की उनकी विख्यात क्षमता पर प्रश्नचिन्ह लगा दिया था। हिन्दी सिनेमा में सिर्फ एक ही सफलता को तरजीह दी जाती है और वह है बॉक्स-ऑफिस की कसौटी। कोई भी कलाकार तभी तक महत्त्वपूर्ण रहता है जब तक उसे भुनाया जा सके। बड़े-से-बड़े कलाकार को इस मापदंड के आगे घुटने टेकने को बाध्य होना पड़ा है। विशेष रूप से सन् 60 के बाद लगातार आर्थिक शिकंजे कसते चले गए। एक अराजक वातावरण लगातार विस्तार पाता चला गया। फिल्म एक सामूहिक प्रयास है। इसके निर्माण में सैकड़ों व्यक्तियों का परिश्रम सन्निहित होता है। कोई कितना ही समर्थ अभिनेता क्यों न हो, किन्तु उसे यदि सभी उपादानों का सहयोग प्राप्त न हो तो उसकी कला प्रस्फुटित नहीं हो सकती। पहले फिल्मों को उसकी निर्माण-संस्थाओं और निर्देशकों के नाम से पहचाना जाता था। कलाकार तब तक उसी फिल्म में व्यस्त रहते थे, जब तक वह समाप्त न हो जाए। इसीलिए उनमें काम के प्रति लगन और एकाग्रता रहती थी। लेकिन यह भी सत्य है कि साधारण दर्शक तक फिल्म का सम्पूर्ण प्रभाव अभिनेताओं के माध्यम से ही पहुँचता है। वे जिस संवाद पर तालियाँ बजाते हैं, उनके लिखने वाले को अकसर नहीं जानते। उस निर्देशक को भी नहीं जानते जिसने कलाकार को वह मोहक रूप दिया है। एक अभिनेता के व्यक्तित्व को सँवारने में निर्देशक, पट-कथाकार, संवाद-लेखक, छायाकार से लेकर मेकअप-मैन तक का हाथ रहता है, लेकिन अधिकांश प्रशंसा अभिनेता के हिस्से में आती है। यही कारण था कि अभिनेताओं ने धीरे-धीरे फ्री लांसिंग शुरू की और निर्माण-संस्थाओं के शोषण से मुक्ति पाने के उद्देश्य से परिचालित इस प्रयास ने आगे चलकर एक विकराल दानव का रूप धारण कर लिया। हिन्दी सिनेमा सिर्फ चन्द अभिनेताओं के इर्द-गिर्द चक्कर खाने लगा। फिल्मों से उनका सामाजिक परिदृश्य गुम होने लगा और वे किसी खास व्यक्ति की छवि बनाए रखने का काम करने लगीं। फिल्म पर निर्देशक की पकड़ ख़त्म होने लगी। होने यह लगा कि अभिनेताओं के कृपा-पात्र चमचे निर्माता-निर्देशक के सामने आने लगे। इसका पूरा फायदा उन पूँजीपतियों ने उठाया जिनकी नजर में कलाकर रेस के घोड़े हैं। उन्होंने हर कलाकार की सामर्थ्य को अधिक-से-अधिक भुनाकर उसे कचरे की टोकरी में फेंकने का काम शुरू कर दिया। फिल्में पूरी तरह से फाइनेंसरों और उनके चमचों के हाथ में पहुँच गईं। इन स्थितियों को तोड़ने के प्रयास जिन लोगों के द्वारा सन् '65 के बाद किए गए, उनमें कलात्मक अहंकार अधिक था। समझदारी का नितान्त अभाव था। जब तक फिल्मों को दर्शक से नहीं जोड़ा जाएगा तब तक उनकी सारी कलात्मकता, समाजोन्मुखता कोई मतलब नहीं रखती। इसीलिए कला-फिल्मों के आन्दोलन को पूँजीवादी प्रेस द्वारा भी खूब उछाला गया था। ये फिल्में यथास्थिति को बनाए रखने में पूरी तरह मदद करती हैं। दर्शकों का इन फिल्मों से कोई वास्ता नहीं होता। अब यहाँ इसके विस्तार में जाने की आवश्यकता नहीं। सिनेमा का जो असली दर्शक है उसका कोई सम्बन्ध इन फिल्मों से नहीं बनता। प्रेस अकसर जिन फिल्मों की तारीफ करता है, वे उसके लिए अजनबी होती हैं और जिन्हें वह बकवास घोषित करता है उन्हें अपनाना उसकी मजबूरी है, क्योंकि जो प्रबुद्ध है उन्हें इस बात से कोई खास सरोकार नहीं है कि इस देश के

विशाल समुदाय की मानसिक संरचना को क्या चाहिए। क्या यह आश्चर्य की बात नहीं है कि जिसे नव-सिनेमा, कला-सिनेमा और समानान्तर सिनेमा और न जाने क्या-क्या कहा गया, उसके अन्तर्गत अधिकांश फिल्में सैक्स-कुंठा और विसंगतियों को आधार बनाकर निर्मित की गईं। कहाँ है भारतीय समाज में यह सैक्स-कुंठा? उसकी सबसे बड़ी तो दूर, तनिक भी महत्त्वपूर्ण समस्या नहीं है यह। सिर्फ व्यक्तिगत स्वार्थों से पीड़ित और किसी तरह उच्चवर्ग में घुस पाने की कोशिश में लगे मध्यमवर्गीय ढुलमुल व्यक्तियों के बीच कुलबुलानेवाला चोचला है यह। सातवें दशक के समाप्त होते-होते एक ऐसी ताकतवर पीढ़ी भी हिन्दी सिनेमा में आई जिसने सिनेमा के कलात्मक महत्त्व को गम्भीरता से लिया। उसके गहन प्रभाव को संजीदगी से पहचाना और सार्थक प्रयत्न किए। इनमें एक प्रमुख नाम श्याम बेनेगल का है। श्याम बेनेगल की फिल्मों ने 'शोले' और 'बॉबी' जैसी लोकप्रियता भले ही न पाई हो, लेकिन 'अंकुर', 'जुनून' और 'कलियुग' आदि फिल्मों ने कला-फिल्मों के सीमित दर्शक-वर्ग को विकसित अवश्य किया। यही नहीं, सार्थक सन्दर्भों को विषयवस्तु के रूप में भी ग्रहण किया। अभिनेताओं में नसीरुद्दीन शाह का इस सन्दर्भ में उल्लेख बहुत आवश्यक है। नसीरुद्दीन यदि चाहते तो आसानी से हिन्दी के व्यावसायिक सिनेमा की बलि चढ़ सकते थे। अपने व्यक्तित्व की रक्षा करते हुए ही उन्होंने कमर्शियल सिनेमा से नाता जोड़ा। यह एक अत्यन्त सुखद स्थिति है कि तमाम सम्भावनाएँ होते हुए भी झूठे ग्लैमर से जुड़ने का लोभ वह संवरण कर सके। वह ग्लैमर जो नाम ही नहीं, नाम भी देता है। स्मिता पाटिल जैसी समर्थ अभिनेत्री तक व्यावसायिकता के चक्रव्यूह में फँसने से बच नहीं सकीं। वह अभिमन्यु की तरह साबित हुईं जिसे चक्रव्यूह में प्रवेश करने की कला का तो ज्ञान है, किन्तु उसे तोड़कर बाहर निकलना नहीं आता। पर बेनेगल जैसे फिल्मकारों से एक शिकायत जरूर की जाएगी कि वे किसी परम्परा का निर्माण करने के लिए आगे नहीं आए। इसके अभाव में वे एक महत्त्वपूर्ण पद-चिह्न बनकर रह सकते हैं। किसी विशाल परिवर्तन की उम्मीद नहीं की जा सकती। पर बेनेगल ने इस बात को समझा जरूर है और उसे कार्यान्वित करने के लिए सुनियोजित कदम उठाए हैं। यह अच्छी तरह जानकर कि एक ठोकर से सब खत्म नहीं होनेवाला, इसलिए सब्र से कदम आगे बढ़ाओ। पर इसके लिए यह बहुत जरूरी है कि इस तरह के फिल्मकारों की एक पूरी जमात उठ खड़ी हो और अपने लक्ष्य के प्रति समर्पित रहते हुए व्यावसायिक छद्मों से जूझे।

यह मानना आत्मसन्तुष्टि के अतिरिक्त और कुछ नहीं है कि व्यावसायिक सिनेमा से जुड़े कलाकार सिर्फ दौलत और शोहरत की चमक से सन्तुष्ट हैं। व्यावसायिक सिनेमा में सफलता की ऊँचाइयों तक पहुँच पाना आसान नहीं है। इसके लिए अनेक प्रतिभावान कलाकारों को अपना सब-कुछ दाँव पर लगाना होता है। उसके यौवन के अनेक वर्ष संघर्ष में गुजर जाते हैं। एक तो उसके बाद भी सफलता नहीं मिलती और यदि सफल हो भी गए तो वह बहुत जल्द पैरों की बेड़ी बन जाती है। फिर कुछ कर पाने की छटपटाहट बढ़ जाती है। शशि कपूर को नायक के रूप में प्रतिष्ठित होने में लम्बा समय लगा। पारिवारिक पृष्ठभूमि होने के साथ ही शशि एक उत्कृष्ट अभिनेता भी हैं। उन्होंने छोटी भूमिकाओं में भी उल्लेखनीय अभिनय किया है। एक ऐसा भी समय था, जब उनके पास काम नहीं था और परिस्थितियों ने ऐसा रुख भी बदला कि वह उद्योग के सर्वाधिक व्यस्त अभिनेता बन गए। उन्होंने एक साथ सौ से अधिक

फिल्मों के अनुबन्ध कर डाले। जहाँ जो भूमिका मिली उसे स्वीकार कर लिया। तीन-तीन शिफ्टों में काम किया। किसी छोटे-बड़े अभिनेता के साथ मुकाबले में झूठे संघर्ष में नहीं पड़े। यदि उन्हें व्यावसायिक सिनेमा ने सन्तोष दिया होता तो वह स्वयं सार्थक फिल्मों के निर्माण की ओर प्रवृत्त होते? सिर्फ शशि कपूर ही नहीं, शत्रुघ्न सिन्हा भी इसी रास्ते पर आगे बढ़े। पर इसमें सार्थक सिनेमा की तलाश का उद्योग कम, व्यक्तिगत महत्त्वाकांक्षाओं की कशिश ज्यादा है। ऐसा पहले भी हो चुका है, किन्तु इससे व्यावसायिक सिनेमा की विकृत प्रवृत्तियों का मुकाबला नहीं किया जा सका।

जो महानुभाव यह समझते हैं कि इस मुल्क की अधिकांश जनता कूड़ा-करकट ही पसन्द करती है, उसका मनोरंजन सिर्फ फार्मूला फिल्मों के द्वारा ही होता है, वे गम्भीर मानसिक विकृति के शिकार हैं। दरअसल उन्होंने अपने-आपको एक निश्चित घेरे में कैद कर लिया है और उससे बाहर झाँकना नहीं चाहते। आज तक कोई अच्छी फिल्म असफल नहीं हुई। हिन्दी सिनेमा का दर्शक इतना उदार है कि यदि फिल्म में थोड़ी-सी भी भरमा लेने की क्षमता है तो वह सफल हो जाती है। यहाँ तक कि यदि किसी ऐक्टर ने कोई 'डायलॉग' बहुत बढ़िया अन्दाज में बोला है तो सिर्फ उसी के बूते फिल्म की गाड़ी खिंच जाती है। इसका सबसे बड़ा कारण साधारण आदमी के लिए मनोरंजन के साधनों का अभाव है। मशीनीकरण ने कला में लोकतत्व को शनैः-शनैः नष्ट कर दिया है। एक सिनेमा ही उसकी पहुँच तक रह गया है और चूँकि वह ऐसा मनोरंजन चाहता है जो उसकी चेतना को सुकून दे सके, इसलिए रोजगारी निर्माता पलायनवादी ढर्रेबाज फिल्मों के जाल में उसे फँसाए रखने में सफल हो जाते हैं। पर इसमें उसका क्या दोष है? यदि चतुर व्यापारी, कलाकारों को अपनी मुट्ठी में कैद रखने में सफल हैं, तो इस शून्य से उबर पाने के लिए सबसे बड़ा संघर्ष उन कलाकारों को ही करना होगा। ऐसी ही स्थिति कुछ उन लोगों की भी है जो सिनेमा को अर्थहीन और छोटी चीज मानते हैं। आजादी के बाद भारतीय समाज पर सिनेमा का जितना प्रभाव पड़ा है, उसका एक चौथाई कला के किसी अन्य माध्यम का नहीं। पर हमने इससे आँखें मूँदे रखने में ही अपनी भलाई समझी। अब वह समय नहीं रहा जब सिनेमा में काम करना वेश्याएँ तक अपने लिए अपमान की बात समझती थीं। आज सभ्य कहलानेवाले समाज की शिक्षित लड़कियाँ यहाँ हर कीमत पर आने को बेताब हैं। आज सिनेमा के प्रभाव से नित नए फैशन बनते और बिगड़ते हैं। आज का समाज श्री हरिवंशराय बच्चन को अमिताभ बच्चन के पिता के रूप में बेहतर जानता है। यदि हमने सिनेमा के गम्भीर प्रभाव को संजीदगी से पहचाना होता तो आज वह इतना दृष्टिशून्य माध्यम न बन गया होता।

'जोकर' की असफलता के बाद राजकपूर ने जिस बात को गम्भीरता के साथ महसूस किया था वह थी अपनी व्यावसायिक साख को फिर से जमाना। अब कोई करिश्मा ही उनकी डूबती नैया को पार लगा सकता था। इसीलिए अपनी पूरी संवेदनशीलता और तमाम इच्छाओं के बावजूद वह 'जोकर' के अधूरे सपने को पूरा करने आगे नहीं बढ़ सके। वह पीछे लौट आए—बहुत पीछे। बॉक्स-ऑफिस सफलता की खोई हुई चाबी अपनी मुट्ठी में बन्द किए 'बॉबी' में। और 'बॉबी' की कलात्मक श्रेष्ठता के बारे में उनका अपना तर्क भी है—यदि सही फिल्म फ्लॉप हो जाती है तो आप इसे क्लासिक कहते हैं। 'जोकर' का दलित अहं 'बॉबी' का राजकपूर बन जाता है और यह प्रमाणित कर देता है कि वह आउटडेटेड नहीं हुआ। बॉक्स-ऑफिस पर

तहलका मचा देने के लिए उसे बड़े-बड़े सितारों की जरूरत नहीं है, वह बिलकुल नए चेहरों के जरिए भी बेमिसाल सफलता हासिल कर सकते हैं। कुछ वही करिश्मा जो 'बरसात' ने किया था। हालाँकि राजकपूर खुद भी यह जानते हैं, कि सफलता की यह दौड़ उन्हें अपने मकसद से बहुत दूर भी ले गई है। वह जानते हैं, इसीलिए बहुत दूर जाकर भी फिर वापस लौटते हैं। ऐसी वापसी जो उन्हें कभी अप्रासंगिक नहीं होने देती। यही कारण है कि आग कभी बुझती नहीं।

'बॉबी' में राजकपूर ने अपने दूसरे बेटे ऋषि कपूर को नायक के रूप में प्रस्तुत किया, जिसको 'मेरा नाम जोकर' में दर्शक जूनियर जोकर की भूमिका में देख चुके थे। इस भूमिका के लिए ऋषि कपूर पुरस्कृत भी हुए थे और दर्शकों ने भी उन्हें पसन्द किया था। सोलह वर्षीय किशोर जो अपने बचपन को अलविदा कह रहा है, खुद से उम्र में काफी बड़ी टीचर के सम्मोहन में ग्रस्त हो जाता है। उसका अस्तित्व अपनी टीचर के अभाव में जैसे समाप्त ही हो जाता है। प्रेम एक भावना के रूप में अवशिष्ट रह जाता है, जो जात-पाँत, ऊँच-नीच, रंग-रूप का कोई बन्धन नहीं जानता। ऋषि कपूर ने इस दीवानगी को बहुत तन्मयता से साकार किया था। ऋषि कपूर का ऐसा ही लुभावना दीवानापन रमेश तलवार कृत 'दूसरा आदमी' में देखने को मिलता है, जिसमें वह अपने से बड़ी उम्र की औरत (राखी) के प्रेम में डूब जाता है। ऋषि कपूर को जिस प्रकार 'जोकर' में सिमि गरेवाल का सहयोग मिला था, उसी तरह 'दूसरा आदमी' में राखी का। सातवें दशक में राजश्री प्रोडक्शन्स की 'जीवन मृत्यु' से प्रवेश करनेवाली राखी सन् '75 के बाद एक अत्यन्त समर्थ अभिनेत्री प्रमाणित हुईं। यह वह दौर था जब हिन्दी फिल्मों में नायिका की अहमियत लगभग खत्म हो चुकी थी। इस बारे में सिर्फ अपवाद हो सकते हैं। औसत फिल्मों में नारी शो पीस से बढ़कर कुछ नहीं थी। ऐसे दौर में राखी ने अपने सशक्त अभिनय से कुछ फिल्मों में तो प्राण ही फूँक दिए। 'दूसरा आदमी' की लगभग प्रौढ़ युवती, जिसकी आँखों और आँखों के सपनों में पहले बसन्त के अरमान टँके हैं। सिर्फ राखी की शक्ति थी, उस चरित्र को प्राणवान बना देने की। अन्यथा उस आधुनिक युवती के चरित्र-विन्यास में कोई बड़ा अनोखापन नहीं था। यदि अनोखापन था तो राखी की आँखों के उस नशीले तेवर की आँच में, जिसे ऋषि कपूर के गले में मफलर बाँधते हुए उसे देखकर महसूस किया जा सकता है। खिसकती उम्र में सोलह साल की उम्र के अतृप्त सपने उसके अंग-अंग से बोलते हैं। तह चोट खाई अनुभूतियों के दर्प की मादक तसवीर बन जाती है। उसका अपना व्यक्तित्व यह कहता-सा लगता है कि औरत के पास पुरुष को देने के लिए शरीर के अलावा और भी बहुत-कुछ होता है। औरत सिर्फ रास्ता नहीं है—रास्ते का कोई पड़ाव भी नहीं है। और वह अपनी भूमिकाओं में यह ढूँढ़ती नजर भी आती हैं कि पुरुष औरत से बहुत थोड़ा-सा पाकर ही सन्तुष्ट क्यों हो जाता है? 'बॉबी' की नायिका बनी सेठ चुन्नीलाल कपाड़िया की पुत्री डिम्पल कपाड़िया। डिम्पल 'बॉबी' के रिलीज होते ही युवा वर्ग की क्रेज बन गईं, लेकिन दुर्भाग्य से 'बॉबी' ही डिम्पल की पहली और आखिरी फिल्म साबित हुई। इसके बाद वह अपने समय के सुपर-स्टार राजेश खन्ना से ब्याह रचाकर हिन्दी सिनेमा को हमेशा के लिए अलविदा कह गईं। लेकिन डिम्पल को 'बॉबी' ने असीम लोकप्रियता दी थी। उसका सम्मोहन डिम्पल के वैवाहिक जीवन में टूटा

नहीं। राजेश खन्ना जैसे-जैसे लोकप्रियता की चोटी से नीचे उतरते चले गए, डिम्पल के साथ उसके सम्बन्ध बिखरते गए। और अन्ततः यह एकाएक बिजली की तरह पैदा हुआ दाम्पत्य जीवन समाप्त भी हो गया।

कथावस्तु के रूप में 'बॉबी' में किशोर-प्रेम की तन्मयता को आधार बनाया गया था, जिसमें थी मुहब्बत और जज्बातों की कशमकश। और इसमें दो मत नहीं कि राजकपूर इस मैदान के सबसे चतुर खिलाड़ी हैं। 'बॉबी' के निर्देशक स्वयं राजकपूर थे और 'बॉबी' सही मायने में निर्देशक की ही फिल्म थी। शो मैन-शिप का अनूठा उदाहरण है 'बॉबी'। इस फिल्म ने व्यावसायिक सफलता के सारे रिकॉर्ड तोड़ दिए। हालाँकि इसके प्रदर्शन के पूर्व हालत यह थी कि कोई वितरक इसे छूने के लिए भी तैयार नहीं था। पर प्रदर्शित होने पर पूरे हिन्दुस्तान में 'बॉबी' की धूम मच गई। सौ से अधिक नगरों में 'बॉबी' सौ दिन से अधिक चली। लगभग चालीस स्थानों पर इसकी रजत-जयन्ती हुई। सभी महानगरों में स्वर्ण-जयन्ती और हीरक-जयन्ती मनाई गई। 'बॉबी' का तकनीकी पक्ष तो आर.के. फिल्म्स की सुव्यवस्थित टीम ने सम्भाला, किन्तु नायक-नायिका के साथ ही गीतकार, संवाद-लेखक, गायक, संगीत-निर्देशक–सब नए थे। शंकर-जयकिशन की जगह ले ली थी लक्ष्मीकान्त-प्यारेलाल ने। विट्ठल भाई पटेल, इन्द्रजीत सिंह तुलसी और आनन्द बक्षी ने गीत लिखे। संवाद-लेखक के रूप में आए फिल्म पाक्षिक 'माधुरी' के समीक्षक जैनेन्द्र जैन। 'बॉबी' में ऋषि कपूर को आवाज दी शैलेन्द्र सिंह ने। यद्यपि आगे चलकर शैलेन्द्र सिंह गायक के रूप में अद्वितीय प्रमाणित नहीं हुए, लेकिन 'बॉबी' में उसके गीतों ने धूम मचा दी। 'बॉबी' के साथ ही लता मंगेशकर का पुनरागमन आर.के. यूनिट में हुआ। लता और शैलेन्द्र सिंह के गीत 'हम तुम एक कमरे में बन्द हों और चाबी खो जाए', 'पहले तुम पहले तुम', 'झूठ बोले कौवा काटे' और 'मैं शायर तो नहीं' करोड़ों जुबानों पर चढ़ गए। 'बॉबी' के लाँग प्ले रिकॉर्ड की बिक्री एक लाख की सीमा को पार कर गई। एच. एम.वी. रिकॉर्ड कम्पनी ने 'बॉबी' की 'गोल्डन डिस्क' कट की। 'बॉबी' में पंजाब के गायक नरेन्द्र चंचल का सिर्फ एक गीत था, लेकिन उसी के लिए उन्हें उस वर्ष का सर्वश्रेष्ठ गायक का 'फिल्म फेयर पुरस्कार' प्राप्त हुआ। इन्द्रजीत सिंह तुलसी का लिखा वह गीत था–'जिस पलड़े में तुले मुहब्बत उसमें चाँदी नहीं तोलना।' शंकर-जयकिशन की कमी को किसी हद तक लक्ष्मी-प्यारे ने खटकने नहीं दिया, लेकिन शैलेन्द्र की कमी शायद कोई कभी पूरी नहीं कर सकेगा। लक्ष्मीकान्त-प्यारेलाल ने, जो आठवें दशक के सबसे लोकप्रिय और व्यस्त संगीत-निर्देशक हैं, उन्होंने आर.के.फिल्म्स का स्थायी संगीतकार बनने की ख्वाहिश से 'बॉबी' के गीतों के लिए ही नहीं, उसके पार्श्व-संगीत के संयोजन में भी अत्यधिक परिश्रम किया। यद्यपि 'धरम-करम' में संगीत-निर्देशक के रूप में आर.डी.बर्मन को लिया गया, किन्तु आर.के. बैनर के अन्तर्गत निर्मित होने के बावजूद वह रणधीर कपूर की फिल्म थी और रणधीर कपूर का झुकाव आर.डी.बर्मन की ही ओर रहा है। आर.डी. बर्मन प्रतिभाशाली संगीतकार हैं, लेकिन आर.के. कैम्प में उन्हें सफलता नहीं मिली। सन् '81 में राहुलदेव के निर्देशन में बनी 'बीवी ओ बीवी' में भी उन्हीं का संगीत था और इस फिल्म का ही नहीं, उसके संगीत का भी बुरा हश्र हुआ। 'बॉबी' के बाद भी जिन फिल्मों का निर्देशन स्वयं राजकपूर ने किया, उसमें संगीत लक्ष्मीकान्त-प्यारेलाल ने ही सम्भाला। 'सत्यं शिवं सुन्दरम्' की बहुत बड़ी शक्ति उसका

संगीत था। अपने समय के शोरगुल से भरे संगीत की जगह 'सत्यं शिवं सुन्दरम्' में लक्ष्मी-प्यारे ने अत्यन्त मधुर और शास्त्रीय रागों पर आधारित धुनें तैयार की थीं, जिन्हें श्रोताओं ने भी बहुत पसन्द किया। 'बॉबी' का संगीत लक्ष्मीकान्त-प्यारेलाल की सामर्थ्य का प्रतीक बन गया। शंकर-जयकिशन की जोड़ी वैसे तो जयकिशन की मृत्यु के बाद ही टूटी, लेकिन उनमें गायिका शारदा के प्रति शंकर के झुकाव के कारण पहले ही दरार पड़ गई थी। उन्होंने अपना-अपना काम अलग-अलग करना आरम्भ कर दिया था, पर फिल्मों के क्रेडिट में 'शंकर-जयकिशन' का संयुक्त नाम ही जाता था। उनके संगीत-सृजन का आकर्षण भी ढलने लगा था। लेकिन जयकिशन की मृत्यु के बाद तो उनका सितारा ही अस्त हो गया। शंकर-जयकिशन की जोड़ी ने हिन्दी सिनेमा को अपनी अप्रतिम सौगात दी। जिस समय उन्होंने प्रवेश किया, संगीत के क्षेत्र में नौशाद, सी.रामचन्द्र और एस.डी. बर्मन का सितारा बुलन्द था। अपनी पहली फिल्म 'बरसात' से ही वे लोकप्रियता के चरम शिखर पर पहुँच गए। उन्होंने अपनी संगीत-रचनाओं में आर्केस्ट्रा को अधिक महत्त्व देना आरम्भ किया। पश्चिमी वाद्यों के महत्त्व को भी उन्होंने ही बढ़ावा दिया। बावजूद इसके, उनके संगीत के पाश्चात्य धुनों का अन्धानुकरण नही था। उन्होंने पश्चिमी संगीत की खूबियों का भारतीय संगीत के साथ बखूबी समन्वय किया। उनका संगीत अपने समय की माँग को पूरा करनेवाला, तेज गतिवाला था। महज शोर-शराबा नहीं। नौशाद और सी.रामचन्द्र की धीमी धुनों का पुराना आकर्षण धीरे-धीरे कम होने लगा था। शंकर-जयकिशन ने अपनी धुनों में मुकेश की दर्द-भरी आवाज का सबसे अधिक सार्थक उपयोग किया। उनकी संगीत-रचनाओं की खासियत यह भी रही है कि वे विविध रुचियों को सन्तुष्ट करने में समर्थ रहीं। शंकर-जयकिशन ने 'बसन्त बहार' के लिए निर्मित धुनों के द्वारा यह भी प्रमाणित कर दिया था कि वे शास्त्रीय संगीत के क्षेत्र में भी अप्रतिम हैं। शंकर-जयकिशन अपनी क्षमता के बल पर ही दो दशकों तक हिन्दी सिनेमा में संगीत-निर्देशक के रूप में छाए रहे।

ऋषि कपूर 'बॉबी' के नायक ही थे। फिल्म उन्हीं पर केन्द्रित नहीं थी। 'बॉबी' में डिम्पल को नायिका के रूप में अधिक महत्त्व दिया गया था। 'बॉबी' में प्रेमनाथ चौबीस वर्ष बाद आर. के. की फिल्म में आए थे। प्रेमनाथ ने नायिका के पिता की और प्राण ने नायक के पिता की भूमिका की थी। नायिका का पिता गरीब, छोटी जात का; नायक का पिता अमीर, बड़ी जातवाला। वही अमीरी और गरीबी का शाश्वत संघर्ष। नायक-नायिका दोनों किशोर वय के। अपनी मनमर्जी के मुताबिक शादी कर लेने की कानूनी इजाजत भी नहीं उन्हें। नायिका का पिता बड़े दिलवाला होते हुए भी अपनी बेटी के बारे में एक शब्द सुनना पसन्द नहीं करता। वह नहीं चाहता कि उसकी शादी ऐसे लड़के के साथ हो जिसका बाप रुपए के अहंकार में डूबा हुआ हो। वह मछुआरा है तो क्या हुआ, रुपया उसने भी कमाया है, लेकिन रुपयों से जिन्दगी की खुशियाँ तो खरीदी नहीं जा सकतीं। जो यह मानते हैं कि रुपयों से ही सब-कुछ खरीदा जा सकता है, वे जिन्दगी में सब-कुछ पा सकते हैं, लेकिन मुहब्बत का एक कतरा तक उन्हें नसीब नहीं हो सकता। एक-दूसरे के प्यार में डूबे किशोर प्रेमी सारी दुनिया को ठोकर मारकर निकल भागते हैं। उन्हें कुछ नहीं मालूम—कहाँ जाएँगे, क्या करेंगे? मुहब्बत के अन्धे जुनून के सिवाय और कुछ नहीं है उनके पास। लेकिन यह जुनून ऐसी ताकत भी देता है जिससे समूची दुनिया

से टकराया जा सकता है। जज्बातों की यही दीवानगी 'बॉबी' की शक्ति है। उसी ने दर्शकों को मोहित किया। ऋषि कपूर और डिम्पल कपाड़िया क्रेज बन गए। डिम्पल अपनी पहली फिल्म से ही सत्रह वर्ष की उम्र में बड़ी स्टार बन गईं। 'बॉबी' के निर्माण-काल में ही उसके सामने अनुबन्धों के ढेर लग गए।

डिम्पल को राजकपूर ने इस खूबसूरती से निखारा था कि विवाह के बाद सिनेमा की रोशनियों से दूर हो जाने के बाद भी दर्शकों और निर्माताओं के बीच उनका आकर्षण कम नहीं हुआ। जब राजेश खन्ना से उनकी तकरार शुरू हुई और यह विवाह कई बार लड़खड़ाता हुआ नजर आया तो कई निर्माताओं ने चुपके-चुपके डिम्पल को नायिका बनाने का सपना देखा। अन्ततः 1983 में जी.पी. सिप्पी ने उन्हें अपनी नवीनतम फिल्म 'सागर' के लिए अनुबन्धित कर ही लिया। दस वर्षों के अन्तराल के बाद डिम्पल पुनः फिल्मों में वापस आईं। यद्यपि इस बीच वह दो बच्चों की माँ बन चुकी थीं, लेकिन 'बॉबी' का आकर्षण टूटा नहीं था। इसीलिए सत्रह और अट्ठाइस वर्ष की उम्र का अन्तर भी डिम्पल के लिए कोई व्यवधान नहीं बना।

सन् '75 में प्रदर्शित होनेवाली 'धरम-करम' आर.के.फिल्म्स की चौदहवीं प्रस्तुति है। इसके नायक और निर्देशक एक बार पुनः रणधीर कपूर थे। नायिका थीं रेखा। स्वयं राजकपूर ने भी रणधीर के पिता की भूमिका की थी। प्रेमनाथ और नरेन्द्रनाथ फिल्म के अन्य प्रमुख कलाकार थे। 'धरम-करम' आर.के. परम्परा के अनुकूल साबित नहीं हुई। इसकी सबसे बड़ी कमजोरी थी प्रयागराज की कहानी। राजकपूर की बेहद प्रसिद्ध फिल्म 'आवारा' को 'धरम-करम' में उलट दिया गया था। 'आवारा' कहती थी कि जरूरी नहीं कि डाकू का बेटा डाकू और इज्जतदार का बेटा इज्जतदार बने। आदमी का अच्छा या बुरा बनना परिस्थितियों और वातावरण पर निर्भर करता है। इसके ठीक उलटे 'धरम-करम' यह प्रतिपादित करती है कि बुरे आदमी की सन्तान बुरी ही होती है, उसे कितना ही अच्छा वातावरण और अनुकूल परिस्थितियाँ क्यों न मिलें। और शरीफ घर का बेटा कभी बुरा नहीं बनेगा, चाहे उसकी परवरिश एक शोहदे के द्वारा हो और वह मवालियों के बीच छुरे-चाकुओं से खेलता रहे। इस उलटी बात को दर्शक तभी पचा सकते थे जब यह फिल्म 'आवारा' का जादू तोड़ पाती। जाहिर है, निर्देशक रणधीर कपूर ऐसा नहीं कर सके और 'धरम-करम' एक मामूली फिल्म साबित हुई। रणधीर में एक निर्देशक के रूप में सम्भावनाएँ थीं, लेकिन उन्होंने अपने पिता की क्षमता के आन्तरिक स्वरूप को नहीं पहचाना। यह भी नहीं पहचाना कि रचनात्मकता का रास्ता खुद ही तैयार करना होता है। राजकपूर के पिता स्व. पृथ्वीराज कपूर भी हिन्दी सिनेमा की एक बहुत अजीम हस्ती थे। राजकपूर ने उनसे बहुत-कुछ सीखा भी होगा। पर अपना रास्ता खुद तैयार किया। उस पर लड़खड़ाए और सम्भले। पर रणधीर में विनम्रता की जगह दम्भ ने ले ली। उन्होंने सिर्फ अपना रास्ता आप बनाने का प्रदर्शन ही किया, बनाया नहीं। इसीलिए 'धरम-करम' में एक बेहद खूबसूरत रचना लेकर 'आवारा' के खिलाफ खड़े हुए, लेकिन यह नहीं समझा कि 'आवारा' के प्रभाव को तोड़कर नया अध्याय लिखना कितना खतरनाक काम है। और इसे हासिल करने के लिए कितनी लगन, निष्ठा और परिश्रम की जरूरत होती है। किसी नवीन सृजन के लिए उपादान भी नए चाहिए।

रणधीर ने 'धरम-करम' की नायिका के लिए रेखा को चुना था, जो निस्सन्देह सही चुनाव

था। पर रेखा जिस तरह प्रस्तुत किया गया था वह पूरी तरह गलत था। रेखा और रणधीर पर फिल्माया गया गीत 'बात थी यार एक बेर की, बढ़के हो गई सवासेर की' भोंड़ा ही नहीं, कुरुचिपूर्ण भी था। वह मादकता की सृष्टि करने की जगह जुगुप्सा पैदा करता है। ढीले ब्लाउज में बगैर चोली पहने रेखा को पानी में डुबोकर उसके वक्ष के उभारों को जिस तरह प्रस्तुत किया गया था, वे मांस के लोथड़े नजर आते थे। उस दृश्य ने सुगबुगी रोमांच की जगह दर्शकों को वितृष्णा से भर दिया। औरत के मांसल सौन्दर्य के प्रति राजकपूर का भी आकर्षण प्रबल रहा है, किन्तु उसमें गम्भीर सौन्दर्य-बोध और आन्तरिक उत्ताप मौजूद होता है जिसे रणधीर नहीं पहचान सके।

सिर्फ किसी बड़े कलाकार का बेटा होने के कारण ही कोई सर्वश्रेष्ठ नहीं हो सकता, यह बात रणधीर नहीं पहचान सके। रणधीर ही क्यों, यह बात बड़े सितारों की समझ में नहीं आई। आठवें दशक के अन्त में तो राजेन्द्र कुमार, मनोज, धर्मेन्द्र, नूतन, सुनील दत्त आदि अनेक सितारों के बेटे मैदान में आ गए। इनके पास योग्यता के नाम पर सिर्फ अपने माता-पिता की शोहरत थी। कुमार गौरव, संजय दत्त, कुणाल कपूर आदि में उस परिश्रम-क्षमता का पूरा अभाव रहा जिसने उनके पिताओं को आसमानी ऊँचाइयों तक पहुँचाया था। ग्लैमर, धन और प्रचार की चकाचौंध ने इन्हें रंगीनी में प्रस्तुत जरूर किया, लेकिन इनमें कोई महत्त्वपूर्ण नहीं बना।

जो सितारे थे चमकते ही रहे
जो गुबारे थे वो आखिर गिर गए।

'धरम-करम' का सबसे बड़ा आकर्षण था राजकपूर का अभिनय और मुकेश की आवाज में मजरूह सुल्तानपुरी का लिखा गीत जिसे कई टुकड़ों में राजकपूर पर चित्रित किया गया था–

'एक दिन बिक जाएगा माटी के मोल
जग में रह जाएँगे प्यारे तेरे बोल
दूजे के होठों को देकर अपने गीत
कोई निशानी छोड़, फिर दुनिया से बोल!

अनहोनी पथ में काँटे लाख बिछाए
होनी तो फिर भी बिछड़ा यार मिलाए
ये बिरहा ये दूरी दो पल की मजबूरी
फिर कोई दिलवाला काहे को घबराए
तरमपम धारा जो बहती है मिलके रहती है
बहती धारा बन जा, फिर दुनिया से बोल!'

शैलेन्द्र के बाद राजकपूर की फिल्मों में ऐसे गीत कम ही हैं, जिनमें फिल्म की आत्मा ध्वनित होती है। मजरूह का यह गीत राजकपूर के चरित्र और फिल्म के कथ्य को एक साथ उजागर करने में सफल हुआ था। सहृदय भावुक गायक और स्नेही पिता के चरित्र को राजकपूर ने जीवन्त बना दिया था। प्रेमनाथ की भूमिका में अतिरेक था, जो यूँ तो सदैव ही रहा है। 'बॉबी'

में भी था, पर वहाँ उन पर निर्देशक की पकड़ मौजूद थी। 'धरम-करम' में निर्देशकीय पकड़ नदारद है। इसलिए प्रेमनाथ कई स्थानों पर अस्वाभाविक रूप से मुखर हो गए। रेखा भी हसीन गुड़िया से ज्यादा और कुछ नहीं। यदि रेखा को राजकपूर के निर्देशन में काम करने का सुयोग मिला होता तो वह रूप-सौन्दर्य और मादक अभिनय के द्वारा गजब ढा सकती थीं।

1978 में राजकपूर की अत्यन्त महत्त्वाकांक्षी फिल्म 'सत्यं शिवं सुन्दरम्' प्रदर्शित हुई। इसके पूर्व यद्यपि 'धरम-करम' को अपेक्षित सफलता नहीं मिली थी, फिर भी दर्शकों और वितरकों में अभी 'बॉबी' का जादू टूटा नहीं था। 'बॉबी' के प्रदर्शन के पूर्व कोई विशेष प्रचार नहीं किया गया था। राजकपूर जानते थे कि ऐसा प्रचार जो फिल्म के प्रति दर्शकों को उत्सुकता से भर देता है, 'बॉबी' के लिए अनुकूल नहीं होगा। 'जोकर' फ्लॉप हो जाने के कारण राजकपूर की क्षमता के प्रति ही सन्देह पैदा हो गया था। ऐसी स्थिति में रोमांचकारी प्रचार किसी प्रकार लाभदायक सिद्ध होनेवाला नहीं था। राजकपूर 'बॉबी' की व्यावसायिक सफलता के बारे में पूरी तरह आश्वस्त थे। उससे भी अधिक जितना वह 'संगम' के प्रति थे। 'संगम' एक प्रेम-कथा ही थी। इस फन का माहिर होने के बावजूद जटिल संरचना और फिल्म की असाधारण लम्बाई के कारण कुछ सन्देह तो था ही। पर 'बॉबी' में वह अपने कौशल को लेकर आश्वस्त थे। इसीलिए 'बॉबी' पहले एक-दो सप्ताहों के बाद जोर पकड़ सकी थी। ऊपर से देखने में 'बॉबी' में कोई खास बात नहीं थी, पर वह भीतर-ही-भीतर भावना में घुल-मिल गई और दर्शक उस मोह में बँधे बार-बार सिनेमाघरों में वापस लौटे। 'बॉबी' की सफलता हिन्दी सिनेमा का एक बड़ा हादसा बन गई थी, जिसने यह साबित कर दिया कि बड़ी-से-बड़ी असफलता के बाद भी राजकपूर फिर जीत सकता है। वह कितना भी पीछे क्यों न छूट जाए, उसके पास वह ताकत है कि दुनिया-भर को पीछे छोड़कर फिर सबसे आगे पहुँच सकता है। 'सत्यं शिवं सुन्दरम्' पर प्रदर्शित होने के पूर्व 'धरम-करम' का विपरीत प्रभाव इसलिए भी नहीं पड़ा, क्योंकि राजकपूर सिर्फ उसके निर्माता थे, निर्देशक नहीं। इसलिए 'धरम-करम' की नरम-गरम स्थिति 'सत्यं शिवं सुन्दरम्' के आड़े नहीं आई। फिर जीनत अमान को नायिका बनाकर राजकपूर ने एक ऐसा विवाद खड़ा कर दिया था जिसका फिल्म के प्रचार में भरपूर लाभ मिला। राजकपूर ने इसे अपने जीवन के सबसे बड़े जुए के रूप में प्रचारित किया था। उनका तर्क था–आज के स्टंट फिल्मों के युग में संवेदना-प्रधान फिल्म बनाना एक खतरनाक जुआ नहीं तो और क्या है? और यह एक सीमा तक सच भी है। आठवें दशक की तमाम फिल्में कुत्सित और जघन्य हिंसा और प्रतिशोध की भावना से भरी हुई हैं। कोमल भावनाएँ पूरी तरह दब गईं। दर्शकों की रुचि को इतना विकृत कर दिया गया कि किसी भावनामय फिल्म बनाने की सोचना ही मुश्किल हो गया। पर जमाने के रंग में ढल जाना राजकपूर की आदत के खिलाफ है। वह तो अपने मन की ही फिल्म बनाएगा। राजकपूर ने 'सत्यं शिवं सुन्दरम्' के निर्माण पर बेइन्तिहा मेहनत की, लेकिन जमाने की हवा का डर उन पर हावी रहा। इसीलिए इस फिल्म में हिंसा की ओर दर्शकों के झुकाव को सेक्स-प्रदर्शन और अन्तिम बाढ़ के प्रलयंकारी दृश्य के रोमांच से सन्तुष्ट करना चाहा। यही बातें फिल्म की बड़ी कमजोरी बन गईं।

राजकपूर को नारी-सौन्दर्य का सबसे जबरदस्त पारखी माना जाता है। हिन्दी सिनेमा में ग्लैमर के सबसे बड़े प्रदर्शक का नाम राजकपूर है। जो उनकी सबसे बड़ी काबलियत भी है और

जिसके लिए उनकी सबसे अधिक आलोचना भी हुई है। एक सम्पूर्ण औरत के अभाव में उनकी यात्रा ही नामुमकिन है। उनकी हर प्रशंसा पर दाग है और दाग की प्रशंसा होती है। राजकपूर की हर फिल्म में नायिका को अत्यन्त विशिष्ट रूप में प्रस्तुत किया जाता है। नारी-चरित्रों का इतना संवेदनात्मक उत्ताप उनकी फिल्मों में होते हुए भी राजकपूर के पूरे कैरियर में एक भी नायिका-प्रधान फिल्म नहीं है। यह भी एक विरोधाभास ही है न! लेकिन यह कोई नई बात नहीं। राजकपूर की रचना-यात्रा में ऐसे ही कितने विरोधाभास हैं। सच पूछिए तो ऐसे अनेक विरोधाभासों पर ही उनकी पूरी यात्रा खड़ी हुई है। यह आदमी जो बेहद जिन्दादिल, खुशमिजाज और मिलनसार कहलाता है, अपनी सनकों और बड़बोलेपन के लिए भी मशहूर है। एक ओर उसकी फिल्मों को समाजवादी मुल्कों में सराहा जाता है, तो दूसरी ओर उसका हर काम पूजा-पाठ के साथ शुरू होता है। एक तरफ तो नायिकाओं ने उसके साथ काम करने को अपना गौरव माना है, दूसरी ओर उसे बेहद घटिया आदमी भी कहा। ये तमाम बातें जो ऊपर से विरोधी दिखाई देती हैं, अपनी आन्तरिकता में एक परिपक्व व्यक्तित्व का सृजन करनेवाली हैं। मानव-जीवन की पूरी रचना ही द्वन्द्वात्मक है। दरअसल हम स्वीकारात्मक समर्पण की अनुपस्थिति को ही विरोध मान लेते हैं। राजकपूर के कैरियर में कोई नायिका-प्रधान फिल्म न हो तो इसके मूल में है किसी ऐसे विषय की निरन्तर खोज जो उसकी रुचि के अनुकूल हो, जिस पर एक सशक्त फिल्म का निर्माण किया जा सके। 'सत्यं शिवं सुन्दरम्' के रूप में राजकपूर ने लम्बे समय से अपनी भीतर पलनेवाली तीव्र आकांक्षा को मूर्त रूप प्रदान किया। इस फिल्म का नक्शा उनके दिमाग में वर्षों से था। कहा जाता है कि सुप्रसिद्ध पार्श्व-गायिका लता मंगेशकर का व्यक्तित्व इस फिल्म का आधार था। आरम्भ में 'सत्यं शिवं सुन्दरम्' की परिकल्पना एक कम बजट की फिल्म के रूप में की गई। पर जब फिल्म बनाई गई तो इसका बजट बढ़कर एक करोड़ से भी ज्यादा हो गया। ऐसा राजकपूर के साथ कई बार हुआ है। 'सत्यं शिवं सुन्दरम्' यदि कम बजट की फिल्म बनी होती तो शायद राजकपूर का ध्यान उन समझौतों की ओर न जाता जिन्होंने इसकी आत्मा को कमजोर बना दिया। राजकपूर की फिल्मों का आधार अकसर एक भावना हुआ करती है। चाहे वह 'आवारा' हो या 'जागते रहो'। कहानी तो मात्र शारीरिक रेखाएँ गढ़ती है। 'सत्यं शिवं सुन्दरम्' का आधार भी एक भावना ही है। असली खूबसूरती मन की होती है, शरीर तो मात्र आवरण है। इस बात को फिल्म में जैनेन्द्र जैन द्वारा लिखित एक संवाद में बड़ी खूबसूरती से प्रस्तुत भी किया गया। मौलाना, नायिका राधा से कहता है–'बेटी, दुनिया में कोई औरत हसीन नहीं होती। कोई आदमी खूबसूरत नहीं होता। लेकिन प्यार एक ऐसा करिश्मा है कि सबको अपना-अपना साथी खूबसूरत लगने लगता है।' 'सत्यं शिवं सुन्दरम्' एक ऐसी स्त्री की कहानी है जिसका चेहरा तो कुरूप है, किन्तु मन चाँदी की तरह उज्ज्वल और आवाज सोने की तरह चमकदार है। फिल्म यह कहना चाहती है कि असली सौन्दर्य वह नहीं है जो बाहर से दिखाई देता है। बाह्य सौन्दर्य मात्र आकर्षण पैदा कर सकता है, डूबने के लिए विवश नहीं कर सकता। और कितनी अजीब बात है कि राजकपूर ने अपनी तमाम प्रतिभा को 'सत्यं शिवं सुन्दरम्' में जीनत अमान के लगभग निर्वस्त्र शरीर के नीचे दबा दिया। इस अप्रतिम भावना को जिस कहानी के ताने-बाने में बुना गया वह एकदम अविश्वसनीय बन गई। शहर से आया एक खूबसूरत नवयुवक गाँव की गरीब आदिवासी लड़की पर मोहित हो गया है। उसके आकर्षण

का कारण लड़की की मधुर आवाज है। वह आवाज के जरिए खिंचकर उसे अपना दिल दे बैठा। वे आपस में मिलने लगे। उन्होंने एक-दूसरे का चुम्बन भी लिया, साथ गीत भी गाए, किन्तु नायक यह नहीं देख सका कि नायिका का चेहरा बुरी तरह जला हुआ है। आज के इस वैज्ञानिक युग में निश्चित ही इस कहानी पर विश्वास नहीं किया जा सकता। प्रेम में आदमी इस तरह अन्धा भी हो सकता है, यह विश्वास दर्शक के भीतर जागृत करने के लिए भी जिस रागात्मक तन्मयता के सृजन की आवश्यकता होती है वह भी 'सत्यं शिवं सुन्दरम्' में नहीं है। इससे भी बड़ी कमजोरी थी नायिका के रूप में जीनत अमान, जिसके शरीर के प्रदर्शन में राजकपूर इस तरह उलझ गए कि फिल्म की मूल भावना ने ही दम तोड़ दिया। मन की सुन्दरता की महानता को व्याख्यायित करनेवाली कहानी में जब शरीर का मांसल सौन्दर्य सर्वोपरि बन जाए तो दर्शकों की निराशा स्वाभाविक है। यह राजकपूर की एकमात्र ऐसी फिल्म है जिसमें नायिका कथा का केन्द्र-बिन्दु है और जो नायिका हमेशा उनकी फिल्मों की सबसे बड़ी शक्ति होती थी वही सबसे बड़ी कमजोरी बन गई। राजकपूर जिनके बारे में यह माना जाता रहा है कि वह नारी-शरीर को सर्वाधिक आकर्षक रूप में प्रस्तुत कर सकता है, सेक्स की उष्णता जिनकी फिल्मों को सफल बनाने में हमेशा महत्त्वपूर्ण होती है, सेक्स का वही कुरुचिपूर्ण प्रदर्शन इसे ले डूबा।

'सत्यं शिवं सुन्दरम्' में ऐसी कोई बात नहीं थी जिसे देखकर वयस्कों को, जो नारी-शरीर से अनभिज्ञ नहीं होते, कोई मादकता का अनुभव हो। उनकी सौन्दर्य-वासना तक को कोई आत्मसन्तुष्टि नहीं मिल पाती। उसे देखकर सिर्फ नादान बच्चे ही उत्तेजित हो सकते हैं। 'सत्यं शिवं सुन्दरम्' को सिर्फ वयस्कों के लिए प्रदर्शन हेतु पारित किया गया था। लेकिन इसके किसी दृश्य को सेंसर ने काटा नहीं था। फिल्म पाक्षिक 'माधुरी' में–'मैं फिल्में क्यों बनाता हूँ' शीर्षक अपने लेख में राजकपूर ने स्वीकार किया था कि इस फिल्म का दार्शनिक तत्व बच्चों की समझ के बाहर है, इसलिए बेहतर ही हुआ कि सेंसर बोर्ड ने इसे 'ए' सर्टिफिकेट दिया।

सन् '75 में 'शोले' को मिली अपार सफलता ने हिन्दी सिनेमा में मल्टीस्टार फिल्मों का अन्धा दौर शुरू कर दिया। इसी के साथ फिल्मों का निर्माण-व्यय भी बेतहाशा बढ़ चुका था। एक ही फिल्म में तीन-तीन, चार-चार नायक-नायिकाएँ सम्मिलित किए जाने लगे। नायक-प्रधान फिल्मों में वैसे ही नायिकाओं के लिए गुंजाइश कम रही, पर मल्टीस्टार फिल्मों में तो नायिका के महत्त्व पर ही प्रश्नचिन्ह लगा दिया। पूरी फिल्म में उनके लिए गिने-चुने दृश्य होते। ऐसी स्थिति में हीरोइनों के लिए नाचने-गाने और खूबसूरत गुड़िया की तरह दिखने के अतिरिक्त कुछ खास रह ही नहीं गया। नायकों तक को छोटी-छोटी-सी भूमिकाओं में सन्तुष्ट होना पड़ता है। जो भूमिकाएँ सहायक कलाकारों के हिस्से में आती थीं उन्हें भी अब हीरो-हीरोइन हथिया लेते हैं। ऐसी स्थिति में जब राजकपूर जैसे निर्माता-निर्देशक ने एक नायिका-प्रधान फिल्म बनाने की सोची तो उसकी नायिका की भूमिका किसी लाटरी से कम न थी। राजकपूर की सामान्य फिल्म की नायिका बनने का अवसर ही बड़ी-बड़ी नायिकाओं का सपना रहा है, फिर यह फिल्म तो पूरी तरह केन्द्रित ही नायिका के चरित्र पर थी। अब चारों ओर इस बात की अटकलें लगाई जा रही थीं कि फिल्म की नायिका कौन होगी? उस समय जीनत अमान को नायिका रूपा की भूमिका के लिए चुनकर राजकपूर ने सबको

आश्चर्यचकित कर दिया। जीनत अमान की छवि एक मॉड ग्लैमर गर्ल की बनी हुई थी। अब तक उसे फिल्मों में शो-पीस के रूप में ही प्रस्तुत किया गया था। उसे नायिका-प्रधान फिल्म की मुख्य भूमिका के लिए चुनकर राजकपूर ने लोगों को चमत्कृत ही नहीं किया, अपितु विवाद को भी जन्म दिया। इसमें दो मत नहीं हैं कि 'सत्यं शिवं सुन्दरम्' में जीनत अमान ने अपने जीवन की सर्वश्रेष्ठ भूमिका की है। किन्तु वह रूपा के चरित्र का मानसिक स्पन्दन बनने में असफल हो गई। इसमें जितना दोष उसका है, उससे कम निर्देशक का नहीं। जीनत को चुनकर राजकपूर ने कोई गलती नहीं की थी। वह एक साधारण शक्ल-सूरत की लड़की है। उसे आसानी से ऐसी लड़की का रूप दिया जा सकता है जो परिस्थितिवश अपना सौन्दर्य खो बैठी है। उसके चेहरे पर जलने के वीभत्स दाग का मेकअप भी बहुत खूबसूरती से किया गया था। पर राजकपूर ने मानसिक सौन्दर्य की ओर झुकाव प्रदर्शित करते हुए भी मांसलता के दबाव की सापेक्ष स्थिति को नहीं पहचाना। 'यशोमती मैया से बोले नन्दलाला, राधा क्यों गोरी मैं क्यों काला' जैसे भावना-प्रधान ललित गीत के चित्रांकन में भी पूरी दृष्टि जीनत के शरीर-प्रदर्शन पर रहने के कारण फिल्म में उसका प्रभाव ही नष्ट हो गया है। इसी गीत का एक और अन्तरा जिसे पद्मिनी कोल्हापुरे के ऊपर फिल्माया गया है, दर्शकों को अधिक आकर्षित करता है। पद्मिनी कोल्हापुरे ने 'सत्यं शिवं सुन्दरम्' में नायिका के बचपन की भूमिका अदा की है। यह सचमुच विचित्र बात है कि राजकपूर नायिका जीनत अमान के सार्थक उपयोग में असफल रहे, किन्तु पद्मिनी कोल्हापुरे की छोटी-सी भूमिका को इतना सजीव बना दिया कि वह आनेवाले समय की सबसे चमकदार नायिका बनकर उभरी। 'सत्यं शिवं सुन्दरम्' के बाद किशोरी पद्मिनी के आगे अनुबन्धों के ढेर लग गए। राजकपूर ने स्वयं उसे अपनी अगली फिल्म 'प्रेम रोग' में नायिका के रूप में अनुबन्धित कर लिया। इस बात का खूब प्रचार किया गया था कि जीनत इस फिल्म की नायिका बनने के लिए राजकपूर के पास आदिवासी लड़की के मेकअप में खुद पहुँची थीं। जब जीनत को इस भूमिका के लिए चुना गया तो फिल्म पत्रिकाओं में इस पर अनेक लेख लिखे गए कि जीनत भारतीय नारी के रूप को साकार कर सकेंगी या नहीं! अनेक प्रकार के तर्क-वितर्क हुए। राजकपूर से ज्यादा जीनत अमान ने 'सत्यं शिवं सुन्दरम्' को अपनी प्रतिष्ठा बना लिया था। उसने इस सन्दर्भ में नासमझी-भरे न जाने कितने वक्तव्य दिए। जीनत को हिन्दी सिनेमा के संसार में बहुत कैलकुलेटिव और प्रोफेशनल दुनियादार लड़की माना जाता है। पर है वह इसके विपरीत–भावुक, उन्मुक्त और कभी-कभी तो मूर्खता की हद तक नासमझ। 'सत्यं शिवं सुन्दरम्' के निर्माण के समय विभिन्न वक्तव्य देते हुए उसने इस पर तनिक भी ध्यान नहीं दिया कि उसकी सफलता का श्रेय भी राजकपूर को मिलेगा। उससे शानदार अभिनय करा लेने का सेहरा राजकपूर के सिर बँधेगा। उसके हिस्से में मात्र उपयोग हो जाना ही लिखा जाएगा। और असफलता उसके मत्थे मढ़ी जाएगी। यही हाल उसका संजय खान की 'अब्दुल्ला' में हुआ। जो लड़की भावुकता में हर प्रकार से शोषित हो सके वह कैलकुलेटिव कैसे मानी जाए? जीनत में जितनी प्रतिभा है, उससे सैकड़ों गुना अधिक महत्त्वाकांक्षाओं का सैलाब है। यह सैलाब बड़े संयम से ही रंग लाता है और यह संयम जीनत के पास बहुत कम है।

'सत्यं शिवं सुन्दरम्' का सबसे उज्ज्वल पक्ष उसका संगीत है। इसके गीतों में प्रेम, माधुर्य

और भक्ति-भावना का अद्‌भुत समन्वय है। 1977 में जन्माष्टमी के दिन 'सत्यं शिवं सुन्दरम्' का रिकॉर्ड बिक्री के लिए रिलीज किया गया था। फिल्म के गीत राजकपूर की फिल्मों के गीतों से अलग बिलकुल नया रंग लिए हुए थे। उनमें उन्मादी तूफान की जगह शान्त माधुर्य था। ये गीत धार्मिक स्थानों में भी खूब लोकप्रिय हुए। लता के स्वर ने इन गीतों के लालित्य में अपूर्व सौन्दर्य भर दिया। इस फिल्म के मन्दिर के सैट, विषय-वस्तु और भक्ति भाव-युक्त गीतों के कारण राजकपूर के अपने बड़बोले बेटे रणधीर ने एक पत्रिका में कमेन्ट किया था–'पापा आजकल सन्तोषी माता पार्ट टू बना रहे हैं।' फिल्म का शीर्षक-गीत, 'यशोमति मैया से बोले नन्दलाला' और 'भोर भए पनघट पे मोहे नटखट श्याम सताए' निश्चित ही लक्ष्मीकान्त-प्यारेलाल की श्रेष्ठ संगीत-रचनाएँ हैं। मुकेश ने अपने जीवन का अन्तिम गीत 'चंचल शीतल निर्मल कोमल संगीत की देवी स्वर सजनी' इसी फिल्म के लिए रिकॉर्ड करवाया था। इसके बाद वो अमेरिका प्रवास चले गए, जहाँ उनकी आकस्मिक मृत्यु हुई। पं. नरेन्द्र शर्मा ने 'सत्यं शिवं सुन्दरम्' के लिए भावपूर्ण सार्थक गीत लिखे, किन्तु आनन्द बख़्शी की रचनाएँ लीक से हटकर होने पर भी तुकबन्दियाँ ही थीं। आनन्द बख़्शी आठवें दशक के सबसे अधिक लोकप्रिय गीतकार तो बन गए, किन्तु उनके गीतों का जीवन बहुत अल्प रहा। उनकी क्षमताओं का कोई विशेष उपयोग नहीं हो सका। जीनत को इस बात का पूरा यकीन था कि 'सत्यं शिवं सुन्दरम्' उसे प्रसिद्धि के चरमोत्कर्ष तक पहुँचा देगी। यही कारण था कि वह इसकी नायिका की भूमिका माँगने के लिए खुद गई थीं। जीनत की अपेक्षाएँ झूठी नहीं थीं। राजकपूर ने इस फिल्म पर पानी की तरह पैसा बहाया। इसके लिए उनका तर्क था कि जब अन्य निर्माता सितारों पर पैसा बहा रहे हैं, तब उन्होंने फिल्म पर पैसा लगाया है। एक-एक दृश्य को चरम सीमा तक खूबसूरत बनाने के लिए उन्होंने कड़ा परिश्रम किया था। यदि 'सत्यं शिवं सुन्दरम्' के साथ राधू कर्मकार के अप्रतिम छायांकन का उल्लेख न किया जाए तो बहुत बड़ा अन्याय होगा। उन्होंने निर्देशक के मनोभावों को बड़ी खूबसूरती से कैमरे के द्वारा पकड़ा था। राजकपूर इसी प्रकार अपने व्यक्तित्व को प्रसारित करते हैं। राधू कर्मकार उनके ऐसे छायाकार हैं जो उनकी इच्छाओं को पूरी तरह समझ लेते हैं। निर्देशक की इच्छाओं के साथ फिल्म के प्रत्येक पात्र और टेक्नीशियन का गहरा ताल-मेल बैठने पर ही एक खूबसूरत फिल्म का सृजन होता है। इसमें चटख रंगों के प्रभावों को पहचाने बगैर उनका उपयोग बहुत खतरनाक होता है। 'सत्यं शिवं सुन्दरम्' का छायांकन राधू कर्मकार की श्रेष्ठतम क्षमता का प्रदर्शन है। फिल्म के बाढ़ के दृश्य के चित्रांकन में ही उन्होंने लाखों रुपए खर्च कर दिए थे। निश्चित ही बाढ़ का अन्तिम दृश्य अत्यंत खूबसूरत था, किन्तु वह फिल्म के लिए कोई उपलब्धि नहीं बन सका। क्योंकि वह पूरी फिल्म की रचना के साथ अभिन्नता से संयुक्त नहीं होता था। वह एक अलग-थलग-सा खूबसूरत पीस जैसा बन गया। फिल्म टुकड़ों-टुकड़ों में भले मौलिक रही, किन्तु अपने सम्मिलित प्रभाव में दर्शकों को मुग्ध नहीं कर सकी।

कुछ फिल्मी पत्रिकाओं ने यहाँ तक लिखा कि इस फिल्म के बाढ़ के अन्तिम दृश्य के साथ ही राजकपूर की सारी कीर्ति बह गई। आर.के. फिल्म्स का गौरवशाली बैनर बह गया। यह सच भी है कि 'सत्यं शिवं सुन्दरम्' राजकपूर की पराजय ही नहीं, दुखद पराजय है। ऐसा पहले कभी नहीं हुआ था। यदि वह कलात्मक दृष्टि से पीछे हटे तो अपार व्यावसायिक सफलता मिली और

यदि व्यावसायिक दृष्टि से असफल हुए तो कलात्मकता की नई ऊँचाइयों को स्पर्श किया। और वह उन चन्द निर्माता-निर्देशकों में एक हैं जिन्होंने कला और व्यवसाय का अद्‌भुत समन्वय फिल्म-कला में किया। इन दोनों के समन्वय के द्वारा हिन्दी सिनेमा को सार्थक रूप भी दिया जा सकता है। राजकपूर एक अभिनेता नहीं हैं, वह महज निर्माता-निर्देशक भी नहीं हैं, वह एक कशिश हैं, एक जाँबाज कोशिश हैं, जिसमें सिनेमा को साधारण-से-साधारण आदमी तक एक बेहतर रूप में पहुँचाने की दुर्दम आकांक्षा है। वह अपने काम में जीत सकते हैं, हार सकते हैं, झुक सकते हैं, मिट सकते हैं, समझौते कर सकते हैं, विचलित हो सकते हैं, लेकिन अपने काम में बेईमानी नहीं कर सकते। वह अपनी निष्ठा के प्रति ईमानदार हैं।

'सत्यं शिवं सुन्दरम्' यद्यपि रजत-जयन्ती फिल्म है, लेकिन इसने दर्शकों और कला-पारखियों को निराश ही किया। जितनी आकांक्षाएँ इसको लेकर पैदा की गई थीं, उन पर यह पूरी नहीं उतरी।

नवें दशक का आरम्भ हिन्दी सिनेमा के लिए बाहरी और अन्दरूनी खतरों की भयावहता के विकराल स्वरूप से विचलित होने का समय है। इससे बड़े संकट का सामना उसे कभी नहीं करना पड़ा। संख्या की दृष्टि से भारतीय सिनेमा विश्व-सिनेमा की प्रतिस्पर्द्धा में बहुत आगे पहुँच गया। तकनीकी गुणवत्ता का अप्रतिम विस्तार हुआ। समाज पर उसका प्रभाव यद्यपि पीछे के दरवाजे से घुसा, लेकिन उसे निरर्थक माननेवाली जुबानों के अन्दाजे-बयाँ बदल गया। ढेरों फिल्मी पत्रिकाओं के अतिरिक्त हिन्दी और अंगरेजी की तमाम पत्रिकाओं में सिनेमा से सम्बन्धित सामग्री महत्त्व पाने लगी। अनेक प्रतिष्ठित अखिल भारतीय पत्रिकाओं ने सिनेमा विशेषांक निकालना शुरू कर दिया। अनेक बार सिनेमा के स्टारों को इन पत्रिकाओं ने मुखपृष्ठ पर स्थान दिया और उनके बारे में महत्त्व देकर सामग्री प्रकाशित की। आजादी के बाद सिनेमा के प्रति दुराग्रह भले ही लगातार कम होता चला गया, किन्तु उसे महत्त्व देने की विवशता '75 के बाद ही पैदा हुई। जन-सामान्य के ऊपर पड़नेवाले इसके दबावयुक्त प्रभाव को देखकर दक्षिण भारत में इसका सकारात्मक और उत्तर भारत में नकारात्मक राजनीतिक उपयोग शुरू हो गया। स्वाभाविक था कि तमिल, तेलुगु, मलयालम, मराठी भाषाओं की फिल्मों ने माध्यम का हिन्दी की फिल्मों से अधिक अच्छा उपयोग किया। हिन्दी सिनेमा के सितारों को अन्धी लोकप्रियता चाहे जितनी मिल गई हो, लेकिन वह सामाजिक श्रेष्ठता की मान्यता नसीब नहीं हुई जो दक्षिण भारतीय कलाकारों के हिस्से में आई। श्री एम.जी. रामचंद्रन और श्री एन.टी. रामाराव ने तमिलनाडु और आन्ध्रप्रदेश के सामाजिक-राजनीतिक जीवन को सिनेमा के द्वारा ही प्रभावित किया। हिन्दी सिनेमा के सितारों की लोकप्रियता रेत के ढेर पर ही खड़ी रही। उनमें यह समझ पैदा ही नहीं हुई कि पूँजीवादी-व्यक्तिवादी शक्तियों के द्वारा उनका शोषण बड़ी चतुराई के साथ किया जा रहा है। जिनमें यह समझ रही वे बहुधा कलात्मक अहंकार से मुक्त नहीं हो सके। जिन्होंने यह मुक्ति भी पाई तो उनकी कोशिशें नक्कारखाने में तूती की आवाज बनकर रह गईं। व्यवस्था का कोई सहयोग हिन्दी सिनेमा को नहीं मिला। फिल्मों पर इतने अधिक टैक्स लगाए गए कि उसकी आय का तीन-चौथाई से अधिक टैक्सों में चला गया। उत्तर भारत में मनोरंजन कर की दरें दक्षिण भारत की तुलना में अधिक हैं। सेंसर बोर्ड से भी निष्पक्षता गायब हो गई। इससे भी अधिक दुखद स्थिति उसका सिद्धान्त-विहीन हो जाना है। प्रमाणपत्र देने का कोई पैमाना नहीं रहा। हालत यह हुई कि सेंसर का रवैया जितनी तथाकथित सख्ती पर आया, हिन्दी सिनेमा में कुरुचिपूर्ण स्थितियाँ उतनी ही बढ़ती चली गईं।

टेलीविज़न और वीडियो की लोकप्रियता बढ़ने लगी। इनके खतरों में पड़नेवाले प्रभाव पर भी हिन्दी सिनेमा में चिन्ता बढ़ी। टेपरिकार्डों की बेहद लोकप्रियता बढ़ जाने के कारण रिकार्डों

की बिक्री पर असर पड़ा। पर टेलिविजन और वीडियो सम्भ्रान्त वर्ग की पहुँच के भीतर ही हैं। फिर सिनेमा का प्रभाव उनसे बहुत अधिक सघन, बहुआयामी और व्यापक है। इसलिए ये माध्यम सिनेमा को स्थगित नहीं कर सकते।

हिन्दी सिनेमा की सबसे बड़ी शक्ति है किसी अन्य भारतीय भाषा की तुलना में बहुत बड़ा दर्शक-समुदाय। हिन्दी फिल्में उन प्रदेशों में भी लोकप्रिय होती हैं जहाँ हिन्दी मुख्य भाषा नहीं है। बँगला फिल्मों का हिन्दी प्रदेशों में बहुत कम प्रदर्शन होता है, किन्तु पश्चिम बंगाल में लगभग हर हिन्दी फिल्म प्रदर्शित होती है। कलकत्ता में हिन्दी फिल्में बँगला फिल्मों की तुलना में कम सिनेमाघरों में नहीं दिखलाई जातीं। इसलिए बँगला, मराठी और दक्षिण भारतीय भाषाओं की फिल्मों के कलाकारों का हिन्दी सिनेमा के प्रति हमेशा आकर्षण रहा है। दक्षिण भारतीय निर्माताओं को भी हिन्दी सिनेमा के व्यापक क्षेत्र और बड़े बाजार ने खूब लुभाया। दक्षिण के हर बड़े निर्माता ने हिन्दी फिल्में बनाईं और लोकप्रियता भी बटोरी। पर बँगला निर्माता और कलाकार—दोनों ही हिन्दी सिनेमा में बहुत अधिक सफल नहीं हुए। हिन्दी सिनेमा को दक्षिण ने अनेक लोकप्रिय नायिकाएँ दीं। दक्षिण की नायिकाओं के प्रति हिन्दी सिनेमा के निर्माताओं की रुचि भी अधिक रही। पर नायक बहुधा सफल नहीं हुए।

हिन्दी सिनेमा में तब तक कोई सफल नहीं हो सकता जब तक इस विशाल दर्शक-समुदाय की विभिन्न आशा-आकांक्षाओं, स्थितियों और अपेक्षाओं को न पहचाने। इसी कारण अनेक समर्थ कथ्य और संवेदनयुक्त फिल्में अलग-अलग दर्शकों के टुकड़ों की बनकर रह जाती हैं। बड़ा दर्शक-वर्ग होने के कारण बड़ी लागत को प्रश्रय मिल जाता है। यह बड़ी लागत व्यावसायिक सफलता को अन्धी दौड़ में बदलकर साधनों को ज्यादा-से-ज्यादा विकृत कर देती है। साधन सब-कुछ न होते हुए भी लक्ष्य तक पहुँचानेवाली सीढ़ियाँ तो हैं ही। उन सीढ़ियों को महत्त्वपूर्ण न मानें तो भी उनकी कामचलाऊ हालत तो अनिवार्य है। पर व्यक्तिवाद इतना प्रभावी हो उठा कि सामाजिक सन्दर्भों की पहचान के लिए भी उसी चश्में का इस्तेमाल होने लगा।

हिन्दी में जितनी अधिक फिल्में बनने लगीं, उतने सिनेमाघर नहीं बढ़े। बेतहाशा बढ़ चुकी लागत ने यहाँ भी प्रतिस्पर्द्धा को जन्म दिया। बड़ी मछली छोटी मछली को खाने लगी। हर स्तर पर। अनेक फिल्में सिनेमाघरों की प्रतीक्षा में डिब्बों में कैद बूढ़ी होने लगीं। इसने रोजगारियों के दबाव को बढ़ाया। वितरकों ने अपनी कीमतें तो बढ़ा दीं, लेकिन फिल्मों पर अपना नियन्त्रण रखकर। इसने एकरसता को बढ़ाया। ईमानदार फिल्मकारों को पीछे धकेला। एकाधिकार जैसी स्थिति बना लेने के कारण गुणवत्ता का ह्रास होने लगा। फिल्मों की लोकप्रियता घटने लगी। फिल्मों की निर्माण-संख्या, बढ़ी हुई निर्माण-राशि और दर्शक-संख्या की अनुपातिक स्थिति में। हर नुस्खा बेअसर साबित होने लगा। बड़े-से- बड़ा निर्माता-निर्देशक और स्टार भीतर-ही-भीतर खौफ से भरा हुआ है। वह नहीं जानता, वह कब तक और कैसे सफल होगा? '75 में 'शोले' की व्यावसायिक सफलता का कीर्तिमान अब तक श्रेष्ठतम बना हुआ है। अमिताभ बच्चन की हिमालयी सफलता भी उससे आधी ऊँचाई तक किसी फिल्म को नहीं पहुँचा सकी। खुद 'शोले' के पिता-पुत्र, निर्माता-निर्देशक, जी.पी.सिप्पी-रमेश सिप्पी ने 'शोले' से अधिक सितारों की फौज, तामझाम, शानोशौकत से 'शान' बनाकर मुँह की खाई। पर नए दौर के निर्देशकों में रमेश सिप्पी सचमुच फिल्म-कला के विविध क्षेत्रों में गहरी समझ के साथ प्रविष्ट होते हैं। 'शान' की

असफलता के कारणों को उन्होंने मशीर रियाज निर्मित 'शक्ति' में दूर कर दिया। वे विशेष इसलिए हैं कि उन्होंने अपनी गलती को स्वीकार किया और उसे सुधारा। 'शक्ति' यद्यपि 'शोले' की तुलना में चौथाई सफल नहीं हुई, पर वह एक निर्देशक की फिल्म है और कलाकारों पर उसका नियंत्रण है और विशेष रूप से दिलीप कुमार, अमिताभ बच्चन जैसे महिमामंडित कलाकारों पर। 'शक्ति' इसलिए भी महत्त्वपूर्ण है कि वह बहुत सहज चतुराई से उद्दाम हिंसा के वेग को भावना के सामने झुकाती है। अमिताभ बच्चन की इमेज को कई बार इसी प्रकार डूबने से बचाया गया है। 'मुकद्दर का सिकन्दर' में भी 'दो और दो पाँच', 'मि.नटवरलाल', 'द ग्रेट गैम्बलर' आदि में रूढ़ हो गए स्वरूप को नया अन्दाज मिला और 'लावारिस', 'नमक हलाल' में भी।

यह सब समझने लगे कि हिंसा की जघन्य क्रूरता को उस सीमा तक पहुँचा दिया गया है कि आगे रास्ते बन्द हो चुके हैं। 'बदले की आग' जैसी फिल्मों में वह उत्तेजित करने की जगह घृणा पैदा करती है। हालत यह है कि पहुँच उस स्थिति में गए हैं जहाँ से पीछे लौटना मुमकिन नहीं है और आगे बढ़ने का कोई रास्ता बचा नहीं। और यदि मुड़ें तो किस रास्ते पर–इसकी पहचान नहीं। बी.आर. चोपड़ा 'द बर्निंग ट्रेन' में पश्चिम का अन्धानुकरण कर लुटे तो 'इनसाफ का तराजू' और 'निकाह' के द्वारा नया रास्ता खोजने लगे। रमेश सिप्पी ने 'शक्ति' की संरचना में अपने आगामी संयोजन-स्वरूप की प्रक्रिया ढूँढ़ी और 'सागर' की घोषणा के साथ उसे बदला। जितेन्द्र की 'दीदार-ए-यार' की भयानक असफलता ने यह साबित कर दिया कि नई बोतल में पुरानी शराब भी तभी असर दिखलाती है जब कम-से-कम बोतल तो नई होने का भ्रम पैदा करे। गुलजार की 'अंगूर', बिमल राय की 'दो दूनी चार' का ही पुनर्निर्माण है जो शेक्सपियर के प्रसिद्ध नाटक 'कॉमेडी ऑफ एरर्स' पर आधारित है, पर सिर्फ इसके नए रूप ने ही दर्शकों को लुभा लिया। 'चश्मे बद्दूर' जैसी सहज हास्यवाली फिल्में भी सामान्य जन में पहुँचीं। 'बाजार' और 'उमरावजान' की बारीक सूझ को भी पहचाना गया। दर्शकों ने प्रमाणित कर दिया कि खूबसूरती से बनाई गई भावना का सकारात्मक इस्तेमाल करनेवाली फिल्म कभी असफल नहीं होती। बौद्धिकता से उसे कोई परहेज नहीं, पर वह सम्प्रेषित भावना के जरिए ही हो। कला के क्षेत्र में बुद्धि सदैव भावना की सहयोगिनी होती है। बुद्धि की सत्ता भावना को कुचलकर कभी सर्वश्रेष्ठ नहीं हो सकती। भाव-जगत की कोमलता और कल्पनाशीलता का दुरुपयोग भी आसानी से हो सकता है, इसलिए सच्चे कलाकार के लिए इन खतरों से जूझने के लिए तैयार रहने की भी हमेशा आवश्यकता होती है। यह क्षमता हिन्दी सिनेमा के अनेकानेक व्यक्तित्वों के पास होते हुए भी उसका उपयोग अनेक भीतरी और बाहरी दबावों की लालच में उन्होंने बहुत कम किया। लोभ सहज मानव-प्रवृत्ति है। इससे कलाकार का विचलित होना भी अस्वाभाविक नहीं, पर वह कलाकार की जीवन्त सत्ता को लाश में बदल दे, यह खतरनाक है।

'81 में आर.के.फिल्म्स की सबसे अधिक कमजोर और असफल फिल्म 'बीवी ओ बीवी' रिलीज हुई। पश्चिम की हास्य-फिल्मों की नकल करने का इसमें प्रयास था और वह भी बहुत बीते दिनों की फिल्मों की। संजीव कुमार जैसे अभिनेता के स्वाभाविक स्वरूप की इसमें दुर्गति हुई। रणधीर कपूर जो '75 के बाद क्रमशः महत्त्व खोते चले गए, 'बीवी ओ बीवी' में पूरी तरह आकर्षण खो बैठे। इस फिल्म के निर्देशक हैं एच.एस.रावेल के सुपुत्र राहुल रावेल। फिल्म उनकी अक्षमता का उदाहरण बन गई। राजेन्द्र कुमार निर्मित 'लव स्टोरी' के निर्देशक भी वही थे, किन्तु

निर्माता से झगड़े के कारण उन्हें फिल्म से हटा दिया गया और 'लव स्टोरी' के निर्देशक के रूप में किसी का नाम नहीं दिया गया। हिन्दी सिनेमा के इतिहास में यह अनोखी निर्देशक-विहीन फिल्म है। यह सफल तो हुई, किन्तु इससे कोई नई राह नहीं निकल सकी। इसकी सफलता में ऊबे दर्शकों की स्वाद बदलने की इच्छा कारण बनी। बाद में वैसी ही फिल्मों में कुमार गौरव को बिलकुल पसन्द नहीं किया गया। 'तेरी कसम', 'स्टार' आदि पूरे जोर-शोर के बावजूद फ्लॉप हो गईं।

'बीवी ओ बीवी' के राजकपूर सिर्फ निर्माता थे। इसके साथ ही अपने दूसरे बेटे ऋषि कपूर और 'सत्यं शिवं सुन्दरम्' से पहचानी गई किशोरी पद्मिनी कोल्हापुरे को लेकर उन्होंने एक अन्य फिल्म शुरू की—'प्रेम रोग'। इसके निर्देशन की जिम्मेदारी 'बॉबी' और 'सत्यं शिवं सुन्दरम्' के संवाद-लेखक जैनेन्द्र जैन को सौंपी गई। उनके निर्देशन में फिल्म थोड़ी-सी प्रगति ही कर सकी थी कि उन्हें हटा दिया गया और निर्देशन स्वयं राजकपूर ने अपने हाथों में ले लिया। इस बात को लेकर न जाने कितनी कहानियाँ गढ़ी गईं और आलोचनाएँ हुईं। ऐसा आर.के. के इतिहास में हुआ भी पहली बार था। पर इसका प्रत्यक्ष कारण महत्त्वहीन है। असली बात है परिस्थितियों का दबाव, जिसने राजकपूर जैसे अनुभवी और शक्ति-सम्पन्न व्यक्ति को भी डाँवाडोल कर दिया। यह बात साफ थी कि 'प्रेम रोग' की असफलता उनके अस्तित्व पर ही प्रश्नचिन्ह लगा देगी। इसलिए राजकपूर को खुद सामने आने के लिए बाध्य होना पड़ा। हो सकता है कि पद्मिनी कोल्हापुरे ने भी जैनेन्द्र जैन को लेकर असहमति जाहिर की हो। राजकपूर की फिल्म की नायिका होते हुए भी उसने दूसरे निर्माताओं की फिल्मों की उपेक्षा नहीं की। 'प्रेम रोग' के पहले उसे नायिका के रूप में प्रस्तुत करनेवाली कई फिल्में प्रदर्शित हुईं और सब असफल हो गईं। यद्यपि उसकी अभिनय-क्षमता को सराहा गया, पर उसे 'अनलकी' भी समझा जाने लगा। विशेष रूप से बॉक्स-ऑफिस के जादूगर नासिर हुसैन की असफलता ने यह स्पष्ट कर दिया कि 'जमाने को दिखाना है' के डूबने के बाद यदि आर.के. की 'प्रेम रोग' भी नहीं चली तो पद्मिनी में लाख अभिनय-प्रतिभा हो उसे किनारा ढूँढ़े नहीं मिलेगा। 'जमाने को दिखाना है' में उसके नायक भी ऋषि कपूर थे, जिन्हें 'प्रेम रोग' में भी उसके साथ प्रस्तुत किया गया था। 'जमाने को दिखाना है' की असफलता के बाद 'प्रेम रोग' की सफलता पूरी तरह सन्दिग्ध हो गई। वितरकों की इसमें रुचि कम हो गई। राजकपूर उन्हें अपनी शर्तों पर नहीं झुका सके।

जैनेन्द्र जैन के निर्देशन में पद्मिनी को नाम के ग्लैमर का अभाव जरूर खटका होगा। राजकपूर के नाम की बात ही कुछ और है। यह बात राजकपूर ने खुद भी महसूस की होगी। इसलिए वह खुद सामने आए। इस विवाद का महत्त्व इसलिए है, क्योंकि यह हिन्दी सिनेमा में व्याप्त असुरक्षा के भय और स्थितियों को भेदने की असमर्थता के संकट की तीव्रता को उजागर करता है।

'प्रेम रोग' के कुछ पात्रों के लिए लगभग भुला दिए गए उम्दा कलाकारों का राजकपूर ने सटीक उपयोग किया है। इनमें नन्दा सर्वप्रमुख है। नायिका की ठकुराइन माँ की वेदना और स्त्री के बन्दिनी-स्वरूप के प्रति घृणा को उन्होंने गम्भीर सामर्थ्य के साथ प्रस्तुत किया। उसकी यह भूमिका बहुत समय तक नहीं भुलाई जा सकेगी। इस भूमिका के लिए नन्दा का चुनाव करने में राजकपूर की सूझ-बूझ साफ झलकती है। और इस बात में भी कि उन्होंने नन्दा को जितने

मोहक और मादक रूप में प्रस्तुत किया, उतना उसे नायिका के रूप में भी प्रस्तुत नहीं किया जा सका था। नन्दा के व्यक्तित्व की मासूमियत और चेहरे के शैत्य ने उसे हमेशा एक जैसी निर्मल भूमिकाओं में इस तरह रूढ़ कर दिया था कि वह असमय ही परदे से दूर चली गईं। उनकी क्षमता के बहुत थोड़े हिस्से का ही उपयोग हो सका। राजकपूर द्वारा उन्हें लिए जाने पर कई बड़े निर्माताओं का ध्यान उनकी ओर आकर्षित हुआ। 'प्रेम रोग' में नन्दा ने इतनी सहजता से मनोभावों को स्पष्ट किया है कि संवादों का अभाव रुचिकर प्रतीत होने लगता है। बिना किसी अतिरेक के वह प्रभाव को सघन बनाती हैं। हर दृश्य की अलग आवश्यकता के प्रति उनका सूक्ष्म अलगाव अभिनय-कला के प्रति समर्पण और श्रेष्ठता के प्रति आग्रह का परिचायक है।

रजा मुराद, तनूजा और विजयेन्द्र का चुनाव भी इसी सूक्ष्म दृष्टि का द्योतक है। तनूजा को बहुत प्रभावपूर्ण भूमिका नहीं मिल सकी, लेकिन वह अपने सीमित क्षेत्र में भी आकर्षित करती हैं। इसी तरह रजा मुराद भी। प्रसिद्ध चरित्र अभिनेता मुराद के पुत्र रजा मुराद की क्षमता को उचित महत्त्व कभी नहीं मिल सका। उनकी बुलन्द आवाज, बोलती आँखों और कठोर चेहरे की मासूमियत और जज्बाती ताकत का उन्हें कोई पुरस्कार नहीं मिला। शायद इसी का नाम किस्मत है। 'बिन्दिया और बन्दूक' तथा 'नमक हराम' में उन्होंने यादगार अभिनय किया। एक में वे डाकू बने हैं, दूसरे में शायर। इस कलाकार में विभिन्न रंगों में उतर जाने की अद्भुत क्षमता है। कुलभूषण खरबन्दा के चुनाव में समय के दबाव का खयाल ज्यादा है। कुलभूषण अपनी भूमिका के साथ न्याय करते हुए भी शक्ति नहीं बनते। 'शान' की असफलता ने उनकी ऊँची उड़ान के पंख कतर दिए। यदि 'शान' 'शोले' की तुलना में आधी सफलता भी हासिल कर लेती तो कुलभूषण अमजद से कम ऊँचाई पर नहीं होते। उन्होंने 'शान' के खूँख्वार उत्पीड़क शाकाल को जिस तरह अंडरप्ले किया था, वह अद्भुत है। रमेश सिप्पी ने गलत नहीं कहा था कि 'शान' में मेरा ट्रम्पकार्ड अमिताभ नहीं, कुलभूषण खरबन्दा है। 'शान' के प्रदर्शित होने के पहले ही यश चोपड़ा ने कुलभूषण को आधार बनाकर 'नाखुदा' बनाना शुरू कर दी थी। कुलभूषण पहचाने तो गए, किन्तु उस जगह तक नहीं पहुँच सके जिसके वे हकदार हैं। अपने समय के विद्रोही नायक शम्मी कपूर ने 'प्रेम रोग' में पहली बार अपने विख्यात बड़े भाई के निर्देशन में अभिनय करने का अवसर पाया है। तीनों भाइयों में उनकी बाह्य छवि ही स्व. पृथ्वीराज कपूर के साथ सबसे अधिक मेल खाती है। ठाकुर खानदान के मुखिया के बड़प्पन, शालीनता, गम्भीरता और समय के अनुसार न बदल पाने की असमर्थता से उत्पन्न बेचैनी को अपनी प्रकृति के प्रतिकूल उन्होंने सौम्य ढंग से साकार किया है। बहुत मुमकिन था कि राजकपूर उन पर पूरा नियन्त्रण न रख पाते, जैसे वह प्रेमनाथ पर 'बॉबी' में नहीं रख पाए। शम्मी कपूर निर्देशक की आकांक्षा को अपने स्थापित गुणों की क्षमता से नहीं दबाते। अच्छे निर्देशकों के साथ शम्मी कपूर चरित्र-अभिनेता के रूप में भी अपना अलग स्थान रखते हैं।

'बॉबी' के बाद 'प्रेम रोग' दूसरी फिल्म है जिसमें ऋषि कपूर को अपने पिता के निर्देशन में अभिनय करने का सुअवसर मिला। यूँ तो 'बॉबी' में भी नायिका का महत्त्व नायक की अपेक्षा इक्कीस ही था, किन्तु 'प्रेम रोग' बड़ी हद तक नायिका की ही फिल्म है। नायिका की भूमिका

जितनी बहुआयामी है, नायक की उतनी चटख नहीं। फिल्म का केन्द्र-बिन्दु नायिका ही है। पर ऋषि को अपने कठिन समय में इस फिल्म से बहुत सहारा मिला। लगातार कई असफलताओं ने उसके कैरियर को भँवर में डाल दिया था। 'प्रेम रोग' की सफलता ने उसे सहारा भी दिया और अपने चरित्र के लिए एक नया आयाम भी। पद्मिनी कोल्हापुरे के लिए तो 'प्रेम रोग' नवजीवन की तरह बन गई। समर्थ अभिनेत्री के रूप में उसे प्रतिष्ठा मिल गई और पुरानी असफलतओं का दाग मिट गया। 'प्रेम रोग' के प्रदर्शन के पूर्व इसकी सफलता की उम्मीद न के बराबर थी। हर हवा इसके खिलाफ थी। इसके विरुद्ध प्रचार भी खूब हुआ। प्रदर्शित होने पर तीन-चार सप्ताह तक टिकिट-खिड़की पर भी कोई करिश्मा नहीं हुआ। पर धीरे-धीरे यह सँभलती चली गई। 'प्रेम रोग' अनेक स्थानों पर रजत-जयन्ती मनाने में सफल हुई। पारिवारिक दर्शकों की अच्छी भीड़ इसने आकर्षित की। बाद में 'प्रेम रोग' पर बहुत कम टिप्पणियाँ हुईं। इसकी ओर उपेक्षा का रुख ही अधिक रहा। यह कोई अद्वितीय फिल्म नहीं है। इसकी व्यापारिक सफलता भी चमत्कारिक नहीं है। पर यह नवें दशक की सबसे महत्त्वपूर्ण फिल्म है, अब तक प्रदर्शित हुई फिल्मों में। क्योंकि यह एक रास्ता है, जिसकी सही पहचान बी.आर.चोपड़ा की 'इन्साफ का तराज़ू' और 'निकाह' में भी है—सिनेमा को सामाजिक सन्दर्भों और असली दर्शक-समूह से जोड़ने की विनम्र कोशिश। 'प्रेम रोग' के प्रति उपेक्षा-भरा रुख अपनाया जाना इसलिए उनके लिए जरूरी हो गया जिनके हित सिनेमा के पलायनवादी स्वरूप के साथ ही जुड़े हुए हैं। चूँकि ऐसे ही लोगों का प्रभाव-क्षेत्र अधिक व्यापक हो गया है, इसलिए उन्हीं सन्दर्भों को हवा दी जाती है जो उनके स्वार्थों के आड़े नहीं आते। इसीलिए 'शक्ति' से अधिक 'विधाता' में दिलीप कुमार के अभिनय की प्रशंसा हुई। 'विधाता' अभिनय ही नहीं, प्रत्येक दृष्टि से 'शक्ति' से बहुत कमजोर फिल्म है। 'शक्ति' में दिलीप का अभिनय चरित्र की बारीकियों, गहराइयों और निर्देशकीय आकांक्षाओं को अपने भीतर समाकर सामने आता है, वहीं 'विधाता' में उसके अभिनय की स्वतः स्फूर्ति भी चरित्र की उत्तेजना में डूब जाती है। जहाँ रमेश सिप्पी दिलीप कुमार को पुलिस-ऑफिसर अश्विनी कुमार बना सके हैं, वहीं 'विधाता' के विधाता खुद दिलीप कुमार हैं। वैसे तो 'विधाता' और 'शक्ति' के मूलतत्व एक जैसे ही हैं, पर उनके प्रस्तुतीकरण और मन्तव्य में कोई संगति नहीं है। 'शक्ति' का वह दृश्य जिसमें पुलिस-ऑफिसर अश्विनी कुमार यशवन्त नाम के गुंडे को गिरफ्तार करने जाता है, अभिनय की शक्ति को हिंसा के रोमांच और कौतूहल जगानेवाले स्टंट के कारनामों पर हावी होते दिखलाया गया है। दिलीप कुमार के चेहरे की एक-एक लकीर उनके दृढ़ इरादे को अभिव्यक्त करती है। निर्देशक ने कैमरे की आँख को चतुराई से दिलीप के चेहरे पर ही केन्द्रित किया है। दिलीप अमिताभ से इसीलिए बहुत आगे दिखलाई पड़ते हैं, क्योंकि उनके पास चरित्र को लोकप्रिय बनाने के लिए चमत्कार है और दिलीप के पास सामर्थ्य। यहाँ मेरा उद्देश्य दोनों की तुलना करना कदापि नहीं है। तुलनाओं से कभी सही और ग्राह्य निष्कर्षों तक पहुँचा भी नहीं जाता।

'प्रेम रोग' विधवा विवाह की समस्या पर आधारित है। वर्तमान समय में यह हमारे जीवन की कोई महत्त्वपूर्ण बात नहीं लगती, पर असली भारत जो कस्बों और गाँवों में बसा है वहाँ विधवा औरतों के दुखों में पचास साल पहले और आज में कोई बड़ा फर्क नहीं आया है। और मूलतः 'प्रेम रोग' इस समस्या को सिर्फ आधार बनाती है, वस्तुतः वह औरत के बारे में हमारे

सामन्ती सोच पर प्रहार करती है, बहुत सूक्ष्मता से। दकियानूसी मनोवृत्ति के खिलाफ रागात्मक शक्ति को भड़काती है। 'प्रेम रोग' एक बार फिर पूरी तरह निर्देशक की फिल्म है। 'प्रेम रोग' का पूर्वार्द्ध नायिका मनोरमा की जिस उद्दंड उच्छृंखलता, अनभिज्ञता और मासूमियत को प्रस्तुत करता है, उसका सरोकार उत्तरार्द्ध में उसके विधवा-जीवन की क्रूरता से है। एक मासूम कली जो हजारों नाज-नखरों में पलकर बड़ी हुई, जिसके सुख के लिए पूरा परिवार पलक-पाँवड़े बिछाए रहा, वह जो विवाह तक इतनी निश्छल और मासूम है कि विवाह का प्रयोजन तक नहीं जानती, एक ही हादसे में इतनी समझदार और संयत हो जाती है कि दुखों को अपने जीवन का अभिन्न साथी बना लेती है। सामन्ती समाज में औरत सिर्फ उपभोग की वस्तु है। पुरुष से अलग उसका स्वतन्त्र अस्तित्व कुछ नहीं है। यदि उस पर परिवार-संरक्षक ही बुरी दृष्टि डाले तो कुल कलंकित नहीं होता, पर यदि कोई पुनर्विवाह के द्वारा उसे खोई हुई मर्यादा वापस लौटा दे तो कुल कलंकित होता है। समाज में खानदान के नाम पर बट्टा लगता है। किसी अच्छे लक्ष्य की प्राप्ति हेतु दृढ़ता और आत्मविश्वास के साथ ही संघर्ष की भी आवश्यकता होती है। उससे मुँह चुराकर व्यक्तिगत स्वार्थों की पूर्ति भले ही हो सके, किन्तु सामाजिक बदलाव की प्रक्रिया को कोई ताकत नहीं मिल सकती। इसीलिए जब बड़े ठाकुर नायक से यह कहते हैं कि वह मनोरमा को लेकर भाग जाए, वे खुद इसमें सहयोग करेंगे। इस तरह मनोरमा का जीवन भी सुखी हो जाएगा और उनके खानदान पर बदनामी का धब्बा भी नहीं लगेगा। किसी तरह बात आई-गई हो जाएगी। पर नायक को यह स्वीकार नहीं है। सवाल सिर्फ मनोरमा के जीवन का नहीं है, सवाल उन दोनों के विवाह हो जाने का भी नहीं, सवाल है समाज में बनी रूढ़ि के खिलाफ खड़े होने का। उन मान्यताओं के बदलने का जो औरत के शारीरिक और मानसिक शोषण को तो स्वीकार कर लेती है, पर उसके जिन्दगी के प्रति अनुराग को पतन मानती है। बड़े ठाकुर के चरित्र के द्वारा निर्देशक कहता है कि सामन्ती समाज अपने अन्तर्विरोधों को अब खुद भी पहचानने लगा है। उनकी घुटन में वह खुद भी छटपटा रहा है। और नायिका के पिता अर्थात् छोटे ठाकुर द्वारा सामन्ती संस्कारों की जड़ क्रूरता को उद्घाटित करता है। बगैर किसी बड़बोलेपन के नन्दा और तनूजा के चरित्रों के द्वारा इस जड़ व्यवस्था में खूबसूरत लिबासों में मढ़ी और आभूषणों से जड़ी नारी की भीतरी छटपटाहट और उससे मुक्ति की कामना प्रदर्शित हुई है।

नारी को किस तरह अपनी ही सीमाओं में कैद कर दिया जाता है कि वह अन्याय को विधि का विधान मानकर सन्तुष्ट हो जाती है—इसको बड़ी ठकुराइन के चरित्र के द्वारा अभिव्यक्त किया गया है। वह रहमदिल और कोमल है, किन्तु अन्याय को सामाजिक नियम के रूप में स्वीकार कर चुकी है। पूजा-आरती के कर्मकांड में अपने अस्तित्व को विलीन कर चुकी है। कठपुतली की तरह नाचते हुए यह भी भूल गई है कि उसको नचानेवाला कौन है। वह मनोरमा को अपनी बेटी से बढ़कर प्यार करती है, किन्तु सोलह वर्ष की उम्र में उसके सिर के बाल मूँड़ दिए जाने को दुनिया का सबसे जरूरी कायदा मान लेती है, क्योंकि वह विधवा हो गई है।

'प्रेम रोग' में एक बारीक बात है। स्त्री के अक्षत कौमार्य के महत्त्व को इसमें बहुत चतुराई से तोड़ा गया है। विवाह के बाद मनोरमा का अपने पति के साथ तो कोई शारीरिक सम्बन्ध नहीं हो पाता, किन्तु पति की मृत्यु के बाद वह अपने जेठ (पति के बड़े भाई) के हाथों अछूती नहीं बचती। यहाँ पर यदि निर्देशक के पास अपना स्पष्ट नजरिया न होता तो बलात्कार के ऐन

वक्त जेठ की पत्नी लौट आती और नायिका अछूती बच जाती। यहाँ 'प्रेम रोग' में पद्मिनी के साथ रजा मुराद के बलात्कार करने के दृश्य में कामुकता की उत्तेजना नहीं, औरत के प्रति क्रूरता का प्रदर्शन है। बलात्कार के द्वारा औरत का सिर्फ शारीरिक शोषण नहीं किया जाता, अपितु उसे यह बतलाया जाता है कि वह कितनी अक्षम है, उसकी असली औकात क्या है? और उसे अपनी ही नजरों में गिरने के लिए मजबूर कर दिया जाता है। उसकी भावुकता को इस मूर्खता के साथ जोड़ दिया जाता है कि अब वह किसी के काबिल नहीं रही। नायक देवधर मनोरमा के इस सोच के साथ भी टकराता है। औरत का दुश्चरित्र होना और बलपूर्वक उसकी मर्यादा पर चोट होना दो अलग बातें हैं। स्त्री को अपने भीतर वह शक्ति भी पैदा करनी पड़ेगी जो उसे पुरुष के इस अन्याय के मुकाबले खड़ा कर सके। इसीलिए मनोरमा विधवा भी है और ऐसी औरत भी जिसका कौमार्य अक्षत नहीं है। स्त्री के ऊपर यह अप्रत्यक्ष अत्याचार है जिसके ऊपर सीधी नजर नहीं जाती। पुरुष-प्रधान समाज-व्यवस्था ने सदियों से उसके भीतर हीनता की जो भावना भर दी है, उसे खुद ही उपभोग की वस्तु बनना सिखला दिया है। वह स्थिति निर्मित कर दी है कि औरत खुद अपने खिलाफ खड़ी हो जाती है। देवधर मनोरमा को पहले अपने-आपसे, उसने जो दुख स्वीकार कर लिए हैं उनसे लड़ने के लिए प्रेरित करता है। समाज की दुष्प्रवृत्तियों से जूझने से पहले व्यक्ति को अपने संस्कारों से लड़ना होता है। अपनी लड़ाई के लिए वह नैतिक आधार तैयार करना होता है जिससे उसका संघर्ष मात्र व्यक्तिगत स्वार्थों का संघर्ष न बन जाए। यदि ऐसा होगा तब उसका कोई प्रतिफल नहीं मिलेगा। सवाल सिर्फ एक मनोरमा का नहीं, भारतीय परिवेश में जीनेवाली उस जैसी अनगिनत नारियों का है जिन पर पुरुषों के अत्याचार सदियों से होते चले आ रहे हैं। वर्तमान युग की आधुनिकता की चकाचौंध में भी वे अत्याचार उसी ताकत से, अपितु उससे कहीं अधिक बढ़कर परिवर्तित स्वरूप में मौजूद हैं। स्त्री पर अत्याचार हिन्दुस्तान के लिए अतीत की बात नहीं है। 'प्रेम रोग' में अतीत सिर्फ वातावरण का निर्माण करता है। अतीत यहाँ माध्यम है, वर्तमान की कुरूपता पर प्रहार करने के लिए। यह पहली फिल्म है जिसमें राजकपूर ने आजादी के पूर्व के समय को अपनी फिल्म के वातावरण के रूप में चुना है।

मनुष्य समाज से कटकर भी नहीं रह सकता और समाज में मनुष्य की स्वतन्त्र सत्ता की भी अपनी अपेक्षाएँ होती हैं। स्वयं से अनुराग और समाज के प्रति कर्तव्य का अन्तर्द्वन्द्व इसी आधार पर शाश्वत सन्दर्भ है। हर युग में स्थितियाँ और स्वरूप बदल जाते हैं, किन्तु यह संघर्ष हमेशा मौजूद रहता है। कलाकर इसी संघर्ष के चित्रण के द्वारा व्यक्ति और समज के सापेक्ष सम्बन्धों पर टिप्पणी करता है। राजकपूर की अनेक फिल्मों में व्यक्ति को स्वस्थ समाज के निर्माण की दिशा में प्रेरित करने का उपक्रम है। महानता के व्यक्तिवादी आग्रह से मुक्त कर सच्चा इनसान बन सकने की ख्वाहिश को सर्वोपरि बनाना उसका लक्ष्य है। यही लक्ष्य 'आवारा' से 'प्रेम रोग' तक अनेक रूपों में अभिव्यक्त हुआ है।

'प्रेम रोग' के धार्मिक ढकोसलों और कर्मकांडों पर इस चतुराई से प्रहार किया गया है कि बगैर उसकी खिलाफत के और बड़े-बड़े संवादों के मायाजाल के, उनका खोखलापन जाहिर हो जाता है। बड़ी ठकुराइन फिल्म के पहले दृश्य में ही भगवान की पूजा करते हुए आरती गा रही हैं–'जय जगदीश हरे!' और आरती गाते हुए ही सबसे बातचीत करती जा रही हैं किसी को कुछ

काम बतला रही हैं, किसी पर नाराजगी जाहिर कर रही हैं। 'ओम जय जगदीश...अब फुर्सत मिली है तुझे आने की...स्वामी जय जगदीश हरे, भक्त जनों के संकट...अरे मनोरमा तू अब सोकर उठी है...छिन में दूर करे।' इस तरह से आरती करती हैं बड़ी ठकुराइन। यह आरती ईश्वर के प्रति श्रृद्धा से उत्पन्न स्वयंस्फूर्त नहीं है, नित्यकर्म की तरह लादी गई है। इसमें भक्ति-भावना नहीं, स्वार्थमय कर्मकाण्ड है। यह भक्ति अपने दोषों के लिए आवरण है। स्वार्थ-सिद्धि के मार्ग का दिखावटी उपादान है। इसीलिए छोटे ठाकुर जन्मपत्री मिलवाते जरूर हैं, लेकिन यदि वह शादी के मार्ग में बाधा बने तो उसे बदलवा देने में कोई बुराई नहीं मानते। धर्म बलवान के लिए निर्बल पर अत्याचार करने का सबसे कारगर हथियार बन जाता है। छोटे ठाकुर पुजारी को यह अच्छी तरह समझा देते हैं कि तुम तभी तक आदर के पात्र बने रहोगे जब तक तुम हमारे अन्याय पर धर्म की मोहर लगाते रहोगे। यदि तुम हमारे लाभ के आड़े आए तो दूसरों की तरह तुम्हें भी ठोकरें मिलेंगी।

पद्मिनी कोल्हापुरे ने जिस अपूर्व तन्मयता से मनोरमा के चरित्र के अन्तर्द्वन्द्व को साकार किया है, वह भविष्य में खुद उसके लिए एक ऐसा मील का पत्थर बन जाएगा, जिससे आगे जाना उसके लिए आसान नहीं होगा। कैशोर्य अल्हड़पन की स्वच्छन्दता और युवा-विधवा की पीड़ा के विविध आयामों के रेशे-रेशे को वह खूबसूरती से अभिव्यक्त कर सकी है। ऋषि कपूर के लिए 'प्रेम रोग' इसलिए बड़ी उपलब्धि है, क्योंकि उसे 'बॉबी' की इमेज से मुक्ति मिलती है जिसमें वह रूढ़ होते जा रहे थे। उनके प्रेमी और नचैया रूप को बदलकर सुस्पष्ट सामाजिक सन्दर्भों के प्रति सजग नौजवान को खड़ा कर दिया गया है। बड़ी ठकुराइन की भूमिका में सुषमा सेठ इतनी सहज हैं कि वे स्त्री के खिलाफ जानेवाली रूढ़ियों का साकार स्वरूप बन गई हैं।

शंकर-जयकिशन के आर.के.बैनर से अलग होने के बाद लक्ष्मीकान्त-प्यारेलाल ने उनकी कमी पूरी की है। यद्यपि आर.के. की दो फिल्मों में आर.डी. बर्मन को भी मौका मिला, पर आर. डी. की ओर राजकपूर का झुकाव कभी नहीं हुआ। लक्ष्मी-प्यारे ने 'प्रेम रोग' के लिए छह गीत तैयार किए। इन गीतों की रचना में धुनों की विशिष्टता अलग दिखलाई देती है। 'प्रेम रोग' के अतिरिक्त लक्ष्मी-प्यारे के संगीतवाली कम-से-कम दस फिल्में '82 में और प्रदर्शित हुईं, किन्तु उनमें किसी के संगीत में वह मधुरिम आकर्षण नही है जो 'प्रेम रोग' में मिलता है। 'मैं हूँ प्रेम रोगी', 'भँवरे ने खिलाया फूल', 'ये गलियाँ ये चौबारा', 'मुहब्बत है क्या चीज' और 'मेरी किस्मत में तू नहीं शायद'—सभी गीत मर्मस्पर्शी हैं। जिस समय डिस्को संगीत की भड़कीली धुनों और कर्कश स्वरों का बोलवाला हो, उस समय 'मेरी किस्मत में तू नहीं शायद' जैसे धीमे गीत को महत्त्व देने का हौसला राजकपूर ही कर सकते हैं। 'सत्यं शिवं सुन्दरम्' और 'प्रेम रोग' में लक्ष्मीकान्त-प्यारेलाल ने पार्श्व-संगीत भी बहुत सुन्दरतापूर्वक सँजोया है। दृश्य-योजना को संगीत से झंकृत करने का राजकपूर का अपना विशिष्ट निर्देशकीय कौशल है। 'प्रेम रोग' में पद्मिनी को लता मंगेशकर ने और ऋषि कपूर को सुरेश वाडकर ने स्वर दिया है। सुरेश वाडकर के स्वर में वह लोच जरूर नहीं है जो लय को बारीकी से बार-बार मोड़ती है। ये घुमाव बाहर से परिलक्षित नहीं होते, पर साँसों में घुल-मिल जाते हैं। लता के पार्श्व-गायन में एकाधिकार की प्रवृत्ति पर बहुत आलोचनाएँ हुईं हैं, पर कला के प्रति उनके समर्पण की असीमता पर ध्यान नहीं दिया। पिछले पचास वर्षों से भी अधिक समय से उनका स्वर अप्रतिम बना हुआ है। इसीलिए कहते

हैं कि कलाकार कभी बूढ़ा नहीं होता। लता का स्वर पद्मिनी जैसी षोडषी के लिए भी अनुकूल ही नहीं, अद्वितीय है। उनकी स्वर-साधना के समर्पण के सामने समय की गति भी झुकने को मजबूर हो गई है। इसीलिए एकाधिकार लता का नहीं, उनकी उस सामर्थ्य का है जिसका मुकाबला पिछले पचास वर्षों में दूसरा कोई नहीं है। कला के क्षेत्र में अपने कार्य के प्रति त्यागमय समर्पण ही सर्वोपरि है। इसका नए नायकों में ही नहीं, प्रत्येक क्षेत्र में सामने आई नई प्रतिभाओं में बहुत अभाव है। लता के एकाधिकार को सिर्फ एक ही शक्ति खत्म कर सकती है और वह है उनकी आवाज से बेहतर दूसरी आवाज। वह आवाज जिसने चार दशकों का लम्बा सफर तय किया है, अपनी निरन्तर साधना के द्वारा। यह साधना उस आवाज को चिरयौवना बनाए हुए है। लता को भी अपने आरम्भिक समय में कठिन संघर्ष के दौर से गुजरना पड़ा था। सुरैया और शमशाद बेगम की आवाजों के जादू से जूझना पड़ा था। यह जरूर है कि नए कलाकारों के लिए आज पच्चीस साल पहले की तुलना में स्थितियाँ अधिक विकृत हैं। इसीलिए उनकी साधना में पहले से भी अधिक दृढ़ता और समर्पण चाहिए। कला का वरदान दृढ़ संकल्प, समर्पित विश्वास और अप्रतिहत साधना के द्वारा प्राप्त होता है।

'प्रेम रोग' के साथ राजकपूर की कहानी की एक नई शुरुआत हो सकती है। यह फिल्म अपने समय की जरूरतों और जटिलताओं को पहचानकर सामने आई है। हिन्दी सिनेमा में 1982 का अन्त एक ऐसा मुकाम है जहाँ व्यक्तिवादी प्रवृत्तियाँ अपनी संकुचित दृष्टि के अँधेरे को तमाम कृत्रिम प्रकाश के उपादानों के द्वारा भी छिपा नहीं पा रही हैं। उनका भटकाव चरम सीमा पर है। हिंसा और सेक्स का कुरुचिपूर्ण और वीभत्स प्रदर्शन अन्तिम सीमा पर पहुँचकर दर्शकों को भरमाने में असमर्थ हो चुका है। यह समय पूरी तरह उनके पक्ष में है जिनके लिए सिनेमा सम्प्रेषणीयता का सशक्त संवेदनशील माध्यम है। राजकपूर की कहानी एक मिसाल है उन नए लोगों के लिए, जो इस माध्यम को अपनाना चाहते हैं। एक ऐसी यात्रा जिसमें महानता के प्रति तीव्रतम आकर्षण होते हुए भी महानता का दम्भ नहीं है। जो सिनेमा के प्रत्येक पक्ष को महत्त्वपूर्ण मानकर उसके लिए श्रेष्ठतम व्यक्तियों की तलाश करती है। जो एक व्यक्ति को अधूरा मानकर उसकी पूर्णता के लिए एक पूरे समूह को एक समूचा व्यक्तित्व बनाती है। हिन्दी सिनेमा आज उस मोड़ पर है जहाँ से उसे सामाजिक बदलाव के साथ आसानी से जोड़ा जा सकता है। अनेक नए सम्भावनापूर्ण फिल्मकार और कलाकर इस प्रयास में लगे भी हैं। पर इस मौके पर व्यक्तिगत अहंकार से हर प्रकार से मुक्त होना जरूरी है। यह वह समय है जिसे खोने का मतलब होगा एक बार फिर मनोरंजनवादियों की पलायनवादी प्रवृत्तियों के भटकाव को फिर कोई नया तिलिस्म गढ़ लेने का मौका देना। यह तो समय ही बतलाएगा कि ऊँट किस करवट बैठता है, किन्तु अवसर उन्हीं के पक्ष में है जो हिन्दी सिनेमा में सार्थक बदलाव की बात करते हैं।

जिस्म की हर बात है आवारगी ये मत कहो

परिवर्तन (इत्यादि प्रकाशन प्रा. लि. कलकत्ता) 1985 में प्रथम प्रकाशित

राजकपूर एक बार फिर सुर्खियों में हैं। घनघोर विरोधी हवाओं के बावजूद उनकी मैली गंगा सफलता का उजला इतिहास लिख रही है। फिल्म समीक्षक दर्शकों की भोंड़ी रुचि पर माथा ठोंक रहे हैं। इतनी बेहूदा फिल्म और ऐसा भयानक स्वागत! पर इससे किसी की सेहत पर असर नहीं पड़ता। दर्शकों ने अपना फैसला सुना दिया है और इस फैसले ने राजकपूर को फिर सातवें आसमान पर पहुँचा दिया है। बड़े-बड़े दिग्गज फिर उसकी जादूगरी के अफसाने को चचोरने लगे हैं।

पिछले कुछ वर्षों में हिन्दी फिल्म-निर्माता चमत्कारी सफलता का मुँह देखने के लिए तरस गए थे। बस, एक अमिताभ ही बचे थे, जिसके करिश्मे को भुनाया जा रहा था। और अमिताभ, मनमोहन देसाई, प्रकाश मेहरा जैसी चन्द सोने की मुट्ठियों में कैद थे। फिर अमिताभ अपने तथाकथित तूफानी दौर में भी 'शोले' जैसी कोई मायावी सफलता दर्ज नहीं कर सके थे। 'शोले' अमिताभ की सफलता नहीं थी। वह साथी कलाकारों और निर्देशक की सफलता कहीं ज्यादा थी। 'शोले' सुपर स्टार की नींव थी, आलीशान इमारत नहीं।

रिलीज के एक दिन पहले तक कोई नहीं जानता था कि राजकपूर का जादू फिर लोगों के सिर चढ़कर बोलेगा। कोई स्टार वैसे भी नहीं था फिल्म में, जिसका सम्मोहन दर्शकों को टिकिट खिड़की पर खींचता। राजीव कपूर की सारी फिल्में दम तोड़ चुकी थीं। वह शम्मी कपूर की खराब कार्बन कॉपी के रूप में खासा बदनाम हो चुका था। जब फिल्म का म्यूजिक कैसेट रिलीज हुआ, तब किसी को इसका संगीत उत्कृष्ट तो दूर, 'आर.के.स्तर' तक का महसूस नहीं हुआ।

अब जब फिल्म रिलीज हो चुकी है और उसकी सफलता एक त्रासदी के रूप में ही सही, लेकिन स्वीकार की जा चुकी है, यह प्रश्न उठता है कि नैतिकता की दुहाई देकर 'राम तेरी गंगा मैली' पर पाबन्दी लगाने की घनघोर चिल्ल-पों के बीच लोग फिल्म देखने के लिए क्यों टूटे पड़ रहे हैं? क्या हमारी जनता का नैतिक स्तर इतना विकृत और मानसिकता इतनी गलीज हो चुकी है? क्या हमारे देशवासी सचमुच इतनी वीभत्स 'यौन कुंठा' में जीते हैं कि राजकपूर उन्हें सिर्फ दो-चार मिनट औरत के शरीर की रेखाएँ दिखलाकर लूट लेते हैं।

औरत राजकपूर की फिल्मों की सजावट की चीज नहीं होती। वह उनकी फिल्मों की महज आत्मा भी नहीं होती। वह एक समूचा व्यक्तित्व होती है। हाड़-मांस की देह में तमाम इच्छाओं के साथ मचलती हुई। यह औरत 'आग' से 'राम तेरी गंगा मैली' तक में मौजूद है। यही औरत राजकपूर की सबसे बड़ी शक्ति है। औरत, यदि न हो, तो ज़िन्दगी वीरान होगी। ज़िन्दगी का संगीत औरत ही है। इसीलिए औरत के व्यक्तित्व को लेकर राजकपूर का नजरिया विवाद का कारण बनता रहा है। हम औरत को अधिक से अधिक पुरुष के साथ खड़ा कर सकते हैं, आमने-सामने नहीं।

राज कपूर की फिल्मों में औरत एक चुनौती होती है। चाहे वह 'आवारा' की वकील हो, 'श्री 420' की गरीब मास्टरनी हो, 'संगम' की समर्पित प्रेमिका और दुविधाग्रस्त पत्नी हो या कैशोर्य की अल्हड़ रंगीनियों में खोई 'बॉबी' हो। प्रेम रोग की चंचल किशोरी का हाहाकारी वैधव्य विरोधाभास का रंगीन इन्द्रधनुष रच देता है। और अब 'राम तेरी गंगा मैली' में मंदाकिनी को गंगा के रूप में उन छोरों तक फैला दिया गया है, जिन्हें लाँघ पाना शायद मंदाकिनी के लिए मुमकिन नहीं होगा।

यदि फिल्म में पुरुष को लगभग नग्नावस्था में स्नान करते हुए, अपने शरीर का प्रदर्शन करते हुए दिखाया जाता है, तो हमें आपत्ति नहीं होती। हमें आपत्ति होती है, जब पुरुष की जगह औरत आ जाती है। हम इस अहंकारी सोच में जिन्दा रहते हैं कि औरत के भीतर, पुरुष के शरीर के प्रति आकर्षण नहीं होता। यदि होता है, तो पुरुष का खुला शरीर भी फिल्मों में दिखलाना उतना ही आपत्तिजनक नहीं है, जितना नारी का?

पर अभी हमारा समाज पुरुष की प्रधानता और महिमा के अहंकार में बहुत गहरे डूबा हुआ है। ऐसी स्थिति में राजकपूर जैसे किसी भी कलाकार की नारी के सन्दर्भ में दृष्टि की आलोचना स्वाभाविक ही है। बी.आर.इशारा ने एक बार कुछ इस तरह कहा था कि यदि कला फिल्मवाले औरत का नंगा शरीर दिखाएँ, तो वह यथार्थवादिता है, राज कपूर दिखलाएँ, तो कलात्मकता है और मैं दिखलाऊँ तो अश्लीलता है। इतने उग्र विचारोंवाले इशारा के भीतर यह बात क्यों नहीं आई कि दरअसल, हमारा समाज (या सही मायनों में समाज के ठेकेदार) औरत का शरीर ही अश्लील मानता है।

राजकपूर की नजर में औरत का शरीर अश्लील नहीं होता। वह उसे सिर्फ भोग्या नहीं मानते, तो सिर्फ श्रद्धा की वस्तु भी नहीं मानते। वह उसके लिए समूची हकीकत है, ज़िन्दगी की। इसीलिए राजकपूर की नजर की निन्दा कितनी ही हुई हो, उनके आकर्षण से मुक्ति नहीं मिल सकी। औरत के रूप में उसके द्वारा गढ़ी शक्ल इतनी दिलकश होती है कि वह मोह लेती है। दिलो-दिमाग पर पीछे के दरवाजे से घुसकर कब्जा कर लेती है। फिर तमाम तर्कों के बावजूद उसे खारिज कर पाना मुमकिन नहीं होता, तो इसमें आश्चर्य की क्या बात है!

जब तक राजकपूर स्वयं नायक बनते रहे, उन्होंने अपनी फिल्मों में औरत को केन्द्रीय चरित्र कभी नहीं बनाया। यह शुरुआत हुई 'बॉबी' से। 'बॉबी', 'सत्यं शिवं सुन्दरम', 'प्रेम रोग' और अब 'राम तेरी गंगा मैली' इन सभी फिल्मों के केन्द्र में नारी है। पर ये चारों फिल्में राजकपूर की कला का कोई प्रतिमान नहीं बन सकीं। इनमें से कोई विफल नहीं हुई। 'बॉबी' और 'राम तेरी गंगा मैली' ने तो सफलता के नए रिकॉर्ड बनाए। 'प्रेम रोग' भी हिट हुई और 'सत्यं शिवं सुन्दरम' भी घाटे का सौदा तो नहीं ही थी। पर इससे राजकपूर भले सुर्खियों में बने रहे हों, 'राम तेरी गंगा मैली' ने उन्हें फिल्मकार के रूप में अपना वर्चस्व साबित करने के लिए और मौका दे दिया हो, लेकिन यह नहीं हो सका कि वे सफलता की कैद से मुक्ति पा सके हों। यही इन सभी फिल्मों की सबसे बड़ी कमजोरी है।

ख़्वाज़ा अहमद अब्बास मानते हैं कि राजकपूर एक ऐसा निर्देशक है, जो किसी विषय को अत्यन्त मर्मस्पर्शी और रोचक बना सकता है। अब्बास ने खुद अपनी कहानियों पर जितनी फिल्में बनाईं, उनमें से कोई भी बेहद सफल नहीं हुई। अधिकांश के हिस्से तो बस वाहवाही ही हाथ

लगी। पर अब्बास की कहानियों पर राज कपूर ने 'आवारा', 'श्री 420', 'मेरा नाम जोकर' जैसे स्तम्भों का सृजन किया है। खास तौर से 'आवारा', 'बूट पॉलिश' और 'श्री 420' ने यह साबित कर दिया था कि ज़िन्दगी की कड़वाहट के बीच मिठास की अन्तर्धारा यदि पहचान ली जाए, तो पलायनवादी सिनेमा से मुक्ति पाई जा सकती है।

राजकपूर एक बेहतरीन निर्देशक हैं। पर 'बॉबी' से उन्होंने जिस आधार को चुनना शुरू किया, वह खोखला था। यूँ राजकपूर की हर फिल्म की कहानी एक वाक्य में होती है। जैसे 'आवारा' की कुल कहानी इतनी ही तो थी कि अच्छे आदमी का बेटा अच्छा और बुरे आदमी का बुरा हो, यह जरूरी नहीं। किसी का अच्छा-बुरा होना वंशानुगत नहीं, अपितु वातावरण एवं परिस्थितिजन्य होता है। पर अब्बास ने इस तथ्य को वास्तविकता का आधार दिया था और राजकपूर ने उसे अपने कौशल से चरमोत्कर्ष पर पहुँचा दिया था। यही कौशल रूस जैसे समाजवादी मुल्क में सराहा गया। यह समझना एक बहुत बड़ी भूल होगी कि राजकपूर कोई प्रतिबद्ध मार्क्सवादी फिल्मकार हैं। वे 'आवारा' में भी स्वच्छन्दतावादी हैं और 'जोकर' में भी। आवारा में उठाया गया प्रश्न सामाजिक है, किन्तु भावना के स्तर पर। समाजवादी मुल्कों में उसे पसन्द किया गया, तो इसलिए कि 'आवारा' के नायक-नायिका किसी रूढ़ बन्धन को स्वीकार नहीं करते। वे कहते हैं कि मुक्ति की कामना मनुष्य के हृदय में प्रतिपल तरंगित होती रहनी चाहिए। मुक्ति का कोई पड़ाव आखिरी नहीं होता। किसी भी मंजिल पर ठहर जाना मानवता के लिए मुमकिन नहीं है। पानी कितना भी स्वच्छ हो, थम गया, तो काई पड़ जाने से रोका नहीं जा सकता।

'आवारा' की नायिका मनुष्यता की मुक्ति के लिए अनेक विरोधों का दबाव बर्दाश्त करती है। यह महज एक औरत नहीं है, नायक के लिए प्रेरणास्रोत है, वह उसकी अच्छाइयों को ही नहीं, बुराइयों को भी दुलारती है। वह दृश्य, जिसमें नाव लड़खड़ाकर डूब सकती है और नायक आगाह भी करता है–नाव डूब जाएगी, तब नायिका सिर्फ तीन शब्द कहती है–'डूब जाने दो।' इन तीन शब्दों में नरगिस ने वह उत्ताप पैदा कर दिया था, जो सैकड़ों संवाद पैदा नहीं कर सकते। उस एक दृष्टि की वह आसंजक अनुरक्ति है कि रहती ज़िन्दगी तक नहीं भूलती।

'आवारा' का भावनात्मक केन्द्र बिन्दु नायक नहीं, नायिका है। 'आवारा' में नरगिस सिर्फ थीं ही नहीं, बहुत खूब थीं। वह नरगिस, जिसे राजकपूर ने इस तरह प्रस्तुत किया था कि जब परदे पर नहीं रहती थीं, तब भी आत्मा की तरह फिल्म के प्रत्येक दृश्य में मौजूद होती थीं। वहाँ एक सम्पूर्ण औरत थी–भारतीय मनीषा में, जिसे कोमल भी माना गया है, पुष्प की तरह और तेजस्विनी के रूप में भी परिकल्पना की गई है। 'आवारा' की नायिका मोहब्बत में अपनी सुधबुध भी खो देती है, लेकिन सम्बन्धों के द्वन्द्व में भावना के आगे घुटने नहीं टेकती। मोहब्बत उसे फर्ज की पहचान देती है। इसीलिए अदालत में वह आवारा की पक्षधर वकील बनकर ही नहीं आती, वह उस गन्दगी के खिलाफ आवाज उठानेवाली शक्ति बनकर भी आती है, जो मनुष्य को निर्मम और संवेदनहीन बनाती है। भावना और कर्तव्य इस तरह घुल-मिल जाते हैं कि उनका निजी प्रेम एक विशाल फलक पर फैल जाता है। 'जागते रहो' में नरगिस सिर्फ अन्तिम दृश्य में थीं, लेकिन लगता था, पूरी फिल्म में-से निकलकर आई हैं।

'श्री 420' में बम्बई शहर के बेताज बादशाह बन गए नायक को वही समझाती है कि

बेईमानी के पैसों से सच्चाई और ईमानदारी नहीं खरीदी जा सकती। नायक तभी यह महसूस करने के लिए प्रेरित होता है कि सच्चाई और ईमानदारी का वह मेडल, जिस भावना का प्रतीक है, वह मर चुकी है और सोने का कोई तमगा भावनाशून्य हो जाने पर निरर्थक हो जाता है।

पर 'सत्यं शिवं सुन्दरम' में वह रूपा, जिसका चेहरा तो कुरूप हो गया है, लेकिन उसका हृदय मोती के समान उज्ज्वल और आवाज सोने की तरह चमकदार है, फिल्म का केन्द्र बिन्दु बनती है, तो राजकपूर जीनत के शरीर में ही इस तरह उलझ जाते हैं कि मूल-भावना ही दम तोड़ देती है। यह फिल्म राजकपूर के समूचे कैरियर की सबसे बड़ी पराजय है। जीनत को चुनकर राजकपूर ने कोई गलती नहीं की थी। वह एक साधारण शक्ल सूरत की महिला है। उसे ऐसी लड़की का रूप दिया जा सकता था, जो परिस्थितिवश अपने चेहरे की खूबसूरती खो बैठी है। पर मानसिक सौन्दर्य की प्रतिष्ठा करनेवाली फिल्म में मांसलता के दबाव को वे सापेक्ष स्थिति में खड़ा नहीं कर सके। अत्यन्त मनमोहक छायांकन, मधुर संगीत, कल्पना की पच्चीकारी सब कुछ व्यर्थ हुआ। इसके पीछे सबसे बड़ी कमजोरी थी, फिल्म की पटकथा। वहाँ अब्बास जैसा कोई दिमाग नहीं था, जो इस भावना को तार्किक परिणिति दे सकता।

यही स्थिति 'राम तेरी गंगा मैली' में है। पटकथा इस फिल्म की सबसे बड़ी कमजोरी है। राजकपूर की सौन्दर्य दृष्टि अपने चरमोत्कर्ष पर है, पर वह जिस नायिका को खड़ा करती है, उसमें आकर्षण है। सिर्फ आकर्षण, गहराई नहीं है। वह लुभाती है, लेकिन ताकत नहीं बनती। अपने समय की सच्चाई से रू-ब-रू होने के बावजूद वह कोई स्वर्णिम पृष्ठ नहीं बनती। फिल्म के वे राजनीतिक दृश्य, जो प्रदूषण के विरुद्ध मानसिकता तैयार करते हैं, फिल्म के रूपक को स्पष्ट नहीं करते। गंगा का श्लेष थोपा हुआ ही लगता है। नायिका गंगा, रूपक की इन्द्रधनुषी प्रतिमा नहीं बनती। वरना इसमें कोई सन्देह नहीं कि यह फिल्म राजकपूर के निर्देशकीय कौशल को इन्तिहां तक ले जाती है।

राजकपूर औरत को फिल्म की सफलता की कुंजी के रूप मे इस्तेमाल करने की कला में माहिर हैं। वे अपनी हर नायिका को विवाद का विषय बनाते हैं। यह चक्र शुरू होता है फिल्म के लिए नायिका के चयन की प्रक्रिया से। 'राम तेरी गंगा मैली' के शुरू होते समय डिंपल, पद्मिनी आदि अनेक हीरोइनों को होड़ में शामिल कर विवाद खड़ा करना कोई आकस्मिक घटना नहीं थी। यह सब सुनियोजित होता था। और हमेशा, हर स्तर पर होता था। कहनेवाले तो यह कहने से भी नहीं चूकते कि सब राजकपूर के इशारे पर होता है। अपनी ही फिल्म का विरोध भी वह खुद कराता है।

राजकपूर की फिल्मों की औरत विद्रोही दिखती नहीं है, किन्तु विद्रोह की अन्तर्धारा उसमें बहती जरूर है। शायद इसलिए कि वह एक झटके से किसी परिवर्तन की उम्मीद नहीं करते। उसे एक प्रक्रिया के रूप में स्वीकार करते हैं। भारतीय समाज औरत को एक वस्तु के रूप में इस्तेमाल करने का आदी है। राजकपूर इस प्रवृत्ति को भुनाते भी हैं और तोड़ने की कोशिश भी करते हैं। इसीलिए राजकपूर की नजर से देखी गई नायिका हिन्दी सिनेमा की मंडी में सबसे महँगी और सबसे पुरलुत्फ बन जाती है। इसीलिए पिछले चालीस सालों से चाहे नरगिस हों या वैजयन्तीमाला, पद्मिनी हों या निम्मी या डिम्पल, जीनत या अब मंदाकिनी–सब राजकपूर के साथ काम करने के दौरान उनकी प्रतिभा की मुखर प्रशंसक रही हैं और उनसे अलग होते ही

सबसे बड़ी अलोचक। लेकिन राजकपूर हर औरत के साथ एक हादसे की तरह गुजर जाते रहे हैं। उसकी कोई छाया अपने भीतर कैद किए। गुनगुनाते हुए...'जख्मों से भरा सीना है मेरा, हँसती है मगर ये मस्त नज़र।'

वह किसी की मोहब्बत में कैद नहीं होते। इसलिए कि वह सबसे मोहब्बत करते हैं। 'मेरा नाम जोकर' में जब कुमार (राजेन्द्र कुमार) राजू (राजकपूर) से पूछता है–'क्या तुम मीनू (पद्मिनी) से मोहब्बत करते हो?' इसका जवाब उसके पास है–'प्रश्न यह नहीं है कि मैं मीनू से मोहब्बत करता हूँ। प्रश्न यह है कि क्या मैं मोहब्बत करता हूँ। और जवाब है–हाँ, करता हूँ। मीनू से ही नहीं, दुनिया की हर खूबसूरती से।'

राजकपूर का यही सलीका उसे औरत का पुरअसर पारखी बना सका है।

मैं मुहब्बत
ही
मुहब्बत हूँ
मुहब्बत की कसम

भावनाओं और मुहब्बत से लबरेज व्यक्तित्व था राजकपूर का.
वह जितने महान थे, उतने ही मासूम और सीधे-सादे इन्सान.
उनके महाप्रयाण के बाद उनकी यादें आज भी हमारे बीच हैं.
प्रहलाद अग्रवाल *ने 1979 से '85 के बीच अनेक दिन, अनेक रातें महीनों तक साथ-साथ बिताकर*
उन्हें काफी नजदीक से देखा-परखा और पहचाना था.
राज साहब ने उन्हें हिदायत दी थी कि इन मुलाकातों के बीच कही गई बहुत सी-निजी बातें
उनके मरने तक प्रकाशित न की जाएँ.
लेखक की कलम से राजकपूर के विविधरंगी जीवन का एक रेखाचित्र.

रविवार (आनंद बाजार पत्रिका प्रकाशन,कलकत्ता) दिसंबर,1988 में प्रथम प्रकाशित

रिंग मास्टर बने दारा सिंह सर्कस मालिक धर्मेन्द्र से कह रहे हैं, 'उसे रोकिए महेन्द्र साब, डॉक्टरों ने कहा है कि वह इस तरह उछल-कूद करेगा, तो मर जाएगा। क्या आप अपने तमाशे के लिए किसी की जान लेंगे?'

लेकिन 'जोकर' को कहीं रोका जा सकता है? और जो रुक जाए, वह जोकर ही क्या हुआ! ठीक है, वह डॉक्टरों की राय मानकर नहीं नाचेगा-गाएगा। तो क्या वह मरने से बच जाएगा? वह कभी नहीं मरेगा? और यदि मरना तय है, तो मौत से डर-डरकर जीने का मतलब ही क्या है!

तुम स्वयं
मरण के मुख पर
चरण धरो रे,
जीना है
तो मरने से
नहीं डरो रे!

डॉक्टरों ने ठीक कहा था कि ऐसी खराब हालत में राजकपूर को पुरस्कार लेने बम्बई से दिल्ली नहीं आना चाहिए था। उन्होंने बिल्कुल सच कहा था। उन्हें यही कहना चाहिए था। लेकिन डॉक्टरों की राय मानकर जो दिल्ली नहीं आता, वह सब कुछ हो सकता था, 'जोकर' नहीं हो सकता था।

जो सिनेमा से इस इन्तिहा तक मुहब्बत करता था कि अपनी हर साँस के साथ सिनेमा देखता, सुनता, जीता था; वह सिनेमा के पितामह दादा साहेब फालके की स्मृति में दिया गया सम्मान लेने कैसे नहीं आता?

यूँ अपनी ज़िन्दगी में सैकड़ों राष्ट्रीय-अन्तर्राष्ट्रीय पुरस्कार मिले राजकपूर को, लेकिन दादा साहेब फालके पुरस्कार की बात ही कुछ और है। वह उस आदमी की स्मृति का सम्मान है, जो हिन्दी सिनेमा की नींव का पत्थर है।

राजकपूर के लिए पुरस्कार नहीं, भावना महत्त्वपूर्ण थी। पुरस्कार कभी महत्त्वपूर्ण नहीं हुए राजकपूर के लिए। इसकी गवाही देता था आर.के.स्टूडियो का वह कक्ष, जिस पर उनके नाम की तख्ती लगी है, उस कक्ष में तमाम इनाम-इकराम और प्रशस्तिपत्र सजे हैं, जो उन्हें और उनकी फिल्मों को मिले।

पर राजकपूर इस आधुनिकतम ढंग से सुसज्जित-सुव्यवस्थित कक्ष में कभी नहीं बैठे। दरअसल, उस कमरे में ताला ही लटकता रहता। वह कक्ष जैसे एक प्रतीक था कि सफलता बहुत मामूली चीज है। असली चीज है अपना काम। और यह काम वे हमेशा अपनी कॉटेज

में बैठकर किया करते थे, जहाँ जूते उतारकर आराम से जमीन पर बैठा जाता था। जहाँ उनके सहयोगियों और आदर्शों की तसवीरें थीं, ट्रॉफियाँ और प्रशंसापत्र नहीं।

टेलीविजन को दिए गए अपने अन्तिम साक्षात्कार में राजकपूर ने जिस तरह अपने सहयोगियों को स्मरण किया, वह भावना अपनी मिसाल आप है। ऐसा प्रतीत होता है, जैसे वह अपना अन्तिम समय खुद देख रहे हैं, लेकिन कहीं खौफ नहीं है।

खौफ कैसा?

एक दिन बिक जाएगा, माटी के मोल
जग में रह जाएँगे प्यारे तेरे बोल!

और 'जोकर' ठीक जोकर की तरह ही विदा हुआ। आखिरी पल तक तमाशे को बरकरार रखते हुए। जोकर, जिसे कोई जंजीर बाँध नहीं सकती, जो मौत से भी यार की तरह गले मिल सकता है और मौका मिलने पर पंजा भी लड़ा सकता है। देखनेवालों को यह लग सकता है कि लो, यह खत्म हुआ जोकर का तमाशा! लेकिन वह तो दोनों हाथ फैलाकर यही कह रहा है–'मेरा तमाशा अभी खत्म नहीं हुआ है। जोकर का तमाशा अभी खत्म नहीं हुआ है। देखिए, जाइएगा नहीं। ये इंटरवल है। ये इंटरवल पन्द्रह मिनिट का भी हो सकता है और पन्द्रह महीनों का भी, लेकिन जोकर का तमाशा अभी खत्म नहीं हुआ।'

दरअसल, वह कह रहा है कि 'जोकर' का तमाशा कभी खत्म नहीं होता। वह रहती दुनिया तक चलता रहेगा। उसे कोई नहीं रोक सकता। क्योंकि वह तमाशा नहीं, ज़िन्दगी है।

और इसी ज़िन्दगी की पाठशाला में पढ़े थे, राजकपूर। वे बड़ी मासूमियत से किसी से भी कह दिया करते थे, 'देखिए जी, मैं तो अँगूठा छाप आदमी हूँ।'

सीधी-सच्ची बात सीधे-सादे ढंग से। पढ़ने-लिखने से उनका ज्यादा वास्ता कभी नहीं रहा। उनका यकीन देखने,सुनने और गुनने में था। वे साधारण बातें भी बड़े गौर से सुनते। हजार बार देखी हुई चीज को भी जी भर कर देखते। उनके लिए पढ़ने का मतलब था ज़िन्दगी को पढ़ना। कबीर की तरह उनकी मान्यता भी यही थी–

पोथी पढ़ि-पढ़ि जग मुआ, पंडित भया न कोय
ढाई अक्षर प्रेम का, पढ़ै सो पंडित होय

कुल इन्हीं ढाई अक्षरों की जमा पूँजी थी राजकपूर के पास। आधी शताब्दी लम्बी कला-यात्रा में वे मुहब्बत के ही गीत गुनगुनाते रहे। प्रेम के ढाई अक्षरों से अधिक पुरलुत्फ उन्हें कुछ लगा ही नहीं। बस एक ही धुन!

नन्हा जोकर अपनी टीचर से कहता है न, 'मैडम, ज़िन्दगी के लिए एक ही धुन काफी है।'

टीचर अवाक।

यह जरा सा बच्चा तो फिलॉसफी बघारता है!

'फिलॉसफी?'

–भला यह किस चिड़िया का नाम है?

उसकी तो एक ही धुन है–प्यार कर ले नईं तो फाँसी चढ़ जाएगा!

एक ही दीन-ईमान, एक ही मज़हब, एक ही मकसद है, खुद तमाशा बनकर अपने तमाशाइयों को खुश करना। अपने आँसुओं की कीमत पर भी ज़िन्दगी की बदहालियों को

मुसकुराहटें दी जा सकें, तो सौदा घाटे का नहीं। अब इसे कोई 'फिलॉसफी' कहे, तो कह ले। उसे इस सबसे क्या लेना-देना?

उसका यकीन तो मुहब्बत में अपना आपा खो देने में है। दुनिया में मुहब्बत से बड़ी भी कोई ताकत होती है, यह वह सोच ही नहीं सकता। उसकी नजर में किसी को घूँसा मारनेवाला ताकतवर नहीं होता, मार खाकर भी मुसकुरा देनेवाला ताकतवर होता है। इसीलिए जब खूनी तमंचे और फौलादी मुक्के, रुपहले पर्दे को लहूलुहान करते रहे, तब भी उसकी यही धुन थी– 'सुन साहिबा सुन, प्यार की धुन, मैंने तुझे चुन लिया, तू भी मुझे चुन!'

यदि कोई देखना चाहता था, तो देख सकता था कि मुहब्बत का वह फरिश्ता किसी भी किस्म के बड़प्पन की परछाईं तक नहीं पड़ने देता था अपने ऊपर। और न देखना चाहे, तो उसे राजकपूर के इर्द-गिर्द चारों ओर बड़प्पन ही बड़प्पन और बड़प्पन के अलावा कुछ भी नजर नहीं आ सकता था।

राजकपूर कहते, 'अब यहाँ जो आता है, स्टार बनने के लिए आता है। उन्हें सिर्फ चमक दिखलाई देती है। परदे पर चमकता हुआ अमिताभ दिखलाई देता है। लाखों-करोड़ों दिखलाई देते हैं। वह हताशा, कशमकश और मेहनत नहीं दिखलाई देती, जो आदमी को झकझोर डालती है। यहाँ चमकदार झूठ असलियत पर परदा डाले रहता है। सच कोई नहीं पहचानना चाहता।'

यह बात राजकपूर बार-बार, अलग-अलग ढंग से कहते। एक ऐसे आदमी की तरह, जो थक गया है, लेकिन रुक नहीं सकता। जो अपनी थकान तक महसूस नहीं कर सकता। जिसके लिए अतीत की मिठास सिर्फ आधार है, लेकिन वर्तमान का संकट उसे बार-बार अतीत में झाँकने को विवश करता है।

1979 से '85 के बीच मुझे राजकपूर से कई बार मिलने का मौका मिला। लेकिन कभी लगा नहीं कि मैं राजकपूर से मिला हूँ। हर बार जैसे वे एक ही बात कहते, 'क्या रखा है मुझसे मिलने में। तुम्हारे ही जैसा एक आदमी हूँ। ठीक किसी भी मामूली औकातवाले आदमी की तरह। मेरी पहचान मेरा काम है। मेरी फिल्म है।'

राजकपूर फिल्मों में ही नहीं, अपनी निजी ज़िन्दगी में भी आँखों से ही ज्यादा बात किया करते थे। उनके पास बैठकर अकसर यह महसूस होता–

किस मुँह से शुक्र कीजिए उस लुत्फे-खास का
पुरशिश है और पा-ए-सुखन दरमियाँ नहीं।

राजकपूर की तारीफ की गई हो या आलोचना, दोनों में अतिरेक हमेशा मौजूद रहा है। जिस तरह राजकपूर की फिल्मों के चरित्रों की सरल-सहजता आसानी से नहीं पकड़ी जा सकती, उसी तरह राजकपूर की निजी ज़िन्दगी की सरलता भी थी। उसे पहचान पाना नामुमकिन नहीं, तो बेहद मुश्किल जरूर था। या तो लोग उनसे 'आब्सैस्ड' हो जाते हैं या फिर मुखर आलोचक। दरअसल, राजकपूर को सीधे एक इनसान की तरह देखने का प्रयास ही नहीं हो पाता। और वह है कि बार-बार कहता, 'मैं ठीक एक आदमी हूँ। किसी भी और आदमी की तरह। अच्छा भी-बुरा भी।'

मैं इसी आदमी का बचपन से आशिक रहा हूँ। यह आशिकी मुझे बार-बार राजकपूर तक खींच ले गई। और अन्ततः बाबा तुलसीदास की यह बात सच साबित हुई कि 'जाकर जेहि पर

सत्य सनेहू, सो तेहि मिलई न कछु सन्देहू।'

जब एक दिन अचानक ये हादसा हुआ कि राजकपूर ने मुझे 'घूँघट के पट खोल' की कहानी लिखने के लिए बुलवाया, तो मुझे कोई आश्चर्य नहीं हुआ। मैंने माध्यम-व्यक्ति से कहा, 'राजकपूर की फिल्म की कहानी लिखने से ज्यादा मेरी रुचि राजकपूर में है, उनसे बातें करने में है और उन्हें देखने-सुनने में है।'

तो यह बात उनकी समझ में नहीं आई। पर वे बोले, 'यह भी तब ही मुमकिन है, जब आप उनसे किसी काम से मिलें। फिर इससे बेहतर और क्या हो सकता है कि आप उनकी नई फिल्म की रूप-रेखाएँ तय करने के सिलसिले में उनसे मिलेंगे।'

और मैं सितम्बर 1986 के एक दिन बम्बई बुलाया गया। मेरे लिए बम्बई में हर तरह से सुविधापूर्ण आरामदेह व्यवस्था की गई। हर जरूरत का जरूरत से ज्यादा ध्यान रखा गया। राजकपूर ने स्वयं मुझसे फोन पर बात की। ऐसा तो कभी हुआ ही नहीं कि आर.के. स्टूडियो से दिन में चार बार टेलीफोन होटल में न आए कि आपको कुछ चाहिए तो नहीं, कुछ कष्ट तो नहीं!

पर आश्चर्य की बात तो यह है कि दो दिनों तक राजकपूर से मुलाकात ही नहीं हुई। उनकी तबीयत नासाज थी। तीसरे दिन वे खुद उस होटल में आए, जहाँ मैं ठहरा हुआ था। उनके सहायक कलाचन्द्र आकर मुझसे बोले, 'चलिए, राज साहब नीचे गाड़ी में आपका इन्तजार कर रहे हैं।'

इतना ही नहीं, उन्होंने 'एक्सप्लेनेशन' भी दिया, 'आपको लेने मुझे भेजा है। दमा के कारण राज साहब सीढ़ियाँ नहीं चढ़ पाते।'

मैं देख रहा था, कलाचन्द्र में राजकपूर की रची हुई चेतना। एकदम राजकपूरमय। और सिर्फ वे ही नहीं, जितने भी आदमी राजकपूर के नजदीक थे, वे सब उसी चेतना से एकरूप। अपने व्यक्तित्व को प्रसारित कर देने की यही कला राजकपूर की सफलता का रहस्य है।

मेरे लिए यह आश्चर्यजनक न सही, लेकिन आह्लादकारी अवश्य था कि राजकपूर खुद आए हैं। मैं नीचे आया। वे सफेद एम्बेसेडर में बैठे थे। नमस्कार हुआ। उन्होंने अपने पास मुझे बिठाया। और हम पहुँचे 'गीता भवन'। राजकपूर का एक प्रिय होटल। चैम्बूर का एक साफ-सुथरा साधारण-सा जलपान-गृह। ऐसा होटल, जहाँ मामूली-सी हैसियत का आदमी भी आसानी से जा सकता है। राजकपूर वहाँ सबके बीच एक टेबल पर बैठे। उनके सामने मैं, साथ में थे कलाचन्द्र और मामजी यानी विश्वा मेहरा।

यहाँ सबने खाया-पिया। कोई भी किसी की प्लेट से खाता। बगैर किसी नफासत के। राजकपूर खुद सबके स्वाद का जायका लेते। एकाध टुकड़ा काँटे-छुरी से खाते, फिर हाथ से खाने लगते। खाते भी और गिराते भी। उन्हें सैकड़ों बार खाते देखा, पर ऐसा कभी नहीं हुआ कि उन्होंने खाते हुए अपने कपड़े खराब न किए हों। मैं उनके साथ कई होटलों में कई-कई बार गया। होटलों में ही नहीं, खोमचों के ठेलों पर भी। एक बार उनके साथ 'बड़े' होटल में गया, तो पाया कि वहाँ राजकपूर मौजूद जरूर हैं, लेकिन उस मस्ती में, उस तेवर में कतई नहीं। यहाँ वह रम नहीं पाता। लेकिन आदमी को मुँहामुँही तो ज़िन्दगी के हर रंग के साथ करनी पड़ती है न!

ज़िन्दगी को अलमस्त शिद्दत के साथ जीने के बदले में मिलनेवाला महानता का कोई वरदान राजकपूर ने हमेशा अस्वीकार किया। दादा साहेब फालके सम्मान लेने आने से दो दिन पहले वे 'गीता भवन' में कॉफी पीने गए। हालाँकि उनकी तबीयत ठीक नहीं थी। डॉक्टरों ने उन्हें चलने-फिरने से मना किया था। पर वे राजकपूर थे और वे किसी बँधे-बँधाए चौखटे में ज़िन्दगी जी नहीं सकते थे। मैंने उन्हें डॉक्टर के सामने बच्चों की तरह खाने-पीने के मामले में छूट दिए जाने के लिए जिद करते हुए कई बार देखा है। उनके बचपने के आगे डॉक्टरों के पास भी मुस्कुराने के अलावा और कुछ नहीं रह जाता था।

तो तमाम अस्वस्थता के बावजूद वे गीता भवन गए। अपनी आदत के मुताबिक तीन-चार कप कॉफी पी। वहीं उन्हें दमे का दौरा पड़ा और होटल के बाहर गिर पड़े। उन्हें सशरीर उठाकर कार तक ले जाना पड़ा। इसके बावजूद वे दो दिन बाद दादा साहेब फालके पुरस्कार लेने बम्बई से दिल्ली आए।

इसे आप क्या कहेंगे ? पागलपन! यह पागलपन नहीं तो और क्या है? पर यदि यह पागलपन न हो, तो सब कुछ हुआ जा सकता है, पर कलाकार नहीं हुआ जा सकता।

गीता भवन से खा-पीकर हम आर.के. गए और मैं राजकपूर के साथ उस ऐतिहासिक कॉटेज में पहुँचा, जहाँ उन्होंने अपनी तमाम फिल्मों के नख-शिख गढ़े थे। वह कॉटेज, जिससे नरगिस, शैलेन्द्र, मुकेश, जयकिशन, शंकर, लता, हसरत, पद्मिनी, डिम्पल, वैजयन्तीमाला और कितनों की ही हसीन मिठास बावस्ता हैं। यूँ मैं पहले भी उनसे इस कॉटेज में मिल चुका था और अकेले भी मिल चुका था, लेकिन उस दिन की बात ही कुछ और थी। उस दिन राजकपूर को वहाँ देखकर मुझे ऐसा लगा, जैसे कोई बूढ़ा शेर अपनी दोगुनी ताकत और चौगुने उत्साह से छलाँग मारने के लिए तैयार हो।

कम-से-कम हीरो-हीरोइनें अपनी बढ़ती हुई उम्र से हमेशा डरे रहते हैं। राजकपूर उन चन्द अपवादों में एक हैं, जिन्होंने बुढ़ापे से डरने की कभी कोई जरूरत नहीं समझी। क्योंकि उन्होंने अपना लड़कपन खेल में नहीं खोया था और न जवानी नींद-भर सोया था। तभी वह 'संगम' की नायिका से अपने लिए यह गाना गवा सकते थे, 'मैं का करूँ राम मुझे बुड्ढा मिल गया!' और उस समय राजकपूर पूरे चालीस साल के भी नहीं हुए थे। वे बड़ी संजीदगी से खुद कह देते, 'अब बुड्ढा हो गया हूँ न!'

अभिनेता चिरयुवा कहलाना गौरव की बात समझते हैं। अपने चिरयुवा स्वरूप को किसी तरह बनाए रखने के लिए एड़ी-चोटी का जोर लगा देते हैं। पर राजकपूर इससे पूरी तरह उलटे थे। उन्होंने खूब मौज-मस्ती की और खूब काम किया। ज़िन्दगी जो रंग लेकर मिली, हमेशा वे उसी रंग में रँग गए। शायद इसीलिए वे आखिरी साँस तक युवा नहीं, बालक भी नहीं, शिशु की तरह सरल, आशावान और जिज्ञासु बने रहे। राजकपूर में हर समय एक भोलाभाला बच्चा देखा जा सकता था। उनके काम करने के ढंग में यही बालसुलभ उत्साह और जिज्ञासा समाहित थी।

राजकपूर ने जब से बोलना शुरू किया, तब से बोलते ही चले गए। उनकी यादों मे मिठास ही मिठास थी। कहीं कोई कड़वाहट नहीं। जिसकी बात करते, इस तरह, जैसे उनके भीतर सैकड़ों गुलाब एक साथ महक उठे हों। चाहे शैलेन्द्र की बातें हों या मुकेश की...जयकिशन से जुड़ी यादें

हों या अब्बास साहब से...मैं सुन रहा था और वे सुना रहे थे। एक भी बात नहीं हुई फिल्म की कहानी के बारे में। बस एक निरन्तर संवाद चलता रहा। दो-ढाई घंटे कैसे बीत गए, पता ही नहीं चला। अपनी ज़िन्दगी की मामूली-सी घटनाओं के माध्यम से वे बतलाते रहे कि उनके लिए फिल्म का मतलब क्या है। फिल्म की कहानी का मतलब क्या है।

वे बोले, 'अब्बास साहब मेरे पास 'आवारा' की कहानी लेकर आए। उन्होंने कहा, 'बड़ा क्रान्तिकारी सब्जेक्ट है।' मैंने कहानी सुनी और सुनते ही कहा, 'बेशक, बेहतरीन लव-स्टोरी!'

राजकपूर के लिए 'आवारा' भी लव-स्टोरी है और 'बॉबी' भी। वे बार-बार कहते 'मैं प्रेम कहानियाँ फिल्माने के अलावा और जानता ही क्या हूँ!'

बड़े सितारों की बात आती, तो चुप रहना चाहकर भी उनके मुँह से निकल ही जाता, 'उन्हें लेकर क्या करूँ? क्या अब राजकपूर यह बताएगा कि घूँसा किस तरह मारो, तमंचे चलाना सिखलाएगा! क्या अब ये दिन आ गए हैं राजकपूर के!'

सारी उम्र तो कटी इश्क़े-बुतां में मोमिन
आखिरी वक्त क्या खाक मुसलमां होंगे!

बेशक, राजकपूर आखिरी साँस तक बुतपरस्त ही रहे। अपने ऊपर लगनेवाले हर इल्जाम पर मुस्कराते रहे और गुनगुनाते रहे–

ज़ख़्मों से भरा सीना है मेरा
हँसती है मगर
ये मस्त नज़र!

'आग' से जो कलायात्रा शुरू की थी और जिसका नवीनतम पड़ाव 'राम तेरी गंगा मैली' था, उस कलायात्रा में इस मुकाम पर आकर राजकपूर अपने आपको बहुत अकेला महसूस करने लगे थे। वह पूरी टीम बिखर चुकी थी। खुद राजकपूर ने अपने लिए नायक की जो इमेज गढ़ी थी, उसका कोई दूसरा रूप वे अपने हीरो के रूप में रिटायर होने के बाद नहीं तलाश सके थे। इसीलिए राजकपूर के नायक न रहने के बावजूद वे हमेशा अपनी फिल्मों में खुद ही अदृश्य रूप में छाए रहे।

राजकपूर वह समर्पण माँगते थे, जो उनके सामने सृजन की अनिवार्य शर्त थी और सितारों के पास इतना अवकाश कहाँ? इसीलिए वे कितनी ही फिल्मों की योजना बनाते और उपयुक्त कलाकारों के अभाव में उन्हें ठंडे बस्ते में डाल देते। वह माहौल ही बदल गया था, जिसमें वे काम करने के आदी थे। मुझसे बोले, 'वह भी जमाना था, जब शाम होते-होते यह कॉटेज गुलजार हो जाया करती थी। लता, शैलेन्द्र, शंकर-जयकिशन, हसरत, मुकेश, 'बेबी जी' सब इकट्ठा हो जाते।'

'बेबी जी', नरगिस को राजकपूर के घर में मैंने इसी नाम से सम्बोधित किए जाते हुए देखा-सुना और उस भावना के साथ, जैसे किसी देवी का नाम लिया जा रहा हो। यह अकारण नहीं है कि राजकपूर-नरगिस की फिल्मी जोड़ी आज भी अपनी जगह बेजोड़ है।

'...और अब किसी को कहाँ फुरसत है? अब तो सब भाग रहे हैं।'

एकाएक राजकपूर जैसे चौंक गए हों। कुछ दूसरी ही आवाज में बोले, 'आप सोच रहे होंगे

कि मैंने अभी तक 'घूँघट के पट खोल' की कहानी के बारे में आपसे कोई बात ही नहीं की, जिसके लिए आपको बुलवाया है...'

मेरे कुछ कहने के लिए उपयुक्त अवसर था, 'आज मैं वह पा रहा हूँ, जो मैं वर्षों से पाना चाहता था। रही कहानी की बात, सो वह राजकपूर की किसी भी फिल्म में होती ही क्या है! वह तो एक लाइन का सूत्र होती है। और आपकी फिल्म की कहानी लिखने से बड़ा आकर्षण मेरे लिए आप हैं, क्योंकि मैं सिनेमा के बारे में जो जानता हूँ, वह आपसे और गुरुदत्त से ही सीखा है। आप दोनों मेरे लिए द्रोणाचार्य रहे हैं और मैं एकलव्य। आपसे आज कुछ सीखने को मिल रहा है, तो कंजूसी मत कीजिए।'

राजकपूर मुस्कराए, बच्चों जैसी मुस्कुराहट। बोले, 'तुम सच कहते हो!'

फिर सजग होकर बोले, 'आपकी बात ठीक है। 'घूँघट के पट खोल' की कहानी भी क्या है...एक लड़का, दो लड़कियाँ। एक अच्छी लड़की, एक बुरी। अच्छी, यानी जिसे दुनिया अच्छा कहती है। पर वास्तव में जो बुरी है, वह अच्छी है। एक वह, जिसके ऊपर परदे-ही-परदे पड़े हैं और दूसरी वह, जिस पर कोई परदा नहीं। जो खुद परदों में छुपा है, वह दूसरों से कह रहा है कि घूँघट के पट खोल।'

फिर बात वहीं छोड़कर बोले, 'यही जमाना है न आजकल।'

मैं कुछ बोलने को हुआ तो पूछ बैठे, 'आप अभी गुरुदत्त की बात कर रहे थे। आप कभी मिले थे उनसे?'

'जी नहीं। मैं सोलह-सत्रह का ही था, जब उन्होंने आत्महत्या कर ली थी...'

और राजकपूर जैसे गुनगुनाने लगे...'...आत्महत्या!'

मैंने पूछ ही लिया, 'आप तो उनसे बहुत मिले होंगे। जिस दिन उन्होंने आत्महत्या की, उस दिन भी उन्होंने आपसे फोन पर बातचीत की थी।'

'हाँ, यह सही है कि जिस दिन वो नहीं रहे, उस दिन उन्होंने मुझसे फोन पर बात की। पर एक तरह से मेरी भी उनसे कभी मुलाकात नहीं हुई। बस यूँ ही कभी मिल गए, तो दुआ-सलाम। कभी उन्होंने कहा भी कि राज, मैं तुम्हें लेकर एक फिल्म बनाना चाहता हूँ। और मैं मुस्कराकर रह गया। इसके सिवाय और कुछ नहीं। लेकिन उस रात...!'

मैंने देखा, राजकपूर जैसे कहीं गुम हो गए हैं। जैसे कुछ देख रहे हैं और बोलते चले जा रहे हैं, 'यह गलत है कि गुरुदत्त ने आत्महत्या की। उसने तो यार की तरह मौत को गले लगा लिया उस रात। उसका अकेलापन काट रहा था उसे। किसी का भी साथ चाहिए था उसे और उसके पास कोई नहीं था। सबने निराश किया उसे। उन सब अपनों को उसने फोन किया, जो उसके अकेलेपन के साथी हो सकते थे, लेकिन मौत के अलावा किसी ने उसका साथ नहीं दिया। उसका फोन आया कोई दो बजे रात, तो मुझे आश्चर्य हुआ। वह बोला, बस तुम तुरन्त चले आओ। तुमसे कुछ बहुत जरूरी बातें करनी हैं। उस दिन कोई ड्राइवर भी नहीं था। और मेरी हालत ये कि यदि गाड़ी ड्राइव करता, तो किसी बिजली के खम्भे से ही भिड़ा देता। मैंने गुरु को बतलाया और कहा कि तुम ही क्यों नहीं चले आते मेरे पास। तो उसने कहा कि मेरी हालत भी वही है जो तुम्हारी है। फोन पर ही हम देर तक बातें करते रहे। वह बतलाता रहा कि वह मुझे लेकर किसी तरह एक फिल्म बनाना चाहता है। और फिर यह तय हुआ कि दूसरे दिन सुबह

नौ-दस बजे ही उससे मिलूँगा। और दूसरे दिन मैं घर जरूर गया, लेकिन पंछी उड़ चुका था। काश, उस रात मैं गाड़ी लेकर निकल ही पड़ा होता। क्या पता था कि वह मौत को ही महबूबा की तरह गले लगा लेगा।'

राजकपूर की आँखें डबडबा आई थीं। पर आँसुओं के बीच मुस्कुरा लेने के फन के तो उस्ताद थे वे। सो बोले–

ये इश्क नहीं आसां इतना ही समझ लीजे
इक आग का दरिया है और डूब के जाना है!

'दुनिया में सबसे मुश्किल क्या है? किसी से सिर्फ दो बोल कह पाना, 'मैं तुमसे प्यार करता हूँ' पूरी ज़िन्दगी आदमी छटपटाता रहता है और किसी से ये दो बोल नहीं कह पाता। और सबसे आसान है नफरत करना। और आज शॉर्टकट का जमाना है, सो आसान बात की लकीर पिट रही है!'

'पर आजकल लव-स्टोरी फॉर्मूला भी तो पिट रहा है!'

'कहाँ बन रही हैं लव-स्टोरी? और जो इक्का-दुक्का बन रही हैं, वे चल रही हैं। ये मुहब्बत का मामला ही ऐसा है कि झूठ और बनावट नहीं चलती। यहाँ ऐक्टिंग नहीं चलती। अब किसे फुरसत है अपने काम से मुहब्बत करने की।'

उस रात के बाद फिर राजकपूर दो-तीन दिन अस्वस्थ रहे। मुझे सतना वापस लौटना था।

वापसी की पूर्व सन्ध्या पर फिर उनसे मुलाकात हुई। वही क्रम। गीता भवन, आर.के. कॉटेज और फिर उनके घर। बातें और बातें। और उसी दिन घर पर उन्होंने बतलाया कि वे 'घूँघट के पट खोल' की कहानी में क्या चाहते हैं। उनके दिमाग में हीरो, दो में से एक हीरोइन पहले से ही तय थे। दूसरी हीरोइन के लिए नई लड़की चाहते थे। खोज जारी थी और वह मिल नहीं रही थी। रोज दर्जनों फोटो देखते।

हीरो क्या होना चाहिए। एक हीरोइन अमीर, तो दूसरी गरीब। हीरो सिंगर हो तो कैसा रहे और क्लाइमेक्स?

फिर मुझसे बोले, 'कल तो आप जा रहे हैं। एक महीने में कुछ कर लीजिए फिर बैठेंगे। देखेंगे क्या होता है। आप लगातार रुक नहीं सकते और मेरी तबीयत खराब हो जाती है, तो रोज बैठ नहीं पाता।'

मैंने कहा, 'एक महीने बाद मैं फिर हाजिर हो जाऊँगा। कोशिश करूँगा। क्या कर पाता हूँ।'

वे बोले, 'ठीक है, कल सुबह मुझसे मिलकर जाइएगा। कलाचन्द्र आपको ले आएँगे।'

उस वक्त रात डूबने को थी। कोई तीन बज रहे थे। डिनर का पटाक्षेप थोड़ी देर पहले हुआ था। यूँ भी उनके बारे में यह विख्यात रहा है कि उनका सबेरा सूरज डूबने के समय होता है। सुबह मिलने का मतलब होगा, उनकी नींद में खलल डालना। यह दखलन्दाजी मैं इसलिए भी नहीं करना चाहता था, क्योंकि मुझे आभास था कि सबेरे क्यों बुलाया जा रहा है।

मैंने कहा, 'अब दीपावली के बाद आपके दर्शन होंगे ही। सुबह आकर व्यर्थ आपकी नींद खराब करूँगा। तीन तो अभी बज रहे हैं।'

मेरी बात पर उन्होंने सिर्फ इतना ही कहा, 'कल सुबह मिलकर ही जाइएगा।'

लेकिन आँखों से ये भी कहा, 'ज्यादा होशियारी मत छाँटिए। कोई बड़ी चीज नहीं है ये।

फिर छाँट किससे रहे हैं ? उससे, जो खुद कहता है, सब कुछ सीखा हमने न सीखी होशियारी।'

और जब मैं सुबह नौ बजे कलाचन्द्र के साथ पहुँचा, तो वे जाग चुके थे। एक मिनट भी प्रतीक्षा नहीं करनी पड़ी। उस दिन भी उनकी तबीयत खराब थी। साँस बुरी तरह भर आती थी। उन्होंने मुझे एक लिफाफा दिया।

एहसास मुझे था ही, मैंने वापस करते हुए कहा, 'अभी मैंने आपके लिए कुछ किया ही नहीं, इसलिए इसका हकदार अभी मैं नहीं।'

'ये आपके काम का मुआवजा नहीं है। एक मेजबान की तरफ से छोटी सी भेंट है। बच्चों को दीवाली की मिठाई के लिए है। इसके लिए मना मत कीजिए। ये पापाजी के जमाने से चली आ रही रवायत है।'

वह लिफाफा काफी वजनदार था। मैंने कहा, 'मैं साधारण आदमी हूँ, मेरे बच्चे इतनी मिठाई नहीं खाते। मैं, आप कहते हैं, तो एक नोट ले लेता हूँ।'

इतना कहकर मैंने लिफाफे से एक नोट निकालना चाहा, तो तुरन्त बोले, 'ठहरिए मुझे दीजिए।'

उन्होंने मेरे हाथ से लिफाफा लेकर उस पर लिखा, 'टू श्री अग्रवाल, विद बेस्ट विशेज फॉर ए हैपी ऐंड ए प्रॉस्परस दीवाली—राजकपूर।'

लिखते हुए उनके हाथ काँप रहे थे। उन्होंने लिफाफा मेरी ओर बढ़ाते हुए कहा, 'इनकार मत कीजिएगा।'

लेकिन मैंने फिर भी प्रतिवाद किया और एक ही नोट लेना चाहा, तो वे बोले, 'अच्छा ठहरिए', और उन्होंने खुद लिफाफे से एक नोट निकालकर अपने पास रख लिया और लिफाफा मेरे कुरते की जेब में रखते हुए बोले, 'अब तो खुश!'

मैं कुछ नहीं बोल सका। मेरी नहीं, उनकी चली। फिर कॉफी पीने के लिए जिद की।

और कहते चले गए, 'देखिए, हीरो सिंगर भी हो सकता है लेकिन गरीब होना चाहिए और गरीब से अमीर बने। और अमीर बनकर लगे कि अमीरी दो कौड़ी की चीज है जी...!'

ईमानदारी की तो बात ये है कि इस तरह टुकड़ों-टुकड़ों में उन्होंने मुझे कई बार में पूरी की पूरी कहानी ही सुना दी। एक-एक दृश्य की परिकल्पना। मेरा काम सिर्फ इतना था कि इन दृश्यों को घटनाओं की तारतम्यता के साथ जोड़ दूँ। पर वे बार-बार घटनाक्रम से असन्तुष्ट हो जाते। 'नहीं, नहीं, मैं सोचता हूँ, यदि हीरो को सिंगर की जगह पेंटर बना दें...सिंगर हीरो कई बार रिपीट हो चुका है।'

यह वह समय था, जब राजकपूर उस मुकाम पर खड़े थे, जहाँ उनका स्वास्थ्य उनका साथ नहीं दे रहा था। उनके सहयोगी सब एक-एक कर साथ छोड़ गए थे। मुकेश, शैलेन्द्र, जयकिशन, अब्बास सभी तो एक शून्य छोड़कर विदा हो गए थे।

दरअसल, राजकपूर के लिए फिल्म बनाना एक रागात्मक प्रक्रिया है। वह जिसके साथ काम करेंगे, उसके बिल्कुल अपने बने बगैर और उसे बिल्कुल अपना बनाए बगैर काम ही नहीं कर सकते।

राजकपूर पूछने लगते, 'अब कहीं ऐसे लोग दिखाई पड़ते हैं?'

दीपावली के बाद जब मैं फिर पहुँचा, तो पहले ही दिन उन्होंने कहा, 'चलिए, आज मैं आपको फिल्म का एक गाना सुनाऊँगा!'

मैंने कहा न, एक-एक दृश्य की परिकल्पना उनकी अपनी थी। जब वे दृश्य सुनाते, तो उसे बिल्कुल परदे पर चलते हुए चित्रों की तरह देखा जा सकता था। उस समय वे एक ऐसे इनसान थे, जिसे सब कुछ दिखाई दे रहा है। सब कुछ एक साथ गुँथा हुआ। उसे वे अलग-अलग करके सँजोना चाहते थे और यही मुमकिन नहीं हो पाता था।

'जोकर' के बाद की उनकी फिल्मों की यही मुश्किल है। एक महामहिम फिल्म समीक्षक ने 'जिस देश में गंगा बहती है' से राजकपूर के 'पतन' की शुरुआत मानी है। इस हास्यास्पद टिप्पणी को नकारने की भी जरूरत इसलिए नहीं है, क्योंकि यह व्यक्ति का आकलन समय-सापेक्ष करने की अनिवार्यता को ही नजरअन्दाज कर देती है।

सातवें दशक की शुरुआत हिन्दी सिनेमा में पूँजी के वर्चस्व की भी शुरुआत है। समर्पण और कलात्मक प्रयास की तृप्ति की जगह 'प्रोफेशनल' हो जाने में बेहतरी तलाशने की भी शुरुआत है। यह उस दौर की शुरुआत है जिसमें राजकपूर जैसे दीवानों के लिए काम करना लगातार मुश्किल होता चला गया। चूँकि अब बेवकूफी करनेवालों का नहीं, बेवकूफ बनानेवालों का जमाना था, इसलिए इस जमाने के साथ कदम-से-कदम मिलाकर चल पाना बहुत कठिन हो गया था।

क्योंकि राजकपूर के लिए फिल्म बनाना सिर्फ धंधा कभी नहीं हो सकता था। राजकपूर के एक बहुत नजदीकी आदमी ने कहा, न जाने क्या धुन है, क्या पागलपन है इस आदमी में कि बस फिल्म बनाएँगे। 'राम तेरी गंगा मैली' की शूटिंग के दौरान कई बार बर्फीली पहाड़ियों पर दमे के जानलेवा दौरे पड़े। खून की उल्टियाँ भी हुईं। लेकिन बस फिल्म बनाएँगे। इससे ज्यादा पैसा तो सोवियत रूस में आलू की 'सप्लाई' करने का लाइसेंस लेकर कमा सकते हैं।

वह एक फिल्म वितरक है। उसका ऐसा सोचना स्वाभाविक है। वह उस आनन्द को, उस मज़े को क्योंकर समझ सकता है, जो कलाकार रचना के दौरान प्राप्त करता है। किसी भी कलाकार की असली उपलब्धि तो रचनात्मकता के क्षण होते हैं।

इस आनन्द की शुरुआत उस दिन हुई। रवीन्द्र जैन हारमोनियम लेकर बैठे। गीत शुरू हुआ। फिल्म का शीर्षक गीत। इसे लिखा भी रवीन्द्र ने ही था...

काहे मुख पर घूँघटा
क्यूँ मन में संकोच
दुनिया की क्यों सोचती
पिया मिलन की सोच
घूँघट के पट खोल रे
तोहे पिया मिलेंगे
पिया मिलेंगे, तोरे भाग जगेंगे
भाग जगेंगे, पिऊ दर्शन देंगे
दरशन हैं अनमोल रे
तोहे पिया मिलेंगे...

गीत के एक-एक शब्द, एक-एक उतार-चढ़ाव के साथ राजकपूर का खो जाना कितना जीवन्त हो सकता है, यह शब्दों के द्वारा बयान नहीं किया जा सकता। और वाद्य क्या थे? हारमोनियम, ढोलक और लोटे पर चाँदी के सिक्के की टंकार।

गीत के एक अन्तरे की एक पंक्ति थी–'गुन-अवगुन का डर-भय कैसा!'

इस पंक्ति को राजकपूर कई दिनों तक गुनगुनाते रहे...डर-भय कैसा...डर-भय कैसा! एक दिन मुझसे बोले, 'ये लाइन कैसी लगती है? गुन-अवगुन का डर-भय कैसा?...डर-भय कैसा!'

फिर जवाब भी खुद ही दिया, 'कोई बात नहीं...गाने में तीन अन्तरे हैं। फिल्म में दो ही रखेंगे।'

फिर कुछ रुककर बोले, 'पर इसे अलग कैसे करेंगे! यही बात तो जान है। गुन-अवगुन का डर-भय कैसा, जाहिर हो जा है तू जैसा, इधर-उधर मत डोल रे, तोहे पिया मिलेंगे।' फिर गुनगुनाहट जारी और फिर जैसे गुनगुनाते हुए ही बोले, 'जाहिर हो जा है तू जैसा! दुनिया में इससे मुश्किल और क्या है? जो है, उसे स्वीकार कर लेना। और यदि यही हो जाए, तो फिर मुश्किल ही क्या है!'

और 'जोकर' के बाद के दौर में राजकपूर की भी सबसे बड़ी मुश्किल यही रही है। राजकपूर के सबसे प्रिय लेखक मरहूम ख़्वाज़ा अहमद अब्बास ने कहा, 'आवारा' मेरी कहानी थी, 'बॉबी' नहीं। 'बॉबी' तो समूची राजकपूर की थी।'

और राजकपूर ने कहा, 'हाँ, मैंने 'बॉबी' के बाप के कैरेक्टर को 'लाउड' कर दिया था। यह बहुत जरूरी था। वरना आज की पीढ़ी अपना 'आइडेंटीफ़िकेशन' नहीं कर पाती। मैंने आज की पीढ़ी की ख्वाहिशों का सपना नोटों के बंडल-के-बंडल ब्रेगेंजा के कपाट में ठूँस दिए थे।'

राजकपूर ये मानते थे कि कोई भी फिल्म तब ही फ्लॉप होती है, जब दर्शक उसमें खुद को 'आइडेंटीफ़ाई' नहीं कर पाते। 'जोकर' के फ्लॉप होने के बाद राजकपूर बच्चों की तरह फूट-फूटकर रोए हैं। शराब पीकर बहके हैं। कई लोग इसकी गवाही देनेवाले मिल जाएँगे। अब्बास साहब ने मुझसे कहा, 'उन दिनों बुरी हालत थी उसकी। मेरे पास आकर न जाने कितनी बार रोया। बच्चों की तरह बिलख-बिलखकर कहा, मेरा जोकर फ्लॉप हो गया। मेरा जोकर फ्लॉप हो गया।'

और वही राजकपूर यह भी कहता है, 'वक्त गुजरने के साथ, लोग 'जोकर' में खुद को आइडेंटीफ़ाई नहीं कर पाए। कहीं कुछ कमी रह गई...'

मैंने पूछा, 'जोकर को या उन तीनों प्रेमिकाओं को...?'

'एक ही बात है जी। आखिर वे तीनों जोकर की आत्मा के भीतर से ही तो पैदा हुई हैं। लोग मुहब्बत में हार जाने की जीत को नहीं देख पाए। न जाने मैं कहाँ गलत हो गया! हाँ जी, मैं गलत हो गया। लोग कभी गलत नहीं होते।'

इस कदर गहरी आस्था रही है, राजकपूर की अपने दर्शकों में। लेकिन आस्था, मोह नहीं, यही आस्था उन्होंने फिल्मों से दर्शकों के दिलों में पैदा की है। इसी आस्था की सबसे जबरदस्त फिल्म है 'श्री 420'।

'श्री 420' राजकपूर की वह फिल्म है, जिसकी शिद्दत को आज तक पूरी तरह नहीं पहचाना गया। यह सिर्फ भविष्य दर्शन ही नहीं है। मुहब्बत को सैकड़ों रंगों में एक साथ देखने की ताकत

भी है। यह उस बिगड़े दिल शहजादे का सपना है, जो किसी राजकुँवर को कुछ नहीं समझता। जो ज़िन्दगी दाँव पर लगा सकता है, लेकिन मुहब्बत नहीं। जो सारी दुनिया को धोखा दे सकता है। जमाने-भर की हेरा-फेरी कर सकता है, यहाँ तक कि खुद अपने आपको भी धोखा दे सकता है, लेकिन 'दिलवाली लेडी केलेवाली' की मुहब्बत का कर्जा नहीं भूल सकता। वह उस आस्था को ठोकर नहीं लगा सकता, जो अट्ठानवे रुपए दस आने और दो खोटे पैसे इसलिए उसके पास जमा कर गई है कि उसका राज उसके लिए जरूर मकान बना देगा। एक रुपए, पाँच आने, दो पैसे कम हैं, तो भले ही एक खिड़की कम लगा देगा, लेकिन मकान जरूर बनाएगा। वह खुशियों का सौदा तो कर सकता है, लेकिन आँसुओं का सौदा नहीं कर सकता।

वह जानता नहीं है, पहचानता है कि गरीबों के लिए मकान, ईंट-गारे से बनी हुई दीवारों का नाम नहीं है। वह उनकी ज़िन्दगी का सपना है। वह सब कुछ कर सकता है, लेकिन उनके इस सपने के साथ तिजारत नहीं कर सकता।

वही राज, जो एक दिन सच्चाई और ईमानदारी के लिए मिला गोल्ड मेडल रद्दीवाले काका की दुकान पर गिरवी रखकर चन्द रुपयों से अक्खी बम्बई खरीदने निकला था, एक दिन अक्खी बम्बई को खरीदने के बाद ही ये समझ पाता है कि उसका सब कुछ लुट गया है। यह सब कुछ जान गया है, समझ गया है, लेकिन उसकी अपनी पहचान तक गुम हो गई है।

कुछ लोग जो ज्यादा जानते हैं
इनसान को कम पहचानते हैं
ये पूरब है, पूरब वाले
हर जान की कीमत जानते हैं

ये सीधी-सी बात है, जिसे कोई दिलवाला ही कह सकता है, सुन सकता है और समझ सकता है। दिमागवाला नहीं। दिमागवाले तो हमेशा से दुनिया में तिजारत करते आए हैं। लोगों को आपस में लड़ाते आए हैं। दूसरे को धोखा देने के मुगालते में खुद धोखा खाते आए हैं और इतनी-सी सीधी-सच्ची बात भी भूल गए हैं कि-

एक दिन बिक जाएगा
माटी के मोल,
जग में रह जाएँगे
प्यारे तेरे बोल!

आजाद हुए कुल आठ साल ही हुए थे इस देश को, तब राजकपूर ने 'श्री 420' बनाई थी। हमने आँख मूँदकर जस की तस लॉर्ड मैकाले की शिक्षा पद्धति को आजाद भारत के लिए स्वीकार कर लिया था। यह सोचे-समझे बगैर कि एक दिन ये विश्वविद्यालय शिक्षा केन्द्रों की जगह, ज्ञान-विज्ञान के उन्नयन केन्द्रों की जगह कागजी डिग्रीधारियों के उत्पादन केन्द्र बन जाएँगे। बिल्कुल सोचे-समझे बगैर और या फिर खूब सोच-समझकर। शायद इसलिए कि हम किसी बुनियादी परिवर्तन की ख्वाहिश ही नहीं रखते थे। इसलिए कि महज चेहरे बदले थे। वह आन्तरिकता नहीं बदली थी, जो 'ह्वाइट कॉलर' की जगह श्रम को प्रतिष्ठा देती, जो भीख माँगने को रोजगार नहीं बनने देती।

जब तक ये परिदृश्य नहीं बदलेगा, तब तक 'श्री 420' का वह भिखारी अमर रहेगा, जिसे

परदे पर कुमार ने साकार किया था।

'तुम पढ़े-लिखे हो?'

'जी हाँ, ये देखिए, बी.ए. की डिग्री है।'

'ईमानदार हो?'

'सच्चाई और ईमानदारी के लिए सोने का मेडल मिला है मुझे। ये देखिए।'

'मेहनत कर सकते हो?'

'जी, डबल जवान हूँ। चौबीस घंटे मेहनत कर सकता हूँ। कोई करा के देख ले।'

'तब तुम्हें काम नहीं मिलेगा।'

'क्यों? एक मेहनती-पढ़े-लिखे, ईमानदार आदमी को काम क्यों नहीं मिलेगा?'

'इसलिए कि ये बम्बई है मेरे भाई, बम्बई। यहाँ ईमानदारी से रास्ता ढूँढ़े नहीं मिलता और बेईमानी के रास्ते हैं एक नहीं, पूरे चार सौ बीस...लेकिन अभी सामने से हटो, धंधे का टाइम है। माई-बाप एक पैसा...बाबू...एक पैसा...'

बम्बई यानी औद्योगिक सभ्यता का प्रतीक केन्द्र। बम्बई यानी मेहनत और मुहब्बत की मिठास को निगलती मशीनी ज़िन्दगी। बम्बई यानी ईमानदारों की नहीं, श्री चार सौ बीसों की पौ-बारह। बम्बई यानी सभ्यता का वह मुकाम, जहाँ किसी का बटुआ सड़क पर पड़ा पाकर उसे लौटा देनेवाले बेवकूफ समझे जाते हैं। यानी जिस हकीकत को राजनेता नहीं देख रहे थे, उसे एक कलाकार सिर्फ देख ही नहीं रहा था, उसे बयान कर रहा था। पूरी शिद्दत के साथ बयान कर रहा था।

गम से अभी आजाद नहीं मैं
खुश हूँ मगर आबाद नहीं मैं
मंजिल मेरे पास खड़ी है
पाँव में लेकिन बेड़ी पड़ी है

और आनेवाले जमाने के भाई-भतीजावाद पर कैसा करारा ही नहीं, प्यारा व्यंग्य था। ठीक ऐसे, जैसे कह रहा हो कि हम आज हँसी-ठट्ठे में बतला रहे हैं, कल तुम रो-रोकर चिल्लाओगे, मुट्ठियाँ भींचकर बिलबिलाओगे, इसी बात पर...

बूढ़े दरोगा ने चश्मे से देखा
आगे से देखा पीछे से देखा
ऊपर से देखा नीचे से देखा
बोला
ये क्या कर बैठे घोटाला
हाय
ये क्या कर बैठे घोटाला
ये तो है थानेदार का साला!

राजकपूर की इसी आस्था ने उन्हें अन्त तक अपने रास्ते से भटकने नहीं दिया। वे न जाने कितनी बार हारे, लेकिन उन्होंने कभी अपनी हार स्वीकार नहीं की। यही है 'श्री 420' का अन्तिम दृश्य। बेईमानी की पूरी फौज पुलिस और कानून के हवाले हो चुकी है। तमाम श्री चार

सौ बीसों के चेहरों से बड़प्पन के मुखौटे उतर चुके हैं। वे अपने चेहरे छिपा रहे हैं।...और राज, नहीं राजू, फिर उसी भीड़ में शामिल है, जिसका वह भी हिस्सा है। ऊँची पतलून, सिर पर टोपी, कन्धे पर डंडे से लटकी पोटली, पैरों में फटे जूते, जिनसे अँगूठा बाहर झाँक रहा है और खालिस हिन्दुस्तानी दिल। शायद उसका काम खत्म हो चुका है। अब वह लौट रहा है। उसके पीछे आ रही है विद्या। वह उससे भी साथ चलने को कहता है लेकिन हमें यहीं रहना है। हम यहीं रहेंगे। हम इनसे डरकर वापस नहीं लौट जाएँगे। एक-न-एक दिन जीत हमारी ही होगी। और यह सब चन्द पलों में कह-सुन लिया जाता है, बिना एक शब्द जुबान से कहे। आँखों से। इशारों से।

वह आस्था यदि आरोपित होती, तो कब की ढह जाती। काठ की हांडी दोबारा नहीं चढ़ा करती। यह राजकपूर की समूची शख्सियत की नींव है। हाँ, कई भूचाल आए। कई बार ऐसा लगा कि अब खत्म हुआ राजकपूर, लेकिन वह सचमुच खत्म होकर भी खत्म नहीं हो सका। वह उस दिन जरूर खत्म हो जाएगा, जिस दिन दुनिया में कोई किसी से मुहब्बत नहीं करेगा।

और जब मैंने राजकपूर से कहा कि आज शायद 'श्री 420' और 'आवारा' जैसी फिल्मों की ज्यादा जरूरत है। फिर आप क्यों सामाजिक सन्दर्भों को उतना महत्त्व नहीं देते? उन्होंने मुझे दो कहानियाँ सुनाईं। फिर बोले, 'मैं वर्षों से इन पर फिल्म बनाना चाहता हूँ। लेकिन क्या बना सकता हूँ? आज कौन, कब, किस चौराहे पर आपका कॉलर पकड़कर खड़ा हो जाएगा, कोई नहीं जानता। कहाँ, किस बात पर नेतागीरी हो जाएगी और आप कठघरे में खड़े दिखाई देंगे। जिस फिल्म को आपने पूरी ईमानदारी से खून-पसीना बहाकर वर्षों की मेहनत से बनाया है, अपना सब-कुछ जिसके लिए दाँव पर लगा दिया है, उसे किसी भी नासमझ के कहने से डिब्बों में बन्द कर दिया जाएगा। ऐसे माहौल में क्या ऐसी फिल्में बनाना मुमकिन भी है?'

'पर अनेक फिल्मकार हैं, जो सामाजिक समस्याओं पर फिल्में बना रहे हैं। एक पूरा-का-पूरा आन्दोलन ही कला सिनेमा का!'

'देखिए जी, जो जैसा दिख रहा है ऊपर से, ठीक वही दिखला देना कलाकार का काम नहीं है। वह तो सब देख रहे हैं। कलाकार तो भीतर झाँकता है। वह देखता है, जो सब नहीं देख पाते। और जी, हर जमाने की अपनी मजबूरियाँ होती हैं। पर किसी जमाने में मोहब्बत की कोई मजबूरी नहीं होती। कोई नहीं बाँध सकता इसे। यदि ये कला फिल्में, मैं इनकी बुराई नहीं करता, यदि ये ज़िन्दगी की सच्ची तस्वीरें होतीं, तो लोग इन्हें जरूर देखते। लोग इनमें खुद को आइडेंटीफाई क्यों नहीं करते? कुछ कमी, कुछ गड़बडी तो जरूर है। शायद ये दिल से नहीं, सिर्फ दिमाग से बनती हैं। और दिमाग तो...' कहते-कहते हाँफने लगते हैं। खाँसी बढ़ जाती है। थोड़ा-सा सँभलते हैं, तो कहते हैं, 'खैर जाने दीजिए...'

और दूसरे ही दिन एक हादसा होता है। हम लोग शाम को कॉफी पीकर लौट रहे हैं आर. के. स्टूडियो। लेकिन चेम्बूर से आर.के. स्टूडियो की ओर मुड़नेवाली हर सड़क बन्द है। दरअसल उससे एक राष्ट्रीय नेता गुजरनेवाले हैं। उनकी सुरक्षा की दृष्टि से सारे वाहन रोक दिए गए हैं। सड़क पूरी तरह सुनसान है। दोनो ओर फुटपाथों पर चन्द लोग खड़े हैं। भारी संख्या में सुरक्षा बल तैनात हैं। ड्राइवर कई जगहों से गाड़ी मोड़कर ले जाता है, लेकिन हर सड़क बन्द है। हारकर हम खड़े हो जाते हैं। पन्द्रह मिनट, आधा घंटा, एक घंटा...आखिर राजकपूर के धैर्य का बाँध टूटता है। वे गाड़ी से बाहर निकलते हैं। आगे बढ़कर पुलिस मैन को इशारे से बुलाते हैं। उसके

पास आने पर पूछते हैं 'मुझे पहचानते हो, मैं कौन हूँ?' वह बेचारा हतप्रभ! क्या कहे! वे जोर से कहते हैं, 'मैं राजकपूर! राजकपूर! स्टूडियो जाएगा। समझा!'

वह पुलिस मैन ड्यूटी पर तैनात इंस्पेक्टर को बुलाता है। राजकपूर वही उससे कहते हैं, 'घंटे-भर से खड़ा हूँ। आखिर हद होती है। मैं कोई चोर-उचक्का हूँ। मुझसे किसी को क्या खतरा हो सकता है?' इंस्पेक्टर क्या कहे, क्या न कहे। राजकपूर गाड़ी में बैठते हैं। ड्राइवर से कहते हैं, 'गाड़ी निकालकर बढ़ाओ।' और अपनी गरदन बाहर निकालकर इंस्पेक्टर से कहते हैं, 'राजकपूर स्टूडियो जाएगा!'

गाड़ी दौड़ पड़ती है। मुख्य सड़क पर आते ही दूसरा इंस्पेक्टर गाड़ी को रोकने के लिए हाथ देता है। राजकपूर गरदन बाहर ही निकाले हुए हैं। हर हाथ के इशारे से रोकनेवाले से चिल्लाकर कहते जाते हैं, 'राजकपूर, स्टूडियो जाएगा! ...राजकपूर, स्टूडियो जाएगा...' कोई आधा किलोमीटर की दूरी। बमुश्किल एक मिनट लगा होगा, लेकिन आधा दर्जन बार गाड़ी रोकने का यत्न किया गया, पर गाड़ी नहीं रुकी। पूरे समय राजकपूर अपनी गरदन बाहर निकाले रहे और ...'राजकपूर, स्टूडियो जाएगा...' गेटमैन ने दूर से ही गाड़ी को देख लिया था। गेट खोल दिया गया था। गाड़ी भीतर हुई। राजकपूर इस तरह गाड़ी से उतरे, जैसे भीतर-ही-भीतर कहीं थक गए हों। उतरते ही बोले, 'देख रहे हैं न... और आप कह रहे हैं कि सामाजिक समस्याओं पर फिल्में क्यों नहीं बनाते। इन नेताओं को उन लोगों से ही क्यों डर लगता है, जिन्होंने इन्हें चुना है। इससे बड़ी सामाजिक समस्या और क्या हो सकती है?' फिर बाहर कुर्सी पर बैठकर एक गिलास पानी पीते हैं। निश्चिन्त होकर मुस्कराते हैं और कहते हैं, 'आज की सबसे बड़ी समस्या है, क्राइसिस ऑफ फेथ। और जब तक इनसान के भीतर मुहब्बत का जज़्बा पूरी ताकत के साथ पैदा नहीं होगा, यह समस्या कभी खत्म नहीं होगी। यह नफरत कभी खत्म नहीं होगी।'

राजकपूर की निजी ज़िन्दगी में यही मुहब्बत रची-बसी हुई थी। वह घर, जिसमें वे रहते थे, उनकी मुहब्बत का मन्दिर था। उस घर के हर आदमी से वे पूरी तरह निजता के साथ जुड़े हुए थे। अपने रसोईघर के मिस्त्री जी के साथ उन्हें कुछ बनाते हुए भी देखा जा सकता था और वे निजी सेवक चन्द्रपाल से फिल्म के बारे में कोई गम्भीर सलाह इस तरह लेते थे, जैसे वह फिल्म कला का बड़ा भारी मर्मज्ञ हो। खाने की मेज पर लोगों का इस तरह ध्यान रखते थे, इस तरह एक-एक चीज आग्रहपूर्वक खिलाते, जैसे वह अतिविशिष्ट हो। निश्चित ही राजकपूर के निकट हर आदमी उनके लिए अतिविशिष्ट होता था।

एक बार मेरी छोटी बहन प्रभा भी मेरे साथ गई हुई थी। उसका इतना अधिक ध्यान रखा जाता कि वह संकुचित हो उठती। खाने की मेज पर राजकपूर खुद कहते, 'यह वेजीटेरियन बिटिया है, इसके लिए कुछ बनाया है या नहीं!'

यह कहने की जरूरत नहीं कि खिलाने का राजकपूर से ज्यादा ध्यान कृष्णाजी को होता। उन्हें एक ही बार में यह मालूम हो जाता कि किसे क्या पसन्द है। या यह कहना अधिक उपयुक्त होगा कि वे मालूम करना जानती हैं। निस्सन्देह राजकपूर ने जिस कलात्मक ऊँचाई को छुआ, उसमें कृष्णाजी का अप्रतिम योगदान है। यूँ यह रोशनी की दुनिया काजल की कोठरी है। इसमें आजीवन दाम्पत्य का निर्वाह और वह भी गौरवमय ऊँचाई के साथ नामुमकिन नहीं तो बहुत कठिन जरूर है। वह भी राजकपूर जैसे व्यक्ति के साथ, जिसके मुहब्बत के नित नए अफसाने

सुर्खियाँ बनते रहे। इस बीच बहुतेरे बगूले उठे, लेकिन वे इस दाम्पत्य की जड़ें नहीं हिला सके, क्योंकि यहाँ भी वही आस्था की नींव मौजूद थी। वह आस्था, जो राजकपूर के समूचे जीवन, समूचे व्यक्तित्व की आत्मा है। वह आस्था, जो अतीत को दुरदुराती नहीं, भविष्य की लालसाओं से अन्धी नहीं बनती और वर्तमान की चमक में खो नहीं जाती। यही आस्था कण-कण में ईश्वर का प्रतिरूप देख लेती है।

एक दिन मैं और मेरी छोटी बहन प्रभा शाम कोई छह बजे घर पहुँचे। राजकपूर तैयार हो रहे थे। भक्ति-गीत बज रहे थे। प्रभा ने कलाचन्द्र से पूछा, 'ये आवाज कहाँ से आ रही है?'

'ऊपर मन्दिर से'

'मन्दिर से?'

'हाँ, मन्दिर से। आइए देख लीजिए।'

कलाचन्द्र ने मुझसे भी साथ चलने का आग्रह किया। यूँ मन्दिर में मेरी कोई खास दिलचस्पी नहीं थी। पर वहाँ जाकर लगा कि यदि इसे न देखता तो जरूर मलाल रह जाता। मन्दिर क्या एक छोटा-सा पूजा गृह। पर दुनिया का शायद ही ऐसा कोई ईश्वर रूप हो, जो वहाँ मौजूद न हो। राम,कृष्ण, गौतम, बुद्ध, विष्णु, महावीर, ईशा मसीह, गुरुनानक, शंकर और सैकड़ों। सब बहुत खूबसूरती से आसीन। ऐसा बिल्कुल नहीं कि यह कहा जा सके कि किसी को विशेष महत्त्व दिया गया है। इस पूजा गृह की साफ-सफाई भी वही करता, जो पूरे घर की करता है। कलाचन्द्र ने बतलाया कि राज साहब यहाँ कभी-कभार ही आते हैं। आते हैं, तो बस थोड़ी देर आँख मूँदे बैठे रहते हैं। मुझे भी वहाँ बैठना अच्छा लगा।

इसे राजकपूर के चरित्र का विरोधाभास कहा गया। एक सामाजिक चेतना का धनी माना जानेवाला फिल्मकार और जिसकी फिल्में साम्यवादी मुल्कों में धूम मचाती रही हैं, उसका हर काम पूजा-पाठ से शुरू होता है। चाहे फिल्म का मुहूर्त हो या प्रीमियर या अलग अपना खुद का जन्मदिन। पर यदि इसे संस्कारगत आस्था के आइने में देखें तो विरोधाभास नहीं समर्पण नजर आएगा। वैसे यह भी जीवन का विचित्र वैचित्र्य है कि जिस आदमी की ज़िन्दगी में जितना खुलापन होगा, दुनिया को उसमें उतने ही विरोधाभास दिखलाई पड़ते हैं। चूँकि अकसर हम ढेरों परदों के पीछे ज़िन्दगी जीते हैं इसलिए हर खुली ज़िन्दगी में ढोंग की बू आती है।

कई बार मुझे राजकपूर ने बुलाया और कई बार मैं उनके पास गया और हर बार एक नया अनुभव लेकर लौटा। हर बार उन्होंने 'पारिश्रमिक' दिया और हर बार उसे लेने में मुझे संकोच हुआ। मैंने बहुत मना किया, पर उन्होंने मेरी नहीं चलने दी। हर बार यही कहते, 'मैं आपको बहुत कम दे रहा हूँ।'

'पर मैंने तो आपके लिए कुछ किया नहीं।'

'यह तो आप पहले ही कह चुके हैं कि मेरी फिल्म की कहानी लिखने से ज्यादा रुचि आपकी मुझमें है।'

'वह तो है, पर...'

'पर क्या...?'

'मैं आपसे एकान्त में ही यह 'पर' कह सकूँगा।'

'ठीक है।'

दो दिन बाद वह अवसर मिला। बस मैं और राजकपूर। उस दिन राजकपूर का पीने का 'टर्न' था। 'टर्न' यानी वे सप्ताह में दो दिन ही पीते थे। उनके बैडरूम में हम बैठे थे।

मैंने पूछा, 'आर.के. की होली इतनी मशहूर है। लेकिन आज तक आपने अपनी किसी फिल्म में होली क्यों नहीं दिखलाई?'

वे बोले, 'एकान्त में यही पूछना चाहते थे?'

'जी नहीं, पूछना कुछ और ही है, लेकिन बात यहीं से शुरू होती है।'

राजकपूर कुछ गम्भीर हो गए, बोले, 'मन तो कई बार बना, लेकिन बस नहीं हो पाया।'

'कोई बात तो हुई ही होगी।'

'हाँ, बात थी भी और नहीं भी।'

'मैं कुछ कहूँ?'

वे रुककर बोले, 'क्या कहना चाहते हो?'

'सिर्फ इतना कि होली में तन ही नहीं, मन भी रँगे, तब तो होली है, वरना हुड़दंग के सिवा और क्या है?'

'तो?'

'बाद में कोई मन नहीं रँगा।'

राजकपूर मुस्कराए, 'यह बाद में क्या है? बाद में से क्या मतलब है।'

मैंने कहा, 'देखिए, सिनेमा के बारे में जो सीखा है, आपसे सीखा है। पहले ही कह चुका हूँ कि आपसे एकलव्य की तरह सीखा है और आपकी ही एक फिल्म के गाने की एक पंक्ति है। 'समझनेवाले समझ गए, जो न समझे वो अनाड़ी है।' इस 'बाद में' का मतलब आप खूब समझते हैं।'

'हाँ, यह तो है। पर वह जो है न कि 'प्रेम गली अति साँकरी जा में दो न समाय।' कुछ ऐसा ही है न। प्रेम करनेवाला दूसरे के बारे में सोचता ही कब है। और प्रेम तो होता ही तब है, जब जिससे प्रेम हो, वह अपना ही हिस्सा बन जाए। हम रँग गए, तो सारी दुनिया रँग गई। पर कहीं न कहीं यह खलल बना ही रहा कि कहीं ऐसा तो नहीं कि हम ही नहीं रँगे।'

मैं मुस्कराया, 'बाद में!' वे भी मुस्कुराए। मैंने कहा, 'राजकपूर की हीरोइन का अर्थ यही होता है न कि राजकपूर उसमें डूब जाता है। वह राजकपूर की चेतना का हिस्सा बन जाती है। वह राजकपूरमय हो या न हो, राजकपूर उस 'हीरोइनमय' हो जाता है और ये दीवानगी भ्रम में तो पत्थर को भी डाल देती है।'

'मुहब्बत, प्रेम, प्यार, कुछ भी कह लो, एक भ्रम के सिवा और है क्या?'

'यकीनन कुछ नहीं। मानो तो गंगा माँ हूँ, न मानो तो बहता पानी। मान लो तो भगवान, न मानो तो पत्थर। प्रेम का यही भ्रम तो 'सत्यं शिवं सुन्दरम' में हकीकत नहीं बन सका। पत्थर पत्थर ही रह गया, आस्था की मूरत नहीं बन पाया।'

राजकपूर कुछ देर चुप रहे, फिर बोले, 'होली का जो सीन आपने लिखकर दिया है, वह रखा है। न जाने कब-कहाँ-क्या उपयोग हो। पर वे सिर्फ शब्द हैं। उनमें इमेजिनेशन जबरदस्त है, यह ठीक है, लेकिन आप ही तो कहते हैं कि मन रँगना चाहिए। वह एक लाइन भी गजब की है। गजब का होगा वह डायलॉग। क्या है वह...'

'मैंने कहा न...मैं...'

'हाँ, हाँ, मैं सीता नहीं हूँ। मैं मर्द के अहंकार की अग्नि परीक्षा नहीं दूँगी...पर देखिए ये शब्द हैं। अकेले शब्द सिनेमा में कुछ नहीं कर सकते। ये शब्द जब किसी जबरदस्त दृश्य में बँध जाएँगे और वह दृश्य जब किसी कलेजे में उतर जाएगा और जब कोई चीख कलेजा चीरकर निकलेगी, तब कहीं जाकर बात बनेगी।'

'इसीलिए आप अब अकसर किसी हीरोइन को रिपीट नहीं करते। हर बार नई मूरत गढ़ते हैं।'

'मैं तो चाहता हूँ। हर बार नई मूरत गढ़ने में कलेजा चाक करना किसे अच्छा लगता है। लेकिन क्या करूँ। यहाँ रिपीट होना कौन चाहता है? एक बार नाम हो जाने पर फिर किसके पास राजकपूर के लिए समय होता है। राजकपूर की एक फिल्म करेगी कि दूसरी जगहों की बीसों फिल्में! और तो और 'प्रेम रोग' के लिए ऋषि की डेट्स मिलने में ही कितनी मुश्किल हुई, अब मंदाकिनी के पास ही राजकपूर के लिए समय नहीं है। पर राजकपूर सब कुछ बरदाश्त कर सकता है अधूरापन नहीं।'

मैंने कहा, 'एक बात और पूछ लूँ?'

वे हँसे? 'तुम्हें किसी बात के लिए मना किया है क्या! पर इतना याद रखो, ये बातें मेरे जिन्दा रहते कभी नहीं लिखना।'

'आप यकीन रखें।'

'यकीन तो है, तभी कह रहा हूँ।'

'आपने डिम्पल को रिपीट क्यों नहीं किया?'

'घूँघट के पट खोल' में जो लड़की है न, जिस पर परदे पड़े हैं, उस रोल के लिए डिम्पल ही दिमाग में है। उसके लिए ऐसा ही जबरदस्त रोल चाहिए वह बहुत पावरफुल ऐक्ट्रेस है।'

'लेकिन अब डिम्पल की उम्र...'

'किसी कलाकार को कभी उम्र से फर्क पड़ता है क्या? डिम्पल टेलरमेड रोल करनेवाली नहीं है। रोल के भीतर उतर जानेवाली लड़की है। शी इज़ ग्रेट। शी इज़ डायरेक्टर्स ऐक्ट्रेस। वह बहुत जहीन है। उसके साथ काम करने में मुझे कितनी खुशी होगी...ओफ्फोह...!'

राजकपूर मानो उस कल्पनालोक में पहुँच गए, जहाँ वे डिम्पल को लेकर कोई फिल्म बना रहे हैं और उसके दूसरे ही दिन राजकपूर ने कहा, 'कल रात एक नया गाना बना, आपके जाने के बाद...वाह, वाह, क्या गाना है...'

फिर बाकायदा उसे गाकर सुनाया! सी ई ता...रा...म! सीताराम!! पग ढूँढ़ें तुझे सुबहो शाम, सीताराम, सीताराम!!

फिर वह पूरा दृश्य जो इस गीत के साथ जुड़ा हुआ था। वह नहीं लिखूँगा। क्योंकि उसे लिखना वादाखिलाफी होगी। उस दृश्य के नक्श तराशकर मैंने लिखे। एक रोंगटे खड़े कर देनेवाला दृश्य-बन्ध।

राजकपूर बोले, 'गजब गीत है ये। और उससे भी बढ़कर हैं ये शब्द। सीताराम! इस देश में सीताराम को कोई नहीं झुठला सकता।'

टेलीविजन पर रामानन्द सागर की 'रामायण' देखकर मुझे राजकपूर का यह वाक्य बार-बार याद आ जाता। रामानन्द सागर की रामायण नहीं लोकप्रिय हुई, सीता-राम के प्रति आस्था का

चमत्कार हुआ है। आज जब राजकपूर नहीं हैं, यानी भौतिक रूप से नहीं हैं, तब भी वे वर्तमान के बने हुए हैं। उनके नातियों की पीढ़ी अब जवान हो रही है और वह पीढ़ी भी उनकी फिल्में देख रही है। सिर्फ देख ही नहीं रही है, उनकी प्रसांगिकता से सम्मोहित है। राजकपूर की फिल्मों के गाने आज भी उतने ही लोकप्रिय हैं। राजकपूर की फिल्मों का संगीत ज़िन्दगी का संगीत है। ज़िन्दगी की मुस्कुराहटों का संगीत है, जिनमें आँसू होते हैं, लेकिन वे भी खिलखिलाते हैं। नकचढ़ी कलात्मक महानता उनके कृतित्व को अवश्य नकार सकती है, लेकिन वक्त उन्हें तब तक खारिज नहीं कर सकेगा, जब तक इनसान के सीने में दिल धड़कता रहेगा। जब तक मुहब्बत एक हसीन गुनाह मानी जाती रहेगी और इस गुनाह के लिए इनसान मचलता रहेगा, तब तक मुहब्बत की ये कहानी जवान रहेगी।

रातें दसों दिशाओं से
कहेंगी अपनी कहानियाँ
गीत हमारे प्यार के
दोहराएँगी जवानियाँ
हम न रहेंगे
तुम न रहोगे
फिर भी रहेंगी निशानियाँ!

मेरा पैगाम मुहब्बत है जहाँ तक पहुँचे !

गंगा (सम्पादक : कमलेश्वर) दिसम्बर 1988 में प्रथम प्रकाशित

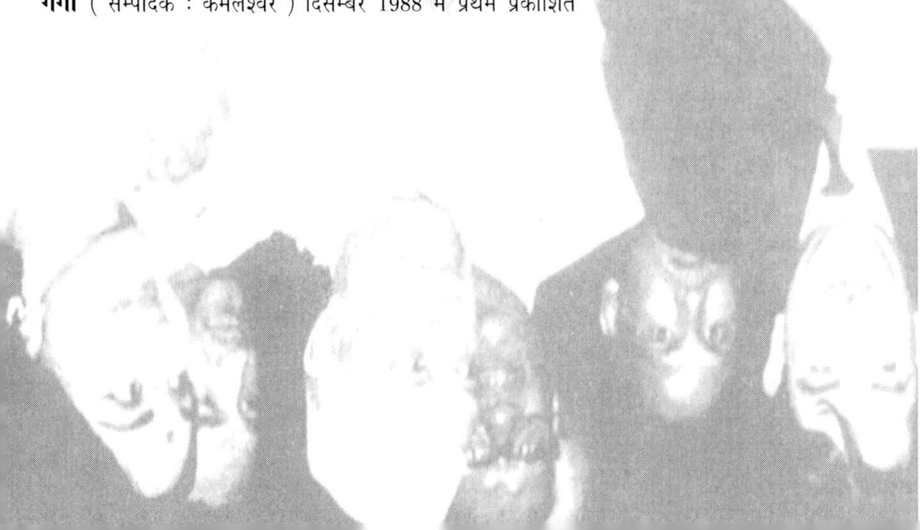

मैं राजकपूर की उस मासूम छवि का आशिक रहा हूँ जो आसमान छूने की नहीं, आसमान को जमीन पर उतार लाने की कशिश पैदा करती है। परदे पर राजकपूर की छवि यह सोचने के लिए विवश करती है कि आपा-धापी और अन्धी दौड़ के इस मशीनी युग में क्या कोई मनुष्य इतना निश्छल, कोमल और मासूम भी हो सकता है!

इसी छवि से मेरी आशिकी हुई थी बारह वर्ष की कच्ची उम्र में सिनेमा के परदे पर। और फिर यह आशिकी कब दीवानगी में तब्दील हो गई इसका पता नहीं चला।

इस छवि से मिल पाने की लालसा मन ही मन कुलबुलाती रहती लेकिन अवसर मिला कोई बीस साल बाद।

मुझे इस बात का पूरा एहसास था कि मैं उस आदमी से मिलने जा रहा हूँ जो बिल्कुल मामूली हैसियत के जरिए मेरे भीतर कुंडली मारकर बैठ गया है। वह जो कहता है, 'मैं—बस, तुम जैसा ही हूँ। कोई सुरखाब के पर नहीं लगे हैं मुझमें। बस, इतना ही जानता हूँ मैं कि मुहब्बत से बड़ी कोई ताकत इस दुनिया में नहीं है। तो उसे मुझसे क्यों नहीं मिलना चाहिए!'

और जब मैं अपनी पूरी गुमनामी लेकिन एक सीधी शख्सियत के साथ आर.के. स्टूडियो पहुँचा तो राजकपूर सचमुच मिले। ठीक उसी तरह मिले, जिस तरह मैं मिलना चाहता था। उसी रंग में, जो रंग मेरे भीतर था।

हालाँकि इस मुलाकात होने में एक सप्ताह लग गया। मुझे इसका कोई मलाल नहीं था। मुझ जैसे न जाने कितने रोज राजकपूर से मिलना चाहते होंगे। राजकपूर यदि रोज सबसे दिनभर मिलता रहे, तो काम कब करे!

और मिलकर करें भी तो क्या! पर जिस वक्त यह अहसास हो गया कि यह आदमी सचमुच मिलना चाहता है तो मेरी मुलाकात राजकपूर से हो गई।

पहली मुलाकात में ही कतई अजनबी नहीं लगे राजकपूर।

बिल्कुल इस तरह जैसे मैं अपने किसी बहुत जाने-पहचाने बुजुर्ग से मिल रहा हूँ। जो आपकी ओर देखते ही अपनी मासूम मुस्कुराहट से कह रहा है, 'मेरी सूरत पे मत जाना! सूरतें अक्सर धोखा दे जाती हैं।'

और एक मिनट पहले तक बाहर जो राज साहब का महिमामय प्रभामंडल था, अचानक लुप्त हो गया। मेरे सामने सीधे राजकपूर थे। मेरे पिता की उम्र के बुजुर्ग।

और वह मुलाकात कब शुरू हुई और कब खत्म, यह पता ही नहीं चला। बाहर निकले तो ऐसा लगा जैसे अपने पुराने दोस्त से मिलकर आ रहा हूँ।

फिर एक बार तब, जब वे 'राम तेरी गंगा मैली' बना रहे थे। तब मेरे साथ निर्देशक अशोक त्यागी भी थे। उस समय तक उनकी पहली फिल्म 'सुर्खियाँ' रिलीज नहीं हुई थी। राजकपूर ने

बहुत उत्साहपूर्वक अशोक त्यागी की बातें सुनीं और उन्हें स्नेहपूर्ण शुभकामनाएँ दीं।

मुझे देखते ही पहचान गए। मेरे बगैर कहे बोले, 'मैंने आपकी किताब पढ़ ली है।'

मुझे इस बात का मलाल ही रह गया कि उन्होंने कभी मुझे 'तुम' नहीं कहा। हालाँकि मैंने उन्हें कभी किसी से 'तुम' कहते नहीं सुना।

फिर बहुत आत्मीय बातें! दुनिया भर की बातें!

लेकिन वह कोई बात नहीं हो सकी जो मैं उनसे करना चाहता था। वे सब बातें क्या बहुत आसानी से की जा सकती हैं!

उस समय वे बहुत थके हुए लग रहे थे। लेकिन जैसे ही सिनेमा के बारे में वे कोई बात करते उनके चेहरे पर सोलह साल की दीवानगी चमकने लगती।

ऐसी जितनी भी दो-चार मुलाकातें हुईं, हर बार अतृप्त ही रहा। वे नीली आँखें बहुत कुछ कहती थीं।

कई वर्ष बाद सितम्बर '86 में कुछ ऐसा सुयोग हुआ कि राजकपूर के साथ कई-कई बार दस-दस, बीस-बीस दिन रहने का मौका मिला। चेम्बूर के होटल प्लाजा में जहाँ मुझे ठहराया गया था, राजकपूर ने खुद मुझसे फोन पर बात की और पूछा कि कोई तकलीफ तो नहीं है!

और उस दिन फिर राजकपूर से मुलाकात नहीं हुई। उनके सहायक श्री कलाचन्द्र ने बतलाया कि राज साहब की तबीयत आज ठीक नहीं है। आप आराम कीजिए। कल शाम मिलेंगे।

और दूसरे दिन शाम छह बजे कलाचन्द्र मेरे होटल के कमरे में हाजिर! बोले, 'जल्दी चलिए। राज साहब नीचे आपका इन्तजार कर रहे हैं।'

यह सर्वथा अप्रत्याशित था मेरे लिए कि राजकपूर मेरा इन्तजार कर रहे हैं। मैं नीचे आया तो देखा कि वे सफेद एम्बेसडर में बैठे हुए हैं।

मुझे देखते ही पूछा, 'कैसे हैं? यहाँ कोई तकलीफ तो नहीं है?'

'जी नहीं! बिल्कुल ठीक हूँ। कोई तकलीफ नहीं है!'

और भला मैं क्या कहता! ईमानदारी की बात यह है कि कोई तकलीफ थी ही नहीं। कहूँ तो क्या!

फिर दिन में कम से कम चार बार आर.के. स्टूडियो से फोन आते और उन पर एक ही बात होती, 'आप कैसे हैं? कोई तकलीफ तो नहीं है? कोई भी जरूरत हो तो...'

कभी कलाचन्द्र, कभी मेजर अशोल कौल, तो कभी मामाजी!

और हम उस शाम होटल प्लाजा के बिल्कुल नजदीक ही एक साफ-सुथरे जलपान गृह में पहुँचे। मैं, कलाचन्द्र, मामाजी और राजकपूर।

राजकपूर का खाने-पीने का शौकीन होने का अफसाना कई-कई बार, कई-कई तरीकों से बयान किया गया है। मामूली रेस्तराओं और मामूली होटलों में उनके खाने-पीने के सैकड़ों दिलचस्प किस्से हैं। उस शाम मैं उसी तरह के एक किस्से का हिस्सेदार बना।

कई-कई प्लेटें। हर कोई, हर किसी प्लेट से खा रहा है। सबसे ज्यादा लुत्फ लेकर पूरी लापरवाही से जिसका ध्यान खाने और खाते हुए बातचीत करने पर केन्द्रित है वह राजकपूर

है। साम्बर और चटनी से उनका कुर्ता भी खराब होता है। खाते हुए टेबिल पर भी कुछ गिरता है।

यानी उन्हें खाते हुए देखकर एक आदिम आदमी के भोजन के आनन्द का अनुभव किया जा सकता है।

पर उसी समय ये भी लगता है कि कहीं ये नाटक तो नहीं। इतना बड़ा, इतनी शोहरतवाला आदमी खाते हुए अपने कपड़े गन्दे कर रहा है। बच्चों की तरह खाने की मेज खराब कर रहा है!

ये सभ्यता से पीड़ित किसी भी आदमी के लिए असहज बात ही हो सकती है। नाटक जैसी ही मालूम हो सकती है। क्योंकि हम बालसुलभ जिज्ञासा से मुक्त हो चुके होते हैं।

यह बालसुलभ जिज्ञासा राजकपूर का समूचा व्यक्तित्व है। वे कार में बैठेंगे तो इस तरह बाहर दोनों ओर देखेंगे जिस तरह कोई पहली बार बम्बई आया सोलह साल का लड़का एक-एक चीज को घूर-घूरकर देखता है। मुझे हमेशा यही लगा, यदि यह नाटक भी है तो सच्चा नाटक है। भीतर की उमंग से पैदा हुआ। ऐसा झूठ जिसे आप चाहकर भी झूठ न मान सकें। और कला है भी क्या! झूठ में सच को आभासित कर देना ही तो कला है!

उसके बाद फिर दो दिन राज साहब की तबीयत खराब रही। जब तीसरे दिन मिले तो सचमुच थके हुए थे। दमा भी परेशान किए था। फिर भी खाना-पीना हुआ, उसी मामूली होटल में। बाहर निकले तो सामने एक ठेलेवाले को देखकर उसके नजदीक जा खड़े हुए। वह चाट बेच रहा था। उससे पूरी जान-पहचान की। यहाँ कब से खड़ा होने लगा? इसके पहले क्या करता था? सबसे बढ़िया क्या बनाता है?

और फिर उसके यहाँ हम लोगों ने समोसे खाए। 'घर' के लिए भी उन्होंने समोसे पैक कराए।

फिर लौटकर आर.के. स्टूडियो। अब हम उस कॉटेज में गए, जहाँ बैठकर राजकपूर ने अपनी तमाम फिल्मों के नक्श तैयार किए हैं। जब भी मैं राजकपूर के साथ उस कॉटेज में बैठा, मैंने एक बेहद बेचैन आदमी को देखा राजकपूर में। वह आदमी जो न जाने क्या-क्या करना चाहता है लेकिन कर नहीं पा रहा है। जो कर रहा है, उससे सन्तुष्टि पाना चाहता है।

यह वह समय था जब 'राम तेरी गंगा मैली' रिलीज हुए कोई डेढ़ साल हो चुका था। उस दौर में जब किसी फिल्म का दस सप्ताह चल जाना बहुत बड़ी बात मानी जाती थी 'राम तेरी गंगा मैली' न सिर्फ 'गोल्डन जुबली' मना चुकी थी अपितु व्यावसायिक सफलता का नया इतिहास लिख चुकी थी, समूचे हिन्दुस्तान में।

इतना ही नहीं, यह सत्य भी सब स्वीकार कर रहे थे कि 'राम तेरी गंगा मैली माइनस राजकपूर इज इक्वल टु जीरो!'

वह आदमी इस शक्ति को भी स्वीकार कर रहा था और तब भी बेचैन था। उस समय कॉटेज में सिर्फ राजकपूर थे और मैं। वे बहुत डूबकर बोले, 'जहाँ आप बैठे हैं, वहाँ शैलेन्द्र बैठा करता था। हमेशा इसी जगह बैठता था। यहाँ जयकिशन, यहाँ लता बाई, यहाँ मुकेश और... और...! शाम सात बजे तक सब यहीं इकट्ठा हो जाते थे।'

और फिर आवाज डूबती चली जाती। मुझे ऐसा लगता जैसे पार्श्व में धुन बज रही है...जाने कहाँ गए वो दिन...

राजकपूर बार-बार अपने संगी-साथियों को याद करते। बहुत मुहब्बत से। बहुत इज्जत से। एक-एक कर सब छोड़कर चले गए। शैलेन्द्र, मुकेश, जयकिशन और हाँ! नरगिस भी!

नरगिस यानी बेबी जी! उनकी याद जब भी होती तब किसी खुशबू की तरह। जो सम्पूर्ण वातावरण को पवित्र कर देती है।

रचनात्मक रूप से अपने आपको बहुत अकेला महसूस करते हुए राजकपूर से मिल रहा था मैं। न वे रहे जिनके साथ मिलकर सपने सजाए और न वे रहे जिनके सपनों ने इन्द्रधनुषों का मुकाबला किया।

एक अजीब रेगिस्तान में छटपटाती प्यास की तरह होते राजकपूर। उस दिन बोले, 'एक ऐसी फिल्म जो मुहब्बत से भीगी हुई हो, तुरन्त शुरू करना चाहता हूँ लेकिन...'

मैंने टोका, 'अब आप किसी सामाजिक विषय पर फिल्म क्यों नहीं बनाते?'

वे तुरन्त बोले, 'मुहब्बत से ज्यादा सामाजिक और क्या हो सकता है!'

मैंने कहा, 'मेरा मतलब था कि किसी 'आवारा' की तरह...'

अब वे गम्भीर हो गए! बोले, 'जब अब्बास साहब ने मुझे यह कहानी दी तो मैंने उनसे यही कहा था कि ये लाजवाब लव स्टोरी है! मेरी नजर में 'प्यासा' एक शुद्ध प्रेमकथा है। 'आवारा' में प्रेम ही है जो नायक को ज़िन्दगी से जूझने और ज़िन्दगी को पहचानने की ताकत देता है। मैं प्रेम कहानियाँ फिल्माने के अलावा और कुछ जानता ही नहीं।'

मुझे लगा जैसे कह रहे हैं–

'मैं मुहब्बत ही
मुहब्बत हूँ
मुहब्बत की कसम!'

और वे बोलते चले जा रहे थे...'मेरे पास एक कहानी है 'रिश्वत'। न जाने कब से इस पर फिल्म बनाना चाहता हूँ। लेकिन नहीं बना सकता। आज कोई नहीं जानता, कौन कब आपकी कॉलर पकड़ ले। कब कौन-सा शिगूफा खड़ा कर दिया जाए!'

और वे पूरी कहानी सुनाते हैं एक आदर्शवादी स्कूल मास्टर की कहानी। जिसके लिए आजादी एक सपना थी। जिसने आजादी की लड़ाई में अपना सब कुछ समर्पित किया। उसका लड़का मन्त्री हो गया। पर वह अपने गाँव में ही रहा। और जब वह गाँव से दिल्ली जाने के लिए मजबूर हुआ तो देखता है कि यहाँ पर तो कदम-कदम पर बेईमानी है। बगैर रिश्वत के कहीं काम नहीं चलता। रेल में बैठने के लिए जगह चाहिए तब भी रिश्वत!

क्या इसी दिन के लिए हमने दुआ माँगी थी? क्या आजाद हिन्दुस्तान का यही सपना हमने देखा था? यह आदर्शवादी स्कूल मास्टर उद्विग्न है। सोचता है, अपने मन्त्री बेटे को बतलाएगा कि किस तरह रिश्वत का बाजार गर्म है उसके राज्य में।

लेकिन जब वह दिल्ली पहुँचता है तो उसके मन्त्री बेटे से मिल पाना ही आसान नहीं होता। इस बात का प्रमाण ही वह नहीं दे पाता कि वह उसका बाप है। हाँ, वह रिश्वत दे पाता तो शायद मन्त्री जी से मुलाकात हो जाती।

जब वह रात में पाइप के जरिए बँगले में ऊपर चढ़ता है और खिड़की खोलकर झाँकता है तो देखता है कि उसका मन्त्री बेटा खुद रिश्वत ले रहा है!

मुझे एकाएक 'जागते रहो' याद आ गई। वह फिल्म जिसकी ताकत को अन्तर्राष्ट्रीय ख्याति मिलने के बाद ही पहचाना गया।

ऐसे न जाने कितने सपने थे जो कुलबुला रहे थे साकार होने के लिए!

लेकिन उन दिनों वे दो ही फिल्मों की बात करते थे 'घूँघट के पट खोल' और 'हिना'। इन दोनों ही फिल्मों की कहानियाँ जैसे उनके अपने पास थीं। सच तो ये है कि राजकपूर की फिल्म में कहानी होती ही क्या है! एक सीधे सूत्र के अलावा! 'आवारा' की कहानी यही तो है कि जरूरी नहीं कि बड़े आदमी का बेटा बड़ा और चोर का बेटा चोर बने। आदमी को बनाती-बिगाड़ती तो परिस्थितियाँ हैं, माहौल है।

यही 'घूँघट के पट खोल' के साथ था। एक अच्छी लड़की, एक बुरी लड़की। इनके बीच एक लड़का। यह प्रेम त्रिकोण ही साबित करता है, क्या अच्छा और क्या बुरा। हमारे भीतर के ढोंग पर चोट करना फिल्म का उद्देश्य था।

उन दिनों उनसे लगातार बातें होतीं। किसी निष्कर्ष पर पहुँचने की चेष्टा होती लेकिन पहुँच नहीं पाते।

श्री जे.पी. चौकसे, जिनके कारण यह सुयोग हुआ था। वे बार-बार मुझसे कहते, 'राज साहब जितना समय तुम्हें देते हैं, जितनी बातें तुमसे करते हैं, उतना उन्होंने किसी को नहीं दिया।'

और यह सच था। लगभग छः माह में पाँच-सात बार उन्होंने मुझे बम्बई बुलाया। कई-कई दिन घंटों हमारी बातें हुईं। भविष्य के सपनों पर भी और अतीत की यादों पर भी।

मैं लगातार यह महसूस करता था कि राजकपूर रचनात्मक रूप से बहुत अकेलापन महसूस कर रहे हैं। अतीत की मिठास का मोहपाश भी छुटाए नहीं छूटता। कहानी की बात हुई नहीं कि अब्बास साहब की याद आई ही आई। गाने की बात निकली तो शैलेन्द्र। और कभी-कभी तो इन यादों में इस तरह डूबते कि रोने लगते। उस आदमी की सबसे बड़ी खासियत यही है कि वह जिसे चाहता है उसे अपनी ही शख्सियत का हिस्सा बना लेता है। जिससे जितना पाता है उसका दसगुना बतलाता है।

अब्बास साहब का जब भी जिक्र हो तो इस तरह जैसे किसी बड़े आदरणीय व्यक्ति का। जब मैं अब्बास साहब से मिला और उनसे पूछा कि आपकी कहानियों पर राजकपूर ने जितनी फिल्में बनाई हैं उनमें से अधिकांश सुपर हिट रही हैं। पर आपने खुद अपनी कहानियों पर जो फिल्में बनाईं वे अधिकांश सुपर फ्लॉप हुईं। ऐसा क्यों?

बिल्कुल सीधा एक वाक्य का जवाब दिया था अब्बास साहब ने। जिसने चौंका दिया था मुझे। अब्बास साहब बोले थे, 'इसलिए कि राजकपूर मुझसे बहुत बड़ा डायरेक्टर है।'

अब्बास साहब की ढेरों असहमतियाँ भी थीं राजकपूर से। उनकी फिल्मों से। पर एक जगह कोई असहमति नहीं थी और वह यह कि वह ऐसा फिल्म-मेकर है जिसका कोई मुकाबला नहीं।

यह सच भी है कि सिनेमा राजकपूर की समूची ज़िन्दगी है। अपनी फिल्म की मामूली-से-मामूली बात के लिए भी वह सतर्क रहते हैं। वह यह जानते हैं कि एक मामूली-सी कील भी बड़ी-से-बड़ी मशीन को बेकार कर सकती है।

यह बात राजकपूर की फिल्मों के छोटे-छोटे से पात्रों के द्वारा पहचानी जा सकती है। मिसाल के लिए ले लीजिए 'दिलवाली लेडी केलेवाली' यानी 'श्री 420' की ललिता पवार! यह महज एक केलेवाली नहीं है। यह फिल्म में रची-बसी माँ की ममता है। तभी जब नायक के सामने दुविधा है कि 'मेरी आँखों में रहे, कौन जो मुझसे कहे, मैंने दिल तुझको दिया', तो वह 'दिलवाली लेडी केलेवाली' नायक की बलाएँ लेती हुई आँखों ही आँखों में कह देती है, 'बेटे, मैं हूँ! मैंने दिल तुझको दिया!'

यही राजकपूर छटपटाहट से भरा हुआ था। रचना की छटपटाहट से। वह बहुत कुछ करना चाहता है लेकिन कर नहीं पा रहा है। वे बार-बार कहते, "दो साल हो गए 'राम तेरी...' को, अभी तक कुछ शुरू नहीं हो सका!"

इसलिए भी कि वह दौर ही नहीं रहा, जिसमें राजकपूर ने काम किया है। वह माहौल ही नहीं रहा जिसकी खुशबू के बीच राजकपूर ने अपनी फिल्में बनाई हैं। वह आत्मीयता ही नहीं रही जिसके उत्ताप से राजकपूर करोड़ों दिलों की गहराइयों में उतरा है।

राजकपूर यह नहीं मानते कि अब प्रतिभा नहीं है। वे बार-बार कहते हैं कि अब तो हमारे दौर से बहुत ज्यादा प्रतिभा है लोगों में। लेकिन सब भाग रहे हैं। अन्धी दौड़ में। किसी को यह भी मालूम नहीं कि कहाँ जाना है! लेकिन भागे जा रहे हैं। बहुत तेज। सिर्फ गति है। इस गति में कोई लय नहीं है। अब सब स्टारडम देखते हैं। उसके पीछे की कठिन मेहनत को नहीं पहचानना चाहते। सब रातों-रात स्टार बन जाते हैं। फिर दूसरे दिन ही पता नहीं चलता कि वे कहाँ चले गए!

और ऐसे हर मौके पर राजकपूर वापस लौट जाते हैं, उस मिठास के बीच, जिससे उन्हें बेइन्तिहा मुहब्बत है। वे बतलाने लगते हैं कि किस तरह उन्होंने पृथ्वीराज कपूर जैसे स्टार का बेटा होने के बावजूद एक क्लैपर ब्वॉय की तरह अपनी फिल्मी ज़िन्दगी की शुरुआत की थी।

केदार शर्मा का स्मरण करते तो बहुत श्रद्धापूर्वक कहते, "मेरे गुरु हैं वो। उनसे 'पापा जी' ने कहा था, मेरा बेटा है इसलिए कोई रियायत नहीं करना। उन्होंने भी कभी कोई रियायत नहीं की। और हम भी कि जहाँ खड़ा कर दिया, वहीं खड़े रहे। जरा-सी चूक कि कान पकड़े गए। और अब...!"

पर इस कड़वाहट से तुरन्त ही बाहर निकल आते। यही तो राजकपूर की छवि है। ज़िन्दगी जितनी सख्त है, आदगी उतनी ही कोमलता ढूँढ़ता है। दुख जितने सघन होते हैं, खुशी की एक-एक किरच के लिए आदमी की छटपटाहट उतनी ही तेज हो जाती है। सुबह होती है, जरूर होती है—आदमियत की सच्चाई है यह। ज़ख मों से भरा सीना लिए हुए भी हँसता, गीत गाता है आदमी। इस आदमी की पीड़ा को, पीड़ा के बीच भी ज़िन्दगी की कभी न मिटनेवाली तड़प को ही तो राजकपूर ने परदे पर जिया है।

यही तड़प कहती है, 'क्या बात है केदार शर्मा साहब की। क्या-क्या फिल्में बनाई हैं उन्होंने! आखिर कलेजे पर सैकड़ों घाव भी तो खाए हैं!'

यह बात बार-बार निकलती राजकपूर के मुँह से। कलेजे पर चोट खानेवाली बात। जब कोई चोट खाई होगी, तभी तो कुछ निकलेगा भीतर से। कोई ज़ख़्म नहीं होगा तो मुस्कराहट कहाँ से फूटेगी!

और यह बात है 13 दिसम्बर 86 की। रात को ग्यारह बज चुके थे। उस दिन स्मिता पाटिल ज़िन्दगी और मौत से संघर्ष कर ही थीं अस्पताल में। राजीव कपूर वहीं थे। वे बार-बार राजकपूर को फोन पर सूचना दे रहे थे। फोन पर सूचना मिली कि अब स्मिता कुछ बेहतर हैं तो एकदम उत्साहित होकर बोले, 'देखना, वह जरूर बच जाएगी। शी ए इज ग्रेट ऐक्ट्रेस!'

कोई पैंतालिस मिनट बाद उनकी छोटी बेटी आई। आज राजकपूर का जन्मदिन जो है। उसने पियानो पर धुन छेड़ी और जैसे ही रात्रि के बारह बजे सबने उन्हें जन्मदिन की बधाई दी। कृष्णा जी, मामा जी, कलाचन्द्र, जे.पी. चौकसे और मेरे अलावा एक पड़ोसी दम्पती ही वहाँ मौजूद थे। एकदम आत्मीय और घरेलू वातावरण था। उन्होंने अपने रचनात्मक जीवन के बासठ साल पूरे किए थे।

रात करीब एक बजे डायनिंग टेबल पर खाना लगाया जा रहा था, तभी खबर आई कि स्मिता पाटिल नहीं रहीं। सारा वातावरण ही जैसे स्तब्ध हो गया। राजकपूर की मुखमुद्रा ऐसी कि न रोते बने न हँसते। ज़िन्दगी के खेल हैं ये। इस पल आना है, उस पल जाना है। जो आया है, वह जाएगा ही लेकिन इससे ज़िन्दगी तो नहीं रुक जाएगी।

उस समय मैं जोकर को देख रहा था। जिसकी माँ की मौत हो गई है। वह उस ममतामयी स्मृति को खाली-खाली आँखों से देख रहा है। तभी एनाउंसमेन्ट होता है। अब जोकर राजू अपना तमाशा पेश करेगा। लेकिन राजू अपने चेहरे और आँखों से बोल रहा है, 'इस समय मैं कैसे हँसूँ और हँसाऊँ! क्या मैं इनसान नहीं हूँ!'

लेकिन नहीं! सर्कस का मालिक जोकर से कहता है, 'राजू मत भूलो, तुम एक जोकर हो। जोकर कभी नहीं रोता। जाओ तुम्हारे शो का टाइम हो गया है। शो मस्ट गो ऑन!'

शो मस्ट गो ऑन!!

हाँ, ये समूची ज़िन्दगी एक शो ही तो है जो कभी नहीं रुकता। कभी खत्म नहीं होता। आदमी मर के भी नहीं मरता। मृत्यु भय है और ज़िन्दगी एक सुसम्बद्ध क्रम। मृत्यु सिर्फ परिवर्तन है और ज़िन्दगी के नैरतर्य के लिए अनिवार्य है। जब ज़िन्दगी नहीं रुकती तो जोकर का तमाशा कैसे रुक सकता है।

दूसरे दिन 14 दिसम्बर! हर साल की तरह राजकपूर का जन्मदिन मनाया जा रहा है। लेकिन सब कुछ खामोश-खामोश। जैसे माँ की मौत के बावजूद जोकर का तमाशा जारी रहता है–

खाली-खाली कुर्सियाँ हैं
खाली-खाली तम्बू है
खाली-खाली घेरा है
जीना चिड़िया का बसेरा है
न तेरा है
न मेरा है!

और उस दिन, बच्चों की-सी व्यग्रता से राजकपूर टेलीविजन पर प्रसारित किए जानेवाला स्मिता से सम्बन्धित हर कार्यक्रम देखते रहे। शाम को स्टूडियो में बैठे थे। घड़ी देखी। स्मिता के श्रद्धांजलि कार्यक्रम का समय हो गया। बड़ी तेजी से अपनी कॉटेज में गए। पोर्टेबल टी.वी. पर पूरा कार्यक्रम देखा।

मैं निरन्तर उस राजकपूर को देख रहा था, जो बहुत बड़ा है या बिल्कुल अदना-सा। यह तय कर पाना मुश्किल है। यह नाटक है या सच, हकीकत है या अफसाना, कुछ कहा नहीं जा सके। कलाकार वही तो है जो सच को झूठ और झूठ को सच बना सके।

यही अपनापन राजकपूर की सबसे बड़ी ताकत है। जिसके साथ काम करेंगे उसकी शख्सियत में खुद उतर जाएँगे। उसे अपनी चेतना का हिस्सा बना लेंगे। राजकपूर वह धागा रहे हैं जो अनेक मोतियों की चमक को एक साथ पोहकर इन्द्रधनुष बना देता है। उस माला के मोती एक-एक करके टूटते चले गए। शैलेन्द्र, मुकेश, जयकिशन, एम.आर.अचरेकर, अब्बास साहब, शंकर...!

दुनिया से जानेवाले, जाने चले जाते हैं कहाँ! यही सोचते रह जाते हैं राजकपूर। एक रात एक नया गाना उनके भीतर पैदा हुआ। वे बोले, 'बहुत शानदार गाना है। कलेजा चीरकर निकला है।'

रात को ग्यारह बजे उन्होंने रवीन्द्र जैन को फोन किया। रवीन्द्र जैन आए। ढोलक, हारमोनियम और लोटा। ड्राइंगरूम में ही बैठक जमी। साथ बैठनेवालों में उनका व्यक्तिगत नौकर चन्द्रपाल और रसोईघर के मिस्त्री जी भी। रात दो बजे तक धुन की एक-एक बारीकी पर काम होता रहा।

गीत की एक पंक्ति थी, 'गुन-अवगुन का डर-भय कैसा'। पूरे गीत से उन्हें इत्तफाक था। सिर्फ इस पंक्ति को छोड़कर। 'डर-भय' के साथ वे अपने आपको जोड़ नहीं पा रहे थे। जैसे कहीं कुछ अटक रहा हो। सहजता में कहीं कोई बाधा आ रही हो।

और उसके बाद शैलेन्द्र को याद करते रहे। शैलेन्द्र की याद में राजकपूर में कुछ ज्यादा ही भावुक हो जाते। उन्होंने न जाने कितनी बार शैलेन्द्र की पूरी कहानी सुना डाली होगी। पहली बार मिलने से लेकर बिछुड़ने तक की पूरी कहानी।

बोले, 'शैलेन्द्र ने साफ मना कर दिया था, जब मैंने उनसे फिल्म के लिए गीत लिखने को कहा था। जिन दिनों हम 'बरसात' बना रहे थे तब अचानक वे हमारे दफ्तर में आए। उन्होंने कहा मुझे पाँच सौ रुपए की जरूरत है। आप जो गीत लिखाना चाहते हों कहिए; मैं लिख दूँगा!'

राजकपूर हँसते हुए बोले, 'उस समय पाँच सौ रुपए राजकपूर के लिए किसी कारू के खजाने से कम नहीं थे। किसी तरह प्रबन्ध करके उन्हें दिए। उन्होंने गीत लिखने से इसरार किया तो हमने कहा कि अभी तो इस फिल्म के सब गीत लिखे जा चुके हैं। जब जरूरत होगी तब आपको बुला लेंगे। अभी तो आप जाकर अपनी बीमार पत्नी की देखभाल कीजिए। कोई पन्द्रह दिन बाद शैलेन्द्र आए तो उनके हाथ में मिठाई का डिब्बा था। वे पिता बन गए थे। तब 'बरसात' का शीर्षक गीत नहीं लिखा गया था। मैंने उनसे कहा। उन्हें धुन बतलाई। ताक धिना धिन, धिना धिन, ताक धिना धिन। बस कागज की एक पर्ची पर लिखकर मुझे दे दिया-

हमसे मिले तुम सजन
तुमसे मिले हम, बरसात में
धिना धिन
ताक धिना धिन!

राजकपूर की फिल्मों के गीतों की पहली विशेषता होती है सहज-सरल शब्द। सबकी समझ में आ जाएँ। सबके दिलों में उतर जाएँ। इस कला में शैलेन्द्र का कोई मुकाबला नहीं रहा। आज भी नहीं है। राजकपूर की फिल्मों के गीतों की वह सादगी, शब्दों की आत्मा भी शैलेन्द्र के साथ

ही विदा हो गई।

'आवारा हूँ
या गर्दिश में हूँ
आसमान का तारा हूँ!'

'रात गई और दिन आता है
इसी तरह आते-जाते ही
ये सारा जीवन जाता है!
सुख-दुख का पहिया चलता है
वही नसीबा कहलाता है!'

भाग्य की इतनी सुन्दर और सहज व्याख्या, वह भी एक पंक्ति में और इस तरह कि सबके भीतर समा जाए। सिर्फ शैलेन्द्र ही कर सकते थे। इसीलिए उन्होंने जब अपनी जीवन की पहली और आखिरी फिल्म बनाई तो सचमुच सैल्युलाइड पर कविता ही लिख डाली। 'तीसरी कसम' सचमुच एक ऐसी ही फिल्म थी जिसे कोई रोजगारिया नहीं, कवि-हृदय ही बना सकता था। इस फिल्म में राजकपूर ने हीरामन की सादगी को साकार कर दिया था। ऐसा तक लगता है जैसे वे इस भूमिका को प्राण देने के लिए ही बने थे। पर अपनी तमाम भावुक संवेदना के बावजूद 'तीसरी कसम' बॉक्स ऑफिस पर धराशायी हो गई और इसके साथ ही शैलेन्द्र भी इस तरह टूटे कि फिर उबर नहीं सके।

एक दिन उनके घर पर शशिकपूर से मेरा परिचय कराया गया। शशिकपूर ने हाथ मिलाते हुए मुझसे कहा, 'मैं शशिकपूर हूँ!'

मैंने मुस्कराते हुए कहा, 'मैं अच्छी तरह जानता हूँ!'

वे ठहाका लगाकर बोले, 'यहाँ दो फिल्में फ्लॉप हो जाएँ तो आपको अपना यार नहीं जानता!'

हाँ, ठीक ऐसी ही है यह माया नगरी। यहाँ वही सिर-माथे पर बिठाया जाता है, जो चल रहा है। असफल आदमी को कोई नहीं पूछता। असफलता के कारणों तक को समझने की किसी को फुर्सत नहीं होती।

फिल्म निर्माण को व्यवसाय से एकदम अलग करके भी नहीं देखा जा सकता। आज तो एक मामूली-सी फिल्म की लागत भी करोड़-दो करोड़ से कम नहीं होती। कोई भी व्यक्ति अपनी कला को तब तक अभिव्यक्त नहीं कर सकता, जब तक वह लागत वापस ला पाने में समर्थ न हो। दरअसल, सातवें दशक के बाद तो फिल्में पूरी तरह उन लोगों के हाथों में चली गईं जिनके लिए आलू बेचने और फिल्म बनाने में कोई अन्तर नहीं था। फिल्म की सफलता-असफलता को सिर्फ मुनाफे के तराजू पर ही तौला जाने लगा था।

'तीसरी कसम' को कोई उठाने के लिए तैयार नहीं था। उसमें राजकपूर और वहीदा जैसे स्टार थे। शंकर-जयकिशन की मधुर धुनों में बँधे ऐसे गीत थे जो फिल्म रिलीज होने के पहले ही अत्यन्त लोकप्रिय हो चुके थे। पर तब व्यवसाय की दुनिया में इसका मोल दो कौड़ी साबित हुआ। इसी व्यथा में शैलेन्द्र डूब गए।

राजकपूर कहते हैं, 'मैंने कितना समझाया था। तुम इस पचड़े में मत पड़ो। मुमकिन नहीं है तुम्हारे लिए। तुम तो कविराज हो, लेकिन...!'

यही 'लेकिन' तो इस दुनिया की सबसे बड़ी मुश्किल है। कौन कलाकार है जो अपनी संवेदना को एक सम्पूर्ण दस्तावेज के रूप में प्रस्तुत न करना चाहता हो। राजकपूर की अपनी ज़िन्दगी में ही 'मेरा नाम जोकर' इसके सिवाय और क्या है।

'जागते रहो', 'तीसरी कसम', 'मेरा नाम जोकर' ऐसी फिल्में हैं जिन्हें अपने समय से बहुत बाद में पहचाना जाता है। यूँ जन-कला और जन-कलाकार की त्रासदी ही यही है। आभिजात्य का ढोंग उसके मर्म को सराह ही नहीं सकता। कबीर इसलिए अपने समय से चार-पाँच शताब्दियों बाद अधिक प्रासंगिक बने। नजीर अकबराबादी जिन्हें कि उर्दू साहित्य में कवि ही मानने में नाक-भौं सिकोड़ी गई, आज बहुत महत्त्वपूर्ण लग रहे हैं। जन-रुचि को विकृति का पर्याय मान लेना आभिजात्य के आवरण के लिए सदैव सुविधाजनक रहता है।

'मेरा नाम जोकर' राजकपूर के जीवन की सबसे बड़ी त्रासदी है। मैंने उनसे साहस कर पूछ ही लिया था, 'क्या आपको फिल्म बनाते समय ही यह नहीं महसूस हुआ कि यह चलेगी नहीं!'

और राजकपूर कहीं गुम हो गए। उनका यह गुम हो जाना मैंने बार-बार महसूस किया। इस तरह बोले जैसे कहीं से कहीं पहुँच गए हों।

'कहीं न कहीं कोई कमी जरूर रह गई। लोग 'जोकर' में खुद को आइडेंटीफाई नहीं कर पाए!'—इतनी निर्मम स्वीकृति!

पर इसके बाद एक खालीपन तैर जाता। 'जोकर' जैसे राजकपूर की सबसे प्यारी सन्तान हो।

ऐसा है भी। 'जोकर' के लिए राजकपूर ने वह समय चुना था, जब उनकी व्यावसायिक साख सातवें आसमान पर थी। उसके पहले 'जिस देश में गंगा बहती है' और 'संगम' की अपार व्यावसायिक सफलताएँ स्तम्भों की तरह खड़ी थीं। 'संगम' तो जैसे 'जोकर' के लिए किए गए एक प्रयोग की तरह है। क्या हिन्दी सिनेमा के दर्शक किसी असाधारण रूप से लम्बी फिल्म को स्वीकार कर सकेंगे? हिन्दी फिल्मों की औसत लम्बाई चार हजार मीटर के लगभग होती है। 'संगम' लगभग सवा छह हजार मीटर लम्बी थी। फिर 'संगम' एक सीधा-सा प्रेम त्रिकोण थी। जिस कहानी को सैकड़ों बार, सैकड़ों तरह से हिन्दी सिनेमा में दोहराया गया है। इसकी कहानी में ऐसा कोई विस्तार नहीं था कि चार घंटे से अधिक की फिल्म बनाने की आवश्यकता हो।

जैसा कि मैंने कहा कि यह एक तरह से प्रयोग था। 'संगम' में दो इंटरवल थे। पहले इंटरवल के बाद दूसरे इंटरवल तक के लगभग 70 मिनटों में कथासूत्र एक कदम भी आगे नहीं बढ़ता। इस खंड में नायक-नायिका का हनीमून चित्रित किया गया है।

इस चमत्कार को भी बहुत समय बाद ही शायद पहचाना जाएगा। 70 मिनट में लगभग आधी फिल्म खत्म हो जाती है। इतने लम्बे समय में राजकपूर ने नायक-नायिका के सिर्फ हनीमून की परिकल्पना कर डाली। इन दृश्यों में दर्शकों को 'फ्रीज' कर देने की क्षमता है। वे अपने साथ दर्शकों को ठहरने के लिए बाध्य कर देते हैं। वर्तमान समय में निर्देशक फिल्म की गति को बहुत महत्त्व देते हैं। यदि गति में शिथिलता आई तो समझो समस्या शुरू हुई। इसलिए कि दर्शकों को बाँधने की क्षमता नहीं है। सो उन्हें तेज रफ्तार में बहाए ले जाना चाहते हैं जिससे

वे उकताहट महसूस न करें। अपनी कमजोरी को तेज रफ्तार से छिपाना चाहते हैं। राजकपूर दर्शकों की शर्तों से कभी परिचालित नहीं हुए। वह अपने फन के उस्ताद हैं और दर्शकों को अपनी क्षमता से बाँधे रखने में यकीन रखते हैं।

चाहे वह 'जोकर' हो या 'बॉबी'। 'जोकर' में भी 'संगम' की ही तरह दो इंटरवल थे। इसकी कहानी में बाह्य आवेगों की जगह भीतरी उथल-पुथल थी। तमाम निर्देशकीय कौशल के बावजूद ज़िन्दगी की यह दार्शनिक व्याख्या यदि टिकिट खिड़की पर दो कौड़ी की साबित हुई तो इसमें आश्चर्य जैसी कोई बात नहीं है।

राजकपूर की जो फिल्में प्रथम प्रदर्शन पर नहीं चलीं, वे पुनर्प्रदर्शन में अच्छी-खासी लोकप्रिय हुई हैं। 'जागते रहो', 'तीसरी कसम', 'आह', 'मेरा नाम जोकर' आदि सभी फिल्मों ने बाद में दर्शकों को आकर्षित किया है। उनकी फिल्मों के वितरक भी इस बात को स्वीकार करते हैं कि राजकपूर की कोई फिल्म कभी 'टोटल वाश आउट' नहीं रही।

राजकपूर यह मानते हैं कि कोई अच्छी फिल्म दर्शकों द्वारा कभी अस्वीकृत नहीं होती। यदि दर्शक किसी फिल्म को रिजैक्ट करते हैं तो निश्चित रूप से फिल्मकार की कहीं कोई न कोई कमी छिपी रहती है। वे यह भी मानते हैं कि फिल्मों में प्रस्तुत चरित्रों का जब तक पूरा 'जस्टीफिकेशन' नहीं होता, दर्शक उनके साथ तादात्म्य स्थापित नहीं कर पाते। कभी-कभी ऐसा भी हो जाता है कि गूढ़ संवेदना के साथ पहली ही बार में दर्शकों का संवाद नहीं बन पाता। पर सिर्फ इसी कारण से दर्शकों की रुचि को विकृत नहीं मान लेना चाहिए। दरअसल, आम आदमी की रुचि विकृत होती नहीं, उसे अमानवीय व्यवस्था के द्वारा सुनियोजित तरीके से विकृत बनाया जाता है।

इसीलिए वे फिल्म उद्योग की वर्तमान स्थिति से खुश नहीं हो पाते। एक ऐक्टर एक ही समय में चालीस-चालीस फिल्मों में काम कर रहा हो तो वह अपने काम के साथ ईमानदार कैसे रह सकता है। वे हँसते हुए कहते हैं, 'मैंने और दिलीप कुमार ने अपने तीस-चालीस साल के कैरियर में पचास-साठ फिल्मों में काम किया। इतनी फिल्में तो आज रातों-रात स्टार बना कोई भी ऐक्टर साल-भर में साइन कर डालता है। लोग घंटों के हिसाब से काम करते हैं।' इसलिए उन्होंने 'सत्यं शिवं सुन्दरम' के वक्त अपने ही छोटे भाई शशिकपूर को टैक्सी की संज्ञा दे डाली थी।

दरअसल, वे अपने कलाकारों का सम्पूर्ण समर्पण से कम कुछ चाहते ही नहीं थे। उनकी फिल्म से जो भी जिस तरह जुड़े हैं, उन्होंने उसके अलावा कुछ सोचा ही नहीं। वे फिल्म बनाते नहीं थे, फिल्म जीते थे। यही सबसे चाहते थे। जो उनसे जुड़ता था, यही उसके भीतर पैदा करने का प्रयास करते थे। उनके साथ काम करने की पहली शर्त थी कि अपने काम से मुहब्बत करना सीखो। ऐसी मुहब्बत, जिसकी दीवानगी में आदमी अपना सब कुछ लुटा दने में भी नहीं हिचकिचाता। वह मुहब्बत, जो इबादत होती है। जिनकी दीवानगी में यह कशिश नहीं, राजकपूर उनसे भीतरी तालमेल बैठा ही नहीं सकते।

'कबिरा यह घर प्रेम का
खाला का घर नाहिं!
शीश उतारै भुइं धरै
सो पैठे या मांहि!'

उनके सी.पी., सी.आई. के वितरक जयप्रकाश चौकसे कहते थे, 'राजकपूर के पास कमजोर आदमी चल सकता है, गलत आदमी नहीं चल सकता!'

यह कितनी सही बात है, इसे राजकपूर के बिल्कुल नजदीक से जुड़े लोगों से रू-ब-रू हुए बगैर नहीं जाना जा सकता। सिनेमा किस तरह विभिन्न कलाओं का समुच्चय है। कितने विविध वर्गों, प्रकृतियों और क्षेत्रों के लोग एक साथ एक फिल्म के लिए जुड़ते हैं, इन सबको अपने-अपने ढंग से निभाना जो नहीं जानता, वह फिल्मकार हो ही नहीं सकता। राजकपूर के अपने आसपास के प्रत्येक व्यक्ति से निजी सम्बन्ध हैं। किसी भी सम्बन्ध के बीच में कहीं कोई 'मीडिएटर' नहीं है। वे जिसके भी साथ काम करते हैं, उनसे सीधे जुड़ते हैं।

यह जुड़ाव उन लोगों से कितना अन्तरंग होगा जो शुरुआत के दिनों से साथ थे। या जो पच्चीस-तीस साल से जुड़े हुए थे। इनमें से किसी से भी आप बात कीजिए, आप एक ही बात पाएँगे कि ये राजकपूर के भक्त हैं। जब तक आप इनमें से किसी के भी साथ होंगे, आप राजकपूर के अलावा कुछ सोच ही नहीं पाएँगे। इनमें आपस में कुछ मनोमालिन्य हो सकते हैं लेकिन तब तक, जब तक ये एक साथ राजकपूर के पास नहीं बैठे होते। इनमें से शायद ही कोई हो जो यह महसूस न करता हो कि राजकपूर उसके बहुत ही नजदीक थे। या शायद सबसे ज्यादा नजदीक रहे थे। इनमें से किसी के सामने आप राजकपूर के विरुद्ध खड़ा हो सकनेवाला कोई क्रियाकलाप नहीं कर सकते। वे चाहें तो राजकपूर से गुस्सा भी हो सकते थे लेकिन और कोई उनके बारे में एक लफ्ज़ यहाँ-वहाँ नहीं कह सकता। वे सब राजकपूर के साथ काम नहीं करते थे, नौकरी भी नहीं करते थे, वे बस राजकपूर से प्यार करते थे।

एस. कलाचन्द्र जिन्हें सब कला कहकर ही पुकारते हैं अपनी जवानी के दिनों से राजकपूर के साथ थे। 'बरसात' के दिनों से। वे गर्व से कहेंगे, 'आई एम द फर्स्ट असिस्टेंट ऑफ राजकपूर।' वे राजकपूर की पलक झपकने का भी मतलब समझते थे। एक बार उन्होंने मुझसे कहा था, कि मैं घर से चलता हूँ तो कहकर आता हूँ कि आठ-नौ बजे तक वापस आ जाऊँगा, पर राज साहब रोक लेते हैं तो रात के दो बज जाते हैं, तीन बज जाते हैं।

राजकपूर के काम करने का तरीका ही यही था। वे सूरज डूबने से पहले काम शुरू ही नहीं करते थे। उनके साथ काम करने का मतलब ही था सम्पूर्ण निजता से काम करना।

राजकपूर और विश्वा मेहरा जिन्हें सब मामा जी के ही नाम से जानते और पुकारते थे, बचपन के साथी थे। मामा जी राजकपूर पर अपना अधिकार रखते थे। समर्पण का अधिकार और किसी भी बिन्दु पर असहमत हो सकने का अधिकार। विश्वा मेहरा ने राजकपूर की अधिकांश फिल्मों में छोटी-छोटी भूमिकाएँ भी की हैं। कुछ भूमिकाओं को तो उन्होंने इतनी तल्लीनता से निबाहा है कि वे अविस्मरणीय हो गई हैं। जैसे 'तीसरी कसम' का हीरामन नहीं भुलाया जा सकता, तो पलटदास भी नहीं भुलाया जा सकता।

मेजर अशोक कौल जो इस समय आर.के.स्टूडियो के प्रोडक्शन इंचार्ज थे, वे राजकपूर से इस तरह सम्मोहित दिखाई देते थे कि सामनेवाला विचलित हुए बगैर न रह सके। इस सम्मोहन की खास बात ये कि आप इसे तर्क की कसौटी पर भी खारिज नहीं कर सकते। वे इस सम्मोहन की यथार्थता प्रतिपादित कर देते थे।

मेजर रैंक का एक नौजवान, फौज का अफसर इस तरह सम्मोहित है कि वह फौज से राजकपूर के साथ चला आया।

वह कहता है कि मैंने राजकपूर से बहुत कुछ सीखा है। यह सीखा है कि मुहब्बत के मायने क्या हैं। राजकपूर ने उनकी लिखी पटकथा पर 'परमवीर चक्र' बनाने की योजना भी बनाई लेकिन कुछ बाधाओं के कारण यह फिल्म नहीं बन सकी। इसमें ऋषि कपूर और राजीव के साथ अनिल कपूर भी काम करनेवाले थे। मेजर कौल कहते थे कि जब कभी फिल्म बनाऊँगा, प्रेम कहानी ही बनाऊँगा!

इसे आप क्या कहेंगे? फौज का अफसर जो गोला-बारूद और खून-खराबे के यथार्थ से आया है, मुहब्बत के रंग में रँग गया है। राजकपूर कहते थे कि कोई भी कलाकार इसके अलावा कर ही क्या सकता है! वह व्यक्ति के भीतर की नफरत और खूबसूरती ही तो पैदा करता है। माध्यम कला के अलग-अलग हो सकते हैं लेकिन लक्ष्य तो एक ही है।

आप हरीश बिब्रा से मिलेंगे तो उन्हें सिर्फ सम्पूर्ण राजकपूर-मय पाएँगे। आप चाहें तो इसे अतिरंजना कह सकते हैं लेकिन बिब्रा साहब अतिरंजित यथार्थ को स्वीकार करने में कभी नहीं हिचकते। वे कहते हैं, 'आई एम ऑब्सैस्ड बाई दिस मैन।' यही बात राजीव कपूर भी कहते हैं।

ईमानदारी की बात यही है कि राजकपूर के नजदीक जितने भी लोग रहे हैं, वे बहुधा उनसे 'ऑब्सैस्ड' रहे हैं। किसी न किसी स्तर पर। किसी न किसी रूप में।

सिर्फ एक ही आदमी है जो इस सम्मोहन से लगभग मुक्त है। कपूरों की तीसरी कलाकार पीढ़ी में यह सबसे प्रखर प्रातिभ व्यक्ति है। लेकिन अभिशप्त। यही व्यक्ति है जो राजकपूर की परम्परा को आगे ले जा सकता है। पर यही व्यक्ति राजकपूर की आँखों में प्रखर आनन्दमयी पीड़ा की तरह देखा जा सकता है।

कहा नहीं जा सकता कि किस्मत ने रणधीर कपूर का साथ नहीं दिया, या रणधीर ही अवसर का चेहरा नहीं पहचान सके लेकिन इस आदमी को उसका दसवाँ हिस्सा भी नहीं मिला, जिसका वह हकदार है।

वह फिल्मोद्योग में पागलों की परम्परा का वास्तविक प्रतिनिधि है। एक पागल किशोर कुमार भी था। सनकी समझा जानेवाला। कंजूस। पर अपनी तरह का अकेला। इनकी पूरी परम्परा है। इन परम्परा का वास्तविक प्रतिनिधि है रणधीर कपूर। लेकिन न जाने क्या हुआ, वह बेचारा डब्बू ही बना रह गया।

वह अपने जैसा अकेला एक ही है, वन पीस। उस आदमी की सबसे बड़ी खासियत या सबसे बड़ी कमजोरी यही है कि वह औपचारिक हो ही नहीं सकता। किसी किस्म का ढोंग उसके सामने चल ही नहीं सकता। अपने पिता के बारे में बात करते हुए वह उन्हें एक लाड़ले बेटे की नजर से देखने और समझने और पहचानने की कूबत रखता है। वे उसके लिए मुगले-आज़म हों या न हों लेकिन वह बेहद उम्दा पिता सबसे पहले हैं। पिता-पुत्र के बीच संवाद में शब्दों की सार्थकता हमेशा बहुत कम रहती है। ऋषि और राजीव के साथ स्थिति इससे अलग है।

स्टूडियो के अनेक छोटे कर्मचारी आपको मिल जाएँगे जो यह मानते हैं, तहेदिल से मानते हैं कि राजकपूर का उनसे निजता का सम्बन्ध रहा है। राजकपूर की व्यक्तिगत देखरेख रखनेवाला चंद्रपाल उनका नौकर ही नहीं था उनकी निजता का एक हिस्सा था। सबसे यही निजता बना लेना उनकी फिल्म कला का सबसे बड़ा गुण था।

राजकपूर के नायिकाओं के साथ सबसे अधिक चर्चे इसीलिए फैले। कुछ नासमझ नैतिकताओं ने यह कहकर मुँह चिढ़ाया कि राजकपूर हीरोइन को अपनी मिल्कियत समझने लगता है। पर हर आरोप राजकपूर की नायिकाओं ने झुठला दिया।

राजकपूर ने सिर्फ 'सत्यं शिवं सुन्दरम' को छोड़कर कोई नायिका -प्रधान फिल्म नहीं बनाई लेकिन हर हीरोइन की यह तमन्ना रही कि वह राजकपूर की फिल्म में काम करने का मौका पाए। राजकपूर के साथ काम करने को उनकी नायिकाओं ने एक अनुभव माना।

नारी देह के शोषण के लिए राजकपूर पर कभी-कभी उछाला जानेवाला कीचड़ हमारे अपने नैतिकता के दोहरे मापदंडों के दलदल से निकला है। इस देश का पुरुष इसी दोहरे प्रतिमानों के चक्र में या तो नारी को देवी बना देता है या दानवी। या सीता कहकर उसकी आरती उतार सकता है, या सूर्पणखा बनाकर उसके नाक-कान काटकर अपमानित कर सकता है। जो औरत अबला नहीं बनेगी, उसे कुल्टा घोषित कर दिया जाएगा। हर सीता की पवित्रता पुरुष के अहंकार की अग्नि परीक्षा देने के लिए अभिशप्त रहेगी। उसे मानवी के रूप में स्वीकार कर पाना पुरुष प्रधान समाज के अहंकार को बर्दाश्त नहीं होता। समाज पुरुष की दैहिक कामनाओं को ही स्वीकार कर सकता है, नारी की नहीं। राजकपूर आश्चर्य व्यक्त करते थे कि जिस देश में खजुराहो है, जिस देश में कालिदास हैं, जिस देश में विद्यापति हैं, वहाँ शरीर के प्रति ऐसी वितृष्णा क्यों? आत्मा शरीर के भीतर ही रहती है। आत्मा के आनन्द की अभिव्यक्ति का माध्यम शरीर ही है। नारी सौन्दर्य का बाह्य और आन्तरिक उत्ताप है, राजकपूर की फिल्मों में। नरगिस से अलग होने के बाद राजकपूर को कोई स्थायी नायिका नहीं मिली। मीना कुमारी के साथ उनकी जोड़ी बन नहीं सकती थी। दोनों की छवियों का तालमेल नहीं बन पाता। माला सिन्हा के साथ राजकपूर की कोई फिल्म टिकट खिड़की पर सफल नहीं हुई, वरना माला सिन्हा, नरगिस के बाद राजकपूर की सटीक नायिका बन सकती थीं। 'फिर सुबह होगी' अपने कमजोर निर्देशन के कारण दर्शकों द्वारा स्वीकृत नहीं हो सकी, वरना इस फिल्म में राज और माला ने बहुत उम्दा अभिनय ही नहीं किया था अपितु नायक-नायिका की अन्तरंगता के उस बिन्दु तक पहुँच गए थे, जिसके लिए राजकपूर-नरगिस की जोड़ी की आज तक कोई दूसरी मिसाल नहीं है।

नूतन के साथ भी राजकपूर ने चार फिल्में कीं—'अनाड़ी', 'कन्हैया', 'छलिया' और 'दिल ही तो है'। इनमें 'कन्हैया' को छोड़कर सभी सफल रहीं पर राजकपूर की नूतन के साथ जोड़ी नहीं बनी। इन फिल्मों में दोनों अभिनय तो बहुत उम्दा करते हैं लेकिन वे एक-दूसरे के लिए बने प्रतीत नहीं होते। 'कन्हैया' की असफलता का तो सबसे बड़ा कारण ही यही है। नूतन की सामर्थ्य में अहंकार का जो तत्व जागृत रहता है, वह राजकपूर के साथ भावनात्मक गहराइयों में जाने का अवसर ही नहीं पैदा करता। इसीलिए नरगिस के बाद अपने आर.के. की नायिका के रूप में राजकपूर ने पद्मिनी को चुना। पद्मिनी तब तक हिन्दी सिनेमा में प्रथम श्रेणी की नायिका के रूप में प्रतिष्ठित नहीं हुई थीं। इसमें दो मत नहीं कि 'जिस देश में गंगा बहती है'

में राज ने पद्मिनी की देहयष्टि को अत्यन्त आकर्षक और उत्तेजक रूप में प्रस्तुत किया था किन्तु उसका अन्तर्मन भी 'ओ बसन्ती पवन पागल' गीत में उसके चेहरे पर लिखा हुआ है। उस गीत में पद्मिनी की डबडबाई हुई आँखें करोड़ों दर्शकों के दिलों में उतर जाती हैं। पर पद्मिनी भी आर.के. की स्थायी नायिका नहीं बन सकीं। पद्मिनी के बाद आईं वैजयन्तीमाला। 'संगम' में वैजयन्तीमाला अपने अभिनय और सौन्दर्य के चरमोत्कर्ष पर हैं। 'संगम' के दिनों में ऐसा लगता था कि राजकपूर को नरगिस का विकल्प मिल गया है। पर यह साथ भी स्थायी नहीं हुआ। इसके बाद 'जोकर' की कहानी तो जग-जाहिर है।

सिमि गरेवाल की संक्षिप्त-सी भूमिका है 'जोकर' में। पर उस कान्वेंट टीचर मैरी के मुकाबले का नारी चरित्र पूरे हिन्दी सिनेमा में दूसरा नहीं है। भीतर और बाहर की नैतिकताओं के अन्तर्द्वन्द्व में झूलता हुआ व्यक्ति। सच्चाई को सच्चाई मानकर भी स्वीकार न किया जा सके।

यूँ जीनत और पद्मिनी कोल्हापुरे ने भी राजकपूर की फिल्मों में अविस्मरणीय अभिनय किया है और 'राम तेरी गंगा मैली' के रूप में मंदाकिनी की ज़िन्दगी में एक कीर्तिस्तम्भ रहेगा ही।

...लेकिन डिम्पल कपाड़िया निःसन्देह राजकपूर की अप्रतिम देन हैं। 'बरसात' और 'आवारा' की राज-नरगिस की दीवानगी 'बॉबी' में डिम्पल-ऋषि में जिन्दा हो गई है। यही इस फिल्म की सफलता का रहस्य है।

राजकपूर की फिल्में यही कहती नजर आती हैं कि इनसानी रिश्तों में बसी मुहब्बत की पहचान हो और संगीत का माधुर्य हो तो कोई फिल्म असफल नहीं हो सकती। राजकपूर डिम्पल के फिल्मों में पुनर्प्रवेश के बाद उसको अपनी किसी फिल्म में लेने के लिए सदा उत्सुक रहे। 'घूँघट के पट खोल' की एक नायिका डिम्पल ही थीं किन्तु यह फिल्म अन्य अनेक फिल्मों की तरह सपना ही बनी रह गई।

दरअसल पिछले पाँच वर्षों में राजकपूर का स्वास्थ्य निरन्तर बिगड़ता चला गया। वे अपने डॉक्टरों की नजर में बहुत अच्छे मरीज रहे हैं। पर दूसरी ओर उन्होंने डॉक्टरों की राय को दिल की इच्छा के ऊपर कभी हावी नहीं होने दिया। राजकपूर सम्पूर्णता में जीना पसन्द करते थे। यूँ आलीशान घर था, जिसमें राजकपूर रहते थे। पर उस सारी शान-ओ-शौकत के बीच यदि कोई चाहे तो राजकपूर के भीतर बैठे हुए एक बिल्कुल अदना से आदमी को बखूबी देख सकता था। पर वह आदमी अदना भले सही पर उसकी आदमियत मुकम्मल थी। वे यही कहते, बाहर को नहीं भीतर को पहचानो। वह हर आदमी जो 'इडिअट' की तरह जीना ज़िन्दगी का सबसे बड़ा आनन्द मानेगा, उस पर सिनेमा में चार्ली चैपलिन का डुप्लीकेट होने का आरोप क्यों नहीं लगाया जाएगा! आखिर विश्व सिनेमा का पहला 'इडिअट' तो वही है जो सभ्यता के ढोंग बन जाने के खतरों से आगाह करता है। क्या आज भी दुनिया चार्ली चैपलिन की 'मॉडर्न टाइम्स' का मर्म समझने की चेष्टा कर रही है?

मशीनी सभ्यता यदि मनुष्य को ही यन्त्र बना देगी तो यह मानवता का विकास नहीं विनाश होगा। यही तो कहता है चार्ली 'मॉर्डन टाइम्स' में। पर चार्ली जहाँ सभ्यता के बाह्य खतरों की टोह लेता चलता है, वहीं राजकपूर भीतरी संसार से बाहर की ओर आना ज्यादा पसन्द करते हैं।

‘श्री 420’ आजादी के सिर्फ आठ साल बाद बनाई गई फिल्म है। आजादी का वह मोहभंग जो युवा पीढ़ी आज महसूस कर रही है, उसे अट्ठावन साल पहले राजकपूर ने पहचान लिया था। यह फिल्म कहती है कि अंग्रेजों के द्वारा दी गई क्लर्क बनानेवाली शिक्षा-पद्धति सिर्फ बाबू मनोवृत्ति के साक्षर लोग पैदा कर बेरोजगारों का पहाड़ खड़ा कर सकती है। कागजी शिक्षा आजादी की पुख्ता इमारत बगैर परिश्रमी और ईमानदार हाथों के किस प्रकार तैयार करेगी? ‘श्री 420’ यह भी कहती है कि परिश्रम का महत्त्व जिस शिक्षित के लिए अबूझ हो, या जो पढ़ा-लिखा मेहनत करके भी दो रोटी कमाने में असफल हो जाए, पूँजीवादी व्यक्तिवाद उसका इस्तेमाल करने में बहुत आसानी से सफल हो जाता है।

वह बेईमानी का सारा खेल दूसरे हाथों से खेलता है और देश की प्रबुद्ध चेतना इस तरह पूँजी की गुलामी के शिकंजे में आसानी से जकड़ जाती है। वह गरीबों के सपनों तक का मोल लगाने लगती है। फिल्म के बी.ए. पास और सच्चाई और ईमानदारी का गोल्ड मेडल लटकाए नायक को वह धंधे की असलियत को बेपर्दा करते हुए कहता है, ‘बेवकूफ, सौ रुपए में कहीं मकान बनता है? हम मकान नहीं मकान का सपना बेच रहे हैं!’

बस यही मोड़ है। यह ‘इडिअट’ सबकुछ कर सकता है, अपने लोगों के सपने किसी पूँजीपति की हवस के लिए गिरवी नहीं रख सकता। महान का वह सपना जो उन आँखों में पल रहा है जिन्होंने अट्ठानवे रुपए दस आने और दो खोटे पैसे अपने राजू को इस उम्मीद पर लाकर दिए हैं कि एक रुपया, कुछ आने और चन्द पैसे कम हुए तो क्या हुआ, उसका राजू उसके लिए मकान जरूर बना देगा। भले ही एक खिड़की कम लगाए।

यदि जज़्बाती उत्ताप नहीं होगा तो सामाजिक सन्देश साधारण जन द्वारा कभी ग्रहण नहीं किया जाएगा। वह चाहे हिन्दुस्तान हो या सोवियत यूनियन। रूस में राजकपूर की लोकप्रियता के कारण यह भ्रम पैदा हो गया था कि वह यथार्थवादी कलाकार हैं या जान-बूझकर यह भ्रम पैदा किया गया था। राजकपूर एक सौन्दर्यप्रिय कलाकार थे। वह मनुष्यता की खूबसूरती को चित्रित करना जानते थे और कुछ नहीं। वह खुद कहते थे, ‘मैं तो बगैर पढ़ा-लिखा आदमी हूँ!’

और जब वह यह कहते तो मेरे कानों में ये पंक्तियाँ गूँज जातीं-

उनसे पूछो,
कभी चेहरे भी पढ़े हैं तुमने,
जो किताबों की किया करते हैं,
बातें अक्सर!

यह तभी सम्भव है जब कलाकार अपना बचपना अपने भीतर हमेशा जवान रख सके। जिन्हें राजकपूर को देखने और उनके पास आने का मौका मिला और जिन्होंने राजकपूर को देखने का प्रयास किया, वे यह जानते हैं कि राजकपूर अपनी महिमामय छवि से आतंकित भी करते थे और उसे बड़ी निर्ममता से खुद ही तोड़ भी देते थे। उन्हें आप एक ही बार में महामहिम और अदना दोनों रूपों में देख सकते हैं।

बच्चों जैसी सच्ची जिज्ञासा उस शख्स के भीतर अमिट थी। वैसा ही उत्साह। वैसी ही सहज स्वीकार की वृत्ति। यदि ऐसा न होता तो खराब स्वास्थ्य के बावजूद वह दादा साहेब फालके पुरस्कार लेने बम्बई से दिल्ली क्यों आते? इसके पहले भी बहुत बड़े-बड़े पुरस्कार पा चुके थे

राजकपूर। आर.के. में जो राजकपूर का निजी कक्ष है उसमें उनकी फिल्मों को मिले सैकड़ों पुरस्कार, ट्राफियाँ, सर्टिफिकेट रखे हैं। और वह कमरा हमेशा बन्द रहता है। राजकपूर उसमें कभी साल-दो-साल में चले जाते रहे हों, तो बड़ी बात है। वे हमेशा उस कॉटेज में बैठते थे जहाँ सादगी का ऐश्वर्य था और अपने रचनात्मक अतीत की सजीव यादें थीं।

अतीत उनके लिए आधार था और कुछ नहीं। वह सम्मान योग्य थी, प्रेरक शक्ति थी लेकिन रचनात्मक भविष्य के मार्ग में उसे कभी बाधा नहीं बनने दिया। राजकपूर अपनी पुरानी फिल्मों के बारे में नहीं, आगामी योजनाओं के बारे में बात करना पसन्द करते थे। अतीत की यादों को उन्होंने आर.के. में आदर के साथ सहेजकर रखा था। स्टूडियो का वह संग्रहालय देखने लायक है, जिसमें राजकपूर की पुरानी फिल्मों के कलाकारों द्वारा उपयोग की गई तमाम वस्तुएँ यादगार की तरह सुरक्षित हैं। किसी धंधेबाज को इन सब बातों से क्या लेना-देना हो सकता है!

कहा जा रहा है कि राजकपूर आज नहीं हैं। लेकिन वह हैं और अब शायद वह और शिद्दत से खड़े होंगे क्योंकि उनको पहचानने में भौतिक अस्तित्व आड़े नहीं आएगा। अब वे लोग भी उस रसधारा को अपने ढंग से ग्रहण कर सकेंगे, जिनका कलात्मक अहंकार उन्हें 'इडिअट' होने से बचा लेता है। इसमें कोई सन्देह नहीं कि यह सम्मोहन, जिसका नाम राजकपूर है, निराकार होकर और गहरा होगा। क्योंकि वह कहता है, 'मैं ठीक तुम्हारी तरह हूँ। मैं सीधा-सादा मामूली-सा इनसान हूँ। सारी दुनिया से मुहब्बत करता हूँ और सारी दुनिया की मुहब्बत पाना चाहता हूँ। किसी भी प्रकार का बड़प्पन भी एक बोझ ही है, जिसे लादकर आदमी को बेवजह परेशान होना पड़ता है। यह महानता लादना मेरे बूते की बात नहीं। हम तो बस दिल के सौदागर हैं। दिल देते हैं और दिल लेते हैं। और अपना पैगाम मुहब्बत है, जहाँ तक पहुँच सका, यह मेरी खुशनसीबी है।'

विदाई
अपनी 'छवि' की तरह

ईमानदारी से जिन्दा रहने की लालसा लिए ईमान बेचने के लिए मजबूर 'श्री 420' का शिक्षित बेरोजगार, 'जागते रहो' का नंगी सच्चाई को देख लेने की सजा भुगतता माटीपुत्र, भंगन को ब्याह लाने के लिए ढोल बजानेवाले लड़के के साथ सेहरा बाँधे अकेले ही निकल पड़ा। 'चार दिल चार राहें' का निष्ठावान नवयुवक, ज़िन्दगी की चालाक सच्चाइयों से बेखबर, दूसरों की मुस्कुराहटों पर निसार हो जानेवाला 'अनाड़ी', तालियों की गड़गड़ाहट और दर्शकों की किलकारियों के बीच आँसुओं की नकली पिचकारी छोड़कर अपनी माँ की मौत का मातम मनाते हुए भी दुनिया को हँसानेवाला 'जोकर'—ये सब राजकपूर हैं। और रेणु की माटी के आदमी की आत्मा में प्रवेश कर जानेवाला 'तीसरी कसम' का हीरामन भी यही है।

राजकपूर अकेला ऐसा महान 'स्टार' है जिसकी छवि से महानता एक सिरे से नदारद है। उसकी छवि उस नायक को प्रतिष्ठा देती है जो किसी तरह से विशिष्ट नहीं है। वह एक बिलकुल अदना आदमी की तरह है। उसकी तमाम अच्छाइयों और बुराइयों, खूबियों और कमियों, लालसाओं और कुंठाओं के साथ, यानी कि एक समूचे जिन्दा आदमी की तरह। अपनी गली के किसी नामालूम से आदमी की तरह।

वह छवि जो 'अनाड़ी' में कहती है कि अमीरों से मुझे कोई हमदर्दी नहीं है और मैं तस्वीर बनाने के लिए 'जमकर' पैसे माँगूँगा।

और वह जमकर पैसे माँगता भी है।

बीस रुपए!!

नौकरानी के छद्म वेष में उसके सामने बैठी अमीरजादी मन ही मन माथा पीट लेती है। वह तो इस भलेमानुस की मदद करना चाहती है लेकिन इसकी कल्पना उड़ान भी भरती है तो बीस रुपए तक।

वह कहती है, 'बीस रुपए माँगेंगे?'

एकदम कच्चा पड़ जाता है वह। शायद अपनी औकात से कुछ ज्यादा ही माँग लिए उसने।

वह फुसफुसाता है, 'आप कहेंगी तो दो-चार रुपए कम कर दूँगा।'

अमीरजादी को यकीन हो जाता है कि यह सचमुच अनाड़ी है। यह बिल्कुल सीधी बात ही समझ सकता है।

इसलिए वह बिल्कुल स्पष्ट कहती है, 'आपको तो कम-से-कम हजार रुपए माँगना चाहिए।'

और वह छवि समझती है कि दुनिया में इससे बड़ा मजाक उसके साथ आज तक दूसरा नहीं हुआ। वह तो यह सोच भी नहीं सकता कि एक तस्वीर की कीमत हजारों रुपए भी हो सकती है। एक तस्वीर की कीमत हजार रुपए! यह बात उसके सपने में भी नहीं समाती।

और जब सचमुच उसे हजार रुपए का नोट दे दिया जाता है तो वह जैसे आसमान से

गिर पड़ता है। उसकी आँखों को यकीन नहीं होता। उसकी जुबान लड़खड़ा जाती है। 'हजार' शब्द उसके मुँह से नहीं फूट पाता। यह बात उस अमीरजादी की समझ में कैसे आ सकती है कि हजार रुपए एक गरीब आदमी के लिए कितनी आश्चर्यजनक और कल्पनातीत रकम हो सकती है। वह तो एक करोड़पति की साहबजादी है जिसके लिए हजार रुपए किसी क्षण-भर की उत्तेजना के लिए फूँक देना मामूली बात है।

और जब अमीरजादी उसे सहारा देती है, यह कहकर, 'क्या देख रहे हैं? हजार रुपए का नोट!'

तब उसका जवाब होता है, 'जी हाँ, ज़िन्दगी में पहली बार देखा है। लीजिए आप भी देखिए!'

लेकिन 'हजार' उसकी जुबान से फिर भी नहीं निकल पाता। फिर भी कितना तुच्छ है वह ऐश्वर्य उसके लिए। जिसके अपने पल्ले फूटी कौड़ी नहीं है, वह हजार रुपया उस अमीरजादी को इस तरह दे देता है, जैसे वह नाम का ही नहीं, सचमुच का राजकुमार हो। वह तो यही जानता है कि यह नौकरानी है और उसकी माँ बीमार है। इसलिए एक नकचढ़ी अमीरजादी की नौकरी कर रही है।

इतनी बेशकीमती चीज भी कितनी तुच्छ है, उस संवेदना के सामने जो किसी की तकलीफ का हिस्सेदार बनने से मिलती है। यानी वह अमीरों की उस ख्वाहिश को नाकामयाब कर देता है जो हर चीज दौलत से खरीदना चाहती है।

बगैर उन्हें गाली दिए, बगैर उनके बड़प्पन से ईर्ष्या करते हुए, बगैर महामानव बने, ठीक एक अदना आदमी की तरह, जिसके पास अपनी मस्ती में जी सकने की आवारगी के सिवा और कुछ नहीं है। उसके पास सिर्फ वह है जिसे दुनिया की किसी दौलत से नहीं खरीदा जा सकता।

प्यार!

मोहब्बत!!

क्योंकि उसके पास चार दिन की छोटी-सी तो ज़िन्दगी है, जिसमें उसे दुनिया से प्यार कर पाने के लिए ही बहुत कम समय है। नफरत के लिए फुर्सत ही कहाँ है उसके पास।

जब 'जोकर' के तीसरे हिस्से में राजू (राजकपूर) से राजकुमार (राजेन्द्र कुमार) पूछता है, 'क्या तुम मीना से प्यार करते हो?'

तब उसका जवाब है, 'सवाल ये नहीं है कि क्या मैं मीना से प्यार करता हूँ। सवाल ये है कि क्या मैं प्यार करता हूँ। और जवाब यह है कि हाँ, मैं प्यार करता हूँ। ज़िन्दगी की हर मासूमियत से, हर खूबसूरती से प्यार करता हूँ।'

जोकर!

जो आँसुओं में भी हँसता है। जो नफरत से भी नफरत नहीं कर सकता। सिर्फ प्यार ही कर सकता है। जिसका इतना बड़ा दिल है कि उसमें सारी दुनिया समा सकती है।

यानी दिल बड़ा और दुनिया छोटी। बड़ा दिल होना, बड़ी खतरनाक बीमारी है। ये बात खूब जानते हुए भी कि बड़ा दिल होना बड़ी खतरनाक बीमारी है, वे जब तक जिए, इस बीमारी के 'क्रॉनिक पेशेन्ट' बने रहे।

और अपनी छवि की तरह ही विदा हुए। 'जख़्मों से भरा सीना है मेरा, हँसती है मगर ये मस्त नज़र' का अहसास कराते हुए।

वह शख्स जिसने न लड़कपन खेल में खोया, न जवानी नींद भर सोया, न बुढ़ापा देखकर रोया। जब तक जिया अपनी आवारगी में जिया और फिर जैसे गुनगुनाता हुआ चल दिया–

कल खेल में
हम हों न हों
गर्दिश में तारे रहेंगे सदा
भूलोगे तुम
भूलेंगे वो
पर हम तुम्हारे रहेंगे सदा!

और यह छवि कभी नहीं मरेगी। वह कहती रहेगी, 'हम न रहेंगे, तुम न रहोगे, फिर भी रहेंगी निशानियाँ!'

परिशिष्ट : एक

राजकपूर द्वारा निर्मित-निर्देशित फिल्में

आग (1948)

निर्माता-निर्देशक : राजकपूर
संगीत : राम गांगुली
गीतकार : वहजाद लखनवी, दीपक
लेखक : इन्दरराज आनन्द
छायांकन : वी. एन. रेड्डी
कला निर्देशन : एस. एन. देसाई
सम्पादन : बाबू भाई ठक्कर
ध्वनि अंकन : अलाउद्दीन
कलाकार : नरगिस, कामिनी कौशल, निगार सुल्ताना, राजकपूर, प्रेमनाथ, बी. एम. व्यास,
कमल कपूर

बरसात (1949)

निर्माता-निर्देशक : राजकपूर
संगीत : शंकर-जयकिशन
गीतकार : हसरत जयपुरी, शैलेन्द्र, रमेश शास्त्री
लेखक : रामानन्द सागर
छायांकन : जाल मिस्त्री
कला निर्देशन : एस. एन. देसाई
सम्पादन : जी. जी. मायेकर
ध्वनि अंकन : अलाउद्दीन
कलाकार : नरगिस, राजकपूर, प्रेमनाथ, निम्मी, के. एन. सिंह, कुक्कू, बी.एम. व्यास

आवारा (1951)

निर्माता-निर्देशक : राजकपूर
संगीत : शंकर-जयकिशन
गीतकार : शैलेन्द्र, हसरत जयपुरी
कथा : के. ए. अब्बास, वी. पी. साठे
पटकथा-संवाद : के. ए. अब्बास
छायांकन : राधू कर्मकार
कला निर्देशन : एम. आर. अचरेकर
सम्पादन : जी. जी. मायेकर
ध्वनि अंकन : अलाउद्दीन
कलाकार : पृथ्वीराज कपूर, नरगिस, राजकपूर, लीला चिटनिस, के. एन. सिंह, कुक्कू, बी.एम. व्यास

आह (1953)

निर्माता : राजकपूर
निर्देशक : राजा नवाथे
संगीत : शंकर-जयकिशन
गीतकार : शैलेन्द्र, हसरत जयपुरी
लेखक : इन्दरराज आनन्द
छायांकन : जयवन्त पठारे
कला निर्देशन : एम. आर. अचरेकर
सम्पादन : जी. जी. मायेकर
ध्वनि अंकन : शंकर अमृत
कलाकार : नरगिस, राजकपूर, विजयलक्ष्मी,
प्राण, मुकेश

बूट पॉलिश (1954)

निर्माता : राजकपूर
निर्देशक : प्रकाश अरोरा
संगीत : शंकर-जयकिशन, दीपक
गीतकार : शैलेन्द्र, हसरत जयपुरी, दीपक
लेखक : भानु प्रताप
छायांकन : तारुदत्त
कला निर्देशन : एम. आर. अचरेकर
सम्पादन : जी. जी. मायेकर
ध्वनि अंकन : शंकर अमृत
कलाकार : बेबी नाज, रतन कुमार, डेविड अब्राहम, वीरा, शैलेन्द्र

श्री 420 (1955)

निर्माता-निर्देशक : राजकपूर
संगीत : शंकर-जयकिशन
गीतकार : शैलेन्द्र, हसरत जयपुरी
कथा-संवाद : के. ए. अब्बास
पटकथा : के. ए. अब्बास, वी. पी. साठे
छायांकन : राधू कर्मकार
कला निर्देशन : एम. आर. अचरेकर
सम्पादन : जी. जी. मायेकर
ध्वनि अंकन : अलाउद्दीन
कलाकार : नरगिस, नादिरा, राजकपूर, नेमो, ललिता पवार, कुमार, शीला वाज

जागते रहो (1956)

निर्माता : राजकपूर
निर्देशक : शम्भू मित्रा, अमित मित्रा
संगीत : सलिल चौधरी
गीतकार : शैलेन्द्र, प्रेम धवन
कथा-पटकथा : शम्भू मित्रा, अमित मित्रा *संवाद* : के. ए. अब्बास
छायांकन : राधू कर्मकार
कला निर्देशन : एम. आर. अचरेकर
सम्पादन : जी. जी. मायेकर, वसंत सुले
ध्वनि अंकन : अलाउद्दीन
कलाकार : राजकपूर, मोतीलाल, प्रदीप कुमार, सुमित्रा देवी, स्मृति विश्वास, पहाड़ी सान्याल, डेजी ईरानी, नेमो, नाना पलसीकर और नरगिस

अब दिल्ली दूर नहीं (1957)

निर्माता : राजकपूर
निर्देशक : अमर कुमार
संगीत : दत्ताराम
गीतकार : शैलेन्द्र, हसरत जयपुरी
कथा-पटकथा : अख्तर मिर्जा
संवाद : मुहाफिज हैदर, राजेन्द्र सिंह बेदी
छायांकन : जयवन्त पठारे
कला निर्देशन : एम. आर. अचरेकर
सम्पादन : जी. जी. मायेकर, दिनकर शेटे
ध्वनि अंकन : अलाउद्दीन
कलाकार : याकूब, रोमी, सुलोचना, अनवर, जगदीप, मोतीलाल

जिस देश में गंगा बहती है (1960)

निर्माता : राजकपूर
निर्देशक : राधू कर्मकार
संगीत : शंकर-जयकिशन
गीतकार : शैलेन्द्र, हसरत जयपुरी
लेखक : अर्जुन देव रश्क
छायांकन : तारुदत्त
कला निर्देशन : एम. आर. अचरेकर
सम्पादन : जी. जी. मायेकर
ध्वनि अंकन : अलाउद्दीन
कलाकार : राजकपूर, पद्मिनी, प्राण, चंचल, नायमपल्ली

संगम (1964)

निर्माता-निर्देशक : राजकपूर
संगीत : शंकर-जयकिशन
गीतकार : शैलेन्द्र, हसरत जयपुरी

लेखक : इन्दरराज आनन्द
छायांकन : राधू कर्मकार
कला निर्देशन : एम. आर. अचरेकर
सम्पादन : राजकपूर
ध्वनि अंकन : अलाउद्दीन
कलाकार : राजकपूर, वैजयंतीमाला, राजेंद्र कुमार

मेरा नाम जोकर (1970)

निर्माता-निर्देशक : राजकपूर
संगीत : शंकर-जयकिशन
गीतकार : शैलेन्द्र, हसरत जयपुरी, नीरज, प्रेम धवन, शैली शैलेन्द्र
कथा-पटकथा-संवाद : के. ए. अब्बास
छायांकन : राधू कर्मकार
कला निर्देशन : एम. आर. अचरेकर
सम्पादन : राजकपूर
ध्वनि अंकन : अलाउद्दीन
कलाकार : राजकपूर, मनोज कुमार, धर्मेन्द्र, राजेंद्र कुमार, दारा सिंह, पद्मिनी, सिमि गरेवाल, क्षण राबिनकिना, ऋषि कपूर, अचला सचदेव

कल आज और कल (1971)

निर्माता : राजकपूर
निर्देशक : रणधीर कपूर
संगीत : शंकर-जयकिशन
गीतकार : हसरत जयपुरी, नीरज, शैली शैलेन्द्र
लेखक : वीरेन्द्र सिन्हा
छायांकन : तारुदत्त
कला निर्देशन : ए. रंगाराज
सम्पादन : एस. आर. कब्रे
ध्वनि अंकन : अलाउद्दीन
कलाकार : पृथ्वीराज कपूर, राजकपूर, रणधीर कपूर, बबीता, नरेन्द्रनाथ, अचला सचदेव, डेविड, तिवारी, अभि भट्टाचार्य

बॉबी (1973)

निर्माता-निर्देशक : राजकपूर
संगीत : लक्ष्मीकांत-प्यारेलाल
गीतकार : आनन्द बक्षी, विट्ठलभाई पटेल, इन्द्रजीत सिंह तुलसी
कथा : के. ए. अब्बास
पटकथा : के. ए. अब्बास, वी. पी. साठे
संवाद : जैनेन्द्र जैन
छायांकन : राधू कर्मकार
कला निर्देशन : ए. रंगाराज
सम्पादन : राजकपूर
ध्वनि अंकन : अलाउद्दीन
कलाकार : ऋषि कपूर, डिम्पल कपाड़िया, प्राण, प्रेमनाथ, प्रेम चोपड़ा, सोनिया साहनी, फरीदा जलाल, अरुणा ईरानी, दुर्गा खोटे

धरम करम (1975)

निर्माता : राजकपूर
निर्देशक : रणधीर कपूर
संगीत : राहुलदेव बर्मन
गीतकार : मजरूह सुलतानपुरी
लेखक : प्रयागराज
छायांकन : तारुदत्त
कला निर्देशन : ए. रंगाराज
सम्पादन : शंकर हर्डे
ध्वनि अंकन : विपिन चलीसरी
कलाकार : राजकपूर, रणधीर कपूर, रेखा, प्रेमनाथ, सोनिया साहनी, दारा सिंह, नरेन्द्रनाथ

सत्यम शिवम सुन्दरम (1978)

निर्माता-निर्देशक : राजकपूर
संगीत : लक्ष्मीकान्त-प्यारेलाल
गीतकार : पं. नरेन्द्र शर्मा, विट्ठलभाई पटेल, आनन्द बक्षी
लेखक : जैनेन्द्र जैन
छायांकन : राधू कर्मकार

कला निर्देशन : ए. रंगाराज
सम्पादन : राजकपूर
ध्वनि अंकन : अलाउद्दीन
कलाकार : शशि कपूर, जीनत अमान, पद्मिनी कोल्हापुरे, कन्हैयालाल, शीतल, ए. के. हंगल, डेविड, लीला चिटनिस

बीवी ओ बीवी (1981)

निर्माता : राजकपूर
निर्देशक : राहुल रावेल
संगीत : राहुलदेव बर्मन
गीतकार : विट्ठलभाई पटेल, निदा फाजली
कथा : प्रभाकर ताम्हने
पटकथा : रवीन्द्र पीपट
संवाद : अबरार अलवी
छायांकन : तारुदत्त
कला निर्देशन : ए. रंगाराज
सम्पादन : शंकर हर्डे
ध्वनि अंकन : विपिन चलीसरी
कलाकार : संजीव कुमार, रणधीर कपूर, पूनम ढिल्लो, योगिता बाली, सिमि गरेवाल, प्रेमा नारायण, दीना पाठक, देवेन वर्मा

प्रेम रोग (1982)

निर्माता-निर्देशक : राजकपूर
संगीत : लक्ष्मीकान्त-प्यारेलाल
गीतकार : पं. नरेन्द्र शर्मा, अमीर कजलबाश, सन्तोष आनन्द
कथा : श्रीमती कामना चंद्रा
पटकथा-संवाद : जैनेन्द्र जैन
अतिरिक्त संवाद : के. के. सिंह
छायांकन : राधू कर्मकार
कला निर्देशन : ए. रंगाराज
सम्पादन : राजकपूर
ध्वनि अंकन : अलाउद्दीन
कलाकार : ऋषि कपूर, पद्मिनी कोल्हापुरे, शम्मी कपूर, नंदा, तनूजा, रजा मुराद, ओम प्रकाश, बिन्दु, किरण वैराले, सुषमा सेठ, कुलभूषण खरबन्दा, विजयेन्द्र, राजेन्द्रनाथ

राम तेरी गंगा मैली (1985)

निर्माता : रणधीर कपूर
निर्देशक : राजकपूर
संगीत : रवीन्द्र जैन
गीतकार : रवीन्द्र जैन, अमीर कजलबाश,
हसरत जयपुरी
कथा : राजकपूर
पटकथा : के. के. सिंह, ज्योति स्वरूप, वी. पी. साठे
संवाद : के. के. सिंह
छायांकन : राधू कर्मकार
कला निर्देशन : सुरेश सावंत
सम्पादन : राजकपूर
ध्वनि अंकन : अलाउद्दीन
कलाकार : राजीव कपूर, मंदाकिनी, दिव्या राणा, कुलभूषण खरबन्दा, रजा मुराद, सईद जाफरी, सुषमा सेठ, गीता सिद्धार्थ

परिशिष्ट : दो

राजकपूर अभिनीत फिल्में

1935

इंकलाब / देबकी बोस

1943

गौरी / केदार शर्मा
हमारी बात / एम. आई. धरमसी

1946

वाल्मीकि / भालजी पेंढ़ारकर

1947

नीलकमल / केदार शर्मा
दिल की रानी / मोहन सिन्हा
चित्तौड़ विजय / मोहन सिन्हा
जेल यात्रा / गजानन जागीरदार

1948

गोपीनाथ / महेश कौल
आग / राजकपूर
अमरप्रेम / एन. एम. केलकर

1949

अन्दाज / महबूब खान
सुनहरे दिन / सतीश निगम
बरसात / राजकपूर

1950

भँवरा / जी. राकेश
दास्तान / ए. आर. कारदार
बावरे नैन / केदार शर्मा
सरगम / प्यारे लाल संतोषी
जान पहचान / फली मिस्त्री
प्यार / बी. एम. व्यास

1951

आवारा / राजकपूर

1952

बेवफा / एम. एल. आनन्द
अनहोनी / ख्वाजा अहमद अब्बास
अम्बर / जयन्त देसाई
आशियाना / बी. त्रिलोचन

1953

धुन / कुमार
आह / राजा नवाथे
पापी / चन्दू लाल शाह

1955

श्री 420 / राजकपूर

1956

जागते रहो / शम्भू मित्रा, अमित मित्रा
चोरी चोरी / अनन्त ठाकुर

1957

शारदा / एल. वी. प्रसाद

1958

फिर सुबह होगी / रमेश सहगल
परवरिश / एस. बनर्जी

1959

अनाड़ी / ऋषिकेश मुकर्जी
दो उस्ताद / तारा हरीश
कन्हैया / ओम प्रकाश
मैं नशे में हूँ / नरेश सहगल
चार दिल चार राहें / ख्वाजा अहमद अब्बास

1960

छलिया / मनमोहन देसाई
श्रीमान सत्यवादी / एस. एम. अब्बास
जिस देश में गंगा बहती है / राधू कर्मकार

1961

नजराना / श्रीधर

1962

आशिक / ऋषिकेश मुकर्जी

1963

दिल ही तो है / प्यारे लाल संतोषी, सी.एल. रावल
एक दिल सौ अफसाने / आर. सी. तलवार

1964

संगम / राजकपूर
दुल्हा दुल्हन / रवीन्द्र दवे

1966

तीसरी कसम / बासु भट्टाचार्य

1967

अराउण्ड द वर्ल्ड / पाछी
दीवाना / महेश कौल

1968

सपनों का सौदागर / महेश कौल

1970

मेरा नाम जोकर / राजकपूर

1971

कल आज और कल / रणधीर कपूर

1973

मेरा देश मेरा धर्म / दारा सिंह

1975

धरम करम / रणधीर कपूर
दो जासूस / नरेश कुमार

1976

खान दोस्त / दुलाल गुहा

1977

चाँदी सोना / संजय खान

1978

नौकरी / ऋषिकेश मुकर्जी

1980

अब्दुल्ला / संजय खान

1982

गोपीचन्द जासूस / नरेश कुमार
वकील बाबू / असित सेन

परिशिष्ट : तीन

राजकपूर की नायिकाएँ

नरगिस (16)	आग (1948), अन्दाज, बरसात (1949), जान पहचान, प्यार (1950), आवारा (1951), अम्बर, अनहोनी, आशियाना, बेवफा (1952), आह, धुन, पापी (1953), श्री 420(1955), चोरी चोरी, जागते रहो (1956)
मधुबाला (5)	नीलकमल, चित्तौड़ विजय, दिल की रानी (1946), अमर प्रेम (1948), दो उस्ताद (1959)
कामिनी कौशल (2)	जेल यात्रा (1946), आग (1948)
निगार सुल्ताना (1)	आग (1948)
तृप्ति मित्रा (1)	गोपीनाथ (1948)
रेहाना (2)	सुनहरे दिन (1949), सरगम (1950)
निम्मी (2)	बरसात (1949), भँवरा (1950)
सुरैया (1)	दास्तान (1950)
मीना कुमारी (2)	शारदा (1957), चार दिल चार राहें (1959)
माला सिन्हा (3)	परवाशि, फिर सुबह होगी (1958), मैं नशे में हूँ (1959)
नूतन (4)	अनाड़ी, कन्हैया (1959), छलिया(1960), दिल ही तो है (1963)
पद्मिनी (3)	जिस देश में गंगा बहती है (1960), आशिक (1962), मेरा नाम जोकर (1970)
शकीला (1)	श्रीमान सत्यवादी (1960)
वैजयन्तीमाला (2)	नजराना (1961), संगम (1964)
नन्दा (1)	आशिक (1962)
वहीदा रहमान (2)	एक दिल सौ अफसाने (1963), तीसरी कसम (1966)
साधना (1)	दूल्हा-दुल्हन (1964)
राजश्री (1)	अराउंड द वर्ल्ड (1967)
सायरा बानो (1)	दीवाना (1967)
हेमा मालिनी (1)	सपनों का सौदागर (1968)
सिमि (1)	मेरा नाम जोकर (1970)
क्षण राबिनकिना (1)	मेरा नाम जोकर (1970)
जीनत अमान (1)	गोपीचन्द जासूस (1982)

राजकपूर और पुरस्कार

राष्ट्रीय और अन्तर्राष्ट्रीय

बूट पॉलिश : कांस फिल्मोत्सव में बेबी नाज और शंकर-जयकिशन को विशेष पुरस्कार (1955)

जागते रहो : कार्लोवी वरी फिल्मोत्सव में ग्रां प्री (1957)

संगम : उत्तम सिनेमेटोग्राफी के लिए तेहरान विद्यापीठ का विशेष सम्मान (1964)

श्री 420 : प्रादेशिक हिन्दी विभाग द्वारा प्रशंसा पत्र (1957)

एक दिन रात्रे : प्रादेशिक बंगाली विभाग द्वारा प्रशंसा पत्र (1956) (जागते रहो का बंगला संस्करण)

जिस देश में गंगा बहती है : प्रादेशिक हिन्दी विभाग द्वारा प्रशंसा पत्र (1960)

मेरा नाम जोकर : उत्तम छायांकन (राधू कर्मकार), उत्तम बाल कलाकार (ऋषि कपूर) (1970), 1988 में हिन्दी सिनेमा का सर्वाधिक प्रतिष्ठित **दादा साहब फाल्के अवार्ड** प्रदान किया गया।

फिल्म फेयर पुरस्कार

बूट पॉलिश (1953-54) : सर्वश्रेष्ठ फिल्म, सर्वश्रेष्ठ सहायक अभिनेता (डेविड), सर्वश्रेष्ठ छायांकन (तारुदत्त)

श्री 420 (1955-56) : सर्वश्रेष्ठ छायांकन (राधू कर्मकार), सर्वश्रेष्ठ संकलन (जी.जी. मायेकर)

अनाड़ी (1959) : सर्वश्रेष्ठ अभिनेता (राजकपूर)

जिस देश में गंगा बहती है (1961) : सर्वश्रेष्ठ फिल्म, सर्वश्रेष्ठ अभिनेता (राजकपूर), सर्वश्रेष्ठ कला निर्देशन(एम. आर. अचरेकर), सर्वश्रेष्ठ छायांकन (जी. जी. मायेकर)

संगम (1964) : सर्वश्रेष्ठ निर्देशक (राजकपूर), सर्वश्रेष्ठ अभिनेत्री (वैजयन्तीमाला), सर्वश्रेष्ठ ध्वनि- मुद्रण (अलाउद्दीन), सर्वश्रेष्ठ संकलन (राजकपूर)

मेरा नाम जोकर (1971) : सर्वश्रेष्ठ निर्देशक (राजकपूर), सर्वश्रेष्ठ संगीत (शंकर-जयकिशन), सर्वश्रेष्ठ छायांकन (राधू कर्मकार), सर्वश्रेष्ठ ध्वनि-मुद्रण (अलाउद्दीन), सर्वश्रेष्ठ पार्श्व गायक (मन्ना डे)

बॉबी (1973) : सर्वश्रेष्ठ अभिनेता (ऋषि कपूर), सर्वश्रेष्ठ अभिनेत्री (डिम्पल), सर्वश्रेष्ठ कला निर्देशन-रंगीन (आर. रंगाराज), सर्वश्रेष्ठ ध्वनि-मुद्रण (अलाउद्दीन), सर्वश्रेष्ठ पार्श्व गायक (नरेन्द्र चंचल)

सत्यम शिवम सुन्दरम (1978) : सर्वश्रेष्ठ संगीत (लक्ष्मीकान्त-प्यारेलाल), सर्वश्रेष्ठ छायांकन (राधू कर्मकार)

प्रेम रोग (1982) : सर्वश्रेष्ठ निर्देशन (राजकपूर), सर्वश्रेष्ठ अभिनेत्री (पद्मिनी कोल्हापुरे), सर्वश्रेष्ठ सम्पादन (राजकपूर), सर्वश्रेष्ठ गीतकार (सन्तोष आनन्द)

राम तेरी गंगा मैली (1985) : सर्वश्रेष्ठ फिल्म (रणधीर कपूर), सर्वश्रेष्ठ निर्देशन (राजकपूर), सर्वश्रेष्ठ संगीत (रवीन्द्र जैन), सर्वश्रेष्ठ कला-निर्देशन (सुरेश सावन्त)